编辑说明

1.本文库所收著作和译作横跨七十载，其语言习惯有较明显的时代印痕，且著译者自有其文字风格，故不按现行用法、写法及表现手法改动原文。文库所收译作涉及的外文文献底本亦多有散佚，据译作初版本着力修订。

2.原书专名(人名、地名、术语等)及译名与今不统一者，亦不作改动；若同一专名在同书、同文内译法不一，则加以统一。如确系笔误、排印舛误、外文拼写错误等，则予径改。

3.数字、标点符号的用法，在不损害原义的情况下，从现行规范校订。

4.原书因年代久远而字迹模糊或残缺者，据所缺字数以“□”表示。

上海外国语大学建校七十周年

70TH ANNIVERSARY CELEBRATION

SHANGHAI INTERNATIONAL STUDIES UNIVERSITY

季思文库

吴克礼集

吴克礼　著

商务印书馆
创于1897 The Commercial Press
2019年·北京

吴克礼

吴克礼，1940年生，上海外国语大学俄语系教授、博导，长期从事翻译学、双语词典编纂学和俄语词汇学的研究。1963年毕业于上海外国语学院俄语系并留校任教，曾任上海外国语学院副院长、中华人民共和国驻俄罗斯联邦大使馆教育参赞等。2006年获俄罗斯国际俄语教师联合会颁发的普希金奖章，2009年获俄罗斯政府颁发的“俄语教育突出贡献奖”。著有《当代俄罗斯社会与文化》《文化学教程》《俄苏翻译理论流派评述》等，译有《特拉夫尼克风云》《同时代人回忆托尔斯泰》《正午的暮色》，承担有国家211工程重点项目《俄罗斯译学百科词典》和“新世纪高等学校俄语专业本科生系列教材”。

总 序

七十年在历史长河中只是短暂一瞬，但这却是上外学人扎根中国大地、凝心聚力、不断续写新时代中国外语教育新篇章的七十年。七秩沧桑，砥砺文脉，书香翰墨，时代风华。为庆祝上外建校七十华诞，上外携手商务印书馆合力打造“季愚文库”，讲述上外故事，守望上外文脉。“季愚文库”系统整理上外老一辈学人的优秀学术成果，系统回顾上外历史文脉，有力传承上外文化经典，科学引领上外未来发展，必将成为上外的宝贵财富，也将是上外的“最好纪念”。

孔子曰：“居之无倦，行之以忠。”人民教育家王季愚先生于1964年出任上海外国语学院院长，以坚定的共产主义信仰和对人民教育事业的忠诚之心，以坚苦卓绝、攻坚克难的精神和毅力，为新中国外语教育事业做出了卓越贡献。她在《外国语》杂志1981年第5期上发表的《回顾与展望》一文被称为新时期外语教育的“出师表”，对上外未来发展仍具指导意义。王季愚先生一生勤勤恳恳，廉洁奉公，为人民服务，她的高尚情操始终指引着上外人不断思索：“我们从哪里来？我们在哪里？我们向哪里去？我们应该做什么？”

七十载筚路蓝缕，矢志创新。上外创建于1949年12月，是中华人民共和国成立后由国家创办的第一所高等外语学府，是教育部直属并与上海市共建、进入国家“211工程”和“双一流”建设的全国重点大学。从建校初期单一语种的华东人民革命大学附设上海俄文学校，到20世纪50年代中期迅速发展为多语种的上海外国语学院；从外语单科性的上海外国语学院，到改革开放后率先建设以外国语言文学学科引领，文、教、经、管、法等学科协调发展的多科性上海外国语大学；从建设“高水平国际化多科性外国语大学”，到建设“国别区域全球知识领域特色鲜明的世界一流外国语大学”，上外的每一次转型都体现着上外人自我革新、勇于探索的孜孜追求。

“立时代之潮头，通古今之变化，发思想之先声。”习近平总书记在哲学社会科学工作座谈会上强调，要着力构建中国特色哲学社会科学，在指导思想、学科体系、话语体系等方面充分体现中国特色、中国风格、中国气派。在中国立场、中国智慧、中国价值的理念、主张、方案为人类文明不断做出更大贡献的新时代，外语院校应“何去何从”？秉承上外“格高志远、学贯中外”的红色基因，今日上外对此做出了有力回答，诚如校党委书记姜锋同志所言：“要有一种能用明天的答案来回应今天问题的前瞻、勇气、担当和本能。”因此，上外确立了“国别区域全球知识领域特色鲜明的世界一流外国语大学”的办学愿景，致力于培养“会语言、通国家、精领域”的“多语种+”国际化卓越人才，这与王季愚先生“外语院校应建设成多语种、多学科、多专业的大学”的高瞻远瞩可谓一脉相承。

历沧桑七十载，期继往而开来。“季愚文库”是对上外学人的肯定，更是上外文脉在外语界、学术界、文化界的全新名片，为上外的学术道统建设、“双一流”建设提供了全新思路，也为上外统一思想、凝心聚力注入了强大动力。上外人继续跟随先师前辈，不忘初心，砥砺前行，助力中国学术出版的集群化、品牌化和现代化，为构建有中国特色、中国风格、中国气派的哲学社会科学体系贡献更大的智慧与力量！

上海外国语大学

2019年10月

目　录

第三编 文化学与俄罗斯文化

第四编 词汇学

第一编

双语词典编纂理论

双语词典词目译文初探

双语词典的主要任务之一是为使用者提供正确的译文，使他们能够理解词目的意义并使用到归宿语言中去，起到交际作用。双语词典的这个任务主要是由其词目的译文来完成的。因此，词目的译文应该符合以下两个要求：

1 词目的译文应是对等的译文

目前各种双语词典词目的译文可归纳为两类：一类是对等的，另一类是解释性的。

所谓对等的译文就是归宿语言中正确表达词目意义的对等词语或相应的规范的语言材料。例如，俄语中 книга 的第一个意义 произведение печати (в старину—также рукопись) в виде сброшюрованных, переплетенных вместе листов с каким-л. текстом（见 «АН»[1]），在俄汉词

[1] 指 АН СССР, Словарь русского языка. М., 1981—1984。

典中用汉语中与之对等的词“书，书籍”作为译文（见《刘》①,《辽》②）。同样，在俄英词典中用 book 作为译文（见 «Русско-английский словарь», Смирницкий 等编）。再如，汉语中的“大字报”，尽管在外语中没有对等的词语，也不必将它在《现汉》③中的释义“发表意见的文字，一般用大字写成贴出，是体现社会主义民主的形式之一”译成外语，而是把外语中符合规范的相应的语言材料作为译文。在汉俄词典中用 дацзыбао; газета, написанная большими иероглифами（见《汉俄》④）。在汉英词典中用 dazibao; big-character poster（见《袖珍汉英词典》试用本，上海人民出版社，1976）。这类译文既能揭示词义又能在归宿语言中使用，是能够起交际作用的。

所谓解释性的译文就是归宿语言中正确解释词目意义的语言材料。例如，“陈胜吴广起义”在某一汉英词典征求意见稿（以下简称《词典稿》）里的译文是：first large-scale peasant uprising in China's history (209 B. C.) which led to the overthrow of the restoration regime of Chin Tr (h) Shih (second emperor of Chin)。又如，英语中的 sol[1] 在《新》⑤中的译文是七个唱名之一（在固定唱名法中相当于音名 G）。这类译文虽能揭示词目的意义，但不能在归宿语言中使用，不能起到交际作用，从而影响了双语词典作为工具书的作用。

把两类译文做一比较，可以得出结论：只有对等的译文才能很好地起到交际作用。

既然解释性的译文不能起交际作用，那么最好能把它们改为对等的

---

① 指刘泽荣主编的《俄汉大辞典》，商务印书馆 1963 年版。
② 指辽宁省中小学教材编写组编的《俄汉词典》，辽宁人民出版社 1974 年版。
③ 指中国科学院语言研究所词典编辑室编的《现代汉语词典》，商务印书馆 1973 年版。
④ 指上海外国语学院《汉俄词典》编写组编的《汉俄词典》，商务印书馆 1977 年版。
⑤ 指《新英汉词典》编写组编的《新英汉词典》，上海译文出版社 1978 年版。

译文，这在实际上也是可能的。因为翻译的可能性已在许多著作中得到了证明,所以词目翻译(翻译的一种形式)的可能性这里就不再予以证明。例如，上述两例可以改成：

陈胜吴广起义 the Chen Sheng-Wu Guang Uprising

SOL[1] Sol; 5(这里的 Sol 是拉丁文唱名)

如果编者认为，这样的译文虽能使用，但不易为读者所理解，那么可以在圆括号内加以解释。可见，词目的译文应该同时也可能是对等的译文。①

2 双语词典词目译文应该符合的标准

词目译文是翻译的一种形式，因此与一般翻译相比，有共性也有个性。其共性是，两者都是用一种语言表达另一种语言所表达的意义；其个性是，前者的对象是孤立的词、成语，包括俗语、谚语与名言，而后者的对象是通篇文章。对于一般翻译来说，其标准通常被认为是：忠实于原文、表达通顺、保持原作风格。而对于词目译文来说，因为词目是孤立的词，所以根本无风格可言。即使就忠实于原文与表达通顺这两个标准而论，由于一般翻译有上下文，而词目翻译无上下文，所以两者也不尽相同。对于一般翻译来说正确的译文,离开上下文,作为词目的译文,未必始终可行；对于词目翻译来说正确的译文，在上下文中也未必到处

① 双语词典中只有少数词目可以不用对等的译文。例如，出发语言中对归宿语言来说特有的语法现象：俄语中与动词过去时形式一同使用构成假定式的 бы(对汉语或英语而言)，汉语中起宾语提前作用的“把”(对俄语或英语而言)，英语中的冠词(对汉语或俄语而言),以及融合性成语的构成部分(如俄语中的 впросак 脱离了 попасть впросак, 在现代语中没有任何意义，连详解词典也是虚立的)。此外，编者应尽可能使用对等的译文。

可用。因此，词目的译文应达到两个标准 :（1）忠实于词目的意义 ;（2）正确表达词目的意义。

2.1 双语词典词目的译文应忠实于词目的意义

词目译文与详解词典词目释义的关系十分密切。分析这种关系，颇有裨益。

（1）详解词典词目的释义是检验双语词典词目译文是否忠实于词目意义的主要依据。例如 :

瓜子【儿】① семечки;...（《华俄词典》，Ошанин 编）

乍一看来，译文似乎正确，但细加推敲，觉得有值得商榷之处。семечки 乃 Семена подсолнечника, употребляемые как лакомство（见«АН»）;而“瓜子”却是:瓜的种子,特指炒熟做食品的西瓜子或侨瓜子（见《现汉》）。可见，译文不妥。

（2）凡详解词典词目释义包括词义和说明两部分的，词目译文应忠实于该词目的词义。

详解词典某些词目的释义除了包括词义，往往还包括说明部分。编者应尽量将两者区分开，使词目译文忠实于详解词典词目的词义。至于说明部分，不应该属于译文，应放在圆括号内。例如，“纸钱”在《现汉》中的释义是 : 迷信的人烧给死人的铜钱形的圆纸片，中间有方孔。也有用较大的纸片，上面打出一些钱形做成。而《汉俄》的译文是 ритуальные бумажные деньги, *сжигаемые* на похоронах。显然，《现汉》释义中用着重号标出的文字是说明性的，不属于词义，因此，译文中相应的文字也不应作为译文，而应放在圆括号内。

（3）词目译文应忠实于详解词典词目的完整意义。[①]

凡词目只有一个译文的，这个译文表达的意义应与词目的词义完全对等。用意义过于笼统或过于具体的译文来表达，一般说来，都是不妥当的。

此外，由于两种语言的词汇所包含的意义往往不一致，因此一个意义经常不是由一个，而是由几个译文意义的总和来表达。这是目前各种双语词典常用的方法。不过，在使用这种方法时，特别应该注意的是：几个译文所表达的意义的总和应尽量与该词目完整的意义对等，否则无论对于揭示词义还是对于使用、交际来说，都会受到限制。例如：ловить《刘》的译文是：捕，捉；《辽》的译文是：捕，捉，抓。而详解词典的释义却是：захватывать как добычу（«Ож.»[②]）; добывать, захватывать кого-н. в качестве добычи, *преимущ.* посредством особых приспособлений（«Уш.»[③]）; захватывать *живьем*, каких-л. животных посредством особых приспособлений（«АН»）; захватывать кого-л., что-л. (рыбу, птицу, зверя) в качестве добычи（«ССРЛЯ»[④]）。显然，表达词目意义的动词，除《刘》《辽》列举的之外，在使用工具的情况下还有“钓，网”，不使用工具的情况下还有“摸”。故而，可加上“钓、网（鱼），摸（鱼）”等译文，使其完整。

2.2 词目译文应正确表达词目的意义

词目译文不仅应忠实于词目的意义，而且应正确表达它的意义，只

---

① 这里是指某一个词一个意义的完整意义。

② 指 С. И. Ожегов, Словарь русского языка. М., 1975。

③ 指 Д. Н. Ушаков, Толковый словарь русского языка. М., 1935—1940。

④ 指 В. И. Чернышев, Словарь современного русского литературного языка. М., Л., 1948—1965。

有这样，才能使用于归宿语言，起到交际作用（这里所指的“使用于归宿语言”，并非指表达该词义的一切场合，而是指那些比较典型的场合）。为此，词目的译文首先应该符合归宿语言的规范。例如：

ГРАМПЛАСТИНКА 留声机片，唱片（《刘》）

“留声机片”似不符合现代汉语的规范，宜删。

另外，词目的译文应符合归宿语言的使用习惯。例如：

ОЛИВКОВАЯ ВЕТВЬ 橄榄树枝（和平的象征）（《刘》）

译文虽合规范，但橄榄树枝并非是和平的象征，按习惯，似应为“橄榄枝”（见《辞海》未定稿）。

忠实于词目的意义与正确表达它的意义虽是两个标准，但却也是一个统一体，缺一不可。

综上所述，我们认为，只有忠实于词目完整意义，同时又符合归宿语言规范及使用习惯的对等的译文，才能使用于归宿语言，起到交际作用。

3 双语词典词目译文存在的问题

近年来出版的各种双语词典词目的译文基本上都是正确可用的，但是由于对“词目译文应该是对等的”这一问题缺乏统一的认识、对某些词目的意义理解得不甚正确、对某些词目的意义表达得不够妥当，所以还存在着一些共同的问题。这些问题的存在影响着双语词典的质量。现将这些问题提出来供大家研究。

3.1 误译

误译可归纳为如下两种。

3.1.1 错误理解词目词义的译文

例如：

RECTANGLE 矩形，长方形（《新》）

然而详解词典的释义却是：plane four-sided figure with four right angles, esp. one with adjacent sides unequal（见«ALD»[①]）。译文似应为“方；（尤指）矩形，长方形”。

НЕ УСПЕЛ, КАК... 刚要…，就…；连…都没有来得及，就…（《刘》）

«Ож.» 及 « ССРЛЯ» 指出：一个行为结束后紧接着另一个行为。«Уш.» 指出还有一种可能：一个行为尚未进行就发生了另一个行为。对这个问题，《现代俄罗斯标准语语法》（«Грамматика современного русского литературного языка», АН СССР, Москва, 1970）在第 732 页也做了解释：Наиболее употребительны предложения, построенные по схеме *не успел... как* и чаще выражающие не собственно опережение, а экспрессивно подчеркнутое близкое следование...。可见，该结构的译文首先应为“一…，就…；刚…，就…”，其次才是《刘》的译文。而《刘》这样处理，恐不妥当。又如：

富农 зажиточный крестьянин;...（《汉俄辞典》，莫斯科，1975）

富农是一个反动的阶级，并不是“富裕的农民”。

3.1.2 错误表达词目词义的译文

例如：

落汤鸡… ‖ Мокрая курица ‖ ...（《汉俄译例汇编》，商务印书馆 1976 年版）

---

① 指 Hornby, A. S., Gatenby, E. V. & Wakefield, H. *The Advanced Learner's Dictionary of Current English*. London: Oxford University Press, 1963。

“落汤鸡”是“形容浑身都湿透像掉在热水里的鸡一样”（见《现汉》）。мокрая курица 从字面上看虽有“湿”、又有“鸡”，但“落汤鸡”作为融合性成语，其词义与“湿”“鸡”毫不相干。请看成语词典中 мокрая курица 的解释：① безвольный, бесхарактерный человек; размазня ② человек, имеюший жалкий вид, подавленный, расстроенный чем-либо（«Фразеологический словарь русского языка», Москва, 1967）（四本详解词典的释义基本相同）。可见，该译文不妥，宜删。

HO² 喔（车夫催马快走的喊声）（《刘》）

上述解释符合释义 возглас, которым возница понукает лошадь（见 «AH»），但“喔”在汉语中无此意义，按汉语使用习惯，似应为“驾”。

WHOA 停（用于命令马止步）（《新》）

解释符合 «ALD» 的释义 (used chiefly to a horse) stop，但按习惯，译文似应为“吁”。

由此可见，要有一个正确的词目译文，一方面要正确理解词目的意义；另一方面要正确表达词目的意义，使其符合归宿语言的使用习惯，二者缺一不可。

3.2 解释性的译文

例如：

QUAI D'ORSAY ①巴黎塞纳河边一个码头的名称。②法国外交部的别称（因在上述码头的对面而得名），法国外交政策。（《新》）

译文仅仅释义，是否可改成：多塞码头，凯多塞（指法国外交部或其外交政策，外交部因在多塞码头对面而得此名）。试比较《新》中 Pentagon、Whitehall 等的处理方法。

HOT(-)LINE прямая телетайпная связь между Кремлем и Белым

домом («БАРС»[①])

俄译文是解释性的，似可改为 горячая линия，上述译文作为说明。

FANDANGO 一种西班牙舞

似可改为“方丹戈舞（一种西班牙舞）”，试比较《新》中 tango 的处理方法。

ПОКУРИТЬ ②点燃使冒一阵香烟。(《辽》)

译文是释义的翻译。请看 «АН»：② некоторое время курить（во 2 знач.）；而在 курить 词目下：② сжигать какое-л. вещество, дающее пахучий дым。译文较难理解，是否改为“点一会儿香（或发出香味的东西）”为好。

口供 a statement made by the accused under examination（《词典稿》）

译文与释义“受审者所陈述的与案情有关的话”（见《现汉》）相比，仅省略“与案情有关”几个字，而英语中与该释义相对应的却有 deposition、testimony、evidence、affidavit、confession 等词可供选择，《词典稿》的译文是否要收，值得考虑。

上述例子说明，有一类词在归宿语言中本来就有对等的译文（如 покурить，口供等），另一类虽无对等的译文（如 Quai d'Orsay、hot(-)line 等），但完全可以根据处理类似的外来词的方法来处理。可见，双语词典坚持用对等的译文是可行的。

3.3 与词目词义不对等的译文

有一部分词目的译文与词目的意义不对等：或衍生词义，或缩小词义。这类译文无论从揭示词义还是从使用、交际等方面来看都有不足之处。

---

① 指 И. Р. Гальперин, Большой англо-русский словарь. М., 1972。

3.3.1 衍生了词义的译文

译文的意义超出词义，或包括不属于词义的部分，或过于笼统。例如：

口福 *have* the good luck to get something very nice to eat; *strike* lucky in getting something especially good to eat（《词典稿》）

“口福”是“能吃到好东西的运气”（见《现汉》）。译文中的斜体字似属蛇足，宜删。

庚帖 метрические выписи жениха и невесты, которыми обмениваются при помолвке（《汉俄》）; метрики или бумажки с написанными на них вышеозначенными иероглифами (т.е. год, месяц, день и час рождения человека), обмена которыми *между мужчиной и женщиной равносильна формальному объявлению жениха и невесты* (сватовству)（《华俄词典》, Иннокетий 主编）。

两个译文虽然比较正确地表达了释义“旧俗订婚时写明男方或女方的生辰八字的帖子”（见《现汉》），但却把词义和说明混在一起。我们认为，汉语着重号标出的文字是说明文字，因此，译文中相应的部分是衍生了的意义，应放在圆括号内。

钉螺 моллюск（《汉俄》）

моллюск 是“软体动物”，钉螺不过是它的几千种之一，译文意义过于笼统。或可译为 гвоздеобразные брюхоногие моллюски 或 брюхоногие моллюски Динло。

下马威 острастка; дать острастку; припугнуть（《汉俄》）

译文一有“威”之意而无“下马”之义，二、三衍生了词义。“下马威”是“泛指一开头就对人显示的威力”（见《现汉》），似可改为 острастка с самого начала。

3.3.2 缩小了词义的译文

译文的意义小于词义，或几个译文意义的总和小于词义，或译文意义过于具体。例如：

WAITING-ROOM 候车室；候诊室；等候室（《新》）

然而释义并非如此简单，请看 a room in which people wait, as in a railroad station, a dentist's office, etc.（《韦氏新词典》①）; room in a railway-station, etc., used by people who are waiting for trains; room (e.g. in a doctor's or dentist's house or office) where people wait until they can be attended to («ALD»)。

释义中 as、etc.、e.g. 等词语说明，“候车室；候诊室”仅是列举的词义（“等候室”另做讨论），词目的意义要大一些，因此，译文似应为：候车（船、机、诊、考、审、检等）室。

义演 благотворительный спектакль（《汉俄》）

“为正义或公益的事情筹款而举行的演出”为“义演”（见《现汉》）。спектакль 为演出的一种，译文似应为 благотворительное представление。

由此可见，与词义不对等的译文，不管是衍生词义的，还是缩小词义的，都有碍于词义的揭示及译文的使用。编者对此不能掉以轻心。

3.4 不符合归宿语言规范的译文

不符合规范的译文表现在两方面。

3.4.1 生造的译文

上文 3.3.2 中的“等候室”就是一例。汉语中无此说法。

JUMPER[1] ①跳跃者（《新》）。②跳者；跳的选手。（《英华大辞典》）

---

① 指 *Webster's Third New International Dictionary*. Springfield, Mass: Merriam-Webster, 1986。

译文都很陌生，据《韦氏新词典》的释义：a person who competes in a jumping event (as the broad jump or a ski jump)，似可改为“跳…运动员”。再举 a long ～“跳远运动员”，a high ～“跳高运动员”等例，或改为“跳（高、远、水、伞）运动员；（撑竿、三级）跳运动员”。

СКОТОВОД 养畜家；畜牧家（《刘》）

“养畜家”似属生造，或可改为“牧民、牧人”。

RECORD-PLAYER проигрыватель граммофонных пластинок（«Англо-русский словарь»，Мюллер 编）

译文叠床架屋，仅 проигрыватель 能表达此义。

生造的译文对揭示词义和词语的使用、交际都有较大的影响，编者务必避免使用。

3.4.2 使用方言词或有陈旧色彩词语的译文

译文在没有必要的情况下使用方言词或有陈旧色彩的词语。例如：

ГАЗЕТА 新闻纸、报、报纸（《刘》）

词目无色彩，不必收有陈旧色彩的“新闻纸”为译文。

НЕВЕСТА 及笄的姑娘（《刘》）

“及笄”过于陈旧，此处不必使用这类词语。

这类译文使用价值不大，并会在修辞上造成不必要的色彩，从而影响交际。

为了解决上述四方面问题，编者应对词目译文有统一的认识，坚持用对等的译文，使译文达到标准，只有这样才能提高译文的质量，使双语词典更好地起到工具书的作用。

试论双语词典中成语的翻译

一

成语[①]在双语词典中数量较大，占有相当的篇幅，而且还能单独汇编成册。成语本身集中了它所属语言的修辞手段（如比喻、夸张、对仗、押韵等），并与使用该语言的人民的政治、历史、经济、文化、生活、地理、心理等都有不可分割的联系。可见，成语一方面结构紧密、寓意深刻，往往不能完全按字面意义理解；另一方面具有民族特点和修辞色彩，语言生动、形象鲜明，故而给翻译造成了很大的困难。这里试图就翻译成语的主要方法以及尽量保持其修辞色彩这两个方面加以探讨。

在谈成语翻译方法之前，首先要指出的是，成语中有一小部分在两种语言长期交往的过程中，已有了一定的译法，它经受住了时间的考验，为群众所接受，词典编者在处理这类成语时，就不必另起炉灶，而应尊重约定俗成的译文。如英语中的 to pull the chestnuts out of the fire，汉

① 本文所指的成语是就其广义而言的，包括固定词组、俚语、俗语、谚语、名言等。

语中已有“火中取栗”之说（见《汉成》①），故《新》②就吸收了这个译文。

除了上述少数情况外，大多数成语在翻译时是需要经过一番推敲的。我们认为必须考虑三个因素：（1）该成语各构成部分结合紧密的程度，即各构成部分词汇意义消失的程度。成语各构成部分结合得愈紧密，各构成部分词汇意义就消失得愈多，译其字面意义的可能性也就愈小。（2）该成语如果按字面意义译成归宿语言后，是否能被使用归宿语言的人所理解，或者是否能够引起他们正确的联想。倘若译文能够被他们所理解，或者能够引起他们正确的联想（有些成语还须加以说明），那么按字面翻译的可能性就大，反之，则按字面翻译的可能性就小。（3）该成语的民族特点。成语的民族色彩浓厚而又有众所周知的典故的，从吸收外来成语这一点来看，译其字面意义的可能性较大（当然，应对其典故详加说明）。基于这三个因素，翻译成语可采用下述三种主要方法：

1.1 直译法

凡成语的结构不甚紧密，各构成部分的词汇意义消失得不多，成语的含义尚能按字面意义来推测，译出后又能为人所理解，引起正确联想的，或民族色彩浓厚而又有典故，有吸收价值的，均可使用这种方法。例如：

“惩前毖后，治病救人”译成英语可为：learn from past mistakes to avoid future ones and cure the sickness to save the patient（见《词典稿》③）。该成语译成俄语可为：извлекать урок из ошибок прошлого в назидание на будущее и лечить, чтобы спасти больного（见《汉俄》④）。汉语成语尚能

---

① 指北京大学中文系 1955 级语言班编的《汉语成语小词典》，商务印书馆 1962 年版。

② 指《新英汉词典》编写组编的《新英汉词典》。

③ 指某本汉英词典征求意见稿。

④ 指上海外国语学院《汉俄词典》编写组编的《汉俄词典》，商务印书馆 1977 年版。

按字面意义推测其义，译成英、俄语后，也能为使用归宿语言的人所理解，产生联想，并且还是政治术语，具有重大的政策性意义，故以直译为宜。

в гостях хорошо, а дома лучше 译成汉语是：做客固佳，在家更好（见《刘》[①]）。俄语谚语语意明白，直译后，译文简练易懂，能保持同样的效果。

由此可见，政治性成语、谚语、名言，出自希腊神话、《圣经》等的成语采用直译法的可能性较大[②]，不过直译后，在可能的情况下，应注明出处，介绍典故。成语词典中尤应如此。

1.2 意译法

凡成语结构非常紧密，各构成部分的词汇意义基本上、甚至完全消失，成语的含义已无法按字面意义来理解，按字面意义译出后又不能为人所理解或会引起不正确的联想的，或成语典故不为大家所熟悉的，均可采用这种方法。例如：

swing the lead 在汉语中译为：装病（或以其他欺骗手段）逃避分内的工作（见《新》）。该成语的两个构成部分的词汇意义已消失，按其字面意义无法理解其含义，无法译成为人所理解的译文，故应意译。

“死心塌地”译为俄语是：решительно (окончательно) и бесповоротно; покорно и послушно; беспрекословно; безоговорочно（见《汉俄》）。若按成语的字面意义译成俄语，反而无法理解，故译其意义。

此外，带有数词的成语，因其数词往往是泛指，所以意译的可能较大。如“это—дело *десятое* 这是没有什么关系的事”（见《刘》）；“十拿九稳 дело верное; наверняка”（见《汉俄》）；“in *two* shakes of a duck’s

① 指刘泽荣主编的《俄汉大辞典》，商务印书馆1963年版。

② 带有典故的科技术语性的成语不在此列，例 кесарево сечение 应译为“剖腹产术”，адамово яблоко 应译为“喉结”。

tail 马上，立刻”（见《新》）。带有无确指意义的人名的成语，因其人名不是指具体哪一个人，所以意译的可能性较大。如“rob *Peter* to pay *Paul* 借债还债；...”（见《新》）；“*Иван* кивает на *Петра* ...; 互相推诿”（见《刘》）；“张冠李戴 не по адресу сделать (приписывать); ...”（见《汉俄》）。

1.3 直意并译法

凡成语结构紧密的程度介乎上述两者之间，其中某些部分的词汇意义已经消失，而其余部分尚未消失的，可把消失的部分按意译法译出，尚未消失的按直译法译出。例如：

родиться *в рубашке* 可译为：生来有福，生来幸运（原指被羊膜包覆着出生的人，照旧时的迷信这样出生的人必定是幸运的）（见《刘》）。рубашка 的词义在这个成语中随着产生这个成语的迷信观念的消失而消失了。所以，рубашка 为意译。

“助桀为虐”译成俄语可为“помогать *тирану* в его злодеяниях (в его жестоких делах); содействовать *злодею* в его преступлениях;...”（见《汉俄》）。该成语也可作“助纣为虐”（见《汉成》）。“桀”“纣”相换已说明该成语中这个部分并不确指一个暴君，而是泛指所有的坏人。可见，“桀”“纣”词义已消失，故均意译，而其他部分仍直译。

lead (sb.) a *dog's* life 译成汉语是：（使某人）过着受折磨的日子（见《新》）。该成语中 dog 的意义已消失，所以意译，其他部分仍直译。

采用这种方法时，对于意译的那些词，在可能的情况下应予以解释（如 рубашка，桀）。成语词典中尤应如此。

除了从成语的结构、译文被人接受的程度以及民族特点来选择上述三种方法之外，还可采用套用成语的方法，例如：

goose-flesh 可套用汉语的“鸡皮疙瘩”（见《新》）。

“沧海一粟”可套用英语的“a drop in the ocean”（见《词典稿》），也可套用俄语的“капля в море”（见《汉俄》）。

ловить рыбу в мутной воде 可套用汉语的“浑水摸鱼”（见《刘》）。

凡出发语言的成语在意义上与归宿语言的成语基本相同的，可套用该成语。但两种语言中完全对等的成语为数不多，采用此法时应十分小心，勿掉以轻心。

在翻译成语时常常可以几种方法并用。如《新》把 Augean stable 直译为“Augeas 王的牛厩（相传养有三千头牛，三十年未打扫，后为 Hercules 用河水在一日内扫清）”，我们认为还可以套用汉语成语“藏垢纳污之所”。这是因为从揭示意义来看，用一种方法所得之译文有时尚不能完全解决问题（见下文二，1），或者不能为使用者马上接受；从交际角度来看，一个成语在具体语言环境中所起的句法及修辞作用不同。所以用几种方法处理成语，为使用者提供几种译文，也是必要的。

此外，很多成语都带有强烈的修辞色彩。翻译时，在可能的情况下，应在归宿语言中尽量保持其修辞色彩，使译文达到原文的效果。例如 to kill two birds with one stone 若译成“用一块石头打下两只鸟儿”意义固然正确，但缺少成语的特色。而套用“一箭双雕”的结构，译成“一石二鸟”（见《新》），既保留形象，又有汉语成语格式（如四字结构、不用量词等），比较理想。又如“吃一堑，长一智”译成英语为：a fall into the pit, a gain in your wit（见《词典稿》）。译文形式整齐，并押韵，有成语味道。

二

上述列举的几本双语词典在处理成语时各有特色，基本上都是比较好的，为使用者提供了不少有参考价值的译文，不过还有少量成语的处理值得商榷。

2.1 使用直译法的译文

семь пятниц на (одной) неделе《刘》译成：一个星期内七个星期五（喻没有一定的主意，老是改变主意，一时一则）。而《辽》[①]译成：一个星期内七个星期五（喻没有一定的主意，老是改变主意，朝三暮四，一时一则）。可是该成语的意义却是：кто-либо часто, легко меняет свои решения, намерения, настроения и т.п.（见«ФСРЯ»[②]）。可见，该成语的字面意义与其含义在现代俄语中已毫无联系，该成语的各构成部分（неделя, семь, пятница）在现代俄语中已不是原来构成成语的意义（详见 Максимов 的 «Крылатые слова» 与 «Русский язык в школе» 1967 年第六期）。成语的结构非常紧密，汉语的译文又不易为人理解，故不宜直译，似可译为：老是改变主意，朝三暮四，三心二意，一时一则，情绪变化无常。

назвался груздем—полезай в кузов《刘》的译文为："既是名为蘑菇，就应听人采食"。译文基本上保留了原文的字面意义，然而该成语的意义却是：если взялся за что-н., делай все, что надо, до конца，是成语 взялся за гуж, не говори, что не дюж 的同义成语（见 «Русский язык в школе»1967 年第六期）。汉语的译文似不能引起使用者正确的联想，或可译为：事已开头就应干到底；一不做，二不休。

all is grist that comes to his mill《新》的译文是：到他磨里都成

① 指辽宁省中小学教材编写组编的《俄汉词典》，辽宁人民出版社 1974 年版。
② 指 И. В. Федхов и А. Н. Лапицкий, Фразеологический словарь русского языка. М., 2003。

粉（意指他能利用一切机会）。而该成语的意义却是：he makes use of everything（见«ALD»[①]）; he turns everything to account（见《牛津词典》[②]）。《新》的译文即使经过圆括号内的解释也不易使读者产生正确的联想，或可译为：他凡事都能捞一把。

"惩一儆百"《词典稿》译成：punish one to warn a hundred; make an example of sb.。"百"在汉语中是泛指，请看《汉成》的释文：惩罚一个人来警诫其他的人。可译文中却确指 a hundred，词义似乎反而缩小了，似可改为 others。第二个译文虽无确指，但警诫之义没有译出。

从这些例子来看，成语直译后，译文如果不易为使用者所理解、容易引起错误的联想、与成语原来的意义不完全对等，均不宜采用。

2.2 使用意译法的译文

"一箭双雕"Ошанин 主编的《华俄词典》译为：меткий удар，而该成语的意义却是：做一件事，能得到两种好处（见《汉成》)。译文采用意译法，但望文生义，错把该成语理解为射击准确，不妥。似可套用俄语成语 одним выстрелом убить двух зайцев。

a grey mare《新》的译文是：胜过丈夫的妻子。译文给人的印象是，妻子比丈夫能干。但该成语的意义却是：the wife who *rules* her husband（见《牛津词典》)。据此，似可改为：牝鸡司晨；能够控制丈夫的妻子。

在意译法中另外还有几种情况：成语的译文是正确的，但还必须考虑其他一些因素，并用其他翻译方法，提供更多、更好的译文。例如：

---

① 指 Hornby, A. S., Gatenby, E. V. & Wakefield, H. *The Advanced Learner's Dictionary of Current English*. London: Oxford University Press, 1963。

② 指 John Simpson & Edmund Weiner. *The Oxford English Dictionary*. London: Oxford University Press, 1989。

пригвоздить к позорному столбу《刘》译成："使…声名狼藉，揭穿…丑行"，《辽》译为："使…声名狼藉"。两个译文的意义虽然正确，但该成语用直译法所得的译文："把…钉在耻辱柱上"已开始为汉语所吸收，经常出现在我国的报章杂志上（见《人民日报》1977年8月17日第六版），双语词典似应考虑吸收这个译文。

属于这类成语的，在《刘》中还有"козел отпущения 替罪的羊羔，替死鬼，替人担过者""крокодиловы слезы 伪善的眼泪，猫哭耗子假慈悲""вооруженный до зубов 全副（全身）武装的"等，似应考虑吸收约定俗成的译文"替罪羊""鳄鱼的眼泪""武装到牙齿的"等。

white coal《新》译为：水力。意思虽然正确，但修辞色彩却未能保留。用 white coal 来形容"水力"，在修辞上称为代用语。代用语在翻译时，一经被代用的事物译出，修辞色彩就丧失殆尽。故应直译作"白煤"为宜（实际上这个译文已广为使用，《现汉》[①] 上已立条）。可见，代用语直译的可能性较大，当然，直译后，编者应说明被代用的事物。属于此类成语的，在《刘》中也有。例如"голубой уголь 风力，风动力"和"черное золото 石油"，这两个词似可译为"蓝煤（指风力，风动力）"和"乌金（指石油）"。

如上所述，采用意译法时，译文文字要精练达意，不宜引申过头。此外，若成语已有约定俗成的译文的、有修辞色彩而又能保留的、有民族特点而又有吸收价值的，均不宜采用意译法。

2.3 套用成语的译文

земной рай 或 рай земной《刘》《辽》均译为"人间天堂，<u>极乐世界</u>"。

---

① 指中国科学院语言研究所词典编辑室编的《现代汉语词典》，商务印书馆 1973 年版。

“极乐世界”在“佛教经典中指阿弥陀佛所居住的国土。佛教徒认为居住在这个地方，就可以获得光明、清净和快乐，摆脱人间一切烦恼。也叫西天”（见《现汉》）。然而 земной рай 的意义却是：необыкновенно красивое место, в котором всего в изобилии, где можно счастливо и безмятежно жить（见 «ФСРЯ»）。汉俄两种语言的成语似不一致，该译文宜删。

“金石为开”Ошанин 主编的《华俄词典》译成 даже камни вопиют。汉语中这句话是“精诚所至,金石为开”的后半句,这个成语的意思是：意志坚决，能克服一切困难（见《现汉》）。然而俄语中 камни вопиют 的意义却是：выражение крайней степени негодования, возмущения, вызываемых чем-либо（见 «ФСРЯ»）。两个成语之间虽有一个“石”字相联，但其意义却风马牛不相及。似可改为 твердая решимость и воля все победят 。

взять быка за рота《刘》《辽》均译为：擒贼先擒王。俄语成语的意义是：начинать действовать энергично, решительно и сразу с самого главного（见 «ФСРЯ»）。而汉语成语的意义是：比喻先要除去首恶或主要的敌人（见《汉成》）。可见，汉语成语仅仅指敌人，意义与俄语成语相比显得过于狭窄。似可改为：抓住要害；采取坚决、果断的行动；抓住根本；擒贼先擒王。

как бельмо на глазу《刘》《辽》均译为：如眼中钉。“眼中钉”通常指令人非常厌恶的人（见《现汉》），而 бельмо на глазу 却能指人也能指物。请看 «ФСРЯ» 的释文：(как) помеха, (как) нечто раздражающее своим присутствием。可见，汉语成语的意义显得窄，不能很好地揭示俄语成语的意义，或可改为：（令人）非常讨厌的东西，极端痛恨的人；如眼中钉。

这些例子告诉我们，套用成语时，谨防受成语的字面意义所惑。此外，应注意词义的对等，若一个成语的意义过窄的话，可用其他方法予以补足。

2.4 解释性的译文[①]

грудью проложить себе дорогу《刘》处理成：以斗争（或顽强的劳动等）克服困难而达到目的。这个译文仅仅翻译了详解词典的释文，请　看：борьбой, упорным трудом, преодолевая трудности, достигнуть чего-л.。[②] 该译文似很少有使用价值，或可改为：披荆斩棘，闯出一条路。

诸如“the City of (the) Seven Hills 罗马的别称”，“spirit writing 被认为是人在神鬼缠身时写出来的东西”（见《新》），以及“путевка в жизнь 在社会主义社会里活动的条件（指经验、学识、技能等）”（见《刘》《辽》）之类的译文都属于解释性的译文，编者或许可以考虑为使用者提供对等的译文。

2.5 有修辞色彩的译文

die in one’s shoes（或 die with one’s shoes on）《新》译成：不死在床上，横死、暴死。第一个译文语意不清、含糊，似可删。

от ворон отстала, и к павам не пристала《刘》的译文是：离开了鸦群，可是进不了孔雀群；高不成，低不就。第一个译文修辞效果较差，宜删。

несть пророка в своем отечестве《刘》译为：没有本乡本土的预言家；远来的和尚会念经（喻人们都是不相信本乡本土的预言者，而相信

① 关于这个问题详见拙文《双语辞典词目译文初探》，《外国语》1978 年第 3 期。
② 见 АН СССР, Словарь русского языка. М., 1981—1984。

外来的）。这句话出自耶稣之口（详见 « Крылатые слова»，Ашукин и Ашукина 编），但第二个译文套用汉语俗语，出现了“和尚”“经”之类与佛教有关的词，修辞色彩显得不协调，宜删。

综上所述，成语的翻译是困难的。但只要在翻译前对成语的意义、它的字面意义与它的意义之间的关系、它的意义的渊源及修辞色彩细加揣摩，在翻译时处理得当，就会有较好的译文，从而提高双语词典的质量。

双语词典中词目的“不完整”译文剖析

双语词典词目译文要求意义正确、文字符合归宿语言的规范。在目前的双语词典中，有一类词目译文由于不能完整地反映词目的意义，存在一些不足之处。这类译文本文姑且称之为“不完整”译文。

一

在讨论词目“不完整”译文之前，先要说明什么是完整的译文。

所谓完整的译文,是指一个词目（或某一个义项）的一个译文的意义，或若干译文意义的总和，与该词目（或某一个义项）所包含的意义完全相等。例如，俄语中 **дядя** 这一词目中第一义项的译文为“伯伯；叔叔；舅舅；姑父；姨父”。这五个译文意义的总和，与 **дядя** 第一义项所包含的意义“брат отца или матери, а также муж тетки”（*父亲或母亲的兄弟，以及姑母或姨母的丈夫*）（«Ож.»[①]）是一致的。这就是完整的译文。反之，

① 指 С. И. Ожегов, Словарь русского языка. М., 1935—1940。

如缺少一个或几个译文，就是“不完整”译文。

双语词典词目没有任何上下文，所以译文应该正确完整，包含表达该词目的全部内容。试把 дядя 的五个译文与下面的例句做一比较。Он ее дядя.（他是她的 дядя。）中 дядя 有上下文，翻译时只能选择五个译文中的一个。在编纂双语词典时，如果只采用该词目的一个译文，而没有把该词目在详解词典中的释义全部译出，就可能产生“不完整”译文。

例如 специалист 在俄汉词典中均译为“专家”，这是不完整的。而《俄语详解词典》的释义是：

① представитель *той или иной специальности* (*научной, художественной, технической и т.п.*), человек, профессионально занимающийся тем или иным видом специального труда（某一专业〈科学，艺术，技术等〉的代表人物，以某种专业劳动为业的人）。[«Толковый словарь русского языка», Ушаков（乌沙科夫主编的《俄语详解词典》）]

② человек, обладающий специальными знаниями в какой-л. отрасли науки или техники; представитель какой-л. специальности（掌握某一科学或技术领域中的专业知识的人，某一专业的代表人物）。[«Словарь русского языка», АН СССР（苏联科学院编纂的《俄语词典》）]

③ человек, профессионально владеющий какой-либо специальностью (во 2-м знач.), обладающий специальными знаниями в какой-либо области науки, техники, искусства（以某种专业为业的人，掌握某种科学、技术、艺术领域中的专业知识的人）。(《现代俄罗斯标准语词典》)

④ работник в области какой-н. определенной специальности（某种专业领域中的工作人员）。（«Ож.»）

再看 1974 年出版的 «Трудности русского языка» (словарь-справочник журналиста, издательство Московского университета) [《俄语难词词典》(新闻工作者手册，莫斯科大学出版社)] 的解释：

⑤ человек, профессионально владеющий какой-либо специальностью, профессионально разбирающийся в чем-либо (以某种专业为业的人，通晓某项工作并以此为业的人)。

它在列举几个错例后指出：такое употребление, не позволяющее считать человека, не имеющего диплома об окончании специального высшего или среднего учебного заведения, или человека, занимающегося теоретическими проблемами, специалистами своего дела, совершенно неоправданно (这种用法不能把没有高等、中等专业学校毕业文凭的人，以及从事理论问题研究的人称作通晓本行工作的人员，因此是很不适当的)。

由此可见，"专家"这一译文只反映词目释义中用线条标出的那一部分意义。综上所述，可以把该词目的意义分为以下三部分：某种专业的代表人物（专家）；掌握某种专业的工作人员（持有高等或中等专业学校毕业文凭者）；某些没有文凭而有某种技能的工人。这三部分意义，与该词目在出发语言中使用的实际情况是完全吻合的。为了节约篇幅起见，"专家"这部分意义的使用例子这里从简。以下举几个其他两部分意义的例子：

① Выпуск специалистов из вузов и техникумов увеличился в 2, 4 раза. (高等学校与中等技术学校毕业的专业干部的人数增加了一点四倍。) [«Вопросы экономики» (《经济问题》80/8，第 62 页)]

② Женщины-специалисты с высшим и средним специальным образованием, занятые в народном хозяйстве (在国民经济部门中工作过的受过高等和中等专业教育的妇女专业干部)。[«Экономическая газета» (《经济报》81/3，第 15 页）]

这两个例子中的 специалист，属于上述第二部分意义，即“掌握某种专业的工作人员”，也就是大专或中专的毕业生，因此似可译为“专业干部，专业人员，专门人才”，并可将下面一例列入：

③ Установка и ремонт телевизора и антенны производятся *специалистом* ремонтного предприятия, обслуживающего ваш район.（安装及修理电视机与天线由贵区修理部的技师负责。）[«Руководство по эксплуатации»（《使用说明》）]“技师”这一译文似可收入词典。

以下几例属于第三部分意义：

① медник—специалист по медным изделиям（制造铜器的技工）

② массажист—специалист по массажу（按摩方面的技师）

③ пекарь—специалист по выпечке хлеба（烤面包的技工或技师）（«Ож.»）

此外，还有 рабочий-специалист 这一用法。例如，新版奥热果夫词典在 крепильщик 的释义中，是这样写的：рабочий-специалист по установке креплений（安装支架的技工）。又如 «Новое в русской лексике» (словарные материалы-77)［《俄语词汇新集》（词典资料 -77）］对 керамист 的解释中，也有这种用法：рабочий-специалист, занимающийся изготовлением изделий из керамики（制造陶器的技工）。

从这些例子来看，специалист 第三部分的意义似可译为“技工”。

上面介绍了 специалист 一词在各种详解词典中的释义，列举了在出发语言中各种不同的使用情况，比较了释义和它在归宿语言中相应的译文，因此可以得出结论：该词目的译文“专家”，是不完整的，其完整的译文至少应该为：专业干部，专业人员，专门人才；（熟练掌握某些专业或技艺的）技师；（熟练掌握某些技艺的）技工；专家。

二

目前双语词典中存在的词目“不完整”译文，大致可分为两类：

（1）由于归宿语言中没有一个与词目意义完全对等的译文，词典编纂工作者又未能找到足够的译文来完整地揭示词目的意义，因此而产生的“不完整”译文。

据此，可以对在俄语详解词典中用 специалист по чему 作为释义的，在汉语中用“××（学）家、×× 专家”作为译文的那些词目进行一次检查。这类词目的译文几乎均属“不完整”译文。如：

① экономист（经济学家）一类以 -ист 结尾的表示有某种专业的名词；

② историк（历史学家）一类以 -ик 结尾的表示有某种专业的名词；

③ почвовед（土壤学家）一类以 -вед 构成的表示有某种专业的名词；

还有 геолог（地质学家）一类以 -ог 结尾的，фотограф（摄影家）一类以 -граф 结尾的，коневод（养马家）一类以 -вод 构成的，以及 философ（哲学家），мыловар（肥皂制造专家），мукомол（磨粉专家），等等。

这类词目数量较大，本文只能略引数例，以做佐证。

① 31 мая—День химика.（5 月 31 日是化学工作者日。）[«Экономическая газета»（《经济报》81/1，第 24 页）]

② ...Это было нелегко, ведь почти ничего нет общего в программах подготовки *историков* и *металлургов*.（……这确实不容易，因为培养历史人才和培养冶金工作者的教学大纲几乎毫无共同之处。）[«Молодость с нами»（《青春常在》，第 33 页）]

③ ...каково приходится полярным наблюдателям-метеорологам!（……在北极进行观察的气象工作者有多艰苦啊！）[«Цена прогноза»（《预报的价值》，第 60 页）]

由此可见，这类词目的译文之后，似可相应加上：××（研究）工作者，××（研究）人员，××师，××工，××匠，或删去某些词目译文中“××（专）家”等译法。

本类“不完整”译文并不是只涉及与специалист有关的那些词目。我们还可举出其他例子，如：

бессонница俄汉词典全译为：失眠，失眠症，而《现代俄罗斯标准语词典》中其释义为：отсутствие сна, связанное с нервным возбуждением или другими причинами（因神经兴奋或其他原因而睡不着觉），该释义的意义是“失眠”所包括不了的。

再看实例：

Это было очередным испытанием для руководителей ленинградских коммунистов и комсомольцев. Они его выдержали. И вот теперь эти люди сидели у Васнецова, бледные, с покрасневшими от бессонницы глазами, мысленно прикидывая: о чем пойдет речь сегодня?（这对列宁格勒的共产党员和共青团员来说，是一次新的考验。他们经受了这次考验。此刻这些人坐在瓦斯涅佐夫的办公室里，脸色苍白，眼睛因熬夜而显得通红，心里在盘算：今天要谈什么呢？）（《围困》IV，第519页）

这里的бессонница显然就是释文中用线条标出的那部分含义，似可译为“熬夜”，补充于“失眠”之后。

又如：

крест ① фигура из двух пересекающихся под прямым углом линий（由两根成直角交叉的直线构成的图形）。（«Ож.»）

据这一释义推断，十字形固然属于这类图形，但“叉形符号”也在此列。因此，似应加上“叉，叉形”。

属于本类“不完整”译文的另一种，是词义的发展引起的。试比较新旧两版奥热果夫词典对 донор 一词的释文：

① человек, дающий свою кровь для переливания ее раненым, больным（提供自己的血液以输给受伤者或病员的人）。（旧版）

② тот, у кого берут кровь для переливания или *какой-н. орган* для пересадки раненым, больным（提供自己的血液或某种器官以输给或移植给受伤者或病员的人）。（新版）

显然，“供血者”这一译文是“不完整”译文，修订时应补充“提供（某种器官）的人”。

（2）归宿语言中有一个与词目意义相等的译文，但词典编纂工作者使用了一个概念比较具体的译文，因此而产生的“不完整”译文。

例如：близнецы 第一义项的译文是：孪生子、双生子，但是对照该词在详解词典中的释义，就会发现译文的意义过于狭窄。请看释义：

дети, одновременно рожденные одной матерью（由一个母亲同时生出的孩子）。（«Ож.»）

此处的 дети 并不一定指两个，试比较 близнецы 的同义词 двойня 的释义：

два младенца, одновременно рожденные одной матерью（由一个母亲同时生出的两个孩子）。（同上）

此外，从该词在俄语中的使用情况来看，也是如此。例如：Среди них и семья Мольнар, в которой год назад родилась четверка близнецов—Гадор, Андраш, Петер и Марта.（其中也有莫尔纳尔的家，他家去年生了个四胞胎，取名加多尔、安得拉什、彼得和马尔塔。）[«Труд»（《劳动报》81/4 ～ 16，第 3 页）]

据此，似可把译文改为“两（三、四……）胞胎”。

фронтовик 在俄汉词典中的译文为“前线战士”。然而其释义却是：

тот, кто сражается в действующих частях на фронте（在前线作战部队中打仗的人）。（«Ож.»）

对比之下，“战士”的概念太窄，似应改为“前线的指战员，前线战士”。再如：

гараж 的译文是“汽车房，汽车库，汽车行”。可是它的解释却是：помещение для стоянки и ремонта автомобилей и мотоциклов（停放和修理汽车及摩托车的场所）。（同上）

因此，可把译文改为“（汽车、摩托车的）车库，（汽车、摩托车的）车行”。

在目前的双语词典中，第一类“不完整”译文占多数，第二类占少数。

三

“不完整”译文对双语词典的质量，以及对外语教学和翻译工作都有不同程度的影响。

例如，本文所举的各词，在俄语教科书中均采用俄汉词典中的译文，学生就无法全面了解这些词的完整意义，因而不能很好地掌握这些词。少数翻译工作者囿于俄汉词典中的现成译文，因此译出的文字质量也受到一定的影响。为了避免在双语词典中出现“不完整”译文，我们既要对比词目在各详解词典中的释义，吃透它的词义，又要仔细观察词目在出发语言中的不同上下文中所反映出来的词义，收集它在归宿语言中的不同译文，把这些译文同该词目在各详解词典中的释义细加比较，最后再整理成文。

从宏观结构探讨双语词典的译文

一

从宏观结构探讨双语词典的译文，就是从一部双语词典整体出发，把要研究的词目或例证的译文和与其有关的词目或例证的译文联系起来进行比较与探讨。例如：*автомат* 条下的例证 телефон-а 的译文为：自动电话（《刘》[①]）。从微观结构（指一个词条）看，很难发现这一例证的译文有什么问题。但从宏观结构去探讨，把这一译文与该词典中立条的 *телефон-автомат* 的译文做一比较，就会发现差别。

телефон-автомат 自动收费公用电话（《刘》）

词义相同而译文不同。孰是孰非，请看详解词典的释义：

телефон-автомат телефонный аппарат общего пользования, включающийся при опускании в него монеты определенного достоин-

① 指刘泽荣主编的《俄汉大辞典》，商务印书馆 1963 年版，下同。

ства（投入一定面值的硬币后可使用的公用电话）(«MAC»[①])

显然，“自动电话”这一译文欠妥，宜改为“自动收费公用电话”。

值得一提的是，《俄汉词典》（辽宁省中小学教材编写组编）在处理这两处的译文时，存在同样的问题。《俄汉新词词典》（黑龙江大学《俄汉新词词典》编写组编）也把 автомат（о кабин, в которой находится *телефон-автомат*[②] 装有自动收费公用电话的房间）翻译为：自动电话间。

由此可见，*автомат* 条下 телефон-а 的译文，从微观结构去研究始终未能发现问题，但从宏观结构来探讨，问题就容易得到解决。

二

从宏观结构探讨双语词典的译文主要可从以下三个方面入手。

2.1 从与词目语义有关的词目或例证的译文入手

词目在语义方面（如：同义、近义、反义、种—类概念[③]等）与其他词目或例证有着各种关系。在确定或验证某一词目的译文时，与在这方面有关的词目或例证的译文做比较，大有裨益。现分述如下：

2.1.1 同义

试比较：

蹊跷 odd; queer, fishy　跷蹊 fishy; dubious (《汉英》[④])

这对概念同义词的译文几乎一致。似可把两处译文合二为一，把“奇

① 指 АН СССР, Словарь русского языка. М., 1981—1984。

② 见 И. З.Котелова и Ю. С. Сорокин, Новые слова и значения. М., 1973。

③ 指同种类或同种类不同门类的概念。

④ 指北京外国语学院英语系《汉英词典》编写组编的《汉英词典》，商务印书馆 1978 年版。

怪，可疑”（见《现汉》[①]）两个意义分开。

又如：

стачка 罢工 *забастовка* 罢工（或罢课、罢业）(《刘》)

从译文看，стачка 的意义似乎比 забастовка 小，其实并非如此。《俄语同义词词典》指出：забастовка—наиболее употребительное слово; стачка употр. редко（забастовка 最常用，стачка 少用）。显然，两词之间并无意义上之差别，故译文似应相同。至于使用频率之高低，可用使用频率低的词参见使用频率高的词的方法来解决。再如：

自刎 зарезаться *разг.* 抹脖子 перерезать себе горло: покончить жизнь самоубийством; покончить с собой (с жизнью)(《汉俄》[②])

两处译文的修辞色彩不尽相当，似应把 зарезаться 这一口语色彩的词作为“抹脖子”的译文，而“自刎”的译文改为：перерезать себе горло; лишить себя жизни, перерезав горло。

当然，由于两种语言的差异，要求译文与词目在修辞色彩、频率方面完全对当，在不少情况下是很难做到的。[③] 但在可能的情况下，使译文与词目在这几个方面对当或相近，是有益的。此外，要求对当，并不意味着把不尽对当的同义词排斥于译文之外，而可把它们列于对当的译文之后，以供参考。

2.1.2 近义

挂彩…②（负伤）получить ранение; быть ранен

负伤 получить ранение; быть раненым (《汉俄》)

---

① 指中国科学院语言研究所词典编辑室编的《现代汉语词典》，商务印书馆 1973 年版。

② 指上海外国语学院《汉俄词典》编写组编的《汉俄词典》，商务印书馆 1977 年版。

③ 例如“祖国”在现代汉语中并无同义词，可在俄语中，表达这一概念的却有三个：отчизна、отечество、родина; 在英语中有两个：fatherland、motherland。在编《俄汉词典》《英汉词典》时，编者除了用修辞注（отчизна〈崇〉）外，很难用译文把它们区别开。

两词意义相近，但不相等。请看《现汉》的释义：

挂彩…②作战负伤流血

负伤　受伤

两个近义词的译文毫无二致，显然欠妥。“挂彩”的译文中似应加上 в бою 把它与“负伤”区别开。

2.1.3 反义

多头 игроки (спекулянты) на повышение цен 做～［спекулятивная］игра на повышение цен

空头①（投机）：做～［спекулятивная］игра на понижение

对比之下，“空头”无必要虚立，可把 игроки (спекулянты) на понижение 作为译文，此外“多头”这一词目与例证译文中的 цен 可以省去。

2.1.4 种-类概念

候鸟　migratory bird → 冬候鸟　winter bird
　　　migrant　　　　→ 夏候鸟　summer resident（或 bird）

（《汉英》）

冬、夏候鸟是候鸟这一种类中的两大不同门类，三者译文理应统一。此地 resident 为“留鸟”，不妥，宜删，其他译文应尽量一致。

电车①　tram; tramcar; → 无轨电车 trackless trolley; trolleybus
　　　　streetcar　　 → 有轨电车 tramcat; streetcar
　　②　trolleybus; *trolley*

（《汉英》）

trolley 为“有轨电车”，放在“电车”②中欠妥，似应放在“电车”①和有轨电车条下。

2.2 从由词目构成的派生词的译文入手

词目与其构成的派生词，在意义方面有紧密的联系。因此，由词目构成的派生词的译文，应与派生的词目的译文相互呼应。例如：

гусь ①鹅；雁（亚科）*гусиный* ①鹅的（《刘》）

由 гусь 派生的 гусиный 是否还有“雁”这一意义，请看《现代俄罗斯标准语词典》的释义：

гусь крупная водоплавающая птица, с серым или белым оперением... зоол. *гуси* подсемейство птиц из отряда гусиных（灰色或白色羽毛的大游禽…〈动〉雁形目亚科）

гусиный относящийся к *гусю, гусям*; принадлежащий, свойственный им（属于鹅的，雁的；鹅、雁特有的）

可见，гусиный 的译文中应添上“雁的”，使之与 гусь 呼应。

辟…②（驳斥）опровергать кого-что (опровержение)

辟谣 опровержение（《汉俄》）

“辟谣”由“辟”构成，但意义与“辟”已不尽相同，《现汉》的释义指出：

辟…②驳斥或排除（不正确的言论或谣言）

辟谣　说明真相，驳斥谣言

显然，用同一个俄文词译这两个词目是不妥当的，“辟谣”似可改为 опровергать ложные слухи，原来的译文可做例证。

tram I n. ①［英］（有轨）电车…‖ ～car...（有轨）电车…/ ～line［英］有轨电车路线…/ ～service（有轨）电车交通 / ～stop 电车站（《新英汉》[①]）

---

① 指《新英汉词典》编写组编的《新英汉词典》，上海译文出版社 1978 年版。

在这组由 tram 构成的派生词中，其他涉及电车的译文均注有“有轨”的说明，唯独“～stop”没有，容易引起误解，宜加上“有轨”两字。

2.3 从与词目或例证有搭配关系的词目或例证的译文入手

词目或例证与其他词目或例证可能有搭配关系（如限定、支配等），把词目或例证的译文和有这类关系的词目或例证的译文做比较，可使其前后呼应、相得益彰。

государственный... г. деятель 政府要员，国务人员

деятель... государственный д. 国务活动家，政治家（《刘》）

对比之下，государственный 条下例证的译文欠妥，宜取 деятель 条下例证的译文，使两者一致。

board... ⑤ ... a ～ of directors 董事会

director... ② ... a board of ～ s 理事会；董事会（《新英汉》）

毫无疑问，board 条下的例证应添加“理事会”这一译法。

开…⑪ make a list of; write out：～方子 *write* a prescription

方子① prescription：开～ *write out* a prescription（《汉英》）

“开方子”的译文中。out 一词是否需要，读者很难判断。编者似应指出两者皆可，使两处译文统一。

经纶…满腹～ обладать умом государственного человека（有治国之才）

满腹经纶 большая эрудиция; большая ученость (начитанность); энциклопедизм; ума палата（学识渊博，绝顶聪明）（《汉俄》）

两处译文各有侧重，如何解决，请看《汉语成语词典》（甘肃师范大学中文系《汉语成语词典》编写组编）的释义：腹：肚子；经纶：原意是把丝理出来又合起来，比喻政治才能。满腹经纶：比喻人很有学问

和才能。因此，可把两处译文合并成：обладать большой эрудицией и умом государственного человека。

以上从三个方面分别加以阐述是为了叙述上的方便。事实上，从宏观结构探讨词目或例证的译文时，这三个方面往往是相互交织在一起的。试以“考卷”为例：

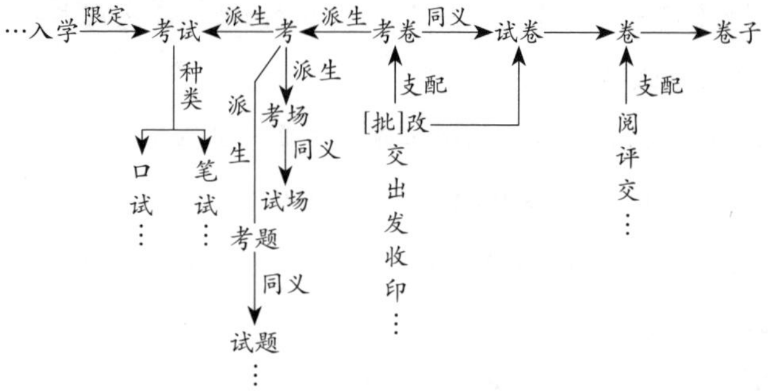

这一纵横交错的图例看似漫无边际，但在具体的一部双语词典中却是有限的，因为可以广泛开展的搭配关系（例证），在双语词典中一般不可能全部罗列无遗，而只能撷其要者作为例证。

根据这一图例探讨《汉俄词典》及《汉英词典》会发现一些问题，本文只略举数例：

① 考卷（附试题的考卷）письменные экзаменационные работы;（不附试题的考卷）бумага для письменных экзаменационных работ

② 试卷（尚未写答案的卷子）экзаменационный билет;（写上答案的卷子）экзаменационная работа

③ 卷子（试卷）экзаменационная работа; экзаменационное сочинение;（空白试卷）экзаменационный лист（《汉俄》）

三处译文的侧重各不相同，似应归结为：写上答案的卷子，未写答案的卷子；附试题的考卷，不附试题的考卷。三处译文应统一具有上述四个内容。此外，экзаменационный билет 为“考签”，应删。

① 考 give or take an examination, test or quiz

考试 examination; test

② 试卷 examination paper; test paper

考卷 examination paper

卷子 examination paper

③ 考题 出～ set an examination paper; set examination questions

出～考题 set the paper; set the examination questions

（《汉英》）

以上列举的三组词目和例证的译文或多寡不一，或互有差异。如能互相呼应，前后协调，可避免不少因“莫衷一是”引起的麻烦。

三

由此可见，从宏观结构探讨双语词典的译文是可能的，因为双语词典的词目或例证通过其语义、派生词、搭配关系与其他词目或例证存在着千丝万缕的关系。不仅如此，这种探讨也是必要的，因为词目或例证的译文从微观结构来考虑可能比较片面，而经过宏观结构的比较，就容易鉴别正误，纠正片面。此外，大中型双语词典都是集体的劳动成果。这一集体成员的水平参差不齐，所掌握的资料数量不一，在翻译词目或例证时所侧重的面互不相同，因此很容易造成宏观上的不协调。这就更证明从宏观结构探讨译文的必要性。

从宏观结构推敲译文，对提高词典的正确性与科学性，不失为一种有效的方法。这一方法不但可以纠正误译，使同义词的译文能相互补充，更加确切、对当、富有层次，而且使各有关词目或例证的译文之间相互呼应，前后一致。

从宏观结构探讨译文时，特别要注意那些内涵不同但译文相同的词目或例证的译文，以及那些内涵相似而译文有异的词目或例证的译文。

为了能从宏观结构探讨词目或例证的译文，双语词典编写者编制本词典这一宏观结构的参见系列卡（如上述“考卷”），对于编者在编写或修订时是十分有益的。而且，如能对同一概念或事物，在归宿与出发语言中都编制出系列卡，在编写或修订时，把两种语言中有关这一概念或事物的词汇做全面对比，然后依次“对号入座”，一定会大大地提高词典的正确性与科学性。

双语词典词目译文的使用价值

任何一个词都有一定的使用范围。因此双语词典词目的译文在正确、完整地揭示词目意义的同时，也应该充分反映词目在出发语中的使用范围。① 本文所探讨的双语词典词目译文的使用价值，就是指词目译文在归宿语中使用范围所能反映词目在出发语中使用范围的程度。词目译文根据其所能反映的程度可能有三种情况②：能充分反映的，即使用价值充足的译文；只能部分反映的，即使用价值不足的译文；不能反映的，即无使用价值的译文。试比较：

мозг ④〈复〉（用某些家畜的脑做成的）菜肴（《辽》③）

мозг ③〈复〉（用作食品的动物的）脑（《刘》④）

显然，《辽》的译文虽能正确地表达俄语详解词典的释义（мозг ④

① 本文所指的使用范围不包括尚在演变而又未固定的词义的使用范围。

② 还可能出现词目译文的使用范围超出词目使用范围的现象，这只要用文字限制译文的使用范围即可避免。如下面《刘》中 мозг 的译文前用圆括号中的文字限制了《现汉》中“脑儿”的词义，从而也限制了译文的使用范围。

③ 指辽宁省中小学教材编写组编的《俄汉词典》，辽宁省人民出版社 1974 年版。

④ 指刘泽荣主编的《俄汉大辞典》，商务印书馆 1963 年版。

мн.ч. кушанье, приготовляемое из мозга некоторых домашних животных «МАС»[①]），能揭示词目的意义，但不能使用于归宿语中；而《刘》的译文不仅能正确地揭示词目的语义，而且能使用于归宿语中（脑儿：供食用的动物脑髓或像脑髓的食品。《现汉》[②]）。再比较：

大学生

студент（《牧》[③]）

студент; студентка; студенчество собир.; вузовец *разг.*; вузовка *разг.*（《上外》[④]）

《牧》的译文既能正确地揭示词义又能使用于归宿语中，但对比之下，《上外》的译文除此以外还为使用者提供了下述信息：（1）归宿语词法的特点：俄语中有把一系列同类事物表示为一个不可分的、数量上不定的统一整体的集合名词（студенчество），因此在翻译“中国的大学生”时，要使用这一集合名词，而在翻译“他是大学生”时，则要用具体名词（студент）；俄语名词具有性的语法范畴，虽然动物名词属于哪个性通常和它所表示的人或动物的自然性别有联系，但俄语阴性名词比汉语的“女 ××”常用（如：塔尼雅是大学生，这里的“大学生”译成俄语要用 студентка）。（2）归宿语同义词的特点：俄语中除了与大学生修辞色彩相同的 студент 外，还有口语色彩的名词 вузовед 与 вузовка。显然，从揭示词义的角度来看，《牧》与《上外》的译文并无差别，但从译文的使用价值来看，《上外》的译文充分地反映出汉俄两种语言在表达同一概念或事物时的不同特点，因此《上外》译文的使用价值是充足的。

---

① 指 АН СССР, Словарь русского языка. М., 1981—1984。
② 指中国科学院语言研究所词典编辑室编的《现代汉语词典》，商务印书馆 1973 年版。
③ 指 Б. Г. Мудров, Китайско-русский словарь. М., 1980。
④ 指上海外国语学院《汉俄词典》编写组编的《汉俄词典》，商务印书馆 1977 年版。

上述例子说明所举四本词典的词目译文在揭示词义方面都是正确的，然而在使用价值方面却相去甚远：《辽》的译文无使用价值，《牧》的译文使用价值不足，而《刘》与《上外》的译文使用价值充足。至于词义正确、完整而使用价值又充足的译文在这里毋庸赘述，本文着重分析其他两种情况。

二

无使用价值的译文多见于表达出发语中特有事物的词目译文中。这类译文基本上都是解释性译文。[①] 例如：

снегурочки 一种弯头冰刀（《辽》《刘》）

两处译文只是翻译详解词典的释义：название коньков с сильно закругленными носами（«МАС»）。似可改为："白雪公主" 冰刀（一种弯头较大的普及型冰刀）。[②]

阳春面 сорт лапши（《牧》）

译文只说明是一种面，而没有说明是哪种面。似可改为：лапша без приправ。这种用种概念来解释类概念的译文，缺乏称谓功能，所以也没有使用价值。

此外，用普通词语解释专门术语的译文也无使用价值。例如：

драматический ④〈乐〉高亢的，音色微尖的（《辽》《刘》）

两处译文仅仅译出词目该义项在 «МАС» 中的释义：④ муз. сильный, несколько резкий по тембру。而该意义在音乐中的专门术语为：

---

① 详见拙文《双语辞典词目译文初探》，《外国语》1978 年第 3 期。

② 北京体育学院编：《俄汉体育词汇》，人民体育出版社 1973 年版。

戏剧的（如戏剧男高音）。[①] 又如：

轮回

② будд. перерождаться; бесконечные перевоплощения（《牧》）

〈宗〉метампсихоз; метампсихоз（《上外》）

《牧》用普通词语翻译术语，意义不确切，使用时可能会词不达意，而《上外》以术语译术语，无论是在词义还是在使用范围方面与词目都是对等的。

此外，目前俄汉词典中较为常用的"××为××的女性""××为××的抽象名词""××为××的动名词""××为××的形容词"等译文也均无使用价值。因为它们只指出词目由哪个词派生而来，而不能将之使用于归宿语。这类译文一方面会造成词典在宏观上的矛盾（并不是所有以被派生词为词目的译文都是这样处理的），另一方面以被派生词为词目的译文可能与以派生词为词目的译文有所不同。因此俄汉词典应该避免这类现象。最后应该指出，错误的译文也是没有使用价值的。

二

使用价值不足的译文的产生原因比较复杂，下面从四个方面加以说明。

2.1 词的意义

词目译文的意义如果不能完整地表达词目的意义，译文的使用价值就不可能充足。试比较：

① 多尔然斯基编：《简明音乐辞典》，上海音乐学院编译室译，上海音乐出版社1957年版。

жалить

（蜂，蛇等）蜇，咬（《辽》）

（蜂，蛇等）蜇（《刘》）

жалить 在 «МАС» 中的释义为：ранить, впиваясь жалом，汉语要完整地表达这一意义，似可增加“叮，蜇”等意义。

产量

① производство; объем производства

② продукция; выработка

③ производственная мощность; производительность; продуктивность（《牧》）

продукция; объем производства; выход; урожайность（《上外》）

两处的译文有同有异，但都不能完整地反映词目的意义，似可增加：выпуск（工厂等的产量）；выплавка（钢铁等的产量）；добыча（矿物等的产量）；сбор, урожай（农产品等的产量）。

必须指出，两种语言有时在同一层次的意义上有相对应的词，但在次一层次的细分意义上归宿语有若干词，而出发语却没有相应的词。在这种情况下，词目译文除了提供表达同一层次的意义的相应词语外，还应指出次一层次上具有细分意义的若干词。例如：

怀孕

забеременеть; беременная（《牧》）

беременная (беременность); беременеть; в (интересном) положении（《上外》）

“怀孕”与 беременная 在同一层次的意义上是相同的（请分别参阅《现汉》和 «МАС» 中的释义）。但俄语中 беременная 这一意义的次一层次上有 стельная（母牛怀孕）；супоросая, супоросная（母猪怀孕）；

суягная(母羊怀孕)[①] 等表示细分意义的词。而汉语在次一层次没有相应的词，仍旧用“怀孕”这一词。显然，汉俄词典除了 беременная 外，列举次一层次各词对于提高词目译文的使用价值是有益的。

2.2 词的同义系列

俄、汉语都有丰富的同义词，但差异颇大。如果归宿语中表达同一概念或事物的同义系列与出发语不同，那么在使用范围最广的词目下充分罗列同义译文（同义词和同义的固定词组）是必要的。试以“工资”为例，对俄、汉语中的同义系列进行共时的比较：

заработная плата 工资

зарплата *разг.* 工钱

заработок 工薪

жалованье 薪

содержание *устар. и спец.* 薪水

получка *разг.* 薪金

оклад 薪给

ставка 薪俸

оплата 薪资

汉语中“工资”的使用范围最广，因此在这一词条下似应充分罗列俄语的同义系列，而在其他词条下，可根据它们的使用范围酌情处理（如根据修辞色彩将“工钱”译为 зарплата 与 получка）。相应地，俄汉词典在表达这一概念的使用范围最广的 заработная плата 之下也应充分列举出合适的汉语译文。

① 还有 сужеребая（马、驴怀孕），因是方言，似可不收。

有时出发语中一个词能使用于不同的语体，而归宿语中表达相应概念或事物的词在不同的语体中是有差别的。例如：

мошенник 骗子（《辽》《刘》）

俄语中 мошенник 还能用作法学术语[①]，而汉语表达相应概念的法学术语应为：诈骗犯。俄汉词典似应收录这一术语。

2.3 词的词法特点

俄、汉语在词法上差别很大。双语词典应该指出这种差别。《上外》"大学生"条下的译文就指出了这一点。俄语中除集合名词外，还有可数名词与不可数名词（如：土豆 картофелина, картофель），动词有完成体与未完成体之别，等等，都应在双语词典中得到反映。而汉语中一词兼属几个词类、单音词与双音词、量词等，双语词典也应分别予以指明。试比较：

лес

① 树林，森林（《辽》）

① 林，树林，森林（《刘》）

汉语中不少单音词在现代汉语中发展为双音词，与单音词一起构成同义系列，在意义、构词能力、修辞色彩等方面有不同程度的差异。《刘》的译文兼容并包，提高了译文的使用价值。

2.4 词在不同场合、宗教、国家、地区等的特点

一个词在出发语中的使用范围相当广泛，然而在归宿语中表达这一概念或事物的译文可能因不同的场合、宗教、国家、地区而异。例如：

---

① 见 В. М. Чхиквадзе, Энциклопедический словарь правовых знаний 中 мошенничество 条。

转交

передавать; передача (《牧》)

передать кого-что (передача) (《上外》)

上述译文在一般场合下是正确的，但在公文、书信语体中俄语却有固定的表达法。“甲同志转交乙同志”应译为“товарищу 乙（第三格）через тов. 甲（第四格）”；“товарищу 乙（第三格）для передачи тов. 甲（第三格）”。在某些场合下还可译为 по адресу（如：来信请由大使馆转交）。汉俄词典似可增加这些译文，并指明其使用场合。

бог

神；上帝；老天爷 (《辽》)

上帝，天主；神，老天爷；上天，苍天 (《刘》)

бог 在 «МАС» 中的释义为：“по религиозному представлению: верховное существо, сотворившее мир и управляющее им, или (при многобожии) одно из таких существ”。可见，它可泛指各宗教主宰万物的神，上述两处的译文中没有伊斯兰教的称谓，主、真主或安拉。汉语中这方面的词也还有不少。

министерство

①（中央机关的）部 (《辽》)

② 部 (《刘》)

министерство 在俄语中可用于世界各国，但汉语中在表达日本这一机构的名称时却表述为“省”（如：原生省）。这一译文似可进入词典。

议会

парламент (《牧》)

парламент; национальный конгресс (《上外》)

“议会”在汉语中可指各国的最高立法机构，但在俄语中却因国家或地区不同而异。《上外》除了词目译文外在例证中还提供了：собрание、совет、ассамблея 等不同地区的译法。如果从更广泛的角度考虑，还可列举：палата、ригсдаг（丹麦）、кнессет（以色列）、кортесы（西班牙）、стортинг（挪威）、сейм（波兰、芬兰）、скупщина（南斯拉夫）、альтинг（冰岛）、меджлис（马尔代夫等）等。汉俄词典收录这些译文对读者是大有好处的。

以上分四个方面来谈，是为了叙述的方便。在编纂双语词典的过程中，这四方面往往是相互交织的。从这四个方面考虑词目的译文，对提高词目译文的使用价值无疑是有帮助的。

以上述分析为依据，我们不难得出以下结论：

（1）两种语言在词汇方面的差异不仅存在于词义、修辞色彩等方面，而且存在于词的使用范围中。因此双语词典词目的译文在揭示词目意义的同时，还应该充分反映词目的使用范围。

（2）词目的使用范围包括两个方面。一方面是词在出发语中固有的使用范围（如词义所限定的使用范围、修辞色彩等）；另一方面是词与其归宿语中的译文相比较（如词法特点，不同场合、宗教、国家、地区等）而出现的使用范围。词在出发语中固定的使用范围（如：工资与工钱，前者使用范围广，后者只用于口语）对任何归宿语来说都是固定不变的，是绝对的使用范围；而词与归宿语中的译文相比较而产生的使用范围，只是对一种或几种归宿语来说是存在的，而对其他归宿语来说并不存在，因此它是变化的，是因归宿语不同而异的，是相对的使用范围。例如："大学生"译成俄语，要指出其在归宿语中的词法特点（студенчество, студентка），这是汉、俄相比较而产生的使用范围；而译成英语，因为英语没有俄语这种词法特点，所以只需译为 student。显然，汉、英对比时，上述使用范围已不复存在。再如：министр 译成汉语时为"部长、大臣、相”(《刘》)；如译成英语，只需 minister 一词。俄、汉比较时出现的使用范围并不存在于俄、英的对比之中。因此双语词典除了充分反映词目的绝对使用范围外，还必须充分反映它的相对使用范围。

（3）一个意义正确的译文并不一定能使用于归宿语（如《辽》中 мозг 的译文）；一个意义正确而又能使用于归宿语的译文可能与词目的意义和使用范围是一致的（如《刘》中 мозг 的译文），但在多数情况下是不同的。因此双语词典编纂者一方面应该尽量避免使用解释性的译文，因为这类译文不能反映词目的使用范围，无使用价值；另一方面必须为词目提供能充分反映词目使用范围的译文。这对于归宿语不是母语的使用者来说大有裨益，即使对于归宿语是母语的使用者来说也不无用处。

双语词典编纂法新探

——从翻译到对比

目前，我国编纂双语词典的主要方法是翻译法，编者在出发语中挑选一部合适的详解词典作为蓝本，根据其词目的释义逐一译成归宿语，这样一部双语词典就诞生了。在编写过程中，虽然也按照实际情况做了适当的增删，但基本上是翻译。从效果来看，用这一方法编成的双语词典，在它所涉及的两种语言之间架起了桥梁，为帮助读者使用这两种语言起着积极的作用。

但是翻译法也存在着不足之处。

首先，词目的翻译过程是线性过程，即从出发语的某一点（一个词目或义项）开始，以该词目或义项在详解词典中的释义为依据，向归宿语做一直线，直线的另一端就是译文。设出发语中的那一点为 X，其释义为 Y，译文为 Z，那么这一线性过程可用下图来表示：

X（词目或义项）————→ Z（译文）
Y（释义）

试举一例：

teacher（X）——person who teaches（教书的人）（Y）①——→ 教师（Z）

首先，分析这一过程，不难看出该过程中的两项（X，Y）是已知项，而另一项（Z）为未知项。未知项是根据已知项Y推导出来的。大量实践表明，这种推导大多是正确的。但也存在：（1）不正确的推导（误译）；（2）不确切的推导（内涵不完全对等）；（3）受出发语词目释义影响的推导（用译成的词目释义代替归宿语中现成的词语）。说明这三种情况的例子在不少文章中都有，这里不再一一列举。

其次，这一线性过程中的未知项即使推导出来是正确的，也不容易确定所得的结果是不是这一过程的终点。例如，“教师”是根据Y推导出来的正确结果，但整个过程是否就到此为止了呢？请看下图：

X（teacher）——Y（person who teaches）——→ Z（Z^1，Z^2，Z^3……？）

教师　老师　教员

汉语中“教师”有不少同义词。编者一般不会只提供一个译文。那么，在篇幅相近、对象相同的词典中，这一过程的终点在何处呢？是Z^1、Z^2，还是Z^1、Z^2、Z^3呢？还是更多呢？在已经出版的几本英汉词典中，teacher的译文数量不一。有的举教员、老师、先生；有的为教师、教员、老师、先生；还有的是教师、教员、老师。为什么会出现这种现象？是出于不同的目的，还是不清楚归宿语中Z具体究竟指多少词？Z^1、Z^2……的终点何在？

最后，翻译法的依据是词目在详解词典中的释义，因此它的译文仅

---

① 见Hornby, A. S., Gatenby, E. V. & Wakefield, H. *The Advanced Learner's Dictionary of Current English.* London: Oxford University Press, 1963。

仅是在语义方面与出发语的相应词目或义项对应，至于词目或义项在构词、组合关系、聚合关系方面的特征，以及在言语中的应用都无法在译文中得到反映。

如果在翻译法的基础上采用对比法，那情况就不同了。

在一部词典中，除了宏观结构（整部词典）和微观结构（一个词条），还存在着若干中观结构。中观结构介乎宏观和微观之间，是以词汇的某个特征集合该宏观结构中具有这一特征的所有词的词汇体系。以词的聚合关系为特征，则语义场是一个中观结构；以构词为特征，则词族为另一个中观结构；以组合关系为特征，词的组合又是一个中观结构。对比法就是这些中观结构的对比。本文仅以语义场为例来说明这一方法。

编者在处理一个词目或义项时，把它放在它所属的语义场中，确定它在该场中的层次，以及该层次上的位置，然后在归宿语中圈定相同的语义场，根据词目或义项的释义，确定相应的层次及位置，最后加以共时的比较。见下图：

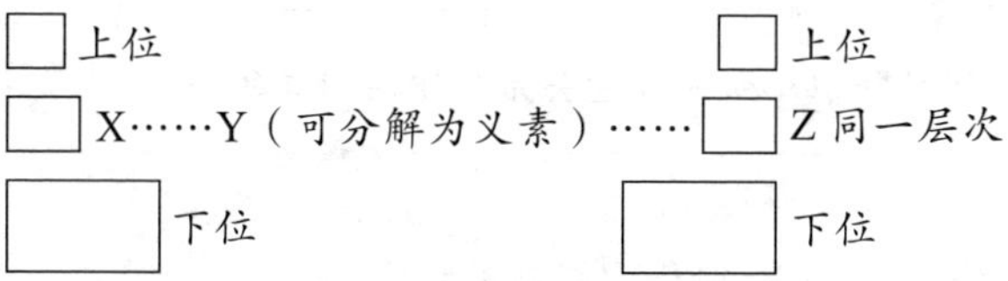

出发语中的语义场　　归宿语中相应的语义场

对比之下，不外乎以下几种基本情况：

1. 归宿语在相应层次的位置上有对应词。这种情况姑且称为有位。碰到有位，先分析两个词的义素测定其义谱（义谱就是词的义素之和），然后把它们进行对比。这样做可能有两种结果：

（1）相等：在同一层次同一位置上的两个词的义谱相等。例如，学科语义场中的各门学科：

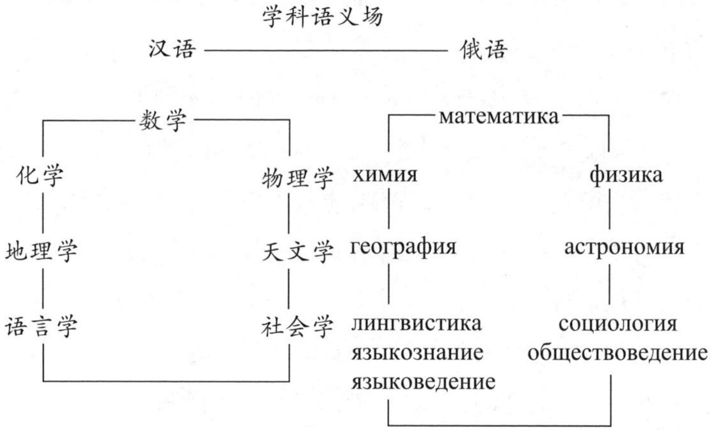

从上图可以看出，在相同的语义场中这一层次的位置上都有对应词。分析几组对应词的义素，对比其义谱，可知它们是相等的。见下例：

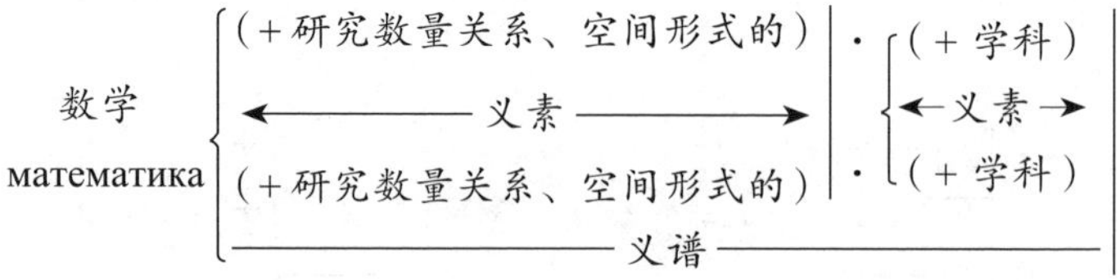

其他几组对应词的分析因篇幅关系从略。

相等的对应词不一定只有一个，在语义场中具有相同义谱的同义词可能有几个。例如：上述语义场中，俄语在“社会学”这一位置上有两个同义词（социология 与 обществоведение），而在“语言学”这个位置上出现三个同义词（лингвистика、языковедение、языкознание）。如果采用翻译法，在处理“社会学”和“语言学”这两个微观结构时，就不容易确定其线性过程中 Z 的终点，而对比法则不然。在语义场中，所有的同义词都一目了然。编者可以根据词典篇幅和对象，自觉地提供一定数量乃至全部同义词。但是，义谱相等的对应词在整个宏观结构中是少数。

（2）部分相等：在相同层次相同位置上的两个词的义谱有同有异。例如，疑问代词语义场：

кто 和“谁”处于同一层次和同一位置，看似相等，其实不然。试分析两者的义素，并对比其义谱。

俄	生物				事物		汉
	人		动物				
кто	+	+	+	−	−	−	谁

кто 的义谱为：（＋疑问）·（＋人）·（＋动物）

“谁”的义谱为：（＋疑问）·（＋人）·（－动物）

可见，кто 的对应体不仅是“谁”，而且应加上“什么”（动物）。

又如，不用肢体移动的语义场：

我们用下表来分析义素，并确定其义谱。

	牲畜	车等	船等	飞机等		
乘	+	+	+	+	+	+
坐	−	+	+	+	+	+
搭	−	+	+	+	+	+
搭乘	−	+	+	+	+	+
骑	+	只指骑自行车和摩托车	−	−	+	+
					定向	不定向①
ехать	+	+	+	−	+	−
ездить	+	+	+	−	−	+
лететь	−	−	−	+	+	−
плыть	−	−	+	−	+	−
плавать	−	−	+	−	−	+

①定向、不定向为俄语动词特有的义素。

由上表可知，汉语的“乘”义谱最长。

乘（－步行）·（＋借助牲畜或所有交通工具）·（＋移动）·（±定向）

ехать（－步行）·（＋借助牲畜或车、船等交通工具）·（＋移动）·（＋定向）

ездить（－步行）·（＋借助牲畜或车、船等交通工具）·（＋移动）·（－定向）

лететь（－步行）·（＋借助飞机）·（＋移动）·（＋定向）

因此，在汉俄词典中，它的对应体应包括上表中列举的全部俄语动词，并逐一说明其区别于其他各动词的特征。如：

乘 ехать, ездить（指坐车、船或骑牲畜，前者定向，后者为不定向）;
лететь, летать（指坐飞机，前者为定向，后者为不定向）;
плыть, плавать（指坐船，前者为定向，后者为不定向）

至于该语义场中其他汉语动词可根据它们本身的义谱和对应位置上词的义谱进行类似的处理。

上述两例说明，义素分析和义谱对比可以使编者容易发现进行对比的两个词中的共同义素和区分性义素，从而做出正确的处理。此外，用翻译法处理微观结构可能会挂一漏万，造成不完整的对应体，而对比法使编者有可能看到两种语言中相同语义场同一层次的全部词汇，从而大大地丰富词目的对应体。

部分相等的现象在两种语言的对比中比比皆是而且情况复杂，如上所述,对比法在解决这个问题时比翻译法考虑的因素多,因此也更为严密。

2. 归宿语在相应层次或相应位置上无对应词。这类情况姑且称为零位。出现零位有两种可能 :

（1）绝对零位 : 出发语中词目所表示的是该语言中的特有事物。例如:汉语的“馒头”是特有事物，在俄、英语中都无表示这一事物的名词。所以，虽然两种语言中都有食品语义场，但在俄、英语的这一位置上却没有对应词，出现零位。

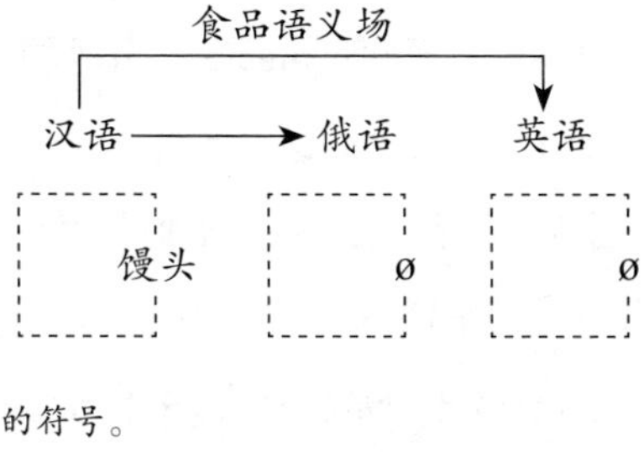

ø 为表示“零”的符号。

“馒头”因为是特有事物，所以不仅在俄、英语中，而且在其他所有外语中都无对应词,都出现零位,因此称为绝对零位。为了填补这个零位，编者可以根据“馒头”的义素、义谱，做出处理（并不是把义素、义谱译成外语)。必须指出，各个语种在处理同一词目时方法不同，所以结果也不同(处理方法另文探讨)。例如：

馒头(+面粉做的)·(+蒸成的)·(-馅儿)·(+食品)

俄语中采用意义近似的现成词：пышка, пампушка(圆面包，小面包)(《汉俄词典》)。

英语中采用词组：steamed bun, steamed bread(蒸成的圆面包，蒸成的面包)(《汉英词典》)。

(2)相对零位：因出发语和归宿语的词所划分的客观现实不同而出现的零位。例如：亲族语义场中男性旁系亲族这一层次。[①]

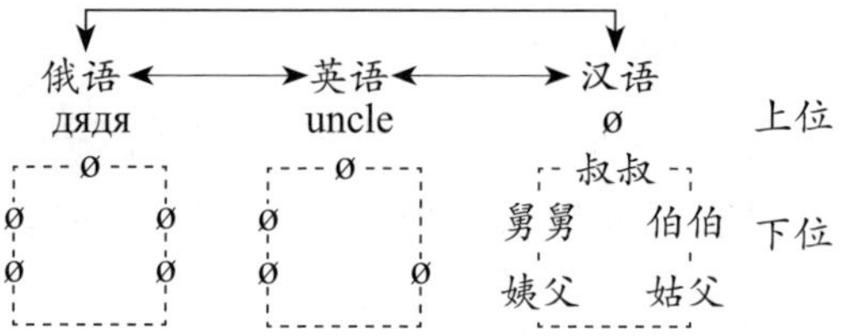

可见，由于各种语言划分客观现实的不同，各种语言的词在相同的语义场中所处的层次也不同。英语的 uncle 与俄语的 дядя 在同一层次，处于有位状态，义谱相同；但在汉语的这一层次上缺少对应词，出现零位。而汉语在下一层次(下位)却有“叔叔”“伯伯”等词，这些词在英语和俄语中都没有对应词，在它们的语义场中出现零位，但在它们的上一层次(上位)却都有名词。因此这类零位是相对的，并不出现在所有的外语之中。处理这类词的方法是，在汉俄或汉英词典中用词组作为对应体来填补零位，

① 这一语义场中汉语的每个词几乎都有同义词，如叔叔、叔父等。俄语 дядя 的同义词和具有主观评价色彩的词，如 дядька、дядечка、дядюшка 等，这里为了方便、醒目，未全部列出。

而在俄汉或英汉词典中则罗列归宿语中对出发语词目来说处于下位的那些词。至于在俄英或英俄词典中 дядя 和 uncle 就互为对应体。

英俄或俄英词典为：uncle дядя; дядя uncle

汉俄或汉英词典则为：

叔叔 младший брат отца
（父亲的弟弟）
father's younger brother

其余各词可依此类推。

俄汉或英汉词典是：

дядя
叔叔、伯伯、姨夫、姑夫、舅舅
uncle

从上述各例来看，一个对应体的产生已不再是线性过程的结果，其已知项也不再是Y。它是在两种语言相同的语义场这个空间中，上下对照、左右兼顾，根据语义而确定的位置。然后分析义素、确定义谱，进行对比。由此可见，对比法是立体的比较，比线性过程可资考的因素要多得多。

在编写双语词典时，并不是按字母顺序逐一把词目放到语义场去对比，而是按语义场进行共时的比较，然后把所得的对应体放回到词典中去。

对比不仅可在语义这个中观结构，而且应在构词、组合关系和言语应用等其他中观结构中进行。因为同一个词既可处于聚合关系，也可进入组合关系；既是词族中的一员，又能在不同语境中使用。所以从多种角度、多个侧面加以比较，并指出两种语言的异同是完全必要的。毫无疑问，这个工作是艰巨的、复杂的，但是随着语义学的进一步发展，随着各种类型词典（类义、同义、反义、构词、搭配等词典）的相继出版，随着电子计算机在词典编写领域的推广，采用对比法的条件正日趋成熟。

双语词典中专业门类略语的标准化问题[①]

大中型综合性双语词典一般都收录相当数量的专业词语。这类词语在词典里根据专业分别标明门类。双语词典编者为节约篇幅即在可能的情况下把标明专业门类的词语缩略成最短的形式，然后在卷首的略语表中加以说明，并通用于整部词典。从调查得知，在我国目前出版的双语词典中，同一门类的略语尚不够统一。随着我国双语词典出版的日益繁荣，专业门类略语的标准化问题已逐渐被提上议事日程。我们对近一二十年以来我国出版的各语种的部分大中型双语词典[②]中专业词语门类的略语进行了调查，并想就这一问题发表一些粗浅的看法。现先将调查情况介绍如下：

（一）据统计，这 11 部词典所使用的各专业门类略语共计 120 余个，其中常用和比较常用的有 70 余个。11 部词典中仅出现过一次的专业门

---

① 本文调查材料主要由林月萍同志整理。

② 这 11 部词典的名称和代号见本文最后的代号表，下面在提到这些词典时，均使用其代号。

类略语共 48 个，使用略语最多的词典是⑦，为 89 个。

（二）从略语构成的字数看，有单字型和多字型之分。单字型占绝对优势，共 103 个；多字型中以双字型为主，为 24 个。但是随着边缘学科的不断出现，随着各门学科日益细分，双字型的略语正在逐渐增多，而且略语的字数也趋于增加，这在专业词典中体现得尤为明显。例如，由于边缘学科“生物化学”的出现，产生了新的双字型略语〈生化〉（见表一 42）。又如，气象学的略语在综合性双语词典中为〈气〉（见表一 12），但在科技词典中，因为另有气候学，所以略语〈气〉扩大为〈气象〉，与气候学的略语〈气候〉相并立。再如，病理学在综合性双语词典中缩略成〈病〉（见⑧），而在专业词典中除病理学外还收有病毒学，因此略语〈病〉只能改为〈病理〉，与病毒学的略语〈病毒〉相区别。（以上 3 例见《现代科学技术词典》，上海科学技术出版社 1980 年版）

此外，有的边缘学科仅靠两个字已无法概括，只能增加字数。例如，生物物理学缩略成〈生物物理〉（见《现代科学技术词典》，上海科学技术出版社 1980 年版）。

（三）从略语与专业门类全称的关系来看有以下几种情况。

1. 一个略语代表一种门类。

（1）同一略语代表同一门类（见表一）。

（2）同一略语代表同一或相近门类，但其全称不同（见表二）。

2. 一个略语代表几个门类。

（1）略语是它所代表的全部相近门类全称中共有的字。例如：

〈地〉地理学 地质学（见表二 27）

〈电〉电工 电讯 无线电（见表二 26）

（2）略语是它所代表的全部不同的门类全称中共有的字。例如：

〈教〉教育 教学用语（见表四 1）

〈外〉外交 外科（见表四 2）

（3）略语是它所代表的全部相近门类全称中非共有的字。例如：

〈畜〉畜牧业 兽医 养蜂（见表二 35）

〈财〉财政 金融 银行 保险（见表二 8）

3. 同一门类，略语不同（见表三）。

从四份附表中可以看出：表一基本上是统一的，而且占多数；表二的标准化问题不大，主要全称取得一致；表三、四虽然数字不大，但还有不少工作要做。为此，拟确定以下几条原则：

（1）一个略语在一般情况下只能代表一种门类，即使在不同的词典中也应尽量做到这一点。所以表四的情况似应避免。

（2）略语在可能的情况下愈短愈好，能用单字型的尽可能不用双字型。

（3）略语能正确地传递门类的信息特征。例如："造船"和"造纸"两个门类，均取第二个字〈船〉和〈纸〉为略语，因为它们能传递门类的信息，而第一个字"造"无此功能。

（4）略语应具有与其他略语相异的区分性特征。例如："航海"和"航空"这两个门类的略语，通常是〈海〉和〈空〉，读者一望即知。如果都用第一个字，则不再有区分性特征，只可合二为一。如果一个取〈航〉，另一个取〈空〉，也因〈航〉字无区分性特征，显得不妥。此外，由于学科细分，若单字型略语已失去区分性特征，则应由双字型或多字型略语取而代之。上述〈气〉变为〈气象〉、〈病〉改为〈病理〉即是两例。

（5）略语的选择应考虑读者习惯的心理因素。例如：〈教〉这样的略语，读者比较容易联想到它代表教育，而不易猜到它是教学用语的缩略形式。

（6）略语的形式应与社会上使用的缩略形式相一致。例如：〈环保〉环境保护、〈宇航〉为宇宙航行等门类略语是可取的，因为社会上也是这样使用的。

（7）略语所代表的门类全称应统一、规范。

由表一可见，门类全称是否应该加“学”字。例如：用“生物”还是用“生物学”。从要求来看，似应取后者。门类全称除了统一外还应规范。例如：〈棋〉的全称有棋戏、象棋、棋艺、下棋（见表二1）。就门类全称的规范而论，第一个全称似最为妥帖。

以上所述，仅仅是初步的调查和粗浅的意见。从标准化的角度看，这只是第一步。今后尚需对更多的综合性和专科双语词典进行更广泛的调查，以制定一个切实可行的推荐标准。

本文所述11部双语词典的代号

①《俄汉大辞典》，刘泽荣主编，商务印书馆，1963年。

②《德汉词典》，《德汉词典》编写组编，上海译文出版社，1983年。

③《法汉词典》，《法汉词典》编写组编，上海译文出版社，1979年。

④《新英汉词典》，《新英汉词典》编写组编，上海译文出版社，1978年。

⑤《汉英词典》，《汉英词典》编写组编，商务印书馆，1978年。

⑥《日汉词典》，陈涛主编，商务印书馆，1959年。

⑦《英华大词典》，郑易里等编，商务印书馆，1984年。

⑧《西汉辞典》，北京外国语学院西班牙语系编，商务印书馆，1959年。

⑨《汉俄词典》，《汉俄词典》编写组编，商务印书馆，1977年。

⑩《大俄汉词典》，黑龙江大学俄语系词典编辑室编，商务印书馆，1985年。

⑪《新西汉词典》，《新西汉词典》编写组编，商务印书馆，1982年。

附表

表一　一个略语代表一种门类

编号	词典代号 门类全称 略语	①	②	③	④	⑤	⑥	⑦	⑧	⑨	⑩	⑪
1	哲	哲学	哲学	哲学	哲学	哲学	哲学	哲学	哲学	哲学	哲学	哲学
2	宗	宗教	宗教	宗教	宗教	宗教	宗教	宗教	宗教	宗教	宗教	宗教
3	史	历史	历史	历史	历史	历史	历史	历史	历史	历史	历史	历史
4	数	数学	数学	数学	数学	数学	数学	数学	数学	数学	数学	数学
5	植	植物学	植物 植物学	植物学	植物 植物学	植物 植物学	植物	植物	植物学	植物	植物	植物 植物学
6	动	动物学	动物 动物学	动物学	动物 动物学	动物 动物学	动物	动物	动物学	动物	动物	动物 动物学
7	政	政治	政治	政治	—	—	政治	政治学	政治	政治	政治	政治学
8	摄	摄影	摄影	摄影	摄影	摄影	—	摄影	摄影术	摄影	摄影	摄影
9	天	天文学	天文学	天文学	天文学	天文学	—	天文学	天文学	天文学	天文学	天文学
10	冶	冶金	冶金	冶金	冶金	冶金	—	冶金	—	冶金	冶金	冶金
11	逻	—	逻辑学	逻辑学	逻辑学	逻辑学	—	逻辑学	逻辑学	逻辑学	—	逻辑学
12	气	—	气象学	气象学	气象学	气象学	—	气象学	气象	气象	—	—
13	心	—	心理学	心理学	心理学	心理学	—	心理学	心理学	心理学	—	—
14	经	经济	—	经济学	经济	经济	经济	经济学	经济	经济	经济	—
15	解	解剖学	解剖学	解剖学	解剖学	表二 30	解剖学	解剖学	解剖学	解剖	解剖	解剖学
16	农	农业	表二 31	农业	农业	农业	农业	农业	农业	农业	农业	农业
17	医	医学	医学	医学	医学	医学	医学	医学	医学	医学	医学	表二 32
18	艺	艺术	艺术	艺术	—	—	—	—	艺术	艺术	艺术	—
19	体	—	体育	体育	体育	体育	—	体育	体育 运动	体育	—	—
20	林	林业	林业	—	—	林业	—	林业	—	林业	林业	—
21	光	—	光学	—	—	—	—	光学	光学	—	—	—
22	统	统计学	统计学	—	—	—	—	统计学	—	统计	统计学	—
23	邮	邮政	—	—	—	邮政	—	邮政	—	邮政	邮政	—
24	罗神	—	—	罗马 神话	罗马 神话	—	—	罗马 神话	—	—	—	罗马 神话

（续表）

编号	词典代号 / 门类全称 / 略语	①	②	③	④	⑤	⑥	⑦	⑧	⑨	⑩	⑪
25	希神	—	—	希腊神话	希腊神话	—	—	希腊神话	—	—	—	希腊神话
26	质	—	—	地质学	—	—	—	—	地质学	—	—	地质
27	汽	—	汽车工业	汽车	—	—	—	—	汽车	—	—	—
28	古生	—	古生物	—	—	—	—	古生物学	—	古生物学	—	—
29	会	—	—	会计	—	—	—	—	—	会计	—	—
30	纸	—	—	造纸	—	造纸	—	—	—	—	—	—
31	鸟	—	—	鸟类	—	—	—	鸟类	—	—	—	—
32	采	—	表二16	采矿	—	—	—	—	采矿业	—	—	—
33	美	—	—	—	—	—	—	美术	—	—	—	美术
34	化纤	—	—	—	—	化学纤维	—	化学纤维	—	—	—	—
35	纹	—	—	—	—	—	—	纹章	—	—	—	纹章学
36	佛	—	—	—	—	—	佛教	佛教	—	—	—	—
37	烹	—	烹饪	—	—	—	—	—	烹饪法	—	—	—
38	考	—	—	—	—	—	—	—	考古学	考古	—	—
39	铁	—	铁路交通	铁路	—	—	—	—	铁路	表三13	—	—
40	宇航	—	—	—	—	宇宙航行	—	—	—	—	宇宙航行	—
41	宇	—	表二33	—	宇宙空间技术	—	—	宇宙空间技术	—	—	—	—
42	生化	—	—	生物化学	生物化学	生物化学	—	生物化学	—	—	生物化学	—
43	讯	—	—	—	电信	电信	—	电讯	—	—	—	—
44	圣	—	—	—	—	—	圣经	圣经	—	—	—	—
45	影	—	—	—	—	—	—	电影	—	电影	—	—

说明：（1）表内的动物和动物学、烹饪和烹饪法、摄影和摄影术、体育和体育运动都算同一门类；

（2）表中格内凡有“表××”处，即参见表×之×编号。

表二　同一略语代表同一或相近门类，但其全称不同

编号	略语＼门类全称＼词典代号	①	②	③	④	⑤	⑥	⑦	⑧	⑨	⑩	⑪
1	棋	棋戏	棋戏	—	—	—	—	—	象棋	棋艺	下棋	—
2	猎	狩猎	狩猎	—	—	—	—	打猎	狩猎	—	狩猎	狩猎
3	化	化学	化学	化工	化学	化学	化学	化学	化学	化学	化学	化学
4	军	军事	军事 军械	军事	军事	军事	军事 军队	军事	军事	军事	军事	军事
5	建	建筑	土木 建筑	建筑	建筑 工程	建筑	—	建筑	建筑学	建筑	建筑	建筑
6	机	机械	机械 工程	机械	机械 工程	机械	—	机械 工程	机械学	机械	机械	机械 工程
7	药	药学	药物学	药学	药物 药物学	药物 药物学	药学 药类	药物	药物学	药物学	药物学	—
8	财	财政	财政 金融 银行 保险	财政 金融	—	—	—	—	财政 用语	财政	—	—
9	测	测量学	测量学	测量	测量	测绘	—	—	大地 测量学	测量	测量	测绘
10	商	商业	商业 外贸	贸易	商业	商业	—	商业	商业	商业	商业	商业 财贸
11	空	航空	航空	航空	航空	—	—	航空	航空	航空	航空	航空 飞机
12	印	印刷	印刷	印刷	印刷	印刷	印刷	印刷	印刷	印刷	印刷	印刷 书业
13	语	—	语言学 语法学 等	语言	语言学	—	—	语言学	语言学	语言学	—	—
14	纺	—	纺织 工业	纺织	纺织 工业	纺织 印染	—	纺织 印染	纺织	纺织	—	纺织染
15	法	法学	表三 5	法律	法律	法律	法律	法律	法律 用语	法律	法学	法律 法学
16	矿	矿物及 矿业	采矿 工程 矿物学	矿物	矿业 矿物学	矿业 矿物	矿物	矿物	矿物学	矿业	矿业	矿业

（续表）

编号	词典代号 / 门类全称 / 略语	①	②	③	④	⑤	⑥	⑦	⑧	⑨	⑩	⑪
17	船	—	造船	造船	造船	—	—	造船	—	船舶	—	—
18	水	—	水利 水文	—	水利	水利	—	水利 水文	—	水利	—	—
19	海	航海	航海 海军	航海	航海	—	—	航海	表三 10	航海	海洋	航海 舰船
20	自	—	自动 控制	—	自动 控制	自动 控制	—	自动化	—	—	—	—
21	计	—	计算机 计算 技术 数据 处理	—	—	—	—	计算机	—	—	—	—
22	原	—	原子能 核物理	—	原子能	原子能	—	原子能	—	—	—	—
23	交	—	表一 39	—	交通 运输	交通 运输	—	交通	—	交通	—	—
24	技	技术	工程 技术	工程 技术	—	—	—	—	技术	技术	技术	工程 技术
25	无	表三 11	无线电	无线电 电子学	无线电	无线电	—	无线电	无线电 工学	表三 11	表三 11	—
26	电	电学	电工学 电子学	电工	电工	电学 电工	电气 电力	电工	电工学	电工	电工	电工 电讯 无线电
27	地	—	表四 5	地理	地质学 地理学	地质学 地理学	地质	地质学 地理学	地理学	表三 14	—	—
28	牌	—	牌戏	—	—	—	—	牌戏	纸牌	表三 15	—	—
29	渔	—	—	捕鱼	—	渔业	—	—	—	—	—	—
30	生理	—	—	生理学	—	生理学 解剖学	表三 7	—	生理	生理	—	—
31	农	表一 16	农业 园艺	表一 16	—	—	—	—	—	—	—	—
32	医	表一 17	—	—	—	—	—	—	—	—	—	医学 医药

（续表）

编号	词典代号 / 门类全称 / 略语	①	②	③	④	⑤	⑥	⑦	⑧	⑨	⑩	⑪
33	宇	—	宇宙航行技术 火箭技术	—	表一 41	—	—	表一 41	—	—	—	—
34	剧	戏剧	表三 2	戏剧	表三 2	戏剧	—	—	戏剧	戏剧	戏剧	戏剧 剧场
35	畜	—	畜牧业 兽医 养蜂	—	—	表三 3	—	畜牧	—	表三 3	—	—
36	生	—	生物 生物化学 微生物学	生物学	生物学	生物	表三 6	生物学	生物学	表三 6	—	—

说明：⑪14的“纺织染”原文如此，疑是“纺织印染”之误。

表三　门类相同，但略语不同

编号	门类全称 ＼ 略语 ＼ 词典代号	①	②	③	④	⑤	⑥	⑦	⑧	⑨	⑩	⑪
1	音乐	乐	乐	乐	乐	乐	乐	乐	乐	音	乐	乐
2	戏剧	剧	戏	剧	戏	剧	—	—	剧	剧	剧	表二 34
3	畜物【业】	—	表二 35	—	—	牧	—	畜*	—	牧*	—	—
4	物理【学】	理	物	物	物	物	理*	物*	理	理	理	理
5	法律	表二 15	律	法	律	法	法	法	法（法律用语）	法	表二 15	表二 15
6	生物【学】	—	表二 36	生	生	生*	生物	生	生	生物*	—	—
7	生理【学】	—	—	生理	—	表二 30	生	—	生理*	生理*	—	—
8	文学	—	—	文	—	—	—	文学	文学	表四 3	—	—
9	外交	—	—	—	—	外	—	—	外交	外	—	—
10	航海	海	表二 19	海	海	—	—	海	航	海	表二 19	表二 19
11	无线电	无线	无	表二 25	无	无	—	无	表二 25	无线	无线	—
12	微生物【学】	—	—	微生	微	微*	—	微	—	—	微生*	—
13	铁路	—	表一 39	铁	—	—	—	—	铁	铁路	—	—
14	地理【学】	—	表四 5	地*	表二 27	表二 27	表二 27	表二 27	地	地理*	—	—
15	纸牌	—	表二 28	—	—	—	—	表二 28	牌	纸牌	—	—
16	绘画	—	—	—	—	—	—	绘	画	—	—	—

说明：门类全称栏下有【 】者，表示方括号内的字，在略语栏下略语右上角标有*时，不出现。例如：生物【学】生（生物学）；生*（生物）。

表四 略语相同，但门类不同

编号	词典代号 门类全称 略语	①	②	③	④	⑤	⑥	⑦	⑧	⑨	⑩	⑪
1	教	—	—	教育	—	教育	—	教育	教学用语	教育	—	—
2	外	—	—	—	—	外交	—	—	外科	外交	—	—
3	文	—	—	文学	—	—	—	表三 8	表三 8	文艺学	—	—
4	神	—	神话 神学	神话	—	—	—	神学 神话	—	—	神学	神学
5	地	—	地理 地球物理	表二 27	地质学 地理学	地质学 地理学	地质	地质学 地理学	地理学	表三 14	—	—

语言国情学和双语词典

一

近20年来，苏联学者维列夏金和科斯托马罗夫等人提出的“语言国情学”（лингвострановедение）在苏联的对外俄语教学中颇为盛行。这门新兴语言学科的内容在他们两位合著的《语言和文化》[①] 一书中得到全面而详尽的阐述。全书洋洋洒洒数十万言，本文只能简而言之。

语言国情学的理论依据是，语言不仅具有交际功能，而且具有积储功能（кумулятивная функция）。语言单位在反映它所表示的概念的同时，蕴含着使用该语言的民族世世代代积聚在该语言单位中本民族的社会、经济、文化、习俗等方面的背景知识（фоновые знания）。这种背景知识就是语言国情学研究的对象。

由此可见，学习外语，仅仅掌握它的语言单位的意义和用法是不够

① Е. М. Верещагин и В. Г. Костомаров, Язык и культура. Лингвострановедение в преподавании русского языка как иностранного. М., 1983.

的，还必须熟悉与这些语言单位有关的背景知识。他们所举的典型例子是 береза。береза 作为植物在汉语中的对应词为（桦）属，桦树，白桦。[①] 但它对俄罗斯民族来说不仅仅是一种植物、一种树，而是整个俄罗斯民族的象征，与它相关的文化背景知识源远流长。这个词的意义在双语词典中是可以找到的，但它的文化背景知识在一般双语词典中却难以查考，故而鲜为人知。学习外语的人由于不了解这种语言的文化背景知识，往往会影响交际。

语言国情学是一门新学科，学术界对它意见不一。本文并不准备探讨这门学科本身的科学性。我们感兴趣的是语言的积储功能和因此而产生的文化背景知识。这种知识对于操本族语的人来说是自幼在语言环境中耳濡目染所获得的，然而对于学习这种语言的外国人来说，因为缺乏介绍这种知识的专门材料而觉得难以掌握。所以编写介绍语言文化背景知识的著作是当务之急。这类著作不仅包括教材、参考书、详解词典，而且包括双语词典。本文想探讨的就是这门学科与双语词典的关系。

二

目前，双语词典的编纂主要借助于翻译。编者选用的蓝本是出发语中权威的或相应的详解词典。他们的注意力集中在双语词典所涉及的两种语言之间的对应和种种非对应的关系，以及处理这些关系的不同方法上，从而获得正确无误的译文。毋庸置疑，这种探索是富有成效的。

但是从语言国情学的观点来看，这种译文是有缺陷的。因为它是从概念（出发语中该词所表示的内涵）到概念（归宿语中相应译文所表示

① 刘泽荣主编：《俄汉大辞典》，商务印书馆 1963 年版。

的内涵）的产物。这类译文虽然正确地揭示了词目的意义，同时也能运用于归宿语，但却没有提供词目在出发语中与之有关的文化背景知识（如果这一词目有这种知识的话）。这种知识对使用者，尤其是对外国人来说是不可或缺的。试举一例：

长衫 [китайский] халат①

“长衫”是汉语的特有事物，在俄语中无对应词。编者根据汉语词典的释义“男子穿的大褂”② 译成俄语，借用归宿语中现成的、表示与之相似事物的名词 халат，并加上 [китайский] 一词予以说明。从传统的双语词典的要求来看，这个译文是正确的。

但是如果从语言国情学的角度来观察这一译文的话，结论就不完全一样。

众所周知，长衫在相当长一段时期里是我国有地位、有身份，或有钱的、或受过教育的人穿的，所以这种服装代表着这些阶层的人。这在鲁迅先生的《孔乙己》中讲得非常明白，例如：

我十二岁起，便在镇口的咸亨酒店里当伙计，掌柜说，样子太傻，怕侍候不了长衫主顾，就在外面做点事罢。③

这句话里“长衫”这个词光从字面和词义来理解，是无法体会句子的含义的，只有联系它所包含的文化背景知识，才能领悟其全部意义。

毫无疑问，学习汉语的外国人看了这个例子未必能了解“长衫”这个词的背景知识，而且，即使俄国人看了译文也不可能从 халат 一词中体会到汉语“长衫”所指的背景意义。因为 халат 与“长衫”是“貌合而神离”。请看它的释义：

---

① 上海外国语学院《汉俄词典》编写组编：《汉俄词典》，商务印书馆 1977 年版。
② 中国科学院语言研究所词典编辑室编：《现代汉语词典》，商务印书馆 1973 年版。
③ 鲁迅：《呐喊》，光明日报出版社 2008 年版。

ХАЛАТ длинная широкая одежда, обычно надеваемая поверх белья, а также поверх обычного платья или непосредственно на тело[①]（一般在内衣外，以及在普通衣服外或光身穿的宽而长的衣服）

再看它的搭配：домашний ～（家常罩衫），рабочий ～（长工作服），больничный ～（病员服），купальный ～（浴衣）。

可见，халат 并没有“长衫”那样的文化背景知识。学习汉语的俄罗斯人无论是从双语词典中还是从译文中都无法产生“长衫”在汉语中所能引起的那种联想。

上述例子告诉我们，语言国情知识是语言词汇单位意义的附加部分，是学习外语的人所必须掌握的。而双语词典是为使用者提供词汇单位中疑难问题的答案的工具书。因此双语词典除了应包含已经介绍的有关词汇单位的语音、语法、词义、修辞色彩外，进一步补充语言国情知识是责无旁贷的。当然，如果有可能，编写一部双语的语言国情词典也大有裨益。这种词典收录具有背景知识的词，每一词条不必罗列语音、语法和用法的说明，只需配以译文、例证和语言国情知识。

必须指出，语言国情知识既不同于语文词典词目的解说（这在上述例子中已可看出），也不同于百科全书条目的释文。因为百科全书“主要是解释词汇单位（词）所指客观对象：语言以外的物质世界或非物质世界的情报”[②]。而语言国情知识是指与词义有关的文化背景知识和文化感情色彩。

三

双语词典中哪些部分应该提供语言国情知识呢？笔者认为至少在三

① С. И. Ожегов, Словарь русского языка. М., 1975.
② 拉迪斯拉夫·兹古斯塔主编：《词典学概论》，林书武等译，商务印书馆 1983 年版。

个方面：词目、成语（指不立条的情况）和例证。下面分别加以说明。

3.1 词目(单词)

词目（单词）可能有三种情况：无等值词（безэквивалентные слова）、有背景意义的词（фоновые слова）和有文化感情色彩的词（коннотативные слова）。

无等值词就是出发语中表示特有事物的词。目前，双语词典在处理这类词汇时或意译（如长衫），或音译，或音意兼译。意译和音意兼译的，均不加说明。唯有音译的，除译文外还附有一定的说明，但这种说明只是描写性的，是详解词典释义的翻译，并无背景知识。例如：

КВАС 克瓦斯（一种用面包或水果发酵制成的清凉饮料）①

如果对这个词能给予一定的背景材料，那么读者对 квас 和 квасной патриотизм（克瓦斯爱国主义，指崇拜自己国家的一切，包括落后的风俗习惯，而盲目排斥外国的一切的所谓爱国主义，来源于俄国人爱喝克瓦斯）之间的关系就会一目了然。再如：

粽 子 цзунцзы (кушанье из клейкого риса, обернутое тростниковыми листьями)②（用芦苇叶包住的由糯米制成的食品）

显然，在“粽子”条下加上它的来历，把它与端阳节挂上钩，对使用者无疑是有益的。

总而言之，无论是音译，还是意译或音意兼译，配以语言国情知识是必不可少的。

有背景意义的词是指词的概念部分是相同的，但其附加部分不尽相

---

① 刘泽荣主编：《俄汉大辞典》，商务印书馆 1963 年版。
② 上海外国语学院《汉俄词典》编写组编：《汉俄词典》，商务印书馆 1977 年版。

同。例如：

ПЕЧЬ 炉子，火炉；炉灶[①]

从概念来看，似乎是对应的，但其附加的背景意义却是不同的。печь 在俄罗斯人的农舍中几乎占整个居住面积的三分之一，在漫长的冬日中可供取暖之用，又可烤面包、煮汤，还可睡人，有时还用作澡堂。所以俄国的 печь 不仅与汉语的“炉子”外形不同，而且是家庭以及全家安宁、舒适的象征。汉语的“炉子，火炉；炉灶”均无这种背景意义。再如：

船 судно;（轮船）пароход[②]

汉语中“船”一般是泛指所有水上的运输工具，但从历史上看，船是从木船、篷船过渡到现代化轮船的，因此有“船夫、船家”这类词。而且这类船是中国古代诗、词、风景画中常见的，如“夜半钟声到客船”等。俄语中虽有概念相似的 судно、лодка，但背景意义相去甚远。

这类词的背景意义对使用者了解所学语言的国情和文化是有启迪的。

有文化感情色彩的词是指在归宿语中有对应词，但其文化感情色彩却迥然有异。例如：

竹 бамбук

从植物学的角度看，两者为对应词，但是汉语的“竹”有文化感情色彩，与松树、梅花一同被誉为岁寒三友。这个词在汉语中会使人联想起“有气节”“清高”等的感情色彩，而不会引起俄罗斯人民类似的感情。再如：俄语中的 малина 和 калина 在词典中的译文分别为“悬钩子”和“荚蒾”。一般的读者看到这两个词，不知它们究竟为何物，只会猜想它

---

① 刘泽荣主编：《俄汉大辞典》，商务印书馆 1963 年版。
② 上海外国语学院《汉俄词典》编写组编：《汉俄词典》，商务印书馆 1977 年版。

们是浆果一类的植物而已，而且刘泽荣主编的《俄汉大辞典》在 калина 条下有 ~ обыкновенная 一例，汉语译作“琼花”。看到这个译文，不禁会把 калина 与隋炀帝杨广联系起来，因为这个昏君下江南正是为了看琼花。然而，实际上 калина 与汉语的这种联想风马牛不相及。калина 在俄语中是女性的象征，是妇女的整个精神世界，包括处女时代、贞洁、爱情、婚后生活、欢乐和痛苦等。而在民歌中，калина 往往是婚后妇女不幸命运的象征。

在民歌中 калина 常与 горькая 搭配，原因就在于此。例如：

На тебе, долинушка, ничего не родилось,

Ни гриба, ни ягодки, ни черной смородинки,

Ни горькой калинушки, ни сладкой малинушки.

（谷地啊，你寸草不生，不长蘑菇，不长浆果，不长黑茶藨子，不长苦的荚蒾，不长甜的马林浆果。）

正因为如此，苏联著名作家舒克申的 «Красная калина» 才能为苏联读者所理解，而不了解 калина 文化感情色彩的中国读者对这个标题的译文《红莓》却不甚了了。

малина 则与其相反，常与 сладкая 搭配（见上面引证的例子），象征幸福。故而俄语中有 не жизнь, а малина（生活极其幸福，生活像马林浆果）之说。由此可见，这类词的文化感情色彩对于理解原文是何等重要。

3.2 成语

成语（фразеологизмы）在成语词典或汉外词典中一般均立条，立条的成语属上述第一类（1）处理。不过，在综合性的外汉词典中通常不立条，而是用黑体排在有关的单词下。本文为叙述方便，单立一项。

成语是一个民族社会、政治、经济、心理、风俗、习惯等的集中反映。外国人不了解成语的出处、背景，用错成语的例子屡见不鲜。例如汉语中“猫哭耗子”的含义是“假慈悲”，但是“兔死狐悲”的意义却完全不同，是“物伤其类”。再如“贼出关门”意为已经晚了，然而“亡羊补牢”却迥然有异，表示“犹未为晚”。从字面上看，这两对成语的意义是相似的，但实际的含义却完全相反。究其原因，是这些成语的来源、背景的差异。这对以汉语为母语的人来说是不言而喻的，但对不熟悉这些成语背景的外国人来说却是难以掌握的。在这种情况下，只有介绍背景知识才能使读者恍然大悟。再如：copy из избы не выносить，汉语一般译为“家丑不可外扬”。但是cop与“家丑”有何相干？ 一般读者是不了解的，因此也很难读懂下面这段民歌：

Три дни печи не топила, 她三天不生炉子，

Много copy накопила, 垃圾堆积不少，

На четвертый затопила, 第四天生起炉子，

В новы сени выходила, 来到新的前室，

对于中国读者来说，第一、二句似乎缺乏联系，第一、二句与三、四句也无关系。但是，如果我们知道俄国农舍中cop（垃圾）是用печь（炉子）烧掉的，而不是像我们扫在簸箕中倒到外面去的话，那么这一成语和上面这段民歌就容易理解了。原来，家庭一旦不和，炉子不生，垃圾也无处可烧，倒在外面，“家丑”便暴露在外。但等和好如初，炉子重新烧旺，就化为乌有。这种文化差异真有天壤之别。

3.3 例证

此处例证是指名言警句（афоризмы）、寒暄用语（формулы речевого этикета）、无声语言（невербальные языки）和带有上述各种类型文

化背景知识的其他例证（指自由词组和句子）。

名言警句均出自名人之口，而且这些话都有具体的语言环境和场合。它们像成语一样，仅从字面看很难确定其褒贬，但一旦与背景知识联系起来，色彩、语义不言自明。例如“不成功，便成仁”，从字面意义看，不容易看出其中有反动的含义，对于外国人尤其如此。但是，从这句话的来源和使用场合看，这句话往往出自反动人物之口，含义也就清楚了。再如俄语中有 собаке собачья смерть 之说。孤零零地理解这句话，似乎可以用于评价恶人之死。但究其来源，这句话是沙皇在得知俄国著名诗人 Лермонтов 决斗身亡的消息后说的。这句话暴露出这个暴君对著名诗人的刻骨仇恨。不知道背景，随意使用这句话，是不妥当的。

寒暄用语（其中不少话可做成语处理）是在一个民族的习俗中长期形成的，各种语言的差异较大。例如俄国人在祝他人办事成功时，用反话 Ни пуха, ни пера（一无所获），回答时也要用反话 К черту（去见鬼吧）。在祝愿人家一路顺风时，说 Счастливого пути，而临行者在听到这句祝词时，对留下的人应回答 Счастливо оставаться（留下也幸福）。

这两种回答一般学习俄语的中国人不一定掌握，所以自然而然会套用中国人在这种情况下常说的“谢谢”（Спасибо）。俄国人在碰到出差回来的人时，不像中国人在这种场合下说“你回来啦！”（中国人可能会误用 Вы вернулись!），而应祝贺道 С возвращением!（祝贺您顺利回来！）。

将这类区别在双语词典中一一加以说明，读者是欢迎的。

无声语言在两种语言中也不尽相同。例如：

中国人用一只手的手指表示数字时，大拇指和食指同时伸出为“八”，而大拇指与小指同时伸出则为“六”。学习汉语的俄国人对此是很难区分的。同样，俄语的 пожать плечами 和 всплеснуть руками 都有一定的含义，中国读者要细加体会，才能悟出其中意义。可见，无声语言的语言国情知识也大有文章可做。

此外，双语词典的不少例证（指自由词组和句子）也包含有语言国情知识。例如 печь 条下有 старик лежит на печи 的例证，译文是“老头儿躺在炉顶上”[1]。汉语译文正确地表达了俄语的字面意义。但是，俄语这句话含有背景意义。печь 是俄国农舍中最好的地方，老人能躺在炉顶上，说明这家老人受到尊敬。不了解这种情况的中国读者看了原文和译文，都无法领会俄语这个例子所蕴含的文化背景知识，相反，根据中国的国情，可能会误解其背景知识，以为老人受到虐待。

综上所述，双语词典中词、成语、名言警句、无声语言、寒暄用语、自由词组、句子等都可能含有语言国情知识。这类知识如能收录在双语词典中，无疑会对使用者帮助很大。

必须指出，双语词典的语言国情知识和详解的语言国情词典的内容并不完全一样。详解的语言国情词典是针对所有外国人而言，概括性很强，而双语词典的语言国情知识是在这种词典所涉及的两种语言的文化背景知识的差别基础上产生的。有异者，收录；相同者，不录。因此，地域相邻、文化接近的两种语言的语言国情知识的差别小，而相隔万里、国情迥异的两种语言的文化背景意义的区别就大。编者应注意到这一点。

语言国情学问世不久，有不少问题尚待探讨。双语词典中增加语言国情知识的问题也刚提出，不少理论和实践问题等待着有志于此的同志去认真研究。

---

① 刘泽荣主编：《俄汉大辞典》，商务印书馆 1963 年版。

第二编

翻译学

俄苏翻译理论简史

1 基辅罗斯时期到 18 世纪末

古罗斯文学诞生于罗斯本土文化传统与国际文化传统的创造性结合中。基辅罗斯时期，它在国际上交流的对象首先是拜占庭帝国，其次是斯拉夫各国。基辅罗斯在接受基督教的同时也接受了基督教在拜占庭传教的文字。文学活动随着文字的产生被记录在案。利哈乔夫（Д.Лихачев）指出，翻译活动在罗斯古已有之。古代罗斯有“从希腊语、拉丁语、古犹太语翻译过来的译本，了解在保加利亚、马其顿、塞尔维亚创作的作品，有从捷克语、德语、波兰语翻译过来的译本”[1]，而从亚洲各民族语言译入的文本出现得较晚。基辅罗斯时期的译本说明，从解释译书方法和说明译书缘由的译者言论来看，可以发现一些共同倾向，这些倾向虽经历数千年的历史，却仍是争论不休的焦点，在俄罗斯是如此，在其他国家也是如此。这些倾向简而言之，是力求（如果使用现代术语的话）

---

① 《古代俄罗斯文学的诗学》，莫斯科，1979 年版，第 11 页。

让读者接近外语文本，或者相反，让外语作品接近本国读者。第一种倾向首先是《圣经》和其他圣书译本的主要特点，而第二种倾向虽非绝对，但也可以说是大部分世俗作品的特点，这类作品不受圣书经文那种绝对权威性的制约。“俄语的译者、编辑和转抄者在对待他们所采用的材料时态度相当自由。他们根据自己的想法不仅改变文本的语言特色，而且改变它们的内容。他们对待这些作品如同对待自己的文学财产一般，删节、增添从其他作品里借用的夹注和段落，让它们迎合与他们同时代的社会环境和时代的概念、需求和趣味。”①从基辅罗斯时期开始，俄罗斯的翻译活动大体上就是在这两大倾向（或者说两大极端）之间摆动，抑或完全贴近原文，直至逐字翻译；抑或任意处置，甚至改写、随意增删；抑或徘徊其间，时而侧重一端，时而偏重另一端。

基辅罗斯时代，基里尔（Кирилл）和梅福季（Мефодий）兄弟不仅创建了基里尔字母，为俄语字母奠定了基础，而且最先把几部祈祷书由希腊文译成斯拉夫语。弗拉基米尔大公皈依基督教后在基辅开办学校，教授斯拉夫语。至雅罗斯拉夫大公执政时期，文学和翻译活动得以蓬勃发展，这与保加利亚大公西蒙（893—927）统治时期的“黄金时代”有几分相似。据史书记载，雅罗斯拉夫大公酷爱书籍，不仅广泛收集，而且大量阅读。

9—13 世纪，拜占庭与斯拉夫（希腊、捷克、保加利亚和罗斯）各国的文学交往是欧洲文学发展过程中一个十分重要且颇具特色的方面。

这个时期基辅罗斯的作品主要来自保加利亚，是从希腊语译入（10 世纪末到 11 世纪初）的古斯拉夫语译本。这些译本包括《圣经》、宗教训诫著作、记述圣徒生平事迹的传记、个别的历史著作等，如：《约翰·

---

①《11—17 世纪俄罗斯文学研究的现实问题》，《古俄罗斯文学部学报》，第二十卷，莫斯科—列宁格勒，1964 年版，第 185 页。

马拉拉史事》(«Хроника Иоанна Малалы»)(附《特洛伊战争的故事》),奥赫里德的克利门特(Климент Охридский)的宗教训诫著作等。

11世纪中叶到12世纪末，基辅罗斯的文学翻译活动出现了转折。他们除了继续从拜占庭、保加利亚文献中挑选、引进古罗斯所没有的作品外，还关注自然科学文献(如《生理学家》,«Физиолог»)、教父文献等。古罗斯文学手抄本《文选》(«Изборник»)的诞生说明了古罗斯译者对待拜占庭教父文献的态度。《文选》是遵大公斯维亚托斯拉夫·雅罗斯拉维奇之命编辑的。第一集编于1073年，可以说是保加利亚蓝本的翻版。保加利亚蓝本译自希腊语，是遵大公西蒙之命编成的。第二集出版于1076年，由基辅罗斯的译者所编，内容除了译自希腊语的文献外，还收录少量罗斯作家的作品。

这个时期的古罗斯文学向中世纪拜占庭和中世纪东方的文学过程靠拢。值得一提的是，有些古罗斯译者学会了希腊语，他们能够从希腊语中挑选保加利亚文学中所没有的那部分拜占庭文献来翻译，而且还不止于此。他们把目光转向古希腊的历史著作，把那些虽属古代，但仍对相当一部分读者有吸引力的历史著作译入罗斯，其中古犹太历史学家优素福·弗拉维(Иосиф Флавий)的《犹太战争史》(«История Иудейской войны»)最为著名。在古罗斯文学中，故事的翻译占有重要地位。此外，在自然地理方面引入了一部新的译著——科西马·因季科普洛夫(Козьма Индикоплов)的《基督教测地学》(«Христианская топография»)。至此，古罗斯与外界的联系不再仅仅通过保加利亚，而且可以通过拜占庭来获得。

古罗斯译者们的视野日渐扩大，他们的目光转向了东方，由叙利亚语翻译了亚述—巴比伦的《智者阿基尔的故事》(«Повесть об Акире Премудром»),从古犹太语翻译了《圣经》的《以斯帖书》(«Книга Есфирь»)、伪经类的故事(有关所罗门、摩西的生平)。

古罗斯与西斯拉夫的文学交往相对来说较少。10—11 世纪，在捷克境内用古斯拉夫语从拉丁语翻译过来的宗教文学传入罗斯。

古罗斯翻译文学的发展是在一个十分有利的条件下进行的，因为与它频繁交往的都是与它有亲族关系的、更加古老的文学传统，它从中得益匪浅。

11—13 世纪的翻译文学以大量宗教哲学和社会政治思想、历史地理和自然科学知识丰富了古罗斯文学，使古罗斯的文人掌握了西方整个中世纪流行的传统体裁、情节和美学观念。

古罗斯的翻译文学与其他斯拉夫民族不同，古罗斯译者独立的主动性和创造性使自己能够超越希腊—斯拉夫文化世界最为常见的宗教训诫书籍的交流范围，古罗斯译者对中世纪的故事情节倍感兴趣，并以此满足本国读者在趣味读物方面的需求。他们在本土文学中引入了本国没有的历史传奇类和道德感化类的故事。

古罗斯译者的翻译活动富有创造性。他们在翻译宗教文献时一丝不苟，非常讲究准确性，但在翻译世俗作品时则表现出很大的独立性。一种情况是，把大量俄罗斯生活细节加到训诫类的故事情节里（如《智者阿基尔的故事》）；另一种情况是，在军事历史叙述中夹杂着古罗斯封建制度的术语和古罗斯勇士故事中的某些文学形象（如优素福·弗拉维的《犹太战争史》）；第三种情况是，古罗斯手抄的稿本虽是以希腊史诗为基础的作品（如《狄根尼斯 · 阿克利塔斯伟业》，«Девгениево деяние»），但经常借用俄罗斯民间诗歌的手法，故出现了大量民间创作成分。由于这样的文学加工，翻译文献很顺畅地充实到俄罗斯手抄本的行列之中，促进了俄罗斯原创文学的发展，巩固了它与中世纪文学进程的联系。

基辅罗斯在进行国际文学交流时也受到本土文学发展条件的限制。上述所举的材料证明，拜占庭—保加利亚—古罗斯文学交流的思想和题材是片面的。面对拜占庭文学的种种文献以及后来保加利亚的各种文献，古罗斯译者们把自己的注意力都集中在教父们的译著上，而对与他们同时代的、丰富的希腊文学（世俗散文、诗歌）却漠不关心。

14 世纪中叶，罗斯虽然仍在蒙古-鞑靼人的统治之下，但已在积极地准备推翻外族的统治。此时，罗斯与外界——拜占庭和南斯拉夫各民族的交往重新恢复，罗斯的文化高潮指日可待。这个时期颇为典型的特征是宁静主义（исихазм）运动。14 世纪这个神秘主义流派在席卷拜占庭、南斯拉夫各民族以后传入罗斯。

14—15 世纪，罗斯翻译文学的一大特点是对新题材的痴迷。这类题材主要是宁静主义的静观—禁欲主义文学新作，或由宁静主义者们所推荐和熟悉的作品。这类作品包括格列高利·西纳伊特和格列高利·帕拉马斯的作品，以及他们的传记；牧首卡利斯特的作品；约翰·克利马修斯、马克西姆（忏悔者）、巴西尔的著作；等等。

对宗教—禁欲主义主题的兴趣在罗斯当时流行的半世俗性翻译作品中，在塞尔维亚流行的大体上基督教化的《亚历山大大帝传》（«Александрия»）中，基督教伪经等作品中都有所反映。

新的主题带来了新的风格。这种新风格在历史作品的翻译（如马纳西的《编年史》和《特洛伊战争的故事》等）中也得到了体现。

16 世纪，莫斯科最终确立了自己俄罗斯政治中心的地位，同时也成为俄罗斯的翻译中心。翻译作品一改过去不署名的旧习，开始署上译者的姓名。译者对语言和文化发展的作用逐渐得到社会的承认。

1516 年，马克西姆·格雷克（Максим Грек，约 1475—1556）应莫斯科大公瓦西里三世之邀来到莫斯科。从此之后，他一直在莫斯科从事宗教活动。翻译是这项活动的主要内容之一。他不仅翻译宗教书籍，而且翻译非宗教作品，此外还为旧译本进行校订和注释。他在莫斯科工作的初期，既不通俄语，也不通古斯拉夫语。翻译时他先从希腊语译成拉丁语，然后由他的助手把译文从拉丁语译成古斯拉夫语。除了翻译实践外，他还留下了不少关于翻译艺术的言论。他主张必须仔细分析原著，充分领会原著的全部奥秘，为此译者不仅应该通晓语言，而且应该拥有广博的语言学知识，并在翻译之前做好充分的准备。这些见解从今天的角度来看似乎已不新鲜，但必须注意，它们是在16世纪被发表的。

17世纪，译自波兰语和拉丁语的作品，以及从乌克兰、白俄罗斯传入的作品具有特殊的意义。这个世纪的翻译文学与上几个世纪不同，以世俗性质的作品为主。这些译著情节引人入胜，主人公或历经艰难终获自由，或在旅途中克服种种困难终于摆脱险境，或勇武过人、机智聪慧最后获得爱情。这类译作读者甚众，不仅在贵族圈子里，而且在具有民主意识的社会底层里也有。

《博瓦·科罗列维奇的故事》(«Повесть о Бове Королевиче»)就是一例。这是一部表现冒险、爱情的作品，影响很大。故事从白俄罗斯译本转译过来，原著本是一部骑士小说，译入俄罗斯后带上了童话的成分。主人公博瓦敢爱善战，屡建奇功，在俄罗斯成为一个家喻户晓的人物。

《七智者的故事》(«Повесть о семи Мудрецах»)从波兰经白俄罗斯传入俄罗斯，后演变为俄罗斯童话。

《叶鲁斯兰·拉扎列维奇的故事》(«Повесть об Еруслане Лазаревиче»)是一部无人不知、无人不晓的作品。

17世纪下半叶出现了小说集，它的蓝本是波兰小说集。这类小说集是一种趣味读物，它使文学题材低俗化，吸收了大量的俚语、俗语，使风格也低俗化。此时薄伽丘(Бокаччо)的《十日谈》(«Декамерон»)、奥维德(Овидий)的《变形记》(«Метаморфозы»)中的个别小说，以及《伊索寓言》相继翻译出版。

宗教劝化题材的故事集也经翻译出版，其中有代表性的是《罗马伟业》和《宝鉴》(«Зерцало»)。

应该指出，从功能的角度来看，理解原创作品和翻译作品之间的差异是比较发达的文学生活和世俗意识的产物。穆南也曾说过，中世纪时，译者把原著视为“自己的私产”[①]。利哈乔夫甚至在古罗斯“翻译文学”之前冠以“所谓的”几个字。他认为，当时“所谓的翻译文学”是民族文学的有机组成部分；翻译文学与本土文学之间无清晰的界限可分；随着时间的推移，作者和读者逐渐“专业化”，体裁不断丰富，世俗文学得以独立出来，自立门户。“如果说从前《六日创世记》(«Шестоднев»)、科西马·因季科普洛夫的《基督教测地学》，或者《生理学家》等与许多其他‘自然科学性质’的作品一样，对科学以及对文学都是一样的，那么，现在，在17世纪，诸如亚里士多德（Аристотель）的《物理学》(«Физика»)、墨卡托（Меркатор）的《地图集》(«Космография»)、威尔斯·阿里德罗万迪（Улисс Альдрованди）的动物学著作、韦扎利（Везалий）的天文学著作、《月面学》(«Селенография»)等许多作品都是独立存在的，与文学泾渭分明，绝不可能与其混为一谈。”[②]

17世纪，俄罗斯的翻译活动不仅自立门户，而且形成了独特的翻译思想。这一思想经历了激烈的争论和冲突，最后才得以形成对翻译文学的固定态度，从而使人们对翻译文学的地位有了更加明确的认识。捷克研究古罗斯文学的女学者马特豪泽罗娃（С. Матхаузерова）认为当时罗斯的翻译家已经懂得文本符号的双重性，他们已经能够在文本中区分文字和内容，而且“认为‘忠实的译者’应该翻译内容与文字的思想在17

① Mounin, G. *Les belles infidels*. Paris, 1955, p. 185.
②《利哈乔夫选集》(三卷本，第一卷)，列宁格勒，1987年版，第44、175页。

世纪的翻译理论中占据主导地位”[①]。“内容”和“字面形式”这一对对立的概念我们始终会在译坛所有的争论中碰到，直至今天依然如此。但是在当时已经出现了试图摆脱这种二律背反的束缚的努力，力争找到两者结合的途径，创立具有特色的翻译方法。

由此可见，如果要谈论俄罗斯翻译思想的源头，那么可以上溯到俄罗斯有文字记载的源头。但是应该指出，这一传统后来很少被继承下来：俄罗斯文学在下一个世纪，即 18 世纪，很少借鉴翻译领域业已积累的经验。同样很难说其在西方文艺复兴时代直接继承了古希腊罗马的翻译传统（虽然当时俄国译坛的注意力全部集中在古希腊罗马的文化上）。这里更有可能是最早的《圣经》的欧洲各语言的翻译范本对俄罗斯翻译思想的发展起到了很大作用。

18 世纪对俄罗斯译事的发展来说是一个转折时期。彼得大帝的改革引起了俄国天翻地覆的变化。改革在俄罗斯生活的各个领域，其中包括文学领域，开创了崭新的局面。此时，彼得大帝的目光转向西方。要与西方在经济和文化方面加强合作，必须大量掌握外国的资料和文献，不论是一般书面资料还是公文、文件。因此，在这一时期引入了大量新的科学、技术、文化概念，同时在社会上层兴起一股崇洋之风。凡此种种都决定了 18 世纪翻译文学的崛起，这一文学涉及相当广泛，不仅包括当时的文学，而且包括当时的科学和技术。大量从欧洲各种语言中引入的借词蜂拥而入，在 18 世纪初尤为严重。借词不仅集中出现在译著中，而且普遍运用于日常生活里。这样的形势一方面致使译著大量涌现，另一方面还导致逐字翻译倾向的严重化。毫无疑问，逐字翻译导致 18 世纪翻译的质量下降。

---

① 《俄罗斯翻译文学史》，第一卷，圣彼得堡，1995 年版，第 17 页起。

新时期俄罗斯的翻译活动是作为纯粹的实践活动开始的。彼得大帝执政时期，对宗教文献翻译的需求大为减少，彼得大帝在给主教公会下的圣旨（1724 年 9 月 11 日）中表示："寄去普芬道夫之著作，其中有两篇论文，第一篇论人与公民之职责，第二篇论基督教，朕只需翻译第一篇，另一篇朕以为无益，无须翻译……"

在彼得大帝给通译的圣旨中，他的指示是清楚、明确的，指示的性质是由 18 世纪初俄罗斯社会面临的任务所决定的。毫无疑问，彼得大帝的指示是要求大家了解具有"应用"意义的外国著作，很少涉及文艺作品。彼得大帝要求译本"文字清楚和风格优美""不用高雅之斯拉夫词语"，"意思"表达得明白。彼得大帝为俄语译本的质量和翻译活动的组织倾注了大量的精力和心血。他 1724 年的御批很好地显示出，尽管他日理万机，但仍把当时规模宏大的译事放在心上。

"译书亟需译者，科技著作之翻译尤其如此。若译者不懂技术则无翻译可言。为此应早做准备，务必使通晓语言而不懂技术者去学习技术，懂技术而不通晓外语者去学习语言。务必使所有俄罗斯人、生于国外的俄罗斯人、生于此地的外国人，自幼就来到此地的外国人把我们的语言当作本国语言来学习，因为把外语译成本国语言总是易于把本国语言译成外语。"①

彼得大帝本人对逐字翻译完全持否定的态度。首先，这样的翻译方法使意义模糊，无法完成翻译的基本任务，即让俄国读者了解原著的内容。为此，他在《为今后避免错误给佐托夫的圣旨》中写道："佐托夫先生，尔译之《筑城学》一书朕已阅，文字译得很好、很明白，但在讲授筑城之处……译得极其晦涩，难以理解……为此尔在目前所译之书中，应注意，

---

①《帝国科学院史的资料》，第一卷，圣彼得堡，1885 年版，第 79—80 页。

力求译得更为明白，尤其是在讲授操作之处更应如此；翻译时不必一言对一言地保留下来，而应在弄清意思后，用自己的语言准确地、尽可能明确地写出来。”

彼得大帝在翻译领域的一大功勋是修订、校勘斯拉夫语的《圣经》。这部《圣经》是由在不同地点、不同时间翻译的《圣经》片段日积月累汇集而成的，错误百出，手民误植、译文不确之处俯拾即是。据彼得大帝的圣旨，新的《圣经》必须按照《七十子希腊文本圣经》校勘。这项工作直至1751年才大功告成。

18世纪初，翻译的首要任务是翻译军事、技术、精密科学、法律问题等方面的著作。因为这首先是新的俄罗斯的需要，这样的选材是符合当时的实际情况的。但是不久之后，对外国文艺的兴趣产生了，而且与日俱增。兼做翻译的作家们把目光投向了西欧的新作家们的创作，其中以诗人为主，尤其以法国诗人为主。同时古希腊罗马时代的遗产也进入了他们的视野。他们开始翻译哲学家和历史学家的著作，这引出了文学修辞和科学术语方面的困难。

随着专业书籍和技术书籍的出版，在俄罗斯供阅读的翻译文学很快地拓宽了自己的领域，诗歌、散文、与戏剧紧密相连的剧本都得到了长足的发展。

在这段时间里，不少译者都试图确定文学作品的译本应该是怎样的。亚历山大·彼得罗维奇·苏马罗科夫（Александр Петрович Сумароков，1717—1777）在《有关俄语的书简》（«Елистола о русском языке»，1748）里发表了自己的见解，提出了我们现在已经非常熟悉的要求：在译文里转达原著的意思，用通俗易懂的现代语言，即运用本族语的全部财富来达到这一点。此外，这里也出现了新的、对于文艺作品而言是专业概念的“语体”或“风格”，还出现了“精神”一词，这个词汇表达了译文是某种文艺作品的属性，引人注目的还有——用现代术语来说是——“反对逐字翻译”（антибуквализм），在其这一短短的行文里被提及了好几次。还值得一提的是，对译者和对作者一视同仁的态度，把译者与作者画上等号。这是当时大部分译著前言中常见的做法。

一开始，在翻译技术书籍或公文、文件时出现了一些共同的和较为简单的问题，如逐字翻译的害处、必须译得明白无误等，然而随着译事的日益扩大和深入，翻译思想也由简单趋向复杂。18 世纪俄罗斯的作家、评论家、翻译家们关心的理论问题是：他们面临任务的特殊性，克服这些看似难以解决的困难的可能性。他们的兴趣转向了文体的特点。特列季亚科夫斯基就是一例。

瓦西里·基里洛维奇·特列季亚科夫斯基（Василий Кириллович Тредиаковский，1703—1768）的译事独具一格，在译作里夹注夹议。他在自己所译的布瓦洛（Буало）《讽刺诗集》的前言里写道：“此事确实很难，但未超出人力之限度。”[①] 他翻译讽刺诗时，是严格保留原著诗行数量的。他在自己作品集的卷首《致读者》中翔实地论证了“以散文译散文”和“以诗歌译诗歌”能够做到与原文一样好的观点。颇具特点的是，在确定“好译文（добрый перевод）的最重要标准，即它的简单标志”时，特列季亚科夫斯基第一个提出了“描述每一个诗句里的全部意思”[②] 的要求。这一要求与彼得大帝关于明确转达意思的思想如出一辙。在当时，对俄罗斯的译文谈论历史主义感、民族特点、地方色彩等特色为时尚早。

特列季亚科夫斯基在译自法语的长篇小说《爱情岛游记》（«Езда в остров Любви»）的前言里有一段话饶有趣味：“译者与作者仅一名之差。

① 《特列季亚科夫斯基作品集》，第一卷，圣彼得堡，1849 年版，第 7 页。
② 同上，第 13 页。

我还要补充一句，如果作者别出心裁，那么译者应该更别出心裁（我不是指自己，而是指好的译者）。”①

这意味着译者应与原著作者进行竞争并要超过他，为此在选择和创造修辞手段方面译者应有更多的自由。这样的观点与古典主义的总趋势是吻合的，由此得出结论，译者有与作者相同的作用，直至有权根据自己的需要增删文本、修饰文字或削弱原文的特点。

“译者与作者仅一名之差”抬高了译者在文学中的地位和作用。但是在特列季亚科夫斯基、苏马罗科夫时代，在这句话里置于首位的是更加实在的意义，因为在18世纪中叶的俄罗斯，译文和原创著作之间还没有原则性的差别。当时的译著，如果用现代的标准来衡量，不过是“仿作”（подражания）和“改写”（переделки）而已。这就是对译著的态度，就是对“世俗著作”的传统态度。这种态度与把美的观念视为与客观存在的理想有关，这种态度与法国文学特有的观点十分接近，因为法国文学对当时的俄罗斯文学来说是样板和范例（当时俄罗斯的译著大部分是从法语译过来的）。

18世纪，不仅是原创文学，包括翻译文学（主要在诗歌翻译中）都在经历着确立规范语的过程。这件大事仅涉及18世纪为数不多的几位非常杰出的诗人和文学活动家，他们是米哈伊尔·瓦西里耶维奇·罗蒙诺索夫（Михаил Васильевич Ломоносов，1711—1765）、苏马罗科夫、特列季亚科夫斯基、杰尔查文（Г. Державин）等诗人，人数虽然不多，但意义重大。这些诗人对待翻译的态度特别积极，特别富于创造力（在古典主义范围里理解翻译任务）。例如，在这些兼做翻译的诗人之间进行的特殊竞赛颇具典型性。参与这类竞赛的有当时俄罗斯文坛最负盛名的

① 《特列季亚科夫斯基作品集》，第三卷，圣彼得堡，第649页。

作家罗蒙诺索夫、苏马罗科夫、赫拉斯科夫（М. Херасков）、特列季亚科夫斯基等。这类竞赛是在两三个诗人之间进行的。同一部作品，或是圣歌，或是法国诗人卢梭（Руссо）的颂歌，或是贺拉斯（Гораций）的颂歌，由两三个诗人同时翻译。1743 年，举行过一次这样的竞赛，由罗蒙诺索夫、苏马罗科夫、特列季亚科夫斯基三人参加，他们三人同时翻译第 143 首圣歌；1760 年又举办了一次，由罗蒙诺索夫和苏马罗科夫两人参加，翻译卢梭的《幸福颂》(«На счастье»)。他们的译作都刊登在刚刚出版的杂志上。常有这样的情况出现：同时发表同一部作品的不同译文，不署译者的名，供“文学爱好者和同行”评判。这类竞赛的读者应该能对比同一部作品的不同译文，并提供正确的结论，即他们应该把这几个不同的译文视为完成同一任务的不同方法。这种做法的前提是根本不在乎是否准确地再现原著，而在于“完善”［见下文古科夫斯基（Г. Гуковский）］原文。上述事例都证明阿列克谢耶夫（М. Алексеев）对 18 世纪的评价是正确的，他认为这个世纪是俄罗斯翻译史上的“试验时期”。

1928 年，古科夫斯基在《论俄罗斯古典主义：竞赛与译著》一文中描述当时的主导观念时指出：“因为至关重要的是向读者提供尽可能接近理想的优秀著作，至于这部著作最早的作者在自己作品里希望表达什么，或者在这部作品逐渐形成的过程中有多少人参与其事，或者参与成书的各人之间配合程度等诸多问题都变得无关紧要。这样，诗歌和散文译者们在考虑自己的任务时，充分意识到对自己工作和这一工作方法的责任心，带着这样的意识、根据自己关于美学的标准和美的概念，清理和修改所译的文本。对于他们感到多余的或缺乏艺术性的、不成功的地方，统统删去；在他们认为没有尽意和达意之处，加入自己的段落。”

在特列季亚科夫斯基的言论中不难感到，他对翻译抱着乐观的态度。

这对18世纪的俄罗斯来说是典型的，是势所必然的。这种乐观态度的根据是，他们对俄语具有巨大潜力的信仰。这种潜力在罗蒙诺索夫的《俄语语法》前言里早已指明："众多语言的君主——俄语，不仅以其统辖地域的辽阔，而且以其空间和丰沛，比欧洲所有语言都伟大……罗马皇帝查理五世说过，西班牙语宜与上帝说话，法语宜与朋友说话，德语宜与敌人说话，意大利语宜与女性说话。但是如果他精通俄语，他当然会补充一句，用俄语与他们所有的人说话都是得体的。因为他在俄语里会找到西班牙语的庄重、法语的生动、德语的刚毅、意大利语的温柔，以及希腊语和拉丁语的丰富和摹状时的简练。"①

罗蒙诺索夫最得意的学生、诗人、学者波波夫斯基（Н. Поповский）翻译过不少作品，他对俄语的潜力也充满信心："要说俄语的丰富嘛，罗马人不敢在我们面前夸口。没有一种思想是无法用俄语解释清楚的。"②

俄罗斯文学与法国文学相比有本质的差异，法国文学是当时最发达的文学之一，是执时尚之牛耳者，而18世纪中叶的俄罗斯文学刚迈开大步进入自己新的历史时代。因此改写外语作品的实践在俄罗斯不仅与古典主义特有的关于客观存在美的观念有联系，与法国传入的经典有联系，而且与促进年轻的本国文学和本国语言发展的现实需求有联系。如果从这个观点比较当时的俄罗斯和法国的话，那么可以发现两者之间的差距有一到两个世纪。卡里（Э. Кари）所描述的16世纪法国译坛的情况，与18世纪的俄罗斯情况非常相似，他写道："16世纪是法国翻译的'黄金时代'，也是法国语言、文学和心理完全形成的时代。普卢塔克的译者阿米奥（Амио）不仅为几代翻译家，而且为许多作家和国务活动家起到

---

①《罗蒙诺索夫全集》，第七卷，莫斯科，1952年版，第391—392页。
②《俄国新闻和批评史概要》，第一卷，列宁格勒，1950年版，第27页。

了鸣锣开道的作用”。“当时的人文主义者们是博学家、词典编纂家、大胆的翻译家和思想家。1540年，艾迪埃·多列（Этьен Доле）（不久之后因柏拉图译本里有错而被指控为异端遭火刑致死）发表了《论从一种语言到另一种语言的翻译》一文，这篇论文，就我们的观点来看，至今仍是这一题材中最富内容的文章之一。多列的独到见解在于，他认为译者的首要任务是领悟‘原著的意义和内容’，其次才要求译者具有语言学知识”。“多列宣称所译文本的内容重于语言形式。与此同时，他欣赏持下列观点的理论家。他们在研究文学翻译时断言，应该把文学翻译首先看作文学创作并用文学标准对待文学翻译，他们坚持认为翻译诗歌是诗人的事”。①

翻译在产生之初就碰到书报检查机关的刁难，它对翻译文学的注意不比本土文学逊色，有时甚至有过之而无不及。书报检查机关的作用随着书报业的发展而越来越大。对于不愿意看到新思想渗入国内的当局来说，译界终归是一块是非之地，更何况反对派广泛地利用翻译著作含沙射影地表达在本土文学中不便直接表达的思想。为此，书报检查机关经常禁止翻译作品，对它们进行大刀阔斧地删节，迫使译者按照他们的要求行事。

亚历山大·尼古拉耶维奇·拉季谢夫（Александр Николаевич Радищев, 1749—1802）在《从彼得堡到莫斯科的旅行记》（«Путешествие из Петербурга в Москву»）中嘲弄了书报检查官的迂腐和愚昧，他“试举一例”：“一部长篇小说的译本送到城市警察局来审查。忠于作者的译者谈到爱情时，称她为狡黠之神。穿着制服的检查官一身虔诚之气，他

① 《翻译技巧》，莫斯科，1965年版，第431、449、471页。

划去这句话，说，把神称为狡黠不妥。凡不通此道者，不必横加指责。”①

拉季谢夫在《从彼得堡到莫斯科的旅行记》中还辟出不少篇幅来介绍西欧书报检查机关的历史，指出它给社会带来的危害。“书报检查机关对用拉丁语创作的作品似乎并不检查”，他不无挖苦地说，“因为通晓拉丁语者好像不会有失误、不会误入歧途，他们对阅读的东西了解得明白无误。”在此拉季谢夫加了一条注解，直接用来说明俄罗斯当时译坛的状况。“试与它们相比，只许拥有各种外国书籍，不许这类书籍用人民的语言出版。”②

18 世纪，在俄罗斯除了从事翻译工作的作家外，出现了专门从事翻译的职业翻译家，如沃尔奇科夫（С. Волчков）、孔德拉托维奇（Кондратович）、加马洛夫－丘拉耶夫（Гамалов-Чураев）等。翻译活动的重要意义日益为大家所认识。18 世纪下半叶，诗歌和散文的译著剧增。从 1768 年起，出现了翻译热，18 世纪下半叶成立了专门的机构——外文书籍翻译协会。该会由叶卡捷琳娜二世创办，活动了 15 年，有 114 位成员，其中包括拉季谢夫。协会成员翻译的作品很少面世，但根据档案来看，它的活动却是非常频繁，而且是丰富多彩的。当时所谓的“自由印刷所”出版了大量译作。古希腊罗马作家的著作、大量的欧洲文学（首先是法国文学）、东方文学、启蒙时代哲学家的著作通过俄译本相继与俄国读者见面。从聚居于俄罗斯境内的各民族语言译成的作品也逐一面世，刊登在苏马罗科夫主办的杂志《勤劳的蜜蜂》（«Трудолюбивая пчела»）上。诺维科夫（Н. Новиков）对启蒙活动的贡献尤为巨大。据基列耶夫斯基的说法，他让人们翻译“有益的书籍”。③

---

①《拉季谢夫全集》，第一卷，莫斯科—列宁格勒，1938 年版，第 331 页。
② 同上，第 343 页。
③《普希金全集》（十卷本，第七卷），莫斯科—列宁格勒，1951 年版，第 116 页。

当时的译者们认为自己必须说明选书的原因，这本书对俄罗斯有何益处，阐明他们工作时遵循的原则。俄罗斯文学评论在诞生之初就密切地关注着翻译活动。18 世纪几乎所有的作家都对如何翻译发表过看法，根据他们的言论，以及他们的翻译实践，可以窥见一场大争论，争论的核心是围绕着与整个文学和社会生活息息相关的翻译观。

译著的前言和杂志上的论战证明，当时司空见惯的“任意”处理翻译作品的做法已为译界诟病。就这个意义而言，针对卢金的批评颇具典型意义。弗拉基米尔·伊格纳季耶维奇·卢金（Владимир Игнатьевич Лукин，1737—1794）是剧作家，他经常用俄罗斯风格改编外国作家的剧本。他是主张翻译外国作品时“使之适应俄罗斯习惯”（склонение на русские нравы）的理论家，他有根有据地说，“许多剧作家，而且是名家常用其他语言改编喜剧”（据他自己说，他也并不是一下子就做到这一点的）。在卡姆比昂斯特里昂（Ж. Кампистрон）的喜剧《男欢女爱》（«Любовница любовник»）译本的前言中，他自己透露说，是他亲自把它改名为《得奖的忠贞》（«Награжденное постоянство»）的。他写道：“这样做了后，我对其他东西也照此办理。”对于卢金来说，“纯粹形式的”翻译是一种没有必要的，甚至是一种很不自然的事情。他断言“未经净化的”（невычищенные）译本仅仅是“为了尽量”支撑“缺少真正戏剧的”剧院的。

卢金的目的在于创建俄罗斯剧院的剧目表，与此同时他把自己的改写本与平庸的仿作本区分开来。“仿作与改写差别大矣。仿作意味着，或取其人物，或取其部分内容，或取其某些细枝末节、无关宏旨的东西，多多少少是拾人牙慧；改写意味着有增有删，其他的、也是主要的，则保留下来，并使之适应自己的习惯。”与卢金持不同观点的人们则断言：“改写戏剧对于改编者来说是一种耻辱，对他的同胞们来说是极不光彩的。”

这样的批评使卢金深感委屈。对卢金翻译活动的批评如此之激烈，首先是因为他所提出的方法与当时总的潮流背道而驰，这种方法对于俄罗斯民族戏剧剧目表的创建不但无益，反而有害。在冯维辛（Д. Фонвизин）的《旅长》（«Бригадир»）和《纨绔子弟》（«Недоросль»）问世后，卢金的"改写说"及其译著失去了它的全部根据和意义。

在卢金的实践和理论中，"使之适应俄罗斯习惯"这种说法的根据已经不是客观理想的崇高原则，而仅仅是剧目匮乏的剧院的日常需要。这些原则也因为长篇小说译本（起初是法国小说，后来是英国小说）在18世纪50年代末到60年代初的涌现而显得站不住脚。长篇小说的译者们在前言中论证长篇小说的意义和益处，与当时占统治地位的社会舆论唱对台戏——当时无论是罗蒙诺索夫还是苏马罗科夫都认为长篇小说不是一种真正的文学体裁。苏马罗科夫的意见尤为激烈，他断言："长篇小说一下子剧增，简直可以占到全世界图书馆的半壁江山。它们益少害多，说它们能排遣寂寞、消磨时光，这倒不假：我们这个时代的时光本来就不多，阅读长篇小说不能说是打发时间，而是坑害时间。"①

当时俄国的书市正在迅速形成，外国长篇小说越来越多地涌入书市，从它们出版的版次、印数和受欢迎的程度来看，已然成为那个时代的"畅销"文学。它们彻底改变了文学和出版生活的性质，在这样的生活中，译者开始发挥重要作用。许多长篇小说译本的翻译质量可以说是大高而不妙。这是一些最"原始的译本"，出自普希金后来在《叶甫盖尼·奥涅金》中提到的"饥饿的翻译家"之手。这些翻译家在翻译理论发展史上往往籍籍无名，身后也没有留下痕迹。虽说如此，他们与当时尚不规范的俄语做斗争所付出的精力，决不亚于诗歌翻译家所付出的精力。这些翻译

---

①《勤劳的蜜蜂》，1759年6月，第374页。

家在文学史上的意义很大，他们把“私人生活”引入阅读的范围，对于广大的读者而言，这样的生活比富有寓意的崇高诗歌更加亲近、更加明白易懂。翻译的长篇小说为俄罗斯文学中长篇小说的诞生准备了土壤。

在这样的背景下，尼古拉·米哈伊洛维奇·卡拉姆津（Николай Михайлович Карамзин，1766—1826）登上了文坛。卡拉姆津创作了《一个俄国旅行家的书信》（«Письма русского путешественника»）、《苦命的丽莎》（«Бедная Лиза»）等作品，是俄罗斯文学中感伤主义的奠基人，也是当时的大翻译家，精通法语、英语、德语、拉丁语等多种外语。他始终关心翻译问题，多次在刊物上撰文评论各种译本。根据卡拉姆津的书简，可以清晰地看到18世纪末的变化。由于当时在构思一部规模宏大的《外国文学文库》（用现代概念来说是世界文学全书），他写道：“我也在工作，即我在翻译优秀外国作家的优秀片段，有古代的，有现代的；有为了介绍思想的，有为了引进语体的。希腊人、罗马人、法国人、德国人、英国人、意大利人，这就是我每天清晨三点钟就开始在其中苦苦搜索的商店！我必须为我的钱袋翻译；而理智命令我应在必要性上撒满花朵，因此在议论译本的过程中我为自己拟订了一个庞大的新计划，这项计划目前我十分喜欢，令我乐此不疲。让我们来看看，西塞罗（Цицерон）、布封（Бюффон）、让·雅克（Жан-жак）的雄辩术在俄语中会是何等模样！然而这一切并不都是为了语体，我在这个花圃里刊登许多东西也为了好奇、为了介绍历史、为了妇女，资料来自新的杂志、鲜为人知的书籍。甚至东方文学也列入了计划。”①

1787年，在卡拉姆津初登文坛之时，出版了莎士比亚（Шекспир）《尤里西斯·恺撒》（一译《恺撒大帝》，«Юлий Цезарь»）的译本（由诺维

---

①《卡拉姆津致德米特里耶夫的书简》，圣彼得堡，1866年版，第92—93页。

科夫印刷所印刷)。如果不把苏马罗科夫按照古典主义风格改编的《哈姆雷特》(«Гамлет»)剧本计算在内(这个改编本是从法语的译述本译出的,与原著相去甚远),那么这是第一部俄译的莎士比亚悲剧。这部悲剧是从德语用散文体翻译的,按照我们今天的观点来看,这还不是真正的翻译,但在当时却是译坛的一件大事。

半个世纪之后,卡拉姆津为这部译著所写的前言由别林斯基(В. Белинский, 1811—1848)转载在自己的一篇文章中。此时卡拉姆津的译本几近孤本,因为诺维科夫印刷所关闭时,译本的版子已经全部销毁。别林斯基在杂志上转载这篇前言完全有其政治意图,因为在尼古拉一世执政时期,书报检查机关的活动十分猖獗。不过卡拉姆津在青年时代表达的翻译观也饶有趣味。卡拉姆津强烈反对改变原文和对原文的不忠。"至于我的翻译,我力求忠实地翻译,同时尽量避免使用与我们语言格格不入的词语。让那些能够公正评判此事的人们去评判此事吧。我从不改变作者的思想,我认为这是翻译家所不能允许的。"①

卡拉姆津作为作家、评论家、理论家、语言创新家对俄罗斯的翻译活动,对理解本土文学和翻译文学,也包括他自己的翻译工作之间的相互关系做出了重大贡献,译本对他来说是确立和检验"新语体"的某种特殊实验室。译者的任务开始包括转达外语作家的个人面貌、创作手法的特点等。古典主义的美学对此毫无兴趣,因为这只会妨碍在译文中转达客观的美,妨碍"使之适应俄罗斯的习惯"。文学家波德希瓦洛夫(В. Подшивалов)与卡拉姆津观点相近,在他编写的《俄语语体简明教程》(«Сокращенный курс российского слога»)中辟有专章论述译文,其中写道:"应该尽可能保留原著中全部愉悦性、生动性或婉约性,语体、正

① 《卡拉姆津作品集》(两卷本,第二卷),列宁格勒,1984年版,第10页。

确性和严密性，以便通过这些特点能够时时看得见，处处认得出所译的作者。”① 具有这样的观点，就不可避免地会出现对当时来说是新的、特殊的翻译问题：“仿译”（калькирование）和“逐字死译”（буквализм）的危险。这也没有逃过《俄语语体简明教程》作者的注意。“要求译文清晰，保留原著的重要性，往往是与上述提到的准确性相悖的。”②

作为翻译家的卡拉姆津与作为作家的卡拉姆津一样，他的活动目的在于确立有生命的、接近日常生活用语的语言。他的译著自始至终与那些文章中充斥着古斯拉夫词语的作家和翻译家的作品分庭抗礼，卡拉姆津称这样的作家和翻译家为“铁杆斯拉夫派”。

在希什科夫（А. Шишков）的《新旧语体论》（«Рассуждение о старом и новом слоге»，1803）中，新语体的例证多半引自卡拉姆津的译著和文章（供批评用）。“旧派”代表希什科夫本人也是一位多产的翻译家，他反对转达作家个人风格的尝试。他对卡拉姆津的批评往往妙语如珠，指责卡拉姆津译著中表现力过于丰富，不过按照维诺格拉多夫（В. Виноградов）的说法，希什科夫“添油加醋，所用的例证也是专门挑选的”③。

卡拉姆津对当时的重大问题——翻译与本土文学之间的相互关系——的观点，虽然没有形成理论的表述，但已通过散文翻译的材料有所体现，这种观点并不独立于文学争论和杂志的论战之外。不久之后，这种观点已经不再能够满足新一代作家的需要，从而出现了更加坚定的呼声。关于这个问题有戈利岑（Б. Гольцын）翻译的拉罗什富科（Ларошфуко）的《箴言录》（«Нравственные рассуждения»）为证。这本书的

---

①《翻译技巧》，莫斯科，1963 年版，第 364 页。
② 同上。
③《俄欧文学交流》，莫斯科—列宁格勒，1966 年版，第 406 页。

俄译本面世于1809年。戈利岑在其前言中猛烈抨击他同时代人的译著。他强调翻译家“应该熟悉自己的作者，了解他的思想和用语，善于把它们移植到本国语言中来，同时保留原著全部的美”。他并不满足于转达“仅仅是简单的、相似的、没有遮掩的思想”，他要求有“语体的色彩”。[①]

在世纪之交，俄罗斯文学中的翻译争论愈演愈烈。尽管文学富有特色，但在翻译问题上却出现了更加共同的趋势。1798年，施莱格尔（A. Шлегель）在《语言竞赛》（«Состязание языков»）中描述了这样一幅场景：法国人、英国人、德国人、意大利人、希腊人、罗马人，以及诗歌和语法进行了一场不同语言孰优孰劣的争论（根据克洛普什托克的《语法讲座》之意而做）。

法国人：《语法讲座》宣布举办语言竞赛，在翻译中能够运用自如的语言为优秀，对此我代表本国语言表示反对。这不过是本民族的规则（kanon），因为德国人翻译时从头至尾是依次进行的，而我们要么根本不译，要么根据自己的趣味译。

德国人：换言之，你们是在改变表达方法，给他们换装。

法国人：我们把一个外国作家看作我们社会中的一个外来人，他如果希望很快讨我们的喜欢，就应该在服饰和行为方面遵循我们的习惯。

德国人：多大的局限性呀！只赞同自己的，自家的东西！

法国人：这是自我性和教育的作用。希腊人不是把世界上所有的东西都希腊化了吗？

德国人：你们是片面的自我性和有局限性的教育的结果。而对于我们来说自我性是能够接受教育。

诗歌：小心，德国人，不要滥用这一美好的特点。没有限制的接受

---

① 拉罗什富科：《箴言录》，莫斯科，1809年版，第17页。

不啻没有性格。[①]

2 19 世纪上半叶

18 世纪末至 19 世纪初，俄罗斯译坛出现了改写原著的倾向，即“使之适应我们的习惯”的倾向。例如，杰尔查文在翻译贺拉斯的 «Beatus ille qui procul negotiis»（«Похвала сельской жизни»，1978）时，进行了改写，还另加标题《颂乡间生活》。在翻译这部作品时，译者开始时还按照原著行笔，后来逐渐偏离了原著，出现了“一罐热汤”、欢度“彼得节”等俄罗斯特有的细节，把读者引入了一个俄罗斯环境之中。之后，此风大兴。法国讽刺诗人布阿洛的译者们把诗中的巴黎改成莫斯科。在这段时期之前，俄国无论是翻译实践还是翻译观点都师法法国。但在卡拉姆津以及后来茹科夫斯基的创作中，出现了某种转向，他们在创作中把目光投向英国和德国的经验。德国在浪漫主义时代成为欧洲翻译领域的第一大国，成为翻译思想（布伦坦诺：浪漫主义就是翻译）的中心。德国和俄国翻译艺术发展的道路日益靠拢。

在这一阶段里，瓦西里·安德烈耶维奇·茹科夫斯基（Василий Андреевич Жуковский，1783—1852）是一位颇为典型的人物。

茹科夫斯基于 1802 年翻译了格雷（Т. Грей）的《墓地哀歌》(«Сельское кладбище»)，发表在卡拉姆津的《欧洲记事》(«Вестник Европы»）上。此时他倾向于法国 18 世纪的翻译观，即“完善原作”说。这种翻译方法往往会使译著与原作相去甚远。以他翻译的毕尔格（Бюргер）叙事诗《列诺勒》(«Ленора»）为例。1808 年，茹科夫斯基翻译了这位德国浪漫主

① Schlegel, A. W. *Saemtliche Werke. Bd.*7, Leipzig, 1848, S. 246.

义诗人的这部作品。根据当时的译风，他在译文里增添了许多内容，而且把女主人公的名字列诺勒改为柳德米拉，这样把诗歌的名字也做了相应的改动。译者还把故事发生的地点搬到16世纪战争年代俄罗斯的立沃尼亚。这种翻译方法显然是非常自由的，完全不受原著的束缚，消弭译者所认为的原著中不合俄罗斯人习惯的特征，“修饰”原文，改变诗的形式。这部译作一经问世，就受到广泛的关注。它是俄罗斯文学中第一部用德国浪漫主义精神创作的叙事诗。继它之后俄罗斯的叙事诗如雨后春笋般大量涌现，其中包括普希金的《未婚夫》。

19世纪初，对“改写”和“使之适应俄罗斯习惯”的译风，译坛也有不同的看法。要求译文贴近原著的看法在十二月党人的圈子里议论颇多。从这个观点来审视茹科夫斯基的译事是有价值的。茹科夫斯基在俄罗斯翻译史中的地位较为特殊。他的大量的文学遗产一直让研究者颇费猜测：在这份遗产里翻译和原创孰多孰少？ 两者在茹科夫斯基的秉性和创作中是如何熔于一炉的？

茹科夫斯基认为，诗歌的译者在处理原作时应有很大的创作自由，这是因为两种语言不是对应的，译者必须寻觅能充分表达主人公性格和感受的、揭示所译文本全部意义的手段。他在一篇文章中指出：“……译者是‘表达’的创造者，因为他拥有自己要采用的素材来表达，没有任何指导、没有任何其他的参考材料，‘至于原著作者的表达方式呢？’译者在本国语言中是找不到的，它们应该由译者来创造。但只有在他的头脑充满了他所译的诗歌中诗人的理想，而且把这种理想转变为自己的想象时，他才能创造出来……”①

当时流行的看法是，作为文体来说，诗歌比散文崇高，因此茹科夫

① 《茹科夫斯基诗歌和散文文集》，第十卷，圣彼得堡，1901年版，第854页。

斯基在《论寓言与克雷洛夫的寓言》(«О басне и баснях Крылова»)一文里把散文翻译同诗歌翻译进行了对比：“译者在译散文时是奴隶，译者在译诗歌时是竞争对手。”[①]他进而指出，在诗歌的各种体裁里寓言最难译，因为寓言具有“平民特征”。他意识到，民间特征在古典主义的崇高体裁中被削弱了，而在“低俗”体裁中则得以保留。“所有的语言在‘崇高’体裁中相互之间都有类似之处，而在普通的，或者说得确切一点，在平民的体裁中彼此是迥然有异的。颂歌与其他高雅的诗歌可以译得极其贴近原著而不失其特征；相反，寓言的特征……则会因贴近原文的翻译而丧失殆尽。”[②]

《论寓言与克雷洛夫的寓言》一文在表达他的翻译观方面很具有代表性。他在这里写道：“拉封丹没有构思过一篇自己的寓言，尽管如此，他仍被尊为原创诗人，原因显而易见：拉封丹在借鉴他人的构思时，丝毫不借用他人的优美文笔、感情、思想、真正的诗歌情景、简练的特点；他用这些东西修饰了借鉴来的构思并把它变成自己的财产。叙述是拉封丹的;在诗体寓言里叙述是主要的。克雷洛夫则相反,他从拉封丹那里(自己大部分的寓言)既借鉴了构思也借鉴了叙述，因此能有原创作者的署名权仅仅是因为剽窃他人构思、他人感情、他人天才的艺术。我们不怕任何不同的意见，可以大胆断言，模仿的诗人可以成为原创的作者，即使他没有写出一部自己的东西。”维亚泽姆斯基就这篇文章写道,其中“流露出对法国文学规则的无条件服从过了头,对法国学派的评价过了头”[③]。在这篇文章里，还有一句名言后来被许多翻译理论家或翻译家反复引用，这就是“译者在译散文时是奴隶，译者在译诗歌时是对手”。这句名言出

①《茹科夫斯基诗歌和散文文集》，第十卷，圣彼得堡，1901年版，第833页。
② 同上，第834页。
③《维亚泽姆斯基全集》，第一卷，圣彼得堡，1878年版，第264页。

自茹科夫斯基之口绝非偶然，这与当时的时代特征有关。18 世纪，罗蒙诺索夫提倡文体三分法，因此对待诗歌和散文的态度有一定的、虽说并非严格的差别。大家认为诗歌在艺术上比散文高一级，“翻译文学”这一概念首先是指散文翻译，按照当时通行的做法，译著面世时，书上译者的名字列于作者之后，或者干脆不署译者的名字以突出作品的外国文学特质；而诗歌翻译则不然，译著上署上译者的名字，作者的名字往往反倒居其次。把诗歌看作古已有之的、比散文更高的艺术形式，这一认识在 19 世纪初的译坛比在本国文学中表现得更加鲜明，诗歌的译作使读者首先想起的是翻译家，而后才是外国的作者。

茹科夫斯基是 18 世纪传统的继承者，他在踏上创作道路之初，对翻译的认识完全停留在古典主义的认识水平上。他所翻译的英国诗人格雷的《墓地哀歌》，对他而言完全是俄罗斯文学作品，与原著只有在“题材”“素材”上有所联系。茹科夫斯基曾为塞万提斯（М. Сервантес）《堂吉诃德》（«Дон Кихот»）的俄译本写过序，这个译本的蓝本是当时在法国非常流行的弗洛里安的法语改写本。这位翻译家对待这部大作的态度自由至极，茹科夫斯基在序里援引了弗洛里安关于翻译的议论“最令人愉悦（приятный）的译文毫无疑问是最忠实的译文”[①]，并对这一议论表示赞同。

茹科夫斯基论述翻译的所有内容都围绕着诗歌这个主题（除了他的“奴隶——竞争对手”这一名言），因此在他的所谓的翻译之前可以加上“诗歌的”一词。他的翻译观也与此有关。正是在诗歌这个最“崇高”的层次上才能发展这样的思想：译者应该再现使作者受到鼓舞的那个“理想”，

① 《堂吉诃德》（茹科夫斯基根据弗洛里安的法译本翻译），第一卷，莫斯科，1804 年版，第 34 页。

并根据美的原则创造自己的译文。

古典主义特有的关于“理想”的思想是茹科夫斯基的翻译目的，这一目的始终萦回他的脑际，虽然他对“俄罗斯诗歌伟大的历史意义”在于他用浪漫主义的成分激励了俄罗斯的诗歌。[①] 而浪漫主义提倡迥然不同的翻译观：再现民间精神和个人特点。但是应该承认，文学时代并不是一直直接反映在翻译观点上的。

综上所述，茹科夫斯基的翻译观虽然与古典主义的原则有着千丝万缕的关系，但仍然有许多独到之处，尤其是他意识到体裁的翻译因民间特征的多寡而不同，注意到寓言中的平民性特征，注意到本族语的资源，等等。茹科夫斯基的观点在很大程度上反映出19世纪初俄罗斯译坛的状况，即不仅仅反映出那些遵循法国“令人愉悦的译文”传统的译者活动。许多俄国诗人在不少场合（在翻译喜剧、讽刺诗、寓言等时）都使所译的作品俄罗斯化，强调其中的民族特点和生活真实性。卡捷宁（П. Катенин）在翻译毕尔格的叙事诗《列诺勒》时就是这样做的。卡捷宁虽把列诺勒改成了奥莉加，但传递了原作诗人的民族特性和女主人公亵渎神灵的行为。而这些特点在茹科夫斯基根据同一部叙事诗“改写”成的《柳德米拉》里却毫无踪影。所以后来普希金和格里鲍耶陀夫（А. Грибоедов）对这部译作给予高度的评价是有道理的。[②]

这件事情的经过是这样的。1816年，与十二月党人过从甚密的诗人卡捷宁重译《列诺勒》，并将其改名为《奥莉加》。此举明显带有挑战的性质，因为卡捷宁反对茹科夫斯基诗歌的那种精神和倾向。毋庸置疑，这场争论与其说是关于毕尔格叙事诗的译文之争，倒不如说是关于俄罗

---

① 《别林斯基全集》，第七卷，莫斯科，1955年版，第221页。
② 参见《普希金全集》，第十一卷，1949年版，第220—221页；《格里鲍耶陀夫全集》，列宁格勒，1945年版，第358—369页。

斯文学发展道路之争。实际上两者无论是从今日的翻译标准来看，还是以当时的翻译观念而言，都不能算作真正的翻译。难怪茹科夫斯基称自己的《柳德米拉》是毕尔格《列诺勒》的仿作，而卡捷宁视自己的《奥莉加》为毕尔格《列诺勒》的任意翻译。对这两种说法普希金都表示赞同。这有普希金的《帕维尔·卡捷宁的诗作和译诗》（1833 年）为证。

但是围绕这两首叙事诗的争论也涉及翻译问题。从这个观点出发，由比较卡捷宁的《奥莉加》和茹科夫斯基的《柳德米拉》可见，前者努力接近德语原著，其中没有茹科夫斯基译著中大量增添的词语，原著中诗节的清晰划分和韵律体系都得以保留在译文中，译著的诗格更加接近原文。对此普希金在上面提到的文章中写道："他想以原创的浓烈的美向我们展示《列诺勒》。"虽然如此，卡捷宁的《奥莉加》也有不少改动原文的地方，如：将叙事诗里的故事搬到了波尔塔瓦战役中，内容变成了奥莉加的丈夫跟随彼得大帝去打仗，在乌克兰牺牲，等等。显而易见，德语叙事诗的内容没有保留下来，而且穿上了俄罗斯的"民间服饰"（普希金语）。

茹科夫斯基在自己的译作里是非常主观的。这种主观主义态度决定了他在选材时往往挑选那些在世界观和文学特点上与自己最为接近的作品，至于那些很少能引起自己共鸣的或与他大异其趣的作品，他必须在很大程度上重新加以认识。别林斯基曾指出，茹科夫斯基与拜伦（Байрон）并无共鸣，但他在《席隆的囚徒》（«Шильонский узник»）中却很成功地再现了拜伦的思想力量和情感力量。别林斯基写道："茹科夫斯基以诗的形式把拜伦的《席隆的囚徒》译成了俄语。显然这些诗句在人的心里激起了阵阵震荡，犹如手起斧落使无辜的被告身首异处时发出的咔嚓声……《席隆的囚徒》中每一句诗句都喷发出一股惊人的力量。"[①] 这段

① 《别林斯基全集》，第七卷，莫斯科，1955 年版，第 208 页。

话很好地说明了别林斯基对茹科夫斯基翻译的肯定。他虽然在许多地方，无论是在意义上还是在语调上都偏离了原著，但他总体上的艺术说服力和语言技巧使他的译著具有特殊的魅力。

尽管茹科夫斯基对文学有特殊的兴趣，对宫廷贵族有好感，但他在自己的译著中除传统的幻想作品外，还反映了西欧诗歌中进步的人道主义倾向［席勒（Шиллер）的《爱莱福金恩德节日》（«Элевзинский праздник»）］、西欧诗歌中真正的民间口头创作的主题的兴趣［歌德（Гете）的《森林之王》（«Лесной царь»）］，甚至还表达了社会反抗的主题（拜伦的《席隆的囚徒》）。显然，他在自己的译著中充分体现出自己对于"愉悦"的追求，也就是说为了迎合自己的思想和贵族读者的审美偏见，他竭力改变原著中他认为很不合适的特征。

后来茹科夫斯基在致果戈理（Н. Гоголь）的信里指出："我曾经多次指出，当要表达或补充别人的思想必须即兴创作时，我的头脑最清醒。我的智慧像火镰，只有将它在火石上敲打，才会迸出火花来。这是我个人创作的总的特点。我的所有作品几乎全是别人的，或者说是借用别人的来创作，然而这一切也全是我的。"[①] 说实话，这一自我评价是对这个翻译天才的特点恰如其分的概括。这个特点就是翻译创作的"第二性"，这可能是俄罗斯文学史上第一次有这样的表述："我的智慧像火镰，只有将它在火石上敲打，才会迸出火花来。"这一见解即使到今天仍有现实意义。至于"即兴创作"，至于不仅"表达"而且"补充"他人的思想作为翻译创作不可或缺的部分云云，从今天的翻译理论来看则不敢苟同。

但即使在当时，即在他早期有关翻译的论述中已有独到的见解。这些见解摆脱了古典主义翻译诗学的桎梏，为翻译理论的进一步发展勾勒

---

① 《茹科夫斯基选集》（四卷本，第四卷），莫斯科—列宁格勒，1960 年版，第 544 页。

出了前景。

茹科夫斯基的同时代人对他的这种现象议论颇多，在他生前就想揭示他这种矛盾的实质。别林斯基曾多次提及茹科夫斯基，确立他在俄罗斯文学史上的地位。1839年，他断言："茹科夫斯基是诗人，而不是译者；他是在再创作，而不是在翻译。他从德国人和英国人那里只取自己的东西，而原著里他们自己的东西则弃之不用，因此他的所谓的译著作为译著来看很不合格，但作为他自己的创作来看却是相当精彩的。"① 两年以后，别林斯基又发表了看法："他的所有译著都带有某种共同的印记。它们加在一起营造了某种特殊的诗歌世界——茹科夫斯基世界。"② 别林斯基在此对茹科夫斯基的译著使用了"原创式的翻译作品"的说法。又过了两年，别林斯基写道："茹科夫斯基诗作的桂冠是他的译著与借鉴德国和英国诗人创作的作品；在这方面他作为自己学派的唯一领袖和代表是独树一帜的；从中体现出卡拉姆津时期俄罗斯文学最有力和最多产的进步时刻。"③

这些说法显然是矛盾的。说明别林斯基对它们不满意、尚无定论，因为他把握不住茹科夫斯基创作个性那种似乎难以捉摸的、模棱两可的实质。但是随着时间的推移，翻译观念本身和翻译事业在本国文学中的地位都在变化，茹科夫斯基自己的翻译观也在变化。

当时译坛的主要问题在于，如何才算真正地贴近（忠实地再现）原著，以及怎样才能达到贴近原著。茹科夫斯基没有置身于这种总的趋势之外。1831年，他发表了毕尔格《列诺勒》的新译本（第三个译本），这个译本比以前的两个译本更加接近原著。茹科夫斯基三译此诗（第一次

---

①《别林斯基全集》，第三卷，莫斯科，1953年版，第508页。
② 同上，第五卷，1954年版，第550页。
③ 同上，第七卷，1955年版，第141页。

改为《柳德米拉》，第二次改成《斯韦特兰娜》，第三次保留原文的名字《列诺勒》)，表明他的翻译观的演进。1839 年，他用六音步扬抑抑格重译了格雷的《墓地哀歌》，这一他初登译坛，或者说初登文坛之作。此举同样说明了他翻译观的转变。茹科夫斯基后来把这两种译作连同译自同一部原作的早期译作一起收录在自己的选集里，作为不同的译作，又是自己相互不可替代的作品。

茹科夫斯基在全译荷马（Гомер）的《奥德赛》(«Одиссея»）时，倾注了大量的心血，此时他发表了新的观点：我“想在自己的译著里保留原著的简练，对它奴隶般地忠实，同时也不背叛我的法定君主——俄语”[①]。他几乎重复了维亚泽姆斯基关于“恭顺”的话:“是呕心沥血才完成了这项凭良心干的、历时弥久的艰巨劳动。”[②]

诗人的这些言论颇具典型性，十分明确地确定了 19 世纪初的俄国的翻译观。不过，研究者们也指出，茹科夫斯基所译的《奥德赛》，就像他的其他译著一样，依然带有主观色彩。不过在这样的语境里，对我们来说理论观点比实践结果更有意义。

实际上，普希金已经把福斯（И. Фосс）和茹科夫斯基等量齐观：“他如同福斯，也是翻译的天才。”[③] 这一评价足以说明茹科夫斯基在俄罗斯翻译史上的地位。

在茹科夫斯基和卡捷宁之争中，有一位翻译家的意见值得注意。他就是尼古拉·伊万诺维奇·格涅季奇（Николай Иванович Гнедич，1784—1833）。格涅季奇撰文反对卡捷宁新的、更加接近原文的译文，同时为茹科夫斯基的《柳德米拉》辩护。他写道，《列诺勒》是“德国民

---

① 《文化文选·新发现》，年鉴 1979，列宁格勒，1980 年版，第 44 页。
② 《茹科夫斯基作品集》，第六卷，圣彼得堡，1878 年版，第 592 页。
③ 《普希金全集》（十卷本，第十卷），莫斯科—列宁格勒，1951 年版，第 149 页。

间叙事诗”，只有“通过模仿才能令俄国读者感到愉悦”。由此可见，格涅季奇是“令人愉悦的”译文（即改写和改编原著“使之适应俄罗斯习惯”）的支持者，不过此文发表时没有署名。此处必须指出，13 年之后格涅季奇在《伊利亚特》（«Илиада»）俄译本前言里阐述的翻译观相对于此发生了 180 度的大转弯。他的翻译观的改变触及了翻译的基本问题——传递民族特点的问题，这对那个时代按理说是一个崭新的翻译问题。

事实上确实如此，德国的民间叙事诗在俄语里应该如何表达呢？格涅季奇支持茹科夫斯基的翻译方法，断言应该像俄罗斯的民间叙事诗。普希金对此不以为然，他在 1820 年针对此文不无调侃地写道："为了把德国姑娘列诺勒与苏格兰姑娘柳德米拉、楚瓦什姑娘奥莉加进行对比，何必一定要躲进楚赫娜人的村子里呢？”[①] 这里普希金揶揄的说法——“苏格兰姑娘柳德米拉”“楚瓦什姑娘奥莉加”等显然是影射两位译者在翻译时采用的方法，他们把叙事诗情节的发生地点移植到俄罗斯来而丧失了民族特色。因此在普希金看来，无论是茹科夫斯基还是卡捷宁都不成功。这是普希金早期有关翻译问题的言论之一，之后他又就这个问题发表了不少看法。格涅季奇后来的新思想和翻译实践对普希金的翻译观的形成影响颇大。

应该指出，格涅季奇在 1816 年那篇文章里提到的“贴近原文”（близость к подлиннику，这里使用了现代术语）有些自相矛盾。他一方面为茹科夫斯基的任意翻译辩护，另一方面又十分挑剔地指责卡捷宁在细节上不够贴近原文。为了证明这一点，格涅季奇用逐字翻译法处理了叙事诗的某些地方。他在德语文本的每一个词下面注上相应的俄语词加以对照。格里鲍耶陀夫针对此文发表文章参与论战，措辞相当激烈。

---

① 《普希金全集》（十卷本，第七卷），莫斯科—列宁格勒，1951 年版，第 266 页。

他肯定卡捷宁的译文，同时也没有放过这一看似不太重要的问题——要求某些诗行逐字贴近原文。他借题大肆发挥，猛烈抨击把贴近原文的概念理解成为逐字翻译。

格里鲍耶陀夫在文中写道："我有一个小小的偏见，不怕他见笑。例如，我认为敢于对比俄语译文和德语原文者，想必一定熟谙这两种语言。毫无异议，评论家先生却认为这是多此一举，因为有哪一位精通俄语的仁兄会把德语的……译成这样呢？"[①] 格里鲍耶陀夫在这段文字里援引了几个例子证明逐字翻译的可笑之处。

这场争论在格涅季奇《伊利亚特》的全译本（1829年版）问世之时再度兴起。格涅季奇对这部巨著笔耕多年，从第七首歌译起，因为前人科斯特罗夫（Е. Костров）曾经翻译过这部作品，但只译到此处为止（科斯特罗夫的译文已于1787年发表）。格涅季奇与科斯特罗夫一样以亚历山大诗体开译，后来他把多年的劳动成果付之一炬，重新用六音步扬抑抑格译完整部作品，实现了拉季谢夫在《从彼得堡到莫斯科的旅行记》里提出的要求。[②]

这个问题可以上溯到18世纪中叶。俄语中六音步扬抑抑格最早的范例见之于罗蒙诺索夫的《俄语作诗法》(«Письмо о правилах российского стихотворчества»，1739)，但该书在40年以后才得以出版。而特列季亚科夫斯基把扬抑抑格和扬抑格糅合在一起，创造了六音步扬抑抑格作为希腊语的六音步长短短格的对应诗体，对于罗蒙诺索夫的试验，特列季亚科夫斯基一无所知。1751年，他在翻译奥维德的诗歌时运用了这一诗体。之后他在翻译费讷隆（Фенедон）的《忒勒马科斯历险记》

① 《格里鲍耶陀夫选集》，莫斯科—列宁格勒，1959年版，第369页。
② 《拉季谢夫全集》，莫斯科—列宁格勒，1938年版，第352页。

（«Похождения Телемаха»）时通篇采用这种诗体，开立了俄罗斯文学史诗的先河。但是从严格的意义来说，这不是翻译，因为特列季亚科夫斯基用史诗的形式、六音步扬抑抑格的诗体叙述了这部法国散文体的长篇小说。特列季亚科夫斯基的做法不为同时代人所理解，频遭讥讽（直至普希金，才开始为他正名），因此这种诗体未能为读者所接受。许多年后，格涅季奇在《伊利亚特》里成功地运用了这一诗体。从此俄语的六音步扬抑抑格诗体在俄国成为有关古希腊文学，乃至整个古希腊罗马时代文学观念的不可分割的一部分，直至今日依然如此。

关于“俄语的六音步扬抑抑格诗体”的问题是一个颇有争议的问题，这对于俄罗斯诗歌翻译的命运至关重要。以诗译诗的做法逐渐深入人心（当时这种做法已经得到公认，不过并没有得到严格的执行），对翻译时保留原著格律的要求越来越严格。卡捷宁在 1822 年的文章中写道：“大作家的形式不是随心所欲的东西，不是可以改变它而不伤作品精神的东西。”他由此得出结论：“意大利的八行诗”是阿里奥斯托（Ариосто）、卡蒙斯（Камоэнс）、塔索（Тассо）等常用的诗体，在俄语的译作里应该也用八行诗再现出来；“我们的语言是灵巧而丰富的。为何不用新的形式试验它呢？在新的形式中它可能会获得新的美”。①

格涅季奇翻译的《伊利亚特》的前言②是俄罗斯翻译思想史上的里程碑。格涅季奇在这篇前言里阐述的翻译的创造性观点可视为卡拉姆津某些有争议的言论（我从未在任何地方改动过我的作者的思想，我尊重作者，他对译者而言是不允许更改的）在新条件下的发展。他十分注意保留《伊利亚特》的古希腊色彩。他说：“任意翻译对译者而言比忠于原著来得容

---

①《致祖国之子出版商的信》，载于《祖国之子》，1822 年版，76 册，第 14 件，第 305—306 页。

②《格涅季奇文集》（六卷本，第三卷），莫斯科，1903 年版，第 3 页起。

易，我宁愿忠于荷马，下决心尽量忠实地翻译。”格涅季奇的翻译是以平民读者为对象的，他选择语言手段的原则也是以此为根据的。他认为：“……荷马的译者不必迎合客厅的趣味、迎合沙龙那种过于讲究的典雅和娇柔之风，我们往往诚惶诚恐地寻求他们的赞同，但他们的要求和苛求会束缚语言，使它苍白无力。”

格涅季奇在条分缕析地论证自己的观点时，对《伊利亚特》法译者的话“应该让原著适应所译的国家和所译的时代”表示异议：“在法国、在英国曾经有人这么考虑过；在俄国还有许多人还是这样考虑的；我们这里占主导地位的仍然是那些我们从已故的法国天主教神甫那里继承下来的外行的文学观念。”他继续写道：“把希腊语的表达方法变成俄语的表达方法时，应该尽力不让荷马的思想变成俄罗斯人的思想，但是更为重要的是不要美化原文。饰文很容易，确切地说，是用我们调色板上的颜料修饰荷马的诗句，这样的诗句显得更加优美、更加华丽，更合我们的胃口，但要保留荷马诗句的原样、它的本来面貌，增之一分嫌多，减之一分嫌少，这是何其难哉！”

在格涅季奇这篇前言的许多地方出现了俄罗斯译坛从未用过的措辞。他说荷马要求译者的是“模塑品”（слепок），他希望尽可能像“梅福季和基里尔那样逐字翻译”，对于指责他“不准确”的人，他不敢苟同，他全力证明自己是“准确的”（“准确”一词在戈利岑的文章里也出现过）。这一用语在当时意味着关注形式多于内容，在格涅季奇的笔下似乎是“偶然”的，但在以后的论战里会起重要作用，即译文贴近原文反映在何处，这个问题在那个时代译坛的另一件大事中显得更加突出。1829 年，在格涅季奇《伊利亚特》问世的当年，维亚泽姆斯基翻译的康斯坦（Б. Констан）的长篇小说《阿道尔夫》（«Адольф»）也出版了。维亚泽姆斯基把这部译作献给普希金，并附上几句话：“谨以大艺术家作品的苍白无力的复制品献给大画家。恭顺的石印师（литограф）敬赠。”

彼得·安德烈耶维奇·维亚泽姆斯基（Петр Андреевич Вяземский，1792—1878）是诗人也是翻译家。译坛上一些新的说法，“石印”（格涅季奇使用的是“模塑品”）和“恭顺”（смиренность）是维亚泽姆斯基前言里的主题，这篇前言的许多地方与格涅季奇的序言所见略同。[①] 维亚泽姆斯基指出：“有两种翻译方法：一种是自主的（независимый），另一种是受制的（подчиненный）。按照前一种方法，译者充分领会原著的意义和精神，然后把它们注入自己的形式；按照后一种译法，译者既要尽量保留形式本身，当然同时也要考虑他笔下惯用的诗歌语言。前一种译法有其优越之处，后一种译法吃力不讨好；两者之中我选择了后者。”

维亚泽姆斯基所谓的“自主的方法”就是“重新创造、把灵魂从外语移植到俄语里来”。这种方法已有杰出的先例（卡拉姆津、茹科夫斯基），“相反，我倒想试验一下，我再重复一遍，在不违背我们本性的同时，在移植中是否能够保留异国的味道、感受、某种方言表达法”。

维亚泽姆斯基是与普希金同时代但比他年长的诗人。他的翻译观与普希金迥然有异，他在自己所译的本杰明·康斯坦的《阿道尔夫》的前言中对这一问题发表了自己的看法：“……偏离作者的表达法往往也是偏离词汇的对称，这使我感到他的思想很不自然地改变了……而且……我还有自己的目的：学习、感受我们的语言，对它进行试验，俗话说，试验并非受罪，弄明白它在多大程度上可以接近外语，当然不使它致残，不使它硬塞进普洛克洛斯忒斯的床。”

在那个时期，维亚泽姆斯基是与同时代的散文体长篇小说打交道，这毫无疑问使这样的方法变得容易了。这种“试验”的目的在较早的维

① 《维亚泽姆斯基全集》，第十卷，圣彼得堡，1886年版，第10页。

亚泽姆斯基翻译的密茨凯维奇（А. Мицкевич）《克里米亚的十四行诗》（«Крымские сонеты»）的俄译本（用散文体翻译）序言里表达得更加明确："我们尽自己之所能进行逐字翻译，动机有二：第一，希望展示波兰语与俄语的相似之处，往往不仅是词对词地照搬，而且如果在俄语中找到此词，不过意义稍有不同，但仍属它的种的范围……就干脆把波兰词引入……促使我们坚持不懈地翻译的第二个动机是要让人相信：贴切的译文，尤其是散文体的译文，与译者考虑自己多于原著的译文比较，前者永远更受人欢迎。"接着他写道："当然，并不是每个读者都能或都想花精力在这份未经整理的本子里弄明白原著的特点，但艺术家们不会因为刚愎自用的译者那些没有用在点子上的努力而看花眼，他们会准确地体悟它的妙处。"①

此地的"艺术家"并不是笔误，这与《阿道尔夫》的翻译宗旨有关，维亚泽姆斯基在译著序言里写明："让俄国作家们了解这部长篇小说。"这与格涅季奇不同，格涅季奇的《伊利亚特》以平民读者为对象，而维亚泽姆斯基的译著从他的思想来看是供受过教育的群体阅读的，因此带有所谓的"精英"性质。

采用"受制的方法束缚自己"的维亚泽姆斯基花了许多笔墨来讨论翻译作品的语言应该是怎样的，这个问题其实在采用自主的方法时是不会产生的，因为此时译者在选择语言手段时是非常自由的。应该指出，维亚泽姆斯基在实践中并不是像他在理论阐述上那么严格，所谓坚持不懈地"逐字翻译""对俄语进行试验"的痕迹在他的译作里并不多见；同时也不要忘记，当时正是现代俄语的形成时期。

维亚泽姆斯基还主张以散文译诗。他就自己所译的密茨凯维奇《克

---

①《维亚泽姆斯基全集》，第一卷，圣彼得堡，1886 年版，第 334—335 页。

里米亚的十四行诗》的散文体译本阐述了这一观点，并试图证明这种方法的优点。维亚泽姆斯基的翻译方法和原则是在形式上逐词逐句地根据原著的意义和句法“亦步亦趋”地处理，他拿俄语做试验，经常只遵守俄语基本的语法规则，而不顾它的修辞规范。这种方法和原则没有得到普及，也没有对俄国翻译事业的进一步发展产生影响。

米哈伊尔·尤里耶维奇·莱蒙托夫（Михаил Юрьевич Лермонтов，1814—1841）的译作不多，但在俄罗斯的翻译史上却有独特的地位。他翻译过拜伦、席勒、海涅（Гейне）和歌德的诗作。他那娴熟的外语、天赋的艺术创造力使他得以在短暂的一生中充分展示出一位杰出翻译家的才华。他的译风对原著而言颇具独立性。其中有几首译作仅保留了原作的主题，至于表达方式则与原作迥然不同。他在译诗（尤其是译海涅的诗）时，对诗中的主题和细节根据自己的需要加以增删，仅仅突出原著的典型特征。例如，在翻译拜伦的《我心忧虑》(«Душа моя мрачна»)时，他浓墨重彩地强调了英文文本里的激情和悲观主义。尽管如此，莱蒙托夫的翻译活动仍旧意义重大，这是因为他的译作可纳入他自己的创作轨道，与后来成为经典的俄国诗歌一样堪称佳作。这些译作的艺术成就对翻译事业的发展产生了积极的作用，这证明了一条原则：译本的感染力首先取决于它作为俄语作品的文学（这里是指“诗学上”）的力量。

亚历山大·谢尔盖耶维奇·普希金（Александр Сергеевич Пушкин，1799—1837）特别关注翻译，尽管他留下的有关翻译的作品不多，但他是从俄罗斯文学的深度和广度来衡量翻译问题的。1830年，普希金写信给格涅季奇说：“不懂希腊语使我难以全面评论您的《伊利亚特》，它对您的声望而言已无必要，但对俄罗斯而言是必要的。”[①] 他赋诗献给

---

①《普希金全集》(十卷本，第三卷)，莫斯科—列宁格勒，1950年版，第238页。

格涅季奇（《你独自一人与荷马长谈……》，1832 年），在结尾处对这位从事翻译的诗人大加颂扬。

当时的杂志连篇累牍地刊登谈论翻译难的文章。翻译难的思想也贯穿着普希金的所有有关翻译的言论。“在与困难斗争中无人可及的力士”①，普希金两次援引维亚泽姆斯基评价翻译家茹科夫斯基的这句话。据普希金一位同时代人回忆，他曾经打算全译密茨凯维奇的《康拉德·华伦洛德》（«Конрад Валленрод»），但开译不久就搁笔不想继续下去了。因为正如他自己说的，“不会翻译，就是说不会让自己服从译者这种艰巨的工作”②。戈利岑那时正在把普希金的诗歌译成法语，普希金为此写信给他：“……您献身的这种文学门类是我知道的所有门类里最困难和最吃力不讨好的一种。”③

这样一而再，再而三地强调翻译难不是偶然的，这在某种程度上有自己的目的：把“纯粹的”翻译与“令人愉悦的”翻译、对外国文学作品的改写、“使之适应俄罗斯习惯”对立起来。从社会接受的角度来看，翻译文学和本国文学“分家”的过程正在进行。这是普希金时代独树一帜的思想所要求的，这一思想决定着俄罗斯文学的进程。追求译著尽量贴近原著的客观意义就在于此，这种追求在 18 世纪最后几十年里渐露端倪，到了 19 世纪初的 30 余年里——到了 1812 年卫国战争胜利激起的爱国主义高潮的年代、到了十二月党人运动的年代、到了俄罗斯文坛的一代巨擘亚历山大·普希金锋芒毕露的时代，这种追求已经昭然若揭了。

在谈论翻译史的时候，应该指出，俄罗斯的翻译活动与本国的文学活动之间有着共荣共衰的关系，它们之间相互作用，毫无疑问，翻译活

① 《普希金全集》（十卷本，第十卷），莫斯科—列宁格勒，1951 年版，第 46 页。
② 《同时代人回忆普希金》，第二卷，莫斯科，1985 年版，第 62 页。
③ 《普希金全集》（十卷本，第十卷），莫斯科—列宁格勒，1951 年版，第 869 页。

动取决于本国文学。当时的俄罗斯翻译史是普希金时代俄罗斯文学史的一部分，因此普希金有关这方面的论述至关重要。当然他的观点不是孤立的，而是在他的影响之下当时翻译界形成的具有代表性意见的高度概括。

普希金的诗歌译作总的来说为数不多。其作品在他的创作初期与古典主义有关，后来则与浪漫主义相联系。这些译作与原作在字面意义上相去甚远，几近创作。普希金作为翻译家的意义在于：首先，他在译著中是用他自己确立的俄罗斯标准语再现外国原著的；其次，他在自己创作的鼎盛时期充分体现出现实主义艺术方法的特征——注重典型的特点，概括反映原著历史特征和个性特征的技巧。

普希金在一生的不同时期先后翻译了17—18世纪法国诗人的讽刺短诗、伏尔泰（Вольтер）和帕尔尼（Парни）的诗歌、帕尔尼长诗的片段、安德烈·谢尼耶（Андре Шенье）的部分诗歌、古希腊若干抒情诗、贺拉斯的颂歌、阿里奥斯托长诗的片段、接近民间口头创作的密茨凯维奇的叙事诗《布德累斯和他的儿子们》(«Будрыс и его сыновья»)、《镇守客》(«Воевода»)，以及长诗《康拉德·华伦洛德》的序言，最后还有《古兰经》(«Коран»）片段、《圣经·雅歌》(«Песня песней»）片段等。由此可见，普希金选材的范围在不断扩大，他致力于翻译在不同时期各具特色的、非常典型的诗文。

普希金所译的17—18世纪法国诗人的诗作经常被认为是与原著作者的争雄之作。以帕尔尼为例，普希金对他的讽刺短诗中那些艺术上平平的地方加以删节、改写和重构，仿佛想以此证明，同一个思想、同一个情节应该如何细加推敲，才能使其焕发激情或更富尖锐性。譬如《忠告》(«Добрый совет»）一诗本来是帕尔尼一首平庸的祝酒诗，在普希金的笔下（几乎未经改动）却被译成了一首颂扬青春活力的生气勃勃的赞歌。

可是在普希金创作的成熟期，他在对待同时代的大诗人和历史上的大诗人（密茨凯维奇、谢尼耶、贺拉斯等），以及民间的口头创作（如《西斯拉夫民族之歌》，梅里美辑录）方面，一反过去的译风，尽量保留、甚至突出民族特点，特别是保留和突出原著的地方色彩和历史色彩。有时还保留原著的诗歌形式（这样的形式对当时的俄罗斯诗歌来说是少见的），来强化这些特征（如《布德累斯和他的儿子们》）。在《仿古兰经》（«Подражания Корану»）中有这样的诗句，“以成双的和成单的为誓，以宝剑和义战为誓”等，普希金好像要让读者去习惯这类异乎寻常的表达方式。对此普希金有一个说明：“在《古兰经》的其他地方，阿拉以母马的蹄子、无花果的果实、麦加的自由、美德与恶行、天使与人等为誓。这类奇特的修饰语在《古兰经》里比比皆是。”托马舍夫斯基（Б. Томашевский）就普希金译自法国诗人的作品发表了自己的看法，认为普希金译诗的目的“不是准确地转达原著，而是借用其他语言中业已存在的形式丰富自己的诗歌财富”①。这一观点是十分中肯的，也适用于普希金的其他译著。

普希金的散文译作有自己的特色和风格。这类译作指回忆录和历史作品，如《莫洛-杰-勃拉泽准将见闻录》（«Записки бригадира Моро-де-Бразе»）、《铁面具》（«Железная маска»）、伏尔泰的《路易十四的百年史》（«История века Людовика XIV»）片段、民族志学《约翰·特讷札记》（«Записки Джона Теннера»），以及杂志上发表的作品。这些译作都出自晚年普希金之笔，与他原创的散文一样，透出他创作全盛时期炉火纯青的技巧。在这里普希金也不是对原著逐字翻译，在有些地方他为了避免原文的啰唆，删去了他认为冗余的句子，偶尔用概括的转述来代

① 《文学遗产》，第三十一至三十二卷，莫斯科，1937年版，第11—12页。

替翻译（如在《约翰·特讷札记》的片段中）。其中的原因是，这不是翻译文学作品，而是翻译具有认知意义的、以片段形式发表在杂志上的文章。然而，普希金在转达其中历史的、日常习俗的、人类学的特点时，是紧扣原文的。普希金所译的文字虽不属文艺作品，但他仍然很重视译作的风格。在《莫洛-杰-勃拉泽准将见闻录》中保留了旧式的叙事方法，使译文带有学究式的凝重。而在《约翰·特讷札记》中则可以看出译笔的朴实、简练。总而言之，这一切都与普希金的行文原则相符，即遣词造句准确，文字简朴、清晰、流畅等。

17—18世纪，法国的译风以“饰文”（украшающий перевод）、“纠正”（исправительный перевод）原文为荣。这种风气遭到普希金的严厉批评，因为普希金提倡尊重外国读者的特点，同时又反对逐字死译，他认为逐字死译会导致对母语的践踏，所以他一方面要求在意义方面忠实原文，另一方面认为应保留原著的特色。

普希金的翻译观随着岁月的推移越来越受到重视，最后得以“理论化”。普希金逝世以后，在他的遗稿里发现一篇没有写完的文章，其中许多地方涉及翻译问题。这篇文章首次发表于1837年，刊登在普希金逝世后的第五期《现代人》上，名为《论弥尔顿和夏多勃里昂所译的〈失乐园〉》（«О Мильтоне и Шатобриановом переводе ‹Потерянного рая›»）。此事引起当时文坛的震动。别林斯基做出了评价：从这篇文章里“看到的不是一个根据已知原理发表议论的评论家，而是一位天才，他那可靠和深刻的感觉，或者确切地说是丰富的本体，在他目力所及之处都能为他展现真理”①。普希金关于翻译和翻译家的许多议论，以及对一些译著的评论似乎都是为这篇文章在做铺垫。事有凑巧，普希金在致命的决斗前几

① 《别林斯基全集》，第二卷，莫斯科，1953年版，第355页。

小时写下的最后几句话也与翻译有关。这是写给伊希莫娃（А. Ишимова）的信，请她为《现代人》翻译巴里·康沃尔（Барри Корнуолл）的《戏剧场景》（«Драматические сцены»），普希金自己也译过他的剧作。今天凡是论述翻译历史的文章和专著几乎没有不提及这篇文章的。

18 世纪的俄罗斯翻译家在表述自己的观点时，总是千方百计地与欧洲的权威和欧洲盛行的惯例联系在一起，始则以法国为师，继而效仿英国或德国。普希金虽然也是如此，但他在阐述自己的看法时，考虑到欧洲杂志上的论战，没有就事论事，而是从各种翻译方法历史发展的角度，以整个文学的社会生活为背景来审视各种翻译方法。

夏多勃里昂所译的法译本《失乐园》是从英语翻译过来的，于 1836 年问世，这是普希金撰写此文的直接动因。夏多勃里昂采用的是“逐字逐句的死译”，与法国当时盛行的翻译观南辕北辙，因此普遭非议。普希金对这部译作问世的这个事实表示欢迎，把它视为法国人对待外国作品新态度的标志，因为普希金坚决反对改写外国作品、把它们改头换面，称这种做法为“对人民性的无知偏好”。

这篇遗稿显然是未定稿，其中许多地方是草草而就的。此文在发表前由茹科夫斯基编辑、加工。文章的大部分内容是对新浪漫主义作家雨果（В. Гюго）的悲剧《克伦威尔》（«Кромвель»）和维尼（А. де Виньи）的长篇小说《圣·马尔斯》（«Сен-Марс»）毫不容情的批评，在普希金看来，这些作家通过自己的作品在这位伟大英国人克伦威尔的脸上抹黑。普希金把“法国年轻作家”的这种行为与法国人传统的——“古典主义的”——对待外国文学的态度联系起来：“法国人长期以来一直蔑视自己邻国的文学。他们深信自己比全人类都优越，因此他们评价外国优秀作家的尺度是这些作家离法国评论家制定的法国习惯和规则的远近。”

在 19 世纪俄罗斯文坛论及翻译问题的人士中，普希金关于翻译与文学关系的共同问题的议论最尖锐、最明确。他写道:“评论界终于醒悟了。他们的疑问不禁油然而生，列图纳（Летурнер）先生关于莎士比亚的评论可能有错，他根据自己的样式改变‘哈姆雷特’‘罗密欧’‘李尔王’的做法不完全明智。他们开始要求翻译家多一些忠实、少一些花哨，多为读者着想，他们希望看到但丁（Данте）、莎士比亚、塞万提斯的真面貌，看到他们穿着自己的民族服饰。甚至像翻译家应该传递精神而不是文字这样世代形成的、大家公认的意见，遇到了反对派和精心组织的驳斥。”值得注意的是“精神”（дух）（手稿里在“世代形成的”之后有“意见当然是正确的”几个词）和“文字”（буква）的对立：“如今（闻所未闻的例子）第一位法国作家一词对一词地（слово в слово）翻译弥尔顿并声称逐字翻译只要是可能的，那么这种方法就是他的艺术顶峰。一位法国作家、一位一流大师竟是如此谦恭，足以使翻译改正派瞠目结舌，并必定会对文学产生巨大影响。”

普希金认为：“夏多勃里昂的译文在一定程度上弥补了法国年轻作家的过错，因为他们尽管是完全无辜地，但是十分残酷地侮辱了伟大人物。”但是他认为译文本身并不成功，而且就翻译的基本问题对译文给以批评：“……夏多勃里昂几乎是逐字翻译弥尔顿的作品的，非常接近，极尽法语句法之所能：这项劳动是艰巨的、吃力不讨好的，大多数读者很难察觉，可能只有两三位行家能够赏识！但是新译本是否成功呢？…… 毫无疑问，夏多勃里昂虽然力求一词对一词地翻译弥尔顿的著作，但在自己的翻译里却未能达到意义和表达上的正确。逐字翻译永远不可能是正确的。每一种语言都有自己的用语、自己约定俗成的修辞手段、自己惯用的表达方式，而这一切是不可能用相应的词汇译成另一种语言的。我们举开头的几句 Comment vous portez-vous? How do you do? 请试把它们逐字译成俄语。”①

可见普希金并不是笼而统之地否定翻译的可能性，而是不同意逐字死译,不同意用“相应的词汇”来表达。“一词对一词”的翻译与“改写”派的翻译之争，从俄罗斯文学来看，实际上是“自主的”和“受制的”翻译法（维亚泽姆斯基语）之争、“任意翻译”和“尽量忠实的”翻译法（格涅季奇语）之争、“使之适应俄罗斯习惯”和“未经净化的译本”（卢金语）之争等在那个时代的延续。即使对夏多勃里昂使用“谦恭”一词，也是取自维亚泽姆斯基把康斯坦《阿道尔夫》译本赠予普希金的献词之中。虽然两者之间有着重大的差别，俄罗斯的翻译家们都在进行充分的实验（理论上多于实践上），但他们力求，如果套用茹科夫斯基的话，“不背叛自己的法定君主——俄语”。然而夏多勃里昂则不然，他为了确立新的原则，并把这一原则人为地贯彻到极限，故意尽量扭曲自己的母语。对此，普希金说道：“这项劳动是艰巨的、吃力不讨好的，大多数读者很难察觉，可能只有两三位行家能够赏识！”当然，普希金在谈论自己对夏多勃里昂译本的态度和欧洲各大杂志围绕它所进行的论战时，不会不考虑俄罗斯文坛上与之有关的争论，更何况茹科夫斯基也好、格涅季奇也好、卡捷宁也好、维亚泽姆斯基也好，都与他过从甚密，经常在私下谈话中，或在信函里讨论这类问题。可见，这篇文章表达的鲜明观点与俄罗斯文学也有非常直接的关系。有以下所引的这段话为证：“俄语的用语和手段非常灵活、丰富，非常善于模仿其他语言并容易与它们共处，如果俄语还不能逐字翻译，还不能一词对一词地翻译，那么法语又如何能够经受这样的实验呢？ 因为法语是如此地拘泥于自己的习惯，如此地沉溺于自己的传说，如此地排斥其他语言，甚至排斥与它同属一个部落的语言。”

①《普希金全集》，第十二卷，1949 年版，第 143—144 页。

毫无疑问，普希金在遗稿中没有提供正确的翻译方法，不过这并不是普希金的题中应有之义。因为普希金关于翻译的论述恰逢俄罗斯文学历史的转折点，其时浪漫主义时代正由以现实主义倾向为主的新时代所取而代之，普希金的论述使翻译文学从本土文学中独立出来。同时必须指出，普希金一直使用18世纪和19世纪初译坛通用的“忠实”（верность）一词，而不用翻译的“准确”（точность）的说法。

普希金对俄罗斯翻译事业的影响是巨大的，这种影响既不是指他为数不多的译著，也不是指他的理论观点（不必过高地评价他的理论的作用），而是指普希金开了俄罗斯文学和俄语的先河。翻译历史不能与文学历史隔开来看待。

普希金之后，俄罗斯翻译历史（包括翻译思想）登上了新的台阶。其原因还包括俄罗斯文学生活的总形势发生了变化：出版书籍的数量激增，日益普及的杂志上外国文学作品越来越多，特别是刊登的散文类作品的数量大大地超过了诗歌。翻译事业日渐深入人心。

当时俄国译坛要求译文贴近原文的呼声越来越高，这里所指的“贴近”不是指形式上的贴近，有果戈理的话为证。

尼古拉·瓦西里耶维奇·果戈理（Николай Васильевич Гоголь，1809—1852）在1834年4月20日致马克西莫维奇（М. Максимович）的信中写道：“谈到译著，我想对你说几句，有时必须故意远离原著的词语才能更接近原著。有一些句子、表达法、用语，从我们小俄罗斯人来看，如果词对词地翻译，俄罗斯人是很容易理解的，但这样的译文有时会破坏原著的一半力量，因为在它们和原文之间存在着鸿沟。特色鲜明而言简意赅的地方用俄语来表达几乎永远是难以理解的，因为这个地方不合俄语的精神，那时最好不要把它略去而是使用十个词汇把它的意思和盘托出。”他接着写道：“在翻译时，贴近思想比贴近词汇更加重要，虽然后者非常具有诱惑力，我承认，我自己现在议论这个问题时虽然抱着冷静、公正的态度，但难保会把一个音调铿锵的词儿硬塞进俄语中去，还满以为人家都会这样理解它。你要记住，你的翻译是供俄罗斯人阅读的，因此小俄罗斯人的用语……统统滚蛋！”[①] 这是俄罗斯文学中即使不是第一个，也是最早谈论亲属语言翻译问题的议论之一。

果戈理有关翻译的论述不多，但在关于翻译本质的概念以及翻译在本国文学中的地位正在变化的时代颇具代表性。果戈理的上述意见意义重大，他给予翻译工作高度的评价：“译者的所作所为是让你看不见他；他变成了一块透明的玻璃，透明得似乎没有玻璃。”[②] 这一形象性的说法从今天来看会引起争论，这也很正常。译者不可能凌驾于他对他所译作品的主观感受之上，同时他的创作个性也不以他的意志为转移，不可能不反映在译文中。我们认为果戈理并不是不理解这一点，他可能是俄罗斯文学里第一个提出译者创作个性问题的人。就在上述论及茹科夫斯基《奥德赛》文章的四年前，他在评价茹科夫斯基时说：“译者总是丧失自己的个性，但茹科夫斯基比我们所有的诗人更多地展现了自己的个性。你浏览一下他的诗歌标题，就会看到：一首取自席勒，另一首取自乌兰德（Уланд），第三首取自沃尔特·司各特（Вальтер Скотт），第四首取自拜伦，它们全都是最忠实的复制品，一词对一词，每一位诗人的个性都保留着，译者无插足之地。但是当你看完了几首诗歌，突然不禁自问：你刚才在看谁的诗歌？出现在你眼前的不是席勒、不是乌兰德、不是沃尔特·司各特……而是一位与他们所有的诗人迥然有异的诗人，他的位置不在他们的脚下，而在他们的旁边，与他们平起平坐。既保留他们所

① 《果戈理全集》，第十卷，苏联科学院，1940年版，第311—312页。
② 同上，第十四卷，1952年版，第170页。

有诗人的个性，又有他自己的个性，这是怎么做到的？这让人百思不得其解，但又是有目共睹的。”①

这里提到的“最忠实的复制品”“一词对一词”对茹科夫斯基而言显得言过其实。显而易见，果戈理没有把译文与原文进行对比，这种评价可能是果戈理在阅读译作时油然而生的，也可能是他仅凭译文得出的印象。

维萨里昂·格里戈里耶维奇·别林斯基（Виссарион Григорьевич Белинский，1811—1848）是 19 世纪俄罗斯著名的文学评论家，也是当时俄罗斯文学活动家中涉猎译坛最多的一位。这首先是因为他清醒地意识到翻译活动对于俄罗斯文学来说意义重大，其次也因为他年轻时在译坛也笔耕过。别林斯基精通法语，年轻时为养家糊口初涉译坛，为《杂谈》（«Молва»）和《望远镜》（«Телескоп»）两本杂志译稿。后来，在他从事文学评论以后，发表了大量论述翻译和评论译著的文章。从他的文集可知，他撰写了数百篇评论译著、译者工作的文章，留下数十篇专论翻译问题和大型翻译作品的文章，此外他还从历史角度探讨过翻译问题。在每年的俄罗斯文学年度述评中，他总是为译著提供一定的篇幅。可见别林斯基在当时的译坛是一位风云人物。

别林斯基的翻译观与普希金非常接近，真可谓“英雄所见略同”。这可能是他们两人在选材上观点相似，他们都主张挑选有思想内容的佳作来翻译，因此别林斯基不止一次强调翻译选材的重要性，呼吁译者不要去翻译那些既无思想又无艺术价值的作品。

别林斯基专论翻译问题的第一篇文章开宗明义就谈理论的作用：“人所认知的任何一个对象都有自己的理论，理论就是对对象赖以存在的法

---

①《果戈理全集》，第八卷，苏联科学院，1952 年版，第 377 页。

则的认识。只有存在的、只有现有的东西才可能被认识，因此要为一个对象创立理论，应该使这个对象作为已知的或作为现象存在，或处于创立它的理论者的直观之中。”①

此地，他提出了翻译问题的“理论”一词，这在俄罗斯译坛可能是首次有人涉及这个问题。他把“理论”理解为对实践的概括，如果“作为已知的理论对象只存在于创立理论者的直观认识中”，那么他的理论“将只有他一个人明白”。应该出现一位天才的译者来展示“应该如何从这种或那种语言来翻译这位或那位诗人”。

别林斯基在评论波列伏依（Н. Полевой）的译作《哈姆雷特》②时，把它与十年前弗龙琴科（М. Вронченко）发表的译本进行了比较。别林斯基对弗龙琴科的本子并不满意，但认为它是当时的一件大事。“关于译文的贴近性（близость перевода）和俄语文体的错误概念使他在他精心选择的领域毫无作为。”别林斯基所谓的“关于译文的贴近性的错误概念”是指“逐字的准确性”（буквальная точность），而所谓的“关于俄语文体的错误概念”是指对生动的口语的蔑视。

这篇文章充分表达了他的翻译观和他对译作质量的要求：“贴近原著不是传达原著的字面意义，而是传达原著的精神。每一种语言都有自己独特的表达法、特点和特质；这些独特之处非常突出，因此要正确转达某一形象或句子，有时必须在译文中彻底改变它们。相应的形象和相应的句子一样，不一定在于字眼表面上的一致：应该使译文的内在生命力符合原著的内在生命力。散文体的译文（别林斯基在此是指诗歌的逐字翻译）似乎更接近原文，因为译者在翻译时不受任何约束，然而散文体

---

①《别林斯基全集》，第二卷，莫斯科，1953年版，第424页起。
② 同上，第429页。

的译文虽然表面上与原文最贴近、最忠实、最准确，但实际上离开原文最远、最不忠实、最不准确。”这段文字写就于普希金的《论弥尔顿和夏多勃里昂所译的〈失乐园〉》之后不久。

别林斯基认为波列伏依译文的优点在于，译者竭力要完成这一任务：“……波列伏依的译笔从头至尾显得洒脱，看得出，他竭力在传递精神，而不是字面意义。因此，有时他偏离原著反而忠实地表达了原著：这就是翻译的奥秘所在。”但是随着时间的推移，别林斯基对波列伏依《哈姆雷特》的态度发生了变化，对这部译著的评价来了个180度的大转弯。原因有三：其一，第一篇文章对这部译著给以肯定的同时已经指出了它的缺点，而且是“严重的缺点”；其二，别林斯基与波列伏依关系的恶化也起了作用；其三，别林斯基的翻译观跟随着时间在不断地进化。当有人就这种前后矛盾的观点诘问他时，他答曰，这是“成熟的认识”的证明。

别林斯基与普希金一样也反对逐字死译，他的看法是，翻译的语言任务在于再现原著的精神。他在同一篇文章的另一处说道：“翻译文艺作品的规则只有一条——传达所译作品的精神，要做到这一点，只有在把它译成俄语时，译得像作者自己用俄语写的那样，如果他是俄国人的话。想要这样翻译文艺作品的话，译者就必须是一个天生的艺术家。”①

这番话乍一看来似乎是为随心所欲的翻译做辩解，而且使人联想起古典主义时代的翻译评论。但接下来的一段话明确地说明了这位评论家对翻译任务的理解，表明其反对随心所欲的翻译之观点：“在文艺翻译里，不允许有删节、增添或改动。如果原作有缺陷，也应该把缺陷原封不动地传达出来。这类译本的目的是尽可能代替原本，从而使因不通语言而

① 《别林斯基全集》，第二卷，莫斯科，1953年版，第427页。

不能阅读原著的人也有欣赏和评论原著的手段和可能。”①

这段话明白无误地告诉我们，别林斯基首先反对形形色色的“改写”派、“饰文”派，要求译者保留原著的特点，甚至包括它的缺点。其次，他认为译著是原著真正的替代品，是供广大读者欣赏的。最后，“文艺翻译”包含的特殊含义在于与原著的高度一致。这与“诗歌翻译”不同：批评家承认，“诗歌翻译”对原著的处理有一定的自由权，不过这种自由的前提是要保留原著的“精神”。“精神”这一说法贯穿着别林斯基论述翻译问题的所有论著和文章。这一用法一直沿用至今。有人认为，这一用法不明确、不具体；也有翻译理论家和实践家把这一用语解释为，只要译文与原文在总体上相似即可。对这个概念的态度随着俄罗斯文学史的发展而演进。对别林斯基而言，精神的含义十分明确，从他论述波列伏依所译的《哈姆雷特》的文章里可以看出，他认为，“创作的精神”不仅体现在总体构思，而且体现在每一个细节、每一个具体的用语中。别林斯基所谓的译文贴近原文，不仅是指表面的相似，而且是指作品诗力的相当、是指它整个形象体系的对应。“字眼表面上的一致”还不是对原著的贴近，“应该使译文的内在生命力符合原著的内在生命力”。

至于要求“译得像作者自己用俄语写的那样，如果他是俄国人的话”，别林斯基自己在评论波列伏依翻译的《哈姆雷特》的文章里也发表过类似的看法，但在后来《论斯特鲁戈夫希科夫译自歌德和席勒的诗歌》（1845年）一文中把译者的创作自由限制在语言范围内，就是在广阔的范围里寻觅最适合于传达原著的语言手段。斯特鲁戈夫希科夫（А. Струговщиков）曾有这样的观点：“……翻译外国作家的作品，就是要让作者创作时像俄文写作那样表达。”对此，别林斯基写道：“这类见解，如果只涉

① 《别林斯基全集》，第二卷，莫斯科，1953年版，第427页。

及语言那是很正确的；但是在其他各个方面那就大错特错了。谁能揣摩歌德用俄语会怎样写作呢？要做到这一点，除非揣摩者本人就是歌德自己……翻译的目的是什么呢？就是让人们尽可能接近地了解一部真实的外国作品。”①别林斯基非常重视忠实地表达与内容相符的原著形式。他对格罗特（Я. Грот）所译的泰格奈尔（Э. Тегнер）的《弗里蒂奥夫萨迦》（«Сага о Фритьофе»）所做的评论就是佐证。别林斯基写道：“他（即格罗特）善于保留原著斯堪的纳维亚半岛的诗歌特色，因此他的译文是有生命力的……”②接着又写道：“我们非常高兴地看到，格罗特先生的每一首译诗都按照原作的诗格。因为形式总是与思想相符的，所以诗格也绝对不能任意处置，翻译时改变了诗格，就意味着任意妄为。”③

由此可见，别林斯基认为，翻译虽有很多困难，而且他对翻译的要求又十分严格，但是翻译的任务还是可以完成的。（试看他的名言：“十全十美的译文比十全十美的原著更加难得。”④）尽管如此，他认为克雷洛夫的寓言是个例外，他与茹科夫斯基持相同的观点，认为寓言的民族特色是无法用另一种语言传达的。

在彻底埋葬“改写”说和“使之符合俄罗斯习惯”说的过程中，别林斯基发挥了决定性的作用。这一问题在他的文章中占据了主导地位。当时“改写”风在戏剧界大行其道，别林斯基对此进行了不懈地批评：“让德国人和法国人穿上俄国人的服装并强迫他们讲洋里洋腔的俄语。服饰和对话是俄罗斯的，而感情、动机和思想方法却是德国和法国的。”⑤

别林斯基认为，翻译作品保留原著的民族特点是翻译具有生命力的

---

①《别林斯基全集》，第四卷，莫斯科，1955年版，第276页。
② 同上，第五卷，莫斯科，1954年版，第286页。
③ 同上，第五卷，莫斯科，1954年版，第287页。
④ 同上，第八卷，莫斯科，1955年版，第190页。
⑤ 同上，第十卷，莫斯科，1954年版，第497页。

关键所在。关于这个问题他发表了不少言论。他指出格涅季奇翻译的《伊利亚特》最大的优点在于，它“散发着古代的生活气息”，体现了“古希腊人的精神”。[1] 相反，他认为格里戈里耶夫（А. Григорьев）翻译的索福克勒斯（Софокл）的《安提戈涅》(«Антигона»）不成功，因为其中“没有一丁点儿……古代的色彩”[2]。在提及瑞典浪漫主义诗人泰格奈尔《弗里蒂奥夫萨迦》的俄译本时，别林斯基写道：“对格罗特先生作为翻译家的天才不得不给以充分的肯定。他善于保留原著斯堪的纳维亚半岛的诗歌特色，因此他的译文是有生命力的，这是这类事业中的伟大的功勋。”[3]

民族特色与可译性的相互关系问题一直困扰着别林斯基。他得出结论：特色非常鲜明的作品不可能译成其他语言。他把莱蒙托夫的《卡拉什尼科夫商人之歌》(«Песня о купце Калашникове»）、贝朗瑞（П. Баранже）的诗歌、果戈理的《死魂灵》(«Мертвые души»）等列入这类作品。继而又确信，正是这类作品对于翻译来说才最有意义，因为外国读者可以通过译著更多地了解作家所属民族的生活。至19世纪40年代中期，他说，对翻译来说，普希金作品中《叶甫盖尼·奥涅金》(«Евгений Онегин»）比《莫扎特和萨列利》(«Моцарт и Сальери»)、《悭吝骑士》(«Скупой рыцарь»）更有意义；又说，果戈理是“俄罗斯诗人中最具民族特点的诗人，但他不必怕翻译，虽然由于他的作品最具民族特点，即使是最优秀的译文也难免不减弱作品的特色”[4]。在别林斯基评论波列伏依翻译的《哈姆雷特》时，也触及了翻译中的民族特色问题。他指出：“翻译文艺作品的规则只有一条——传达所译作品的精神，要做到这一点，

① 《别林斯基全集》，第三卷，莫斯科，1953年版，第308页。
② 同上，第十卷，莫斯科，1956年版，第37页。
③ 同上，第五卷，莫斯科，1954年版，第286页。
④ 同上，第九卷，莫斯科，1955年版，第439页。

只有在把它译成俄语时，译得像作者自己用俄语写的那样，如果他是俄国人的话。”①

在别林斯基的著作里还有其他言论提及这个问题，意思相近，但表述不同。这些问题实际上直到今天也没有完全解决。例如，外国作品的“异国性”（чужеземность），移植到另一个民族的（语言的）土壤上，应该如何表达。

别林斯基试图确定，富有创造精神的翻译家应该具备怎样的天赋，这样的天赋具体指哪些特殊的品质。在他看来，翻译的天才就是形式的天才，当然同时必须具有领会外国作品精神的能力；他像作家一样能“驾驭文字”②。他条分缕析地列举各种译作里的得失，以此为翻译家的天才指明发展方向，但他并不提及翻译方法。别林斯基信奉这样的信条：“在艺术领域里学者是知，艺术家是会。”③ 别林斯基笔下的最高奖赏是肯定翻译家的工作为俄罗斯文学吸纳了其他民族作家的作品。④

毫无疑问，他对翻译的要求在不断变化，在普希金之后，在《当代英雄》（«Герой нашего времени»）、《死魂灵》问世的年代里，在赫尔岑（А. Герцен）、涅克拉索夫（Н. Некрасов）、屠格涅夫（И. Тургенев）、冈察洛夫（И. Ганчаров）登上文坛的岁月里，这些要求不可能不变。在普希金之后，已经不可能再用普希金时代以前的诗歌和散文来写作了，当然也不可能不吸收普希金时代语言的养分来翻译。

别林斯基关于译文再现原著诗歌形式的观点，为未来的论战埋下了伏笔。

---

①《别林斯基全集》，第二卷，莫斯科，1953年版，第427页。
② 同上，第八卷，莫斯科，1955年版，第79页。
③ 同上，第506页。
④《别林斯基全集》，第十卷，莫斯科，1956年版，第157页。

在论述波列伏依翻译的《哈姆雷特》的文章里，他断言："散文体的译文似乎更接近原文，因为译者在翻译时不受任何约束，然而散文体的译文虽然表面上与原文最贴近、最忠实、最准确，但实际上离开原文最远、最不忠实、最不准确。"① 他后来始终如一地坚持必须保留诗歌形式直至再现原著诗格（用卡捷宁的精神）的看法。在评论泰格奈尔的《弗里蒂奥夫萨迦》时他写道："我们非常高兴地看到，格罗特先生的每一首译诗都按照原作的诗格。因为形式总是与思想相符的，所以诗格也绝对不能任意处置，翻译时改变了诗格，就意味着任意妄为。"② 当时在别林斯基的作品中也可以找到肯定某些历史诗歌巨著译成散文体的议论。这些译著为俄罗斯读者更加全面地介绍了这些传世之作。这主要指凯切尔（Н. Кетчер）的思想，他出版了莎士比亚所有剧本的散文体译本，凡-季姆（Фан-Дим）[科洛格里沃娃的笔名（Е. Кологривова）] 所译的但丁《神曲》(«Божественная комедия»）的散文体译本。

用散文译诗的传统在法国持续了很长时间，由于法国作家们在理论上加以论证，即使有数例成功的以诗译诗的实例也无法动摇这一传统。而在俄罗斯，以诗译诗的规矩早已形成，任何偏离这一规矩的做法看起来都像"草稿"（черновой вариант）、"逐行翻译"（подстрочник）、"试验"（эксперимент）。

别林斯基在翻译事业中建树颇多，虽然他的有些提法显得前后矛盾，但他的翻译观从整体上来说已成为一个完整而严谨的体系。毫无疑问，他的翻译观也是逐步成形的。但是在这一过程中，它的主流是越来越坚定地承认能顺利解决翻译任务的可能性，也就是说承认可译性。例如，

---

①《别林斯基全集》，第二卷，莫斯科，1953 年版，第 429 页。
② 同上，第五卷，莫斯科，1954 年版，第 287 页。

他本来认为果戈理的作品因其民族特色鲜明，故不可译。然而 1846 年屠格涅夫与路易·维阿多（Л. Виардо）合作把果戈理的小说翻译成法语大获成功。别林斯基不得不承认最困难的任务原来也是可以完成的。至于他的前后矛盾之处，多少说明他的翻译观在不断演进，在探索“翻译奥秘”（тайна перевода）的进程中有所进步，再说，其中有些问题至今仍未有完美的答案。别林斯基翻译观的最大特点在于，他认为翻译是各个民族文化交流的中介，是它们之间富有生命力的联系纽带，因此他对翻译作用的认识是他翻译观不可或缺的组成部分。

1844 年，克罗涅贝格（А. Кронеберг）新译的《哈姆雷特》问世是当时译坛的一大盛事。这是译者数十年的心血，译本保留了原著昂然的诗意。对此别林斯基举双手以示欢迎。他的看法基于他在评论波列伏依的《哈姆雷特》一文中已经表述过的观点：只有“追求戏剧情节，而不关注情节发展艺术性的”[①] 那些人才不理解新译本的意义。

《哈姆雷特》新译本成为当时杂志上论战的中心，该译本的出现既有文学美学价值，也有思想意义。对《阅读丛书》(«Библиотека для чтения»）杂志的批评，别林斯基认为自己有责任予以驳斥。这本杂志的编辑先科夫斯基（О. Сенковский）在文章里表达的观点是与《祖国纪事》(«Отечественные записки»）及其思想家别林斯基观点敌对的所有观点的概括。按照先科夫斯基的看法，新译《哈姆雷特》是多此一举，而且，他还凭借先贤的权威证明，翻译既无必要，也不可能，至于“应该如何译书”的问题属于那些永远不可能解决的问题之列，因为这是“一些时尚人士出于小题大做卖弄小聪明之需提出的一个问题”。先科夫斯基断言：“翻译是现代的、不久之前的发明”，古代民族，以及东方民族从来不翻

---

①《别林斯基全集》，第七卷，莫斯科，1955 年版，第 191 页。

译任何东西（更不用说诗歌），至今依然如此。由这个错误的论断他得出谬误百出的结论："在古代的，以及如今东方的（民族）那里，翻译由阐述所代替。他们知道的所谓的'逐字翻译'也是相当后来的事了……在这些译文里，阐述所用的语言完全服从逐字翻译的需要，在所译的句子里往往没有意义：句子离开原著无法理解。"先科夫斯基写道，这类逐字阐述用于重要书籍，至于其他作品，"采用迂说法"。他说：翻译家"掌握原著的思想并用自己的方式叙述这些思想；凡是他不喜欢的可略去不译，凡是他认为需要的可添加进去。……这样所译的著作变成了他自己的作品"。

在俄罗斯文坛，在先科夫斯基之前议论翻译难的大有人在，至于断言翻译既无必要又不可能的结论，先科夫斯基可能是始作俑者。先科夫斯基还不肯罢休："欧洲各国诗人翻译外国大诗人的诗作，无论是古代的还是现代的，已逾三百年，请在这些译作中任选一首诗给我看，一首在读了原著以后还能一读的。"

别林斯基严词驳斥了先科夫斯基的谬论。他坚持自己的看法：确切的翻译、保留原著艺术特点的翻译都是可能的，他进而希望像《哈姆雷特》这样优秀的外国文学作品能有不同的译本，而且每一种新译本都不要复制已有的译本，而应是日臻完善，以提供更加贴近原著的概念。他感到此事意义更大，因此不止一次强调这一希望。在他评论克罗涅贝格所译的《哈姆雷特》一文中，这一观点表达得尤其鲜明。

别林斯基不管在什么场合下对一些译文的评价——无论是否定波列伏依所译的《哈姆雷特》，还是肯定克罗涅贝格所译的《哈姆雷特》或斯特鲁戈夫希科夫所译的歌德的作品——都是从读者立场出发的，因为读者看不懂原著，只有凭借译本才能了解原著。

别林斯基对先科夫斯基言论的回答在论及翻译活动的意义和性质方

面是最丰富的："世界上有些人断言，说什么不论翻译什么东西，不论从哪一种语言翻译过来，都是毫无价值的、对文学和社会不会带来任何益处的劳动；说什么翻译这种习惯只会助长不动脑筋地出售他人现成思想的风气。按照这些仁兄的意见，只有两种古人使用过的译书方法是可行的。第一种方法：逐字翻译法，在这种方法里，作为阐述使用的语言完全服从逐字翻译的需要，结果所译的句子往往没有意义，句子离开了原著无法理解（好一个离开原著无法理解的译文！有谁需要这样的译文呢？）。第二种方法：采用迂回法接受他人的构思、他人的智慧、他人的思想；掌握原著的思想和把这些思想用自己的方式讲述出来，凡不喜欢的就删去，脑子里想到的就加进去。……上面提到的仁兄们不允许有任何其他的翻译方法，理由是至今似乎没有一个译本在阅读原著后仍堪卒读的。凡此种种说法都是深思熟虑的，是极其精辟的，遗憾的只有一点：这些仁兄们忘了，译本主要的对象是没有读过或没有可能阅读原著的人们，而重要的是，通过一个民族文学作品译成另一个民族语言的译本，各个民族可以相互得到了解、各自的思想可以得到传播，各国的文学和智力活动因此而得到繁荣；他们忘了，如果我们至今还沿用把外国文学作品以扭曲的形式冒充本国作品的方法，那么不要说例如关于英国和法国文学、因此关于英国和法国的情况一无所知，就连我们的文学本身现在也变成了某种不能称之为文学的东西。"① 这一回答的意义在于，在这里翻译被视为整个民族文学过程中一个有机的部分，而民族文学的过程是世界文化发展的一部分。

伊万·谢尔盖耶维奇·屠格涅夫（Иван Сергеевич Тургенев，1818—1883）关于翻译的言论不多，但有特点。他在早期发表过评论弗

---

①《别林斯基全集》，第八卷，莫斯科，1955 年版，第 263—264 页。

龙琴科所译歌德的《浮士德》(«Фауст»)的文章[①],此文深受别林斯基文学观和翻译观的影响。在这里屠格涅夫也同样表露了对广大读者的关心,指出译者必须"有天才、有创作天赋",这种天才或天赋可以理解成"善于诗意地再现他们心爱的诗人给他们留下的印象的能力",并以"悟性成分"为主。[②] 屠格涅夫写道:"任何翻译的主要对象都是看不懂原著的人。译者的工作不应该是为看得懂原著的人们提供评论他所译的某一诗句或某一用语忠实与否的机会,而应该是为'大众'……但是对广大读者起作用的只是美轮美奂的东西,只有天才;天才,创作天赋是译者所必备的;一丝不苟的认真和忠实是不够的。有什么东西能比银板照相更加奴隶似的忠实呢?可是一幅好的肖像画不是比任何一幅银板照片更美丽、更准确千万倍吗?"[③]

屠格涅夫的这篇文章为我们提供了一个分析译文的宝贵实例。从中可以看到译者对原文所持态度的基本特征,揭示出译者对所译作品理解方面的错误、狭隘和不足(屠格涅夫在这里用大量的实例证明,弗龙琴科无论是在译文本身还是在译文的注解里都尽量抹杀歌德这部悲剧中的哲学成分,力图证明歌德和浮士德都反对一切"故弄玄虚"的思想)。与此同时,屠格涅夫为歌德辩护说,歌德"不允许把思想和形式分开","在他的心目中,形式……与思想的关系犹如身体与灵魂的关系"。[④] 可是译者在许多情况下忽视的正是原著的艺术特点,甚至在注释里大做文章,竭力从原则上论证译者对《浮士德》所持的这种态度是正确的。他还妄自借口说什么歌德好像"在所有作品里都认为至关重要的是本质、实质、

① 载于《祖国纪事》,1845 年第 1 期。
②《屠格涅夫全集》,第八卷,莫斯科,1955 年版,第 263—264 页。
③ 同上,第 247 页。
④ 同上,第 246—247 页。

意义、流派……而把其余的一切，诸如修辞和语言都称为服饰……”①。弗龙琴科往往拘泥于逐字的准确，即使如此也未能避免误译。“我们感觉不到作者和译者之间有统一的、深刻的、共同的联系。我们只看到字面上的联系，像用许许多多线把俄文版《浮士德》里的每一个词与相应的德文词缝在一起。在有些场合，即使是奴隶似的忠实也并不准确。”②由此屠格涅夫对它下了断语：整个译本文字冗赘、毫无文采，古词语泛滥、文句艰涩，而且没有准确表达悲剧的艺术特点，因此在意义上不准确之处也不少。

3 19世纪下半叶

19世纪下半叶，俄罗斯的翻译活动在数量、体裁、题材、翻译所用的语言等方面都有较大的发展，但是在质量上却在下降。与19世纪初相比，18世纪末的翻译活动已盛况不再了。没有一部新出的翻译作品像过去那样引起轰动，连最负盛名的译著问世也不像以往那样在社会上产生那种巨大的反响。翻译家的创造性潜力日益衰退，翻译家在读者心里的地位逐渐退到文学过程的边缘。这种现象连同时代人也已察觉。1849年，德鲁日宁（А. Дружинин）感慨道：“从不久以前开始，优秀的译本变得凤毛麟角，翻译家的活动本身在文学家的心目里似乎下降了，这不能不令人扼腕。”③

究其原因，首先是19世纪下半叶俄罗斯社会生活和俄罗斯文学的发展所致，此时托尔斯泰（Л. Толстой）、陀思妥耶夫斯基（Ф. Достоев-

① 《屠格涅夫全集》，第八卷，莫斯科，1955年版，第246页。
② 同上，第250页。
③ 《德鲁日宁文集》，第六卷，圣彼得堡，1865年版，第160页。

ский)、契诃夫(А. Чехов)等一批作家活跃在俄罗斯乃至世界文坛上，翻译文学，即使是翻译莎士比亚或者歌德的作品，对俄罗斯读者和社会也已经不可能产生像这些文豪与俄罗斯读者初次谋面时引起的那种轰动效应。车尔尼雪夫斯基的看法是，"在普希金之前(俄罗斯的)翻译文学比原创文学好"[①]。此话虽然言过其实，但也有几分道理：翻译文学的地位已不比曾经。毋庸赘言，此时的佳译仍然是有的。例如，德鲁日宁的《李尔王》(«Король Лир»)，这个译本堪称"传世之作"，有一点"后无来者"之感，帕斯捷尔纳克(Б. Пастернак)对它赞不绝口："德鲁日宁的《李尔王》真是妙不可言，它深入了俄罗斯人之心，近一个世纪来在舞台上久演不衰等等，因此是绝无仅有真正的俄罗斯《李尔王》，拥有像原著一样无可争议的权利"[②]；米哈伊洛夫斯基(Д. Михайловский)翻译朗费罗(Г. Лонгфелло)的《海华沙之歌》(«Песнь о Гайавате»)，在俄语里引进了"朗费罗诗节"，这种诗节后来在蒲宁(И. Бунин)的笔下得以完善，并在俄语的土壤里扎下了根；米哈伊洛夫(М. Михайлов)翻译的海涅的许多诗歌；库罗奇金(В. Курочкин)所译的贝朗瑞的诗作等。但是翻译家在社会意识里的地位已不比往昔，平庸的译笔、工匠式的操作日益严重，这种风气甚至在当时最优秀的翻译家身上也可找到影子。

在这样的背景下，译界对译者和选择这个领域的文学家不断呼吁他们保持严谨的译风是势所必然的。

在19世纪50年代末至60年代初，尼古拉·加夫里洛维奇·车尔尼雪夫斯基(Николай Гаврилович Чернышевский，1828—1889)与尼古拉·亚历山大洛维奇·杜勃罗留波夫(Николай Александрович Добро-

---

①《车尔尼雪夫斯基全集》(十五卷本，第四卷)，莫斯科，1948年版，第504页。
②《翻译技巧》，第6辑，莫斯科，1970年版，第362页。

любов，1836—1861）继承了别林斯基在翻译问题上的传统，即以思想和艺术为依据评论翻译作品的传统。尽管在他们的文学活动里，翻译文学问题所占的比重总的来说要比别林斯基少，但他们还是因为种种原因经常提及这一问题。

车尔尼雪夫斯基非常重视翻译文学，高度评价了翻译文学对本土文学的影响，他在 1856 年评俄国诗人所译的席勒抒情诗一文中写道："……文学历史作品若要避免极其不利的片面性，就必须让大家比现在更加关注翻译文学。"① 他联系俄国文学的实际情况指出："翻译文学在我们这里意义重大。在普希金之前翻译文学实在比原创文学好。直到今天要解决原创文学是否压倒翻译文学的问题还不是那么容易。"②

车尔尼雪夫斯基在文学翻译方面首先关注选材问题。他特别强调译者选材的责任心，竭力反对不加思考地、不成系统地、随心所欲地选材。例如，他在评论 1861 年普列谢耶夫（А. Плещеев）出版的《诗集》（«Стихотворения»）时，因其中收录一部分译诗而指责这位诗人，批评他选材过滥。他写道："……他这本诗集收录的既有德国浪漫派抒情诗人中才华横溢的艾兴多尔夫（Эйхендорф）的诗，又有平庸乏味的天主教浪漫主义诗人奥斯卡尔·莱德维茨（Оскар Редвищ）的诗。"③ 他又写道："普列谢耶夫既选译像菲列格拉特（Г. Фрейлиграт）与莫里茨·哈特曼（Мориц Гартман）这样一些真正杰出的诗人的作品，同时也翻译像罗伯特·普鲁茨（Роберт Пруц）和卡尔·贝克（Карл Бек）那些虽在德国小有名气但缺乏才气的诗人的作品。"④ 译者对自己所选作品的艺术和思

① 《车尔尼雪夫斯基全集》，第四卷，莫斯科，1948 年版，第 503 页。
② 同上，第 504 页。
③ 《车尔尼雪夫斯基全集》，第七卷，莫斯科，1950 年版，第 966 页。
④ 同上。

想水准毫无要求、漠然处之，是车尔尼雪夫斯基所不能容忍的。他在评论贝格（Н. Берг）翻译的《各国民歌集》(«Песни разных народов»,М., 1854）时，猛烈抨击了选材上的无系统性和无代表性。他写道："……不论在哪一个部分都找不到一首能代表某一民族诗歌特点的杰作；相反，正是那些最优秀的、最具代表性的诗歌因其认为不值得注意而付阙如……"[①] 此外，他还指责贝格不是在翻译（真正意义的翻译），而是在改写民歌，贝格对民歌大砍大删，使它们丧失了民族特色。

根据车尔尼雪夫斯基对奥尔登斯基（Б. Ордынский）所译的亚里士多德《诗论》(«О Поэзии»，1854）一书的评论，可以推断出车尔尼雪夫斯基对译作语言的要求。他认为，应"尽量使用朴实、新鲜的标准语"。他在这篇文章的结尾处强调，他反对在传达原文时追求过于贴近原文，即逐字逐句贴近原文的做法，同时也反对译者违反标准语规范而任意妄为。他写道："……以损害语言的明晰和正确为代价去追求逐字翻译，意味着有损翻译的准确性，因为原著里清楚的东西在译文里也应该是清楚的，否则要翻译干什么呢？"[②] 接着他写道："……奥尔登斯基先生关于俄语文体的独特概念致使他的译文产生了许多不足之处。他追求某种不自然的平民语言，故意不遵守标准语的规范，尽量不用标准语的词汇，好用古词和冷僻词。为何要这样？大家通常怎么写，您就怎么写，如果您的文体具有朴实性和人民性的活力，那这种活力自然而然……会给您的文体带来朴实性和人民性。"[③]

杜勃罗留波夫虽然是文学评论家，但他却早早地登上了译坛。他在发表评论舍尔舍涅维奇（И. Шершеневич）翻译的维吉尔（М. Верги-

---

① 《车尔尼雪夫斯基全集》，第二卷，莫斯科，1949 年版，第 367 页。
② 同上，第 288 页。
③ 同上。

лий）《埃涅阿斯纪》（«Энеида»）的长篇文章时，仅是师范学院一年级的学生。在这位年轻作者的理解中，古代经典作品的翻译家应该是这样的：“首先他本人应该是诗人，他应该具有一种特殊的诗感，这种诗感在茹科夫斯基翻译时曾经帮助过他，这种诗感也会帮助其他任何一个人发现和领会一部伟大作品的美、在想象中再现诗人描绘的奇景、抓住他欲说还休的隐秘思想、体悟他在灵感勃发时的感觉、沐浴他的精神、度过他沉浸其中并在自己不朽诗篇里绘声绘色描写的生活……与此同时，古典作品的翻译家还应该是一个学者。他应该十分熟悉古代生活、古代习俗、古人所有的作品。他当然应该熟谙翻译所用的外语，包括它的词义、词的排列、增添小品词等的种种细微差别，等等。此外，翻译家应该娴熟地驾驭自己的母语。他的译笔应该正确和雅致，他的译笔应该流畅和洒脱；只有在这份劳动里不流露出一丝一毫的做作，只有在翻译时使用语言的全部财富，只有不出现一个不正确的措辞、不出现一个不纯粹的用语，才可能最接近地传达原著的思想……条件一大堆，几乎是完不成的！”①

这整整一大套要求显然是根据别林斯基的观点整理出来的，这是真正的“平民翻译家”和“职业翻译家”的“法典”。

杜勃罗留波夫对翻译的语言和诗力提出如此高的要求，是由于俄罗斯文学发展的需要，他接着写道：“舍尔舍涅维奇先生的诗行令人想起世纪初的诗歌。那时这样的任意处理是可以的，但如今我们有权提出严格的要求。在普希金和莱蒙托夫之后，俄语的诗歌可以摆脱这种勉强的、不自然的行文，可以变得流畅和自然。”

杜勃罗留波夫曾多次出于几个具体原因阐述过自己对翻译原则的看法。他对米哈伊洛夫翻译的海涅诗作和库罗奇金翻译的贝朗瑞著作给予

---

①《杜勃罗留波夫文集》（九卷本，第一卷），莫斯科—列宁格勒，1961 年版，第 9—10 页。

了充分的肯定。从中可以看出他对翻译的要求。和车尔尼雪夫斯基一样，杜勃罗留波夫首先要求选材好，要有代表性（特别是外国诗人的诗选）。在评论米哈伊洛夫翻译的海涅的作品时，他强调说："海涅优秀作品的优秀译本，在我们文学中永远是有意义的。"① 他称米哈伊洛夫所译的诗集是"出版海涅作品俄译本的第一次文学尝试"。库罗奇金翻译贝朗瑞的诗歌在选材方面令杜勃罗留波夫感到满意，这首先也是因为译者虽然没有完整的计划，但从总体上来说，他使读者对这位诗人的整个创作有一个足够的概念。杜勃罗留波夫写道："不能说这些剧本是贝朗瑞诗歌中最出色和最优秀的作品，但库罗奇金先生所选的大部分还是相当成功的，他出版的译本至少辑录了一半很有代表性的作品。"②

杜勃罗留波夫要求翻译不拘泥于原文，他竭力反对意义上的种种歪曲，这类歪曲或因译者对原文语言不够熟悉，或因粗枝大叶和随心所欲所致，结果贬低了作者的风格，并使其平庸化。在评论米哈伊洛夫的译作时，他还提到了同时代其他几位海涅诗作译者的译本："有一位译者在翻译海涅时沉湎于自己脑海中闪现的形象，另一位在翻译时把可爱的小男孩称为'可敬的青年'，而第三位竟然把 liebe 一词与 leib 一词混为一谈，结果把爱情错译为身体！"③

杜勃罗留波夫有关库罗奇金翻译贝朗瑞的著作和米哈伊洛夫翻译海涅的作品所做的评论，一方面是从文学史上对外国诗人给予评价，另一方面也是对译本本身所做的一种缜密的分析（特别是论述库罗奇金译作的那篇文章）。杜勃罗留波夫之所以如此关注这些译本的特点，是因为海涅和贝朗瑞在各自的国家所起的那种进步作用，以及他们两人的创作对

---

①《杜勃罗留波夫文集》（三卷本，第一卷），莫斯科，1950 年版，第 503—504 页。
② 同上，第 663 页。
③ 同上，第 503—504 页。

俄国读者产生的社会意义所决定的。在杜勃罗留波夫看来，翻译的任务就是使“读者产生原著所传递的那种情绪”[①]。他正是根据此项任务来研究米哈伊洛夫和库罗奇金的译本并对它们做出了肯定的评价。在库罗奇金自由处理原文而能更生动、更准确地传达原著的整体概念时，杜勃罗留波夫对他的这种做法并不加以指责。他写道：“一般说来，认为库罗奇金先生的译文在字面上过于贴近原文的想法是毫无根据的。他往往不用法文诗歌里的词语而用他自己的用语来传达贝朗瑞的思想，有时译者的这些措辞堪称妙译。但是应该承认，这些措辞在不少情况下削弱了贝朗瑞诗句的力量。这种情况特别发生在库罗奇金先生出于我们不能理解的胆怯心理，企图使诗人的激烈言辞变得温和一些的时候。”[②] 这里所谓的“温和”显而易见是当时的书报检查制度造成的，杜勃罗留波夫指出这不能责怪库罗奇金，他趁此机会援引法文原著，把译文与原文加以对照，使懂得法文的俄国读者得以了解真相。总的来说，在这篇文章里，如果从翻译原则的角度来看，首先应该强调的是评论涉及的广度，作者承认虽然形式上译文与原文相去甚远、改动很大，但是这样做只要能保留原著的效果就行。

其实杜勃罗留波夫批评得更加严厉的是《Le Sénateur》[库罗奇金译为《老朋友》(«Добрый знакомый»)]。这首作品的译文，因为其中改动了（这种改动与书报检查制度毫不相干）主要人物——受骗的丈夫——的面貌：“在译本里用较粗的、略带粗俗的特点代替了原著细腻的特点，结果丈夫显然变成了故意出卖妻子的卑劣之徒。”[③] 作者在这篇文章中对译诗的几节进行了分析，指出它们严重破坏了原著的形象，这些

---

① 《杜勃罗留波夫文集》(三卷本，第一卷)，莫斯科，1950 年版，第 504 页。
② 同上，第 663 页。
③ 同上，第 666 页。

分析证明作者总的看法是正确的。

此外，在论及《木偶喜剧》(«Кукольная комедия»)等几首译诗时，杜勃罗留波夫指责译者毫无必要地采用了与情节背景格格不入的“某种俄式表达”：“……在库罗奇金笔下众多的木偶之中突然冒出了一个彼得鲁什卡（典型的俄罗斯木偶，译者注）”，然后“岗警突然来到彼得鲁什卡的面前……”①

杜勃罗留波夫在这篇文章的结尾处，给库罗奇金的译本所下的最后的评语是这样的：“他的译文大部分再现了贝朗瑞剧本给读者留下的那个总的印象。”②

如果留意一下这篇文章分析各个例子的整个过程，就不难发现，虽然库罗奇金有些地方任意偏离原著，而且有时改动还很大（当然不包括书报检查制度造成的原因），但是由于从总体上看许多改动都有根有据，反映了原著的修辞原则，因此他是完成了杜勃罗留波夫所设定的那个翻译的基本任务（激发……原著所传递的那种情绪）的。

关于“自己的”(свое)和“他人的”(чужое)的问题是19世纪下半叶俄罗斯译坛上争论的焦点之一。库罗奇金对译著的态度，首先他翻译贝朗瑞的诗选就是一个典型例子。译作在他的创作里占有重要的位置。他是第一个把贝朗瑞作为平民、作为民主主义者、作为法国人民的诗人介绍给俄罗斯的人。与此同时库罗奇金希望他的“俄罗斯贝朗瑞”成为当时俄罗斯社会生活的参与者。为此他改变了贝朗瑞诗歌的色彩，引入了俄罗斯生活里的特有事物，改变姓名，把“让”和“让娜”改成“万尼亚”和“玛莎”，把“伊韦托国王”改成“多东沙皇”。

杜勃罗留波夫当然反对这样的“俄罗斯化”(русификация)，不过

① 《杜勃罗留波夫文集》（三卷本，第一卷），莫斯科，1950年版，第666页。
② 同上，第667页。

他对库罗奇金的良苦用心是理解的。但他从全局出发，看问题更加全面，他认为，这位法国民主主义诗人不被扭曲的面貌比屈从暂时的政治斗争任务来得重要。在评价库罗奇金时，称他是为俄罗斯读者介绍贝朗瑞诗歌“第一位和至今最佳的”翻译家。杜勃罗留波夫直言不讳地谈到书报检查机关，指出库罗奇金就因为它而不得不把“诗人的激烈言辞变得温和一些”，尽管如此，他还是写道：“在有些剧本里库罗奇金先生完全没有必要在贝朗瑞剧本里添加一些俄式表达。”杜勃罗留波夫援引了诗歌《木偶喜剧》的翻译作为例子，库罗奇金把原诗里的“警长先生”改译为俄语的“岗警”，企图让黑奴的历史接近俄罗斯农奴的生活。按照杜勃罗留波夫的意见，“贝朗瑞的整个剧本写得非常出色；库罗奇金先生的改写把它糟蹋了，简单地把它翻译出来要好得多”。①

后来，米哈伊洛夫重译贝朗瑞作品时，中规中矩地处理原文，尽量不做任何修改和增补，不让这位法国诗人接近俄罗斯习惯。

在19世纪下半叶，无论是在翻译评论方面还是在它的实践方面对重大问题的理解都出现了些许变化，“多年以前，我们一位杰出评论家”——德鲁日宁出于对书报检查制度的考虑没有道出别林斯基的姓名——“把所有的优秀译著分为两类。逐字翻译的、准确的、逐句接近原著的译著属于第一类，至于第二类译著，这是指在这里翻译家必须牺牲逐字翻译和逐字忠实，竭尽全力用母语再现他在翻译原著时感到震撼的那首诗歌”。② 德鲁日宁决定采用以诗译诗的方法翻译《李尔王》时声称，他遵循别林斯基关于“应使伟大的悲剧容易为它的广大读者和观众接受”的思想。但不难发现，德鲁日宁引用别林斯基的意见并不正确。

---

①《杜勃罗留波夫文集》（九卷本，第三卷），莫斯科—列宁格勒，1962年版，第452页。
②《德鲁日宁文集》，第三卷，圣彼得堡，1865年版，第3页。

与波列伏依的《哈姆雷特》不同，德鲁日宁的译著不仅建立在潜心研究莎士比亚的创作，包括他悲剧的文本学的基础之上，而且建立在尽力保留莎士比亚作为伟大英国作家的面貌的基础之上。格里戈里耶夫在致德鲁日宁的信里说："对阁下事业的最好赞誉是，我们现在在谈论莎士比亚和他的《李尔王》，而不是在谈论译文和翻译家。"①

至于第二种翻译方法，别林斯基称为"文艺的"方法（художественный способ）。德鲁日宁所引的"逐字翻译的、准确的、逐句接近原著的译著"的说法并非出自别林斯基之口。显而易见，这里德鲁日宁没有很好地理解别林斯基，但这样的误解在19世纪下半叶也并非偶然。在那个时代，俄罗斯文学中惯用的"忠实性"（верность）的概念开始逐渐由"准确性"（точность）的概念替代，"准确性"的概念用于确定接近原著的程度，是对译著的质量、真实性的表述。传统意义上的"自己的"和"他人的"的对立正在从"忠实的"（верный）和"任意的"（вольный）的对立转为"准确的"（точный，буквальный）和"自由的"（свободный）的对立。韦坚斯基承认道："是的，我的译本不是逐字翻译的，令您高兴的是我要承认，在《名利场》（«Базар житейской суеты»）里有些地方出自我的手笔，但请您注意，这是根据萨克雷（У. Теккерей）表达思想的方式秉笔写出的。"②

伊里纳尔赫·伊万诺维奇·韦坚斯基（Иринарх Иванович Введенский，1813—1855）是以翻译狄更斯（Ч. Диккенс）和萨克雷的作品出名的。尽管在他以后，有不少人翻译过狄更斯和萨克雷的小说，但韦坚斯基的译本在相当长一段时间里一直有很大的影响。今天，他作为翻译

① 《读书文库》，1857年第8期，专栏1，第183页。
② 《祖国纪事》，1851年第9期，专栏第8版，第70页。

家的名字仍为人所知，是因为在韦坚斯基的译著问世80年以后，丘科夫斯基对他的译作展开了猛烈的抨击，指责韦坚斯基在翻译时常常把自己视为英国作家的合作者，对许多地方加以修改，经常编造内容加进小说里去，虽然有些改动的地方正如丘科夫斯基所言，不亚于狄更斯。

韦坚斯基是继维亚泽姆斯基以后第一位散文作品（长篇小说）的翻译家。他有意识地把自己的译作提高到主流文学的地位。在这类翻译实践活动的基础上，他提出了自己的理论见解。撮其旨要，就是他证明了"逐字"翻译的不可能性，或者说至少在当时用俄语翻译英语散文作品（狄更斯、萨克雷的作品）是不可能的。韦坚斯基自始至终坚持对待原著使用自由的方法。但是他认为这种方法与"使之适应俄国的习惯"的方法迥然有异。相反韦坚斯基强调，他在完全自由地翻译狄更斯时，竭力把作为英国作家的狄更斯介绍给俄国读者，即使偏离原著也总是与"英国原著的精神"相符合的。[①]

韦坚斯基动辄使用"精神"一词，但赋予它的意义却有很大的随意性。譬如，他说："有才华的翻译家首先应注意这位作家的精神，他的思想的实质。"在阐明自己的翻译信条时说："请您把这位作家置于您所呼吸的天空之下，置于您在发展的社会之中，这样做的时候，请您扪心自问，如果他在与您同样的环境里生活和活动，他会把自己的思想披上什么样的形式呢？"[②]

韦坚斯基翻译时好用俄语俗语，为此遭到尖锐的批评。《现代人》杂志专门载文，批评他的《名利场》："这叫作英语俗语吗？这叫作保留原文的色彩吗？难道相似吗！"[③] 但是韦坚斯基没有用俄国名字代替英国名

① 《祖国纪事》，1851年第9期，专栏第8版，第72页。
② 同上，第70页。
③ 《现代人》，1851年第8期，专栏5，第54页。

字（尽管编造了许多狄更斯和萨克雷原著中没有的名字），而且也从来没有把情节移入俄罗斯。

韦坚斯基是一位博学多才之士，工作能力很强，因此一生建树颇丰。他的译作实际上使俄罗斯文学接受了 19 世纪的英国古典小说，在社会意识中把狄更斯与果戈理和陀思妥耶夫斯基相提并论。但他所采用的翻译方法使他的译作失去了久远的生命力。

19 世纪下半叶，从事翻译活动的大作家不多，其中阿法纳西·阿法纳西耶维奇·费特（Афанасий Афанасьевич Фет，1820—1892）占有特殊的地位。他在俄罗斯文学里是一位充满矛盾的角色。他的诗歌创作达到了俄罗斯抒情诗的顶峰，但是他一方面在诗坛享有盛名，另一方面却是一个以贪财和好图虚名著称的善于经营的地主。很难想象这两者会集中在一个人的身上。

费特把一生都献给了翻译事业，在他留下的文学遗产中，译著的数量超过了他原创作品的数量。他涉猎的外国作家非常广泛，上自古希腊罗马时代的大诗人，下至与他同时代的作家和诗人，如奥维德、维吉尔、尤维纳利斯（Ювенал）、卡图卢斯（Катулл）、提布卢斯（Тибул）、普拉图斯（Плавт）、马尔提阿利斯（Марциал）、莎士比亚、歌德、席勒、海涅、梅里美（Мериме）、拜伦、乌兰德、谢尼耶、拉马丁（Ламартин）、贝朗瑞、穆尔（Мур）、密茨凯维奇、萨迪（Саади）、哈菲兹（Гафиз）等。他因翻译罗马诗歌卓有成果而荣获圣彼得堡科学院通讯院士之称。之后，他翻译出版了贺拉斯诗歌的全译本并因此获得 1883 年的普希金奖。费特所译的西欧抒情诗中形式主义的成分很少，其中不乏佳译。费特一生的翻译活动涉猎很广，关于他的译事至今还未得到充分的研究。可能是因为，这位感情十分细腻的抒情诗大师在翻译领域的作为为大家所不能苟同。他的译作与自己的抒情诗相比大异其趣，在俄罗斯文学史上没有留下影响。他的译诗在问世之时就为人诟病。列·托尔斯泰写道：“费特寄来几首他译的哈菲兹的诗歌。这是徒劳无益的译作。”①

这里当然不是指他缺乏天才，而是指他错误的翻译观，实际上指他在翻译方面是驽才，在文学史上不乏这类先例。更令人称奇的是，他曾多次说过翻译是他一生中的一大乐事。他搞翻译既不为名也不为利，只为心灵。他很少公开发表自己对翻译问题的见解，但一旦形诸笔端都是经过深思熟虑的，因此自成体系。

费特的目光不是投向读者而是投向所译的作者，投向造就作者的环境。从“谦虚”的角度来看，俄罗斯的译坛上无能出其右者。他自谦道：“在自己的翻译中，我一直把自己当作一条地毯，一条原作凯旋的战车沿此驶向另一种语言的地毯，我是绝对不会美化原作的。”②

费特的翻译观同俄罗斯文学的传统大相径庭，他为了完成翻译任务，即接近原著，在逐字翻译的方法里进行探索。他得出结论：用另一种语言不可能再现诗作，因此逐字翻译是这种不可能性不可避免的结果。他写道：“用任何一种语言唱歌，歌词因灵感而生，因此包含了它所有的所谓的气候性质和特点。诗人在种植和谐的花圃时，不由自主地随着词儿这个花朵种进了它的根，根上留有故土的痕迹。在日常需要表达时说：ich will nach der Stadt或者说я хочу в город——从数学上看这是一码事。但在歌曲里die Stadt steht对город городится这种情况可能会暴露出这两个概念之间整整一条鸿沟。除了根，每一个词儿还有它土壤特有的气息、形状和对它周围思想方面的影响，这与植物哺育有些昆虫，而昆虫再哺育有些禽鸟的情况何其相似乃尔。”

---

①《托尔斯泰全集》，第六十三卷，莫斯科，1949年版，第317页。
②《费特诗歌全集》，列宁格勒，1937年版，第761页。

在这段长篇大论里，三次提到“词儿”，而一次也没有提到当时俄罗斯作家在谈论翻译问题时经常使用的“精神”一词。费特从来不用这个表述。“精神”一词与内容有关、与作品的“思想”有关，里面有一种不确定的感觉，令人难以捉摸。费特在关注艺术的形象本质时，把重点放在更加容易捉摸的领域——语言的表达方式，但同时又认为两种语言之间的鸿沟是不可逾越的。费特问道，如果使用同一种语言也不可能改变和改写歌曲而“不破坏它的和谐”“不完全毁了歌曲”，那么何况翻译呢？由此他得出结论，做翻译不啻“用松树”代替“棕榈树”、用“核桃”代替“杏仁”、用“牛蒡”代替“仙人掌”。他建议直接学习希腊语去欣赏原著的美。①

普希金认为，每一种语言都具有“自己固定的用语，它们无法用相应的词汇译成另一种语言”，因此得出结论，“一词对一词”的翻译是不可能的。而费特的结论把普希金的结论扩而大之，费特认为翻译根本是不可能的，这是“明知不可为而为之”，明明知道自己的劳动不会有结果，还拼命在搞翻译。真是咄咄怪事！

费特关于译“歌”的观点与果戈理就乌克兰民歌集所发表的见解迥然有异。费特关心的是“艺术歌曲的细腻之处应该锱铢必较”。他希望看到歌曲的美包含它的所有细节，果戈理当然也有这样的要求。问题在于，费特认为，翻译歌曲的美好像存在于原著的声音和诗行里，但在果戈理看来，这种美是与俄罗斯的读者和听众分不开的。既然“词汇这个花朵”的“气息”“外形”不可能用另一种语言来传达，那么只能用逐字翻译的方法尽量把它们再现出来。费特多次，而且越来越坚定地宣称“尽量的逐字翻译”是翻译的目的。他是第一个对译著提出“等同性”

① 《费特诗歌全集》，列宁格勒，1937 年版，第 761 页。

（адекватность）要求的翻译家（这个术语在当今关于翻译的著作里屡见不鲜）。他写道："我担保自己的译文是逐字翻译的并在意义上是等同的。"① 由此可见，单个词汇的不可译性蒙住了他的眼睛，使他形成了错误的翻译观。

文学是使用语言的艺术，费特对它特点的体悟十分细腻，他对翻译的要求也是严谨的。但是他的结论否定了翻译作为一种艺术创作的特征。他把模仿和改写与翻译外国作家作品这两种活动进行对比时指出："仿作（подражать）是随心所欲，而翻译是尽力而为。"②

据此，费特在翻译时有意识地扭曲、"强暴"（费特语）母语。这是他翻译观中的标准。在哈菲兹诗集（由德译本译成）的前言里费特写道："德国翻译家就像翻译家应该做的那样，宁可对自己的母语做手术，也不愿偏离原著。"③ 他不关心读者，而俄罗斯翻译家的活动始终是为读者考虑的。费特说，他翻译是为了"孤独的船夫""荒岛上的居士"，居士只在"驾舟取食"时才与"陆地"联系。这些观点的"精英性"与费特的社会观有关，但仍不至于直接导致他翻译的失败。翻译如果不以读者为对象，而是像费特那样把翻译看作"纯艺术"，"为翻译而翻译"，那么翻译就不可能取得成就，那么就没有翻译的创造性可言。

有一个他搞翻译的具体事例饶有趣味，这一例子再现了他的翻译过程。他在自己的回忆录里描述了给屠格涅夫朗诵莎士比亚《安东尼和克娄巴特拉》（«Антоний и Клеопатра»）译本的情况。在读到克娄巴特拉自尽那场著名的戏时，剧中女仆哈尔米昂娜惊叹道："O, break! O, break!"（据费特所述，凯切尔根据意思的翻译是准确的："O, разор-

---

①《费特诗歌全集》，列宁格勒，1937 年版，第 761 页。
②《卡图卢斯诗集》，费特译，莫斯科，1886 年版，第 9 页。
③《费特诗歌全集》，列宁格勒，1937 年版，第 506 页。

вись, разорвись сердце!”）关于这处译文，费特写道：“考虑到我在译文里保留原著诗行数量这个一成不变的习惯，很容易发现这个地方出现的困难。记得我的译文是‘О, разорвись!’，屠格涅夫公正地指出，这不符合俄语习惯。我被逼到了死角，鼓足勇气，悄声说出：‘О, лопни!’闻言，屠格涅夫一边咯咯地笑着，一边指着我说，我的这个译法也于事无补，因为我没有把动词与任何一个名词联系起来使用。此时我犹如一只面对一群猛扑过来的猎犬而尖叫着纵身跃起的兔子，不顾一切地大声说出了：‘Я лопну!’话音刚落，屠格涅夫又是哈哈大笑，又是尖声高叫，突然嗖地从长沙发上站起来扑到地上，学着刚刚学会爬行的小孩儿的姿势。”①

由此可见，这位翻译家抛弃了意义，只顾外部形式，因此离所译场景的内容越来越远，忘却了情景、人物和莎士比亚悲剧本身。

当然费特在翻译领域也并非一无是处。实事求是地说，在他的文章里也不乏真知灼见。例如，他认为必须保留诗歌的形式，译诗不能置俄罗斯诗歌发展和它的成就于不顾，“诗人的特色和人民性愈强，他的作品接受文艺翻译的可能性愈小”②。但是这些观点如果置于他的翻译观点的整个体系，那么又会引起争论。例如，他在发表了关于译诗的观点以后，又发了一通议论：“我们承认，翻译时我们始终小心翼翼，生怕俄语诗歌外表的完美要脱离它的逐字翻译，不过在需要抉择的关键时刻，我们会毫不犹豫地把天平倾向于后者。”③在费特众多的译著里，尤其在他翻译古希腊罗马作家作品的译著里不乏佳作，一直再版至今。但是大部头作品（如他翻译的莎士比亚的《尤里西斯·恺撒》和歌德的《浮士德》）非常充分地表明他所遵循的翻译原则是错误的。这两部译著刚一问世，就

---

① 费特：《我的回忆录》，第一部，莫斯科，1890 年版，第 275 页。
②《卡图卢斯诗集》，费特译，莫斯科，1886 年版，第 9 页。
③ 维吉尔：《埃涅阿斯纪》，费特译，第一部，莫斯科，1888 年版，第 6 页。

为文坛所诟病。其中《现代人》对刊登在《阅读文库》上费特所译的《尤里西斯·恺撒》的抨击尤为激烈。

1859 年,《现代人》杂志发表了署名为拉夫连斯基(М. Лавренский)的文章,标题是《费特先生的莎氏译著》(«Шекспир в переводе г. Фета»)。这篇文章一度被认为出自杜勃罗留波夫之手,因为它是杜勃罗留波夫和《现代人》杂志编辑部所持的翻译观的重要补充。而且这篇文章列入杜勃罗留波夫逝世后车尔尼雪夫斯基为他编写的作品目录里。现在趋向于认为拉夫连斯基是当时著名的职业翻译家米哈伊洛夫斯基的笔名,因为在他长期写稿的《现代人》杂志社稿费收据单上有他的签名。但是不管怎么说,这篇文章里杜勃罗留波夫的影子好像总是挥之不去。从保存下来的手稿来看,杜勃罗留波夫当时打算在刊物上发表文章评论费特的这部译著,因为此举对杂志的意义重大。费特过去一直为《现代人》写稿,在这篇文章刊登以后他与杂志断绝了关系,从此悄然离开文坛。

这篇文章言辞激烈、语气挖苦,有些地方的措辞甚至带有侮辱性。这在当时杂志的政论文中实属罕见。文章开头就指名道姓地批评费特的诗歌和观点的反社会性质,指责他作为抒情诗诗人的错误看法。作者就选择了费特逐字翻译的一句诗行为例,说明两种语言语法和词汇的差异不允许进行“一词对一词”的翻译,这不能成为翻译难,更不能成为扭曲俄语的理由,因为“英语的造句有时与俄语不同”和“逐字翻译有时可能甚至不具有语法意义”,与此同时费特“往往随手摘取他想到的第一个词汇,而且以此为满足”等。“显而易见,费特先生的偶像是诗格,翻译家似乎给自己提出了一个任务——无论如何要遵循这个诗格。”批评家展示了费特的逐字翻译导致了怎样的恶果。

评论家在整篇文章里把译著与英语原文进行了翔实的对比,列举了大量失败的例子。在悲剧《恺撒大帝》的译本(这个译本是拉夫连斯基-

米哈伊洛夫斯基撰写此文的直接原因）中，这些形式至上的原则导致了严重的恶果，产生了许多意思不确之处，漏译、误译、模糊之处以及文理不通有损俄语规范的语句，等等。造成这一切是因为译者要把一句诗的内容硬塞进与原文对应的诗句的框架里，译者无意采用替代的词语，而是力图传达原著中词汇的基本意义，但是他收效甚微。显然这一切是无法兼容在一个译本里的。批评家指出，那里缺乏“原著里充溢着的那种生命力”。“原著里充溢着的那种生命力”就是“精神”，这个概念在翻译中与“逐字翻译”永远是势不两立的。从这个观点出发，可以把韦坚斯基的极端“自由的”译风与费特的极端“准确的”译风做一比较，结果令人感到奇怪，散文译者提倡“自由”，而诗歌译者主张“准确”。这与茹科夫斯基的名言“译者在译散文时是奴隶，译者在译诗歌时是对手”截然相反。费特与先科夫斯基一样都是不可译论者（不过他们的哲学基础是不同的），但两人都不摒弃翻译活动，反而对翻译倾注了不少心血，可惜的是他们两人都把翻译看作一种工匠式的活动，看作格涅季奇在《伊利亚特》的前言里不经意使用过的那个词“模塑品”，而不是看作创作。这样的认识对19世纪的俄罗斯文学来说是新颖的，但它导致了20世纪译坛关于不可译性的一场大争论。逐字翻译还不是费特唯一的毛病，他整个译著中更为严重的一个毛病——译文缺乏生命力、激情和对艺术形式的真正关心。批评家写道：“我们在整篇文章中所探讨的几乎都是费特先生表达原著意思的方法，可是对翻译来说，仅仅保留原著的意思，保证语言的正确和纯洁（费特的译文恰恰不能满足后两个要求）那是不够的。翻译所需要的是贯穿原著的生命力。我们对费特先生所提的要求是相当有限的，至于在他的译文里几乎一点儿激情的火花也没有，我们就不谈了…… 显然，作者关注了形式却忘记了内容。他对于形式本身的理解是有很大的局限性的。”[①]

在这段话里，最后一句尤为重要，即翻译中的形式至上无论是从原著的形式来看，还是从原著的内容来看都是有害无益的，而且译者对形式本身的解释也“有很大的局限性”。文章的最后结论是“费特先生的整部译著堪称一项彻头彻尾的大失败”。

费特是19世纪中叶唯一一位提倡逐字翻译和形式至上的翻译家。他写道：“形式的整体美与天才的作品是分不开的，一个译者即使得以部分地达到形式的整体美，也是万幸的……但是主要的任务并不在此，而在于尽可能地逐字翻译：这样的翻译在外国语言这种新土壤上无论显得如何晦涩和佶屈聱牙，敏感的读者总能在这类译文中悟出原著的力量的。”费特的这种主张应者寥寥（就像当年的维亚泽姆斯基一样），而且没有获得成功。

19世纪50年代末至60年代初，革命民主主义者米哈伊尔·拉里奥诺维奇·米哈伊洛夫（Михаил Ларионович Михайлов，1829—1865）在众多理论家和评论家中占有特殊地位。他是诗人，也是翻译家。他撰写了大量文章，评论同时代的译本并阐明自己对翻译原则的看法。他是别林斯基翻译观最积极的支持者。他基本上全盘接受了民主派的翻译观，而且努力根据“现代的要求”（米哈伊洛夫语）来发展这一观点。他以曼泰菲尔（А. Мантейфель）所译的海涅诗歌为例，阐述了这一思想：“我们只能猜测，曼泰菲尔先生是居高临下地看待译者这个卑微的角色的，因为译者首先应该竭尽全力使看不懂原作的读者得以非常接近地了解他所选的原著。显然，曼泰菲尔先生评价自己的特点高于他所译的诗人的优点。否则就无法解释这种对原著意义和语调的不尊重。既然如此又何

①《现代人》，1859年第6期。

必翻译呢？自己创作岂不更好？”[①]

米哈伊洛夫翻译观的历史性很有启迪性，他看到了俄罗斯翻译艺术的进步。与此同时，他考虑的是俄语的发展、译诗技巧的完善；他对伟大诗人的著作会有人不断再译充满信心。他深信：“伟大的诗人（的作品）将要不断由人翻译出来，每一个新译本会越来越让人体会到原著的美。”[②] 在关于译著接近原著的问题上，他的态度十分严谨，他甚至认为“逐字的忠实”与“诗歌的忠实”没有矛盾，要达到这一点，就必须要求翻译家具有“天才那种力透纸背的笔力，这种天才驾驭语言像驾驭自己听话的工具一样”[③]。

与此同时，他集中精力研究诗歌形式的特点以及使用俄语传达这种特点的方法。他始终把形式的特点与内容统一起来研究，这是米哈伊洛夫作为一名翻译评论家的活动的一大特征。他要求译文不仅应该严谨，而且应该保留艺术特色，因此应该具有巨大的感染力。他在评论歌德的悲剧《浮士德》时写道：“悲剧中形式和内容有机地铸于一炉，因此译者既要深入理解令浮士德激动不已的崇高理想，又要对它深表同情，还要用铿锵的言辞将它表达出来。”[④]

米哈伊洛夫根据原文形式的特点——诗格、诗歌总的特征和诗歌的形象等——细致而深入地分析了译文的表达手段。他的文章直至今日仍有价值，是对译文进行具体修辞分析的典范。

米哈伊洛夫虽然生活艰难（贫困、警察的追捕、流放），但还是对诗歌翻译和翻译理论做出了很大的贡献。他对他的同时代人没有产生很大

---

① 《俄罗斯言论》，1860 年第 8 期，专栏 2，第 43 页。
② 《米哈伊洛夫文集》，第三卷，莫斯科，1958 年版，第 46 页。
③ 同上，第 50 页。
④ 《俄罗斯言论》，1859 年第 10 期，专栏 2，第 32 页。

的影响，他的文学和翻译遗产散落各处，没有被很好地收集和出版，实际上直至20世纪中叶人们才开始对他进行深入的研究。

1862年，德米特里·伊万诺维奇·皮萨列夫（Дмитрий Иванович Писарев，1840—1868）发表了《论俄国的任意翻译家》(«Вольные русские переводчики»）一文，此文是针对贝格和科斯托马罗夫（В. Костомаров）那些不成功的译作而作的，它的出现正值革命民主主义批评的繁荣时期。科斯托马罗夫是一个工匠式的文学家，由于他告发许多革命作家，并在车尔尼雪夫斯基受审一案中扮演了不光彩的角色而臭名远扬。皮萨列夫在这里指出贝格和科斯托马罗夫在选材方面的极端偶然性，他们选译的作品完全没有思想性，内容空洞无物。皮萨列夫指出他们两人不能理解并用俄语表达真正有价值的诗篇（他们翻译的海涅诗歌就是如此）。皮萨列夫抨击了他们翻译时的任意妄为，毫无理由地改变形象，套用蹩脚的诗歌程式，文字粗糙，等等。这篇文章是针对那些不忠实传达原著中重要细节的做法而发的，其中不乏一针见血的意见。皮萨列夫指出，这样做的原因在于不理解细节与整体的关系。他坚持认为要对作者的创作有深刻的了解和阐释。

提到海涅时，他这样写道："为了翻译这位诗人的作品，就必须了解他；不然，内在的含义必将丧失殆尽，凡在海涅笔下表达宇宙观的地方，在译文中只是炫耀标新立异的不当之词，而内在的含义却没有了……"①

皮萨列夫严词批驳了贝格和科斯托马罗夫的译著，他坚定的看法和他提出的翻译原则与别林斯基、车尔尼雪夫斯基、杜勃罗留波夫的翻译观一脉相承。综上所述，从普希金到19世纪60年代，俄国多数文学家和主要的社会活动家对翻译都发表了许多颇有见地的看法，并旁征博引

---

①《皮萨列夫全集》，第二卷，圣彼得堡，1901年版，第245页。

地对这些看法加以论证，这说明了对于翻译的主要原则是有共识的，是一脉相承的。这些看法归纳起来是：翻译是以不懂外语的读者为对象的，深信翻译最终会实现自己的艺术和认知的任务，深信译文在艺术上贴近原文是可能的，与此同时，他们论述翻译的文章和评论是深入和全面分析译著的典范。

4 19 世纪末到 20 世纪初

在 19 世纪最后 30 年里，译著的出版与日俱增。世界文坛的古典巨作，先是西方的，而后是东方的，都已相继译出，特别是像海涅、莎士比亚、席勒、歌德等一批优秀作家的文集得以陆续译出面世，其中有些作品有几种译本。古典作品的文选、选集等先后问世，根据各种要求编纂的选集纷纷出版，足以证明翻译文学已经深入人心。杂志上连篇累牍地刊登同时代的外国文学作品的译本。不仅在散文领域，而且在诗歌领域涌现了一批职业翻译家，如霍洛德科夫斯基（Н. Холодковский）、米勒（Ф. Миллер）、格列科夫（Н. Греков）、科兹洛夫（П. Козлов）、尼·贝格（Н. Берг）、伏·贝格（Ф. Берг）、魏因贝格（П. Вейнберг）等。俄罗斯的译事已具相当规模，从某种意义上说，与现代的状况相差无几。

但是与此同时，译文的质量仍在下降。这些译作中工匠式的成分越来越多，往往没有体现出原著的修辞特征。译作质量的降低，首先表现在经常削弱原著的特征，破坏作品中内容与形式的统一；其次表现在词语烦冗，特别是在翻译像莎士比亚戏剧这样一类巨著时尤为严重。词语的烦冗最终导致许多经典作品的艺术特点，甚至连同它的思想和内容都大打折扣。这段时期里没有产生像 19 世纪 60 年代以前那样大量的翻译评论。

翻译活动在文学过程中的边缘化、翻译作品质量的不断下降造成翻译文学的地位如江河日下，落后于社会的文化需求。鲁巴金（Н. Рубакин）在《翻译小说篇目指南》（«Библиографический указатель переводной беллетристики», 1897）的前言里写道："那些抱怨我们文坛充斥着翻译文学的人们大错而特错了。令人感到吃惊和能够抱怨的只是，我们还很少通过翻译文学接触到西方智力和文学的流派，从各个民族古代和现代的文学作品中译成俄语的数量，还不到应该翻译的作品数量的百分之一。"① 俄罗斯的大作家越来越少涉足译坛，即使有也抑或出于特殊原因，抑或为稻粱谋。"翻译语言"的概念尚未形成，但已初露端倪，谴责译者践踏和扭曲俄语的声音一浪高于一浪。对文理不通的译著的讽刺仿作屡见不鲜，连契诃夫也不止一次加入这个队伍。翻译实践活动越来越广，但是即使是优秀的译著在文学生活里与几十年前相比也辉煌不再了。

这一时期译坛的代表人物是魏因贝格。他作为一个翻译家功绩巨大；他译介外国文学遗产是从当时俄国进步文学的立场出发的；他的许多散文译作堪称精品，颇具艺术性。例如，他把海涅的散文作品介绍给俄国读者（尽管有不少误译）时，展现了原著的全部鲜艳、华丽的色彩，以及它们的强烈对比和馥郁情感。他翻译的有些诗剧也有价值。例如，他译的《奥赛罗》（«Отелло»）以俄语语体生动见长，在传达各个场面、情节、长篇对白的整体性等方面一直被公认是最好的译本，尽管译文与原文相比显得词语烦冗。他还翻译了大量的抒情诗（例如海涅的抒情诗），但是在这个领域，因在艺术感上显得力不从心，故抓不住原著的主要特点，对所用的俄语词句和诗歌表达手段未加推敲，想到什么就用什么，乱用

① 鲁巴金：《翻译小说篇目指南》，圣彼得堡，1897年版，第3页。

诗格（不考虑原著的形式），任意改变形象，许多地方处理得过于简单，显得粗糙。

魏因贝格还在翻译理论方面有所建树。1889年，他在评论科兹洛夫翻译的拜伦的《唐璜》(«Дон Жуан»）一文中首次提出了“优秀翻译”的思想并竭力为它下定义：“为了具有毋庸置疑的重大文学意义的翻译事业（当然，谁都不会对此提出异议），一劳永逸地创立优秀翻译的理论以及与之相关的其他问题的理论……是期盼已久和十分有益的。”① 这可能是第一次对翻译下这样专门的定义，使它从纯粹的文学创作中独立出来。

他把“优秀翻译”这一概念视为十分明确的翻译评价标准。他以米哈伊洛夫斯基所译的莎士比亚作品为例，对这个概念加以发挥：“他关于好的翻译的概念是完全正确的，因为他在自己的作品里处处努力保留原著的内在含义，它那共同的，也是地方的和时间的色彩、典型的特点、诗歌的特性；与此同时在与原著的语言进行比较时，不忽视俄语的条件，因此不会因为要完全遵守外表的特点而硬是把俄语破坏了，但是同时也不允许滥用这种情况。”② 魏因贝格着重指出：“翻译是为了不懂语言的人”，因此“优秀翻译家的责任”是“努力使这些读者产生……在读原著时的印象”。他要求充分再现原作的“所有细节”，包括“它的所有优点和缺点”。③ 魏因贝格产生了一个思想，认为翻译批评乏力（要么是对翻译不屑一顾，要么像报上的文章那样三言两语）是影响翻译事业发展的一大不利因素。这个思想可能是他第一个提出的，它在今天的争论中一而再，再而三地被提到。魏因贝格继承别林斯基和米哈伊洛夫的观点，坚持以历史的眼光看待俄罗斯翻译事业的发展。这一切证明，从18世纪

①《国民教育部杂志》，1889年第8期，第440—441页。

②《第6届普希金奖颁奖典礼》，圣彼得堡，1891年版，第39—40页。

③《国民教育部杂志》，1889年第8期，第443页。

开始，经过卡拉姆津、茹科夫斯基、普希金、果戈理、屠格涅夫、别林斯基（魏因贝格没有提到自己的姓名）一脉相承的翻译观是俄罗斯翻译领域的主流。但是翻译家应该“谦恭”的思想，无论是费特的阐释还是米哈伊洛夫的解说，总是多多少少限制了翻译的创造性潜力。

在魏因贝格的翻译观中某些新观点带有局限性，值得商榷。如，1889 年他发表了评论科兹洛夫翻译的拜伦的《唐璜》一文，首次提出了“优秀翻译”的概念，另一方面他又不顾自己提出的所有的要求写道：“现在回到真正优秀翻译家必须具有的素质这一问题上，我不揣冒昧提出这样的意见：为了圆满地完成这项任务，并不需要真正的诗才，具有诗感，甚至只要具有鉴别力就足矣，同时要会作诗（如果是翻译诗歌的话），最主要的是能成为自己语言的真正主人（这很少有人能做到）。”① 这些话显然没有提及翻译天才的特点，而是把翻译的才能降为“二等的素质”。

在更加具体的问题上，魏因贝格也流露出类似的倾向，他不很关心诗歌的形式，为了保留所有的细节，他对改变诗格、增加译诗的篇幅等做法都采取宽容的态度。

普希金认为把“天才”一词引入翻译领域是可能的。屠格涅夫则强调翻译家需要“创作才能”，米哈伊洛夫提出翻译家要有“天才的力透纸背的笔力”。在这样的背景下，魏因贝格的提法显得“平庸”，把翻译定位于一般的层次。魏因贝格是当时译坛的泰斗，他的许多译著堪称典范，但是他的同时代人已指出了他译著中的许多不足之处：“烦冗而乏味。”② 时间证明，他的译著缺乏内在的张力，因此生命力不长。尽管他对俄罗斯文学做出了应有的贡献，但他的翻译实践，与他的翻译理论一样，都

---

①《国民教育部杂志》，1889 年第 8 期，第 442 页。

②《第 11 届普希金奖颁奖典礼》，圣彼得堡，1896 年版，第 32 页。

证明了当时翻译水平大幅度下降，证明了19世纪末到20世纪初翻译事业趋于“大众化”，降低到“一般的”水平。

1919年，勃洛克（А. Блок）在世界文学出版社工作时期谈到了魏因贝格那一代翻译家时，指出：“正是他们，而不是他们前一代，确立了十分牢固的、难以动摇的传统，这一传统连伟大的俄国革命都没能动摇。”①

除魏因贝格外，在19世纪中叶和下半叶享有盛名和多产的职业翻译家还有：翻译莎士比亚许多悲剧的索科洛夫斯基（А. Соколовский）和克罗涅贝格，抒情诗和戏剧的翻译家、出版莎士比亚和席勒等选集的组织者和编辑格贝尔（Н. Гербель），终身致力于但丁《神曲》翻译的米恩（Д. Мин），莫里哀（Мольер）许多喜剧、高乃依（Корнель）《熙德》（«Сид»）、席勒《玛丽亚·斯图亚特》（«Мария Стюарт»）、莱辛（Лессинг）《智者纳旦》（«Натан Мудрый»）等的译者利哈乔夫等。

歌德的传世之作《浮士德》由霍洛德科夫斯基译成俄文，霍洛德科夫斯基的译本虽然从总体上说译笔稍嫌累赘，但直到如今仍不失其认识意义。这足以说明他在传达悲剧思想和形象方面是何等的严谨！他还翻译了莎士比亚的著作、歌德的散文等许多作品。

19世纪，外国的叙事体散文陆续译入，其规模也日益扩大。法国、英国当时最负盛名和最有成绩的散文作家的作品一经问世，便被译成俄语。狄更斯、萨克莱、维克多·雨果、大仲马（Дюма-отец）、巴尔扎克（Бальзак）、福楼拜（Флобер）、都德（Доде）、莫泊桑（Мопассан）、左拉（Золя）等，以及如今不太著名的作家，都通过译本这种形式先后与广大的俄国读者见面了。当时德国的叙事体散文在世界文坛上的地位

---

①《勃洛克文集》（八卷本，第六卷），莫斯科—列宁格勒，1963年版，第123页。

不如法国和英国的同类文学那么重要，因此较少引起俄国译者们的注意，但是歌德、席勒、海涅的散文作品几乎都被译成了俄文。霍夫曼（Э. Гофман）文集的俄译本也出现在读者的手中。已有译本的优秀散文作品得以重译：笛福（Дефо）的《鲁滨逊漂流记》（«Робинзон Крузо»）、斯威夫特（Свифт）的《格列佛游记》（«Путешествия Гулливера»）、菲尔丁（Филдинг）的《弃婴托姆·琼斯的故事》（«История Тома Джонса, найденыша»）、伏尔泰的哲理小说、塞万提斯的《堂吉诃德》等。

可是，19世纪的翻译作品大多译自法文、英文和德文，至于西班牙、意大利、斯堪的纳维亚半岛各国的作品，除了个别名著外，都鲜为俄国读者所知。直到19世纪末斯堪的纳维亚半岛各国的文学作品才开始翻译出版，这些作家是挪威的易卜生（Ибсен）、比昂松（Бьернсон-Бьернстьерне）及瑞典的斯特林堡（Стриндберг）和拉格洛夫（С. Лагерлеф）。

19世纪，斯拉夫诸民族的文学也被断断续续介绍给俄国读者，而且译介各个民族文学的情况也各有不同。诗歌创作、民间和文人创作的范例辑录在三种文选中，它们是:《斯拉夫诗歌的回声》（莫斯科，1861年）、《斯拉夫民族的诗歌》（格贝尔主编的斯拉夫诸民族优秀诗歌总汇，圣彼得堡，1873年）和《波兰诗歌》（圣彼得堡，1871年）。这些范例因国家的不同和时期的不同，它们的完整程度也不同。在斯拉夫各个民族文学中，波兰文学得以译成俄语的机会最多，其中，以《密茨凯维奇文集》（1882—1883）为最。继他之后，19世纪许多现实主义作家的作品也相继被译为俄语，这些作家是科热尼奥夫斯基（Коженевский）、克拉谢夫斯基（Крашевский）、叶日（Т. Еж）、迪卡辛斯基（Дыгасинский）等；从捷克语译入的作品介绍了几位有名的作家，如聂姆曹娃（Б. Немцова）、扬·聂鲁达（Ян Неруда）、博罗夫斯基（К. Боровский）等，但是这些译作不成系统，显得零零碎碎，选材往往随手拈来；由保加利亚语翻译了卡拉维洛夫（Л. Каравелов）的作品（1868 年）和伊万·伐佐夫（Иван Вазов）的两部长篇小说（19 世纪 90 年代）；至于塞尔维亚、克罗地亚、达尔马提亚作家的创作，除了少数诗选外，在俄国仍鲜为人知。

这一时期译作的总体质量缺乏体系性。当时不仅在出版商中间，而且在文艺界以及一部分知识分子中间，对散文翻译流行着一种偏见，他们认为散文翻译比较容易、不太重要，不需要特殊的才能，只要通晓外语就行。因此有了翻译任务，便不加选择地委托人家去译。这些临时拼凑的“草台班子式”翻译队伍抑或对原著的语言不甚了了，抑或对俄语知之不多，抑或两者皆不通，因此译文中的误译俯拾即是，连起码的准确性也没有，更谈不上责任心了。更有甚者，竟然大段大段地删节原文，翻译变成了转述，此其一。19 世纪下半叶许多散文译著的质量低下，逐字死译，文字佶屈聱牙、词汇贫乏。这些似乎乍一看来截然相反的缺点（即不准确的译文和逐字死译）经常并存于同一部译作中，此其二。这一切就说明 19 世纪的散文译文带有工匠的性质，缺乏创造性的成分。当然也有例外。有一些译作译笔严谨、译理清晰、才气盎然。如上文提到的魏因贝格、霍洛德科夫斯基，以及希什玛廖娃（М. А. Шишмарева）的译著，等等。还有些非常著名的作家亲自搞翻译，当他们对某些作品感兴趣时，就提笔把它们翻译出来。例如，屠格涅夫把福楼拜的两部短篇小说［《圣于连的传说》(«Легенда о Юлиане Милостивом»）和《厨娘》（«Иродиада»）］译成了俄语。列 · 托尔斯泰翻译了莫泊桑的一篇短篇小说。在这以前，陀思妥耶夫斯基翻译了巴尔扎克的长篇小说《欧也妮·葛朗台》［«Евгения Гранде»，1844（1883 年再版）］。但他们（屠格涅夫除外）都是以非常主观的态度处理原著的。在陀思妥耶夫斯基的译本里，巴尔扎克小说里的人物讲话如同他自己小说里的人物讲话一样。而托尔斯泰根本就没有考虑过对原文的忠实问题，连小说的标题也改了：法文的标题是 *Le Port*（《港口》），托尔斯泰却以它的主人公的名字《弗朗苏瓦》为标题，而且还标明了“按莫泊桑之风”的字样。这些大作家在译坛的试笔对当时散文翻译的总体状况没有产生重大的影响。

在译文中添加与原著情节发生的时间和地点相悖的俄国生活中的特有事物，是 19 世纪下半叶俄国散文翻译领域司空见惯的手法。尤其是在传达主人公的话语时，选用了大量不可能出自外国人之口的俄语谚语、俗语、成语等。例如，И мы не лыком шиты（我们也非草包）；Нужда заставит есть калачи（饥饿逼人，逼人吃上了白面包）；Все, что есть в печи, все на стол мечи（炉子里有什么，桌子上就摆什么，盛情款待）；В Тулу со своим самоваром ехать（自带茶饮上图拉——多此一举）；等等。

19 世纪末，俄国译坛的特点是翻译的总体水平明显降低，在翻译理论方面依然缺乏真知灼见。当时译坛上享有盛名的职业翻译家魏因贝格在杂志上撰文评论个别译著，此举实际上是为译坛平庸的译著传达外国诗歌中艺术特点的不足进行辩解，在原则上为自己的翻译方法找理论根据，而他的方法却是基于对艺术形式的漠不关心或估计不足。[①] 总而言之，大量译著水平在下降的同时，对译著的评论水平也在降低，此时的评论仅仅涉及译文的表面，而且不严谨。

在 20 世纪开头的一二十年里，俄罗斯文坛上的翻译活动呈现出矛盾的性质。从 19 世纪末到 20 世纪初这个阶段，外国文学通过俄译本如潮水般涌入俄罗斯，其中有经典作品，也有现代作品；而且所译文学的国别也有所扩大，如西班牙文学、意大利文学、斯堪的纳维亚半岛各国的文学等。俄罗斯的知识分子了解了一大批外国文学的新人物。象征主

---

① 《俄罗斯作家论翻译》，列宁格勒，1960 年版，第 496—514 页。

义作家和与他们趣味相近的作家们创办的刊物在这方面发挥了很大的作用。这个时期大大地扩展了俄罗斯文学与其他各国文学的联系。根据别雷（А. Белый）的说法是："介绍并翻译了《天平》（«Весы»）月刊提出的那些西欧作家，这些作家是哪些人呢？维尔哈伦（Э. Верхарн）、惠特曼（Уитман）、古尔蒙（Р. Гурмон）、里尔克（Р. Рильке）、斯特林堡、易卜生、梅特林克（М. Метерлинк）、普日贝谢夫斯基（Пшивышевский）、王尔德（О. Уайльд）、曼（П. Манн）、汉姆生（Г. Гамсун）、霍夫曼斯塔尔（Г. Гофмансталь）等。还有哪些人呢？即 1910—1914 年间俄罗斯知识分子的全部'阅读范围'。" ①

这个时期俄罗斯文学与外国文学的交往激增，是 20 世纪初俄罗斯文化生活的一大特征，因此在第一次世界大战的前夕，俄国翻译书籍出版的数量在世界上居第二位（仅次于德国），大大地超过了法国、英国和美国。尽管如此，如果这里是指"大众化的"产品，尤其是指散文产品，那么这些译著的翻译质量和出版水平通常很少为出版商所关心。由于许多出版物都带有商业性质，因此很少有出版商关心译者是否具有严谨的工作态度、选材上是否严格把关、有无翻译经验的积累等问题。勃洛克在《1907 年的文学总结》的第一点就指出："翻译文学超过原创文学。"同时在评论翻译新作［施尼茨勒尔（А. Шницлер）的文集］时，他好像在议论一件平平常常的事情，没有流露特别的情感，他写道："可以指责出版商的平庸译本和极端的不负责任。" ②

对散文翻译文学界普遍不屑一顾，没有专门人才从事这个工作，造成这一时期译著质量的低下。然而在诗歌翻译领域则呈现出另一番景象。

---

①《致波利亚科夫的信》，摘自安·别雷的《创作问题　文章　回忆　出版的著作》，莫斯科，1988 年版，第 660—661 页。

②《勃洛克文集》（八卷本，第五卷），莫斯科—列宁格勒，1962 年版，第 216、622 页。

诗歌翻译与“白银时代”的原创诗歌一起经历着高潮。从安年斯基（И. Анненский）、梅列日科夫斯基（Д. Мережковский）、维亚·伊万诺夫（Вяч. Иванов）、索洛古布（Ф. Сологуб）、巴尔特鲁沙伊蒂斯（Ю. Балтрушайтис）、巴尔蒙特（К. Бальмонт）、勃留索夫、勃洛克起，象征派诗人不仅大量翻译了外国的诗作，而且把用新思想、新形象、新题材，甚至新形式丰富俄罗斯诗歌文化视为已任。维亚·伊万诺夫使用“原著的诗格”翻译了古希腊罗马时代的诗歌，创立了俄语的阿尔凯奥斯诗体和萨福体，他说，翻译有利于我们发掘“我们语言的节律的可能性”①。对未来的俄罗斯诗歌来说，引入变体三音节诗意义重大，变体三音节诗在19世纪的有些译作，包括海涅作品的俄译本里虽已出现，但在20世纪初勃洛克的创作里才得以固定下来，这与诗人翻译海涅的作品不无关系。在作诗时，节律和韵律的安排有了更大的自由，自由诗以各种各样的形式出现，“这种诗体的创立者公认为是维尔哈伦”②。

俄国现代主义和象征主义代表们的翻译活动以选材的片面性为特点。他们痴迷西方文学，非常积极地参与诗歌的翻译。他们选择的对象是当时俄国读者几乎或完全不了解的作家。但总的来说，他们所译的作品的作家范围较窄，其中西欧象征主义的作家居多，包括他们的美国先驱爱伦·坡（Э. По）。年代久远的作家有浪漫主义者或西班牙文学黄金时代的剧作家卡尔德隆（Кальдерон）。现实主义文学家除个别作家以外都不在他们的视野之内。当现代主义诗人在翻译与自己很少产生共鸣，或者与自己秉性迥异的诗人的作品［比如，巴尔蒙特翻译英国诗人雪莱（П. Шелли）或美国诗人惠特曼的诗歌；索洛古布翻译谢甫琴科（Т. Шев-

---

①《埃斯库罗斯·悲剧》，维亚·伊万诺夫译，莫斯科，1989年版，第505页。
②《勃洛克文集》（八卷本，第五卷），莫斯科—列宁格勒，1962年版，第635页。

ченко）的作品］时，无法让自己适应原著，而是让原著适应自己。有些译者甚至不能把握和捕捉原作的基本特征，结果使译文大大地走了样。

与上个时期相比，翻译在处理形式方面的技巧提高到了一个较高的水平，但总的来说，只有少量译作经得起现代翻译学的批评。可以列入这类至今仍有价值的译作中的有勃洛克所译的海涅的诗歌，这是形式和内容统一地传达原作的经典译作。此外，还有他翻译的拜伦、伊萨基扬（А. Исаакян）、芬兰诗人的作品，以及勃留索夫翻译的维尔哈伦和亚美尼亚的诗歌。这些译作直到今天仍能让读者感到，译文出自深刻领会原著精神并善于在俄语中找到相应手段的大家之笔。至今仍具现实意义的还有安年斯基翻译的欧里庇得斯（Еврипид）的悲剧，这些译作洋溢着深邃的诗意，译笔老到。显而易见，最有生命力的译作不是出自那些沉湎于象征主义不能自拔的诗人之手。勃洛克和勃留索夫后来和与自己同一派别的同人们分道扬镳了。

至于俄国象征主义的总体思想倾向和他们哲学概念的内涵，在与他们同时代的翻译理论中可以找到与之适应的观点。无论是当时经院派的语文学家，还是象征主义派诗人都认为翻译是不可能的。

象征主义诗人对诗歌的形式情有独钟。他们在翻译时对形式精雕细刻，往往情不自禁地忘记了翻译的目的在于传达原著的形式和内容，而错误地把形式看成是可与内容脱离而独立存在的东西。总的来说，这个时期是俄罗斯译坛对传达翻译文学形式产生浓厚兴趣的时期。这与艺术和文学中颓废派的总体倾向有关、与俄国（以及西欧）现代主义和象征主义兴趣的总趋势有关。对形式的偏爱正是这一时期的一大特点。

象征主义诗人们的译风各不相同，但他们的目光首先都投向了 19 世纪末的法国诗歌，同时也关注法国帕尔纳斯派的诗歌、欧洲浪漫主义诗人的作品和世界诗歌史上其他伟大时期的传世之作。俄罗斯文学得以接触的诗歌空间大大地拓展了。名著得以重译，其中包括古希腊罗马时代的杰作和著名的悲剧。迦梨陀娑（Калидаса）、欧玛尔·海亚姆（Омар Хайям）、卡尔德隆、歌德、雪莱、戈蒂耶（Т. Готье）、波德莱尔（Ш. Бодлер）、彼特拉克（Ф. Петрарка）、拜伦、密茨凯维奇等作品的新的俄译本陆续出版。作家们还自发地组织了译诗“竞赛”，梅列日科夫斯基、巴尔蒙特、勃留索夫三人同时翻译爱伦·坡的《乌鸦》（«Ворон»）一诗。这个时代的特征是大作家关注纳入俄罗斯帝国版图的各个民族文学的翻译工作，这主要应该归功于高尔基（М. Горький）的组织活动，用他自己的话来说是从事“罗斯的精神收集活动”。帆出版社由高尔基任主编、在勃留索夫的积极参与下出版了亚美尼亚文学、拉脱维亚文学、芬兰文学的诗歌选集，还计划出版乌克兰文学、格鲁吉亚文学、白俄罗斯文学、犹太文学、立陶宛文学、鞑靼文学等的译著选集。

但是要举出翻译艺术中让同时代人赞叹并具有生命力的真正大作却并不容易。甚至在这个时代的大诗人中这类作品也屈指可数，因为只有在俄罗斯作家的创作个性与他选择翻译的那个诗人的创作“心有灵犀一点通”时才可能出佳作。这足以证明，诗人们与其说是在完成翻译任务、为俄罗斯文坛引入新的诗人，倒不如说是在寻觅表现自我的方式。

从这个观点来看，康斯坦丁·德米特里耶维奇·巴尔蒙特（Константин Дмитриевич Бальмонт，1867—1942）是位颇为典型的人物。他是俄国文学史上多产的翻译家，通晓许多种外语，有英语、西班牙语、法语、意大利语、保加利亚语、波兰语、立陶宛语、亚美尼亚语、格鲁吉亚语以及几种古代语言。他的第一部译作是卢斯塔维里（Ш. Руставели）的《虎皮武士》（«Витязь в тигровой шкуре»）。在不少情况下，他不仅翻译某个诗人的某部作品，而且翻译他的全部诗歌。他一方面比其他人都明确地主张还（诗歌的）翻译以文学艺术的崇高地位，另一方面却对所译的作者的作品采取极其任意的态度，甚至对最伟大的诗人的诗作也照改不误。他经常改变原诗的诗节、语调，赋予他人的诗作自己诗歌惯有的舒缓、铿锵的音调，为此遭到严厉的批评。按照沃洛申（М. Волошин）的说法："所有诗人的作品对他来说只是一面镜子，在这面镜子里他看到的仅仅是自己配着各种框子的脸庞的映像。"[①] 勃留索夫认为他是"蹩脚翻译里最蹩脚的一位"[②]。蒲宁指责他把雪莱"庸俗化和扭曲了"[③]。茨维塔耶娃（М. Цветаева）谈到巴尔蒙特的翻译时，不无挖苦地说他"通晓16种语言，但他说话和写作只用特殊的第17种语言，即他自己的巴尔蒙特语"。巴尔蒙特只有为数不多的译作可以称为精品。这首先是爱伦·坡的作品，显而易见，这是因为两位诗人之间的诗感是相通的（勃洛克在1906年就指出这几首译诗是成功的，但勃留索夫对此却不以为然）。

巴尔蒙特虽然始终是评论家、散文家，一直到处做讲座，而且毕生从事翻译活动，但他关于翻译的言论却不多。然而，关于这个领域的创作活动他留下的不多的文字却非常典型。譬如，他在谈到自己翻译卢斯塔维里的长诗时说，我面临的任务是再现原著的诗格、严格遵守音长体、实施通篇复杂的押韵法等，这样的任务是何其艰巨啊！他写道："我在每4行诗里有8个韵。卢斯塔维里的全诗共6 000行，在俄语译文里要有12 000个韵"；他惊叹道："可能，这是一项不可能完成的任务，但西班牙的先贤们说：'Los imposibles me gustan' 'Quiero veneer los imposibles'（'我喜欢不可能的东西' '我喜欢战胜不可能的东西'）。"接着他马上提出一个共同的问题："不过能不能翻译什么东西呢？能不能通

① 沃洛申：《创作的脸庞》，列宁格勒，1988年版，第538页。
②《1904年5月17日致佩尔佐夫的信》，摘自《文学遗产》第二十七，二十八卷，莫斯科，1937年版，第297页。
③《1915年6月27日致塔尔尼科夫的信》，摘自《翻译技巧》，莫斯科，1968年版，第365页。

过描绘或颜料再现一张有生命力的脸庞呢？”他自问自答：“既不能，也能。塞万提斯说，任何一种翻译都像一块从反面展示的镂花的织物。雪莱说，要想翻译诗歌方面的什么东西无异于要想得到紫罗兰的香味而把它扔进熔炉。此话有理。但是有正反两面都美丽的织物嘛。除了林中的紫罗兰，我们在自己的生活里也有用香味再现的紫罗兰的精神。不可能用不公正的、所谓的准确的方法——照相或石膏面模——再现有生命力的脸庞。但是如果我是画家，用画家那种敏锐而专注的、富有磁性的目光打量我画的脸庞，那么创造性地再现这张脸庞是可能的。”[①]

这段议论是19世纪俄罗斯文学中翻译论战的旧话重提，即“精神”与“模塑品”之争。对“模塑品”巴尔蒙特嗤之以鼻，他竭力再现“有生命力的脸庞”；但“精神”在他的阐述里是“用香味再现的紫罗兰的精神”，这显得非常主观。此地的着重点不是“揭示它的颜料和香味的基本原则”，然后“用这些成分重新创造紫罗兰”（雪莱语）这项不可能完成的艰巨的任务，而是“画家那种敏锐而专注的、富有磁性的目光”，至于这种目光具体指什么，巴尔蒙特没有说明。

20世纪初的翻译生活正如克尔德什（B. Келдыш）所言是“文艺状态的矛盾情绪过度、各种道路盘根错节”[②]。翻译文化的总体水平继续下降，不仅体现在“大众化的”、散文的产品方面，而且在一定的意义上也体现在诗歌领域，尽管许多天才的，甚至杰出的作家做出了巨大的努力。其主要原因在于“不可译论”在不同的程度上通过各种形式顽强地表现出来。在费特的时代,不可译论是孤掌难鸣,如今却是甚嚣尘上,成为“时代风格”的组成部分。不可译论的代表人物是波铁布尼亚（A. Потебня）

① 巴尔蒙特：《卢斯塔维里》，收录于《巴尔蒙特选集》，莫斯科，1980年版，第608—609页。

② 克尔德什：《两个文艺时代之交》，《文学问题》1993年第2辑，第95页。

和彼得罗夫（Д. Петров）。

19 世纪 80 年代，现实主义散文继续发展，但同时也出现了一些有悖现实主义的现象，这些现象在 19 世纪末促进了颓废主义的发展和繁荣。这一时期在语言学界盛行心理主义。当时的语言学家偶尔也会把目光投向翻译领域，此时他们会对翻译的基本任务流露出悲观主义的看法。即使像波铁布尼亚这样杰出的语言学家也在所难免。他站在心理主义的立场上发表了不可译论的观点，并加以论证。波铁布尼亚写道："如果说一种语言的一个词不能抵偿另一种语言中的一个词，那么词的组合以及言语所激发的情景、感情就更加不能互相抵偿了；它们的精华在翻译时是会丧失的；俏皮话是不可译的，甚至与文字的表达脱离关系的思想，也不能抵偿原著的思想。这是可以理解的。我们暂时假设，呈现在我们面前的、译成的思想已经失去了它原来的文字外壳但还没有穿上新的外壳是可能的，这一思想在这种状态下显然是原著思想的一种抽象，是不可能与原著思想等同的……用另一种语言传达的思想，与其虚拟的抽象状态相比较，获得了一些新的添加成分，不过这些添加成分从其原有形式的角度来看并不重要。如果比较原著的句子与译文的句子，我们难以说清这两种句子所引起的联想究竟有多大的差别，那是我们掌握的观察手段不完善造成的。"[①] 接着他引了一个实例来说明这个问题。他说："有些笑话说的是用一种语言表达的东西不可能用另一种语言表达出来。随手举一个达里的《现代大俄语详解词典》里的例子：一个外来的希腊人坐在海边，哼着小调，哼着哼着哭了起来。此时碰巧有一个俄国人在场，他请希腊人把这首歌翻译过来。希腊人译道：山上栖着一只鸟，俄语叫什么来着我不知道，它待了很久，蓦地翅膀一张，飞得老远、老远，飞

---

① 波铁布尼亚：《美学与诗学》，莫斯科，1976 年版，第 263 页。

过了树林，飞到遥远的地方……这就完了。在俄语里什么也感觉不出来，而在希腊语里却使人有不胜惋惜之情。”

波铁布尼亚的这个观点从现代翻译学的理论来看是不难批驳的。孤零零的、从上下文里抽取出来的一个词如果不可译，那绝不意味着“词的组合”或更大的、相对完整的语言单位（如句子、句群、段落、章等）不可译。关于希腊歌曲的例子也缺乏说服力。这首歌词的译文是逐字死译，而且丧失了诗歌至关重要的特点——形式（韵律等），从而丧失了诗歌的感染力。因此不同民族、不同时代、不同文化的人无法体悟歌中的情感。波铁布尼亚的翻译观在当时无人出来发表不同意见，完全是那时唯心主义盛行的大背景使然。

波铁布尼亚有此观点绝非偶然，这与他当时研究的普通语言学问题有关。那时在他的视野里是各种语言之间的完全不相吻合的情况、个人用词与作为体系的全民语言之间的不相吻合的情况、个人理解的词义（言语行为）与说话人赋予词汇的内容不相吻合的情况，换言之，语言交际的参与者相互之间要完全理解是不可能的。（波铁布尼亚多次重复丘特切夫的名言：“说出来的思想是虚构的。”）这一切使他产生了这样的思想：根据联想心理学的精神进行交际是非常困难的。但这与他的有些重要论点是相悖的，例如，他的统觉说，根据这一说法，每一个人对词汇的理解（言语行为）“因为有其他词汇的储备，即使数量很少，也会对它加以补充和解释”[①]，因此“词汇的组合、图景、言语激发的情感”比单个的词原则上永远更加具有可译性。但是波铁布尼亚学说最具典型性的是，把作为语言单位的词汇“绝对化”。他在从语言学向美学过渡时，始终把词汇与形象混为一谈（“艺术就词汇的意义而言同样是创造”），按照他的

① 波铁布尼亚：《美学与诗学》，莫斯科，1976年版，第125页。

意见，“因为借助词汇不可能把自己的思想传达给他人，只可能在他的头脑里激发他的思想，所以在艺术作品里也不可能传达它，因此后者的内容（它一旦完成之后）已经不是在艺术家的脑海里，而是在理解者们的脑海里不断发展着”[①]。

波铁布尼亚的不可译论其源盖出于此。这篇文章在他的生前并未完成，是他逝世以后才发表的。波铁布尼亚深受德国哲学家和心理学家，首先是洪堡（В. Гумбольдт）的影响。他多次援引洪堡的名言“理解同时就是不理解”。他的两眼紧盯着语言和文化中的现实过程，但对周围进行的大量的、富有成果的翻译活动却视而不见，而这样的翻译活动与他的不可译论是背道而驰的。正如费奥多罗夫指出的，正是他的这种美学观点在20世纪初的文坛盛行一时，影响了不少文学工作者和语文工作者。[②]

当时的大作家、大诗人，甚至大学者都断言，翻译任务自古以来就是无法完成的。例如，语文学家彼得罗夫有一段话颇具代表性。他说：“当你考虑有些诗作的译本时，脑子里不禁油然生出一种荒诞的想法：根本不去译它们岂不更好！这种想法只是乍一看来觉得荒谬。翻译家的工作是难上加难，它要求极其丰富的知识和潜心钻研作品。而且这项工作往往做不好！一位独处的诗歌爱好者自己去学外语、弄通自己喜爱的作品的原著、充分而完全地掌握它，岂不更好！这样做比起翻译家的工作来说，不是更容易，更有成效吗？因为翻译家在最好的情况下也就是提供了一种不准确的复本而已。”[③] 这段议论正确与否姑且不论，仅从逻辑来推理就有矛盾，既然读者不懂外国作品所使用的语言，而且译本又是“一种不准确的复本”，那他是怎么“喜爱”上外国作品的呢？巴秋什科

---

① 波铁布尼亚：《美学与诗学》，莫斯科，1976年版，第181页。
② 费奥多罗夫：《翻译通论基础》，莫斯科，1983年版，第66页。
③《第16届普希金奖颁奖典礼》，圣彼得堡，1906年版，第56页。

夫（Ф. Батюшков）是当时著名的语文学家，他从不可译论的角度写了文章，文章收录在《文艺翻译的原则》（«Принципы художественного перевода»）论文集里（这些文章旨在教育翻译家，吸收他们参加世界文学出版社的工作）。他援引波铁布尼亚的想法——“语言使思想的整个机制变成特殊的、可以说是个人的方式”，说明任何一种从一种语言译成另一种语言的翻译都是“用自己的话来复述”，而且“思想内容的变化比用铅笔临摹油画的复制品来得大”。巴秋什科夫因此得出结论，根据他的说法，翻译的好处仅仅在于诸多害处中最小的一种害处。“如果对外语一窍不通的话，与其阅读外国原著，还不如利用并不完美的译文。”①

在20世纪初，在俄罗斯翻译思想史上最引人注目的人物是瓦列里·雅科夫列维奇·勃留索夫（Валерий Яковлевич Брюсов，1873—1924）。他在译坛的所作所为与当时整个翻译活动一样是互相矛盾的。最能代表勃留索夫矛盾的翻译观的莫过于他在《坩埚中的紫罗兰》（«Фиалки в тигеле»）一文中的那句箴言“把诗人的创作从一种语言译成另一种语言是不可能的，但要放弃这一理想也是不可能的”②。这句话虽说是指出诗歌是不可译的，但同时也强调了诗歌翻译对于诗人而言是非常重要的，是具有不可抗拒的吸引力的。这是典型的“明知不可为而为之”。

他的矛盾的翻译观不仅表现于此。在他所译的19世纪法国抒情诗人作品的序言里，有一段话也说明了这一点。在那里他不相信译诗能达到十全十美的境界：“在编辑这本诗集时，我当然并不认为自己的工作已经完成（谁不知道用另一国语言充分再现抒情诗是不可能的）。谨以此书诱发读者从译作转到原著上去。”毋庸置疑，勃留索夫的这几句话说明他作

---

① 巴秋什科夫：《文艺翻译的任务》，选自《文艺翻译的原则》，第二版，彼得堡，1920年版，第11页。

②《勃留索夫文集》（七卷本，第六卷），莫斯科，1975年版，第105页。

为诗人和翻译家是虚怀若谷的，不过他的这种看法也是代表俄国象征主义的翻译观的。他本人在从事这种创造性的实践活动时力求译文准确，力求译文从语文学的角度来看是站得住脚的。可能他的内心确信十全十美的译文是可能的，但诗集中的这段带有纲领性的话足以表明他还是倾向于悲观主义的翻译观。

尽管如此，勃留索夫在20世纪初的俄国翻译思想史上还是留下了不可磨灭的痕迹。勃留索夫对翻译活动倾注了大量的心血，建树颇丰。他的译笔不仅涉及古希腊罗马的作家，而且接触到与他同时代的作家。他记述翻译亚美尼亚诗歌的经历是一个职业翻译家理想工作方式的写照："我用我能阅读的各种语言（俄语、法语、德语、英语、拉丁语、意大利语）读完了整整一个图书馆的书，我在某种程度上熟悉了亚美尼亚语和我能在译文里找到的那部分亚美尼亚文学。这次理论研究是以我的俄国境内的亚美尼亚地区、高加索和外高加索之行告终的，在旅途中我得以结识许多现代亚美尼亚知识分子的代表，结识她的杰出的诗人、学者、记者、社会活动家。我还有幸，虽然说是走马观花地，目睹了现代亚美尼亚的生活、参观了几个亚美尼亚古代生活中心的遗址，瞻仰了埃奇米阿津这个所有亚美尼亚人的圣地，此地按照公正的说法是'亚美尼亚心脏的搏动'之地。"①

勃留索夫的译风终身未变，但他的翻译原则，即他所谓的"方法"（"翻译方法就是在所译的作品中挑选你认为最重要的成分"）②发生了根本的变化。这些变化从他众多的译著、从他的自我评价、从他对他人作品的评论之中很容易看出来。勃留索夫在自己翻译的维尔哈伦作品选集（1906

---

① 勃留索夫：《从编辑到读者》，选自《俄罗斯作家论翻译》，列宁格勒，1960年版，第560页。

②《勃留索夫文集》（七卷本，第六卷），莫斯科，1975年版，第106页。

年）的前言里把自己的译作分为“早期的”和“新的”两类：“在第一类译作里我牺牲了准确性以求行文轻盈和诗歌的美，在第二类译作中，一切都为准确地再现原著而牺牲了。”①

这本集子的问世是当时文学生活的一件大事，引起了一场争论。这场争论对俄罗斯诗歌来说，就其性质和意义而言，与普希金时代围绕茹科夫斯基和卡捷宁所译的《列诺拉》的那场争论不相上下（格涅季奇的六音步诗体、莎士比亚悲剧译著中的无韵抑扬格诗体等普希金时代其他翻译争论问题）。其中沃洛申的言辞尤为激烈，因为他也是维尔哈伦作品的译者。在列举了几个成功的译例后，他就勃留索夫译著做出了整体评价：“维尔哈伦的映像是在一面凸出的，而不是在一面平面的镜子里，因此他的真实面貌被扭曲了，虽然外表还像。”他对勃留索夫的两种类型的分类法持否定态度（并证明这种分类法在现实里并非始终可行），他说：“我反对此地的每一句话”，接着得出结论：“原则上我同情勃留索夫称之为仿作的那一组诗。”②

勃留索夫认为有必要对这种激烈的批评加以反击（这是勃留索夫偶一为之之举）。他试图捍卫的与其说是自己的译著，倒不如说是总的原则：“我仍旧认为以诗译诗时应力求完全准确地传达原作，即‘翻译’它，而不是‘再次创造’。”③

勃留索夫与沃洛申关于“俄罗斯的维尔哈伦”应该是怎样的之争，无论是在理论上还是在实践上都持续了好几年。1919年，沃洛申出版了厚厚的一卷本《维尔哈伦·命运·创作·译作》；1923年，勃留索夫的《维

---

① 爱米尔·维尔哈伦：《现代诗选》（瓦列里·勃留索夫译）的前言，莫斯科，1906年版，第29页。

② 沃洛申：《爱米尔·维尔哈伦和瓦列里·勃留索夫》，选自《创作面貌》，列宁格勒，1988年版，第427页。

③ 同上，第729页。

尔哈伦·长诗》问世，其中许多译诗得以修订，不少作品得以重译。实际上，两位诗人对译诗问题仍各执己见，不过勃留索夫正如他在前言中所言，力争“使译诗接近原著”。

两篇评论勃留索夫所译的维尔哈伦诗集的文章是由勃洛克撰写的，作者用大量篇幅论述作为诗人的维尔哈伦，至于对作为翻译家的勃留索夫则语焉不详。究其原因，很可能是，早在1904年，勃洛克自己翻译过维尔哈伦的作品，这个译本勃留索夫不喜欢，他认为勃洛克把这位比利时诗人“颓废化了”，可见勃洛克关于俄语中的维尔哈伦应该是怎样的看法与勃留索夫相左，因此他仅就自由诗发表了意见，至于勃留索夫的分类法，他仅进行了简单的转述（“勃留索夫自己把自己的译著分为两类。大部分长诗是尽量准确地传达的，其余的长诗带有模仿的性质，其中有增有删”），并未置一词的评价。

必须指出，勃留索夫在维尔哈伦诗集第一版的前言里的有些提法是前后矛盾的:“我的两类译作的差别不管有多大，我处处都尽量是在翻译，而不是转述维尔哈伦的剧本……另一方面不论在什么地方原著的精神都不会为逐字翻译而牺牲。”十年以后，勃留索夫已提出要求：“不仅要转达原著的思想和形象，而且要转达行文和诗文的特色、所有的词、所有的表达方式、所有的用语；我们深信，这样的转达是可能的。”[①] 之后，勃留索夫转到极端的逐字翻译的立场上，即使在翻译像维吉尔的《埃涅阿斯纪》和歌德的《浮士德》这样的鸿篇巨作时也力求采用此法。勃留索夫穷毕生的精力翻译《埃涅阿斯纪》。保存至今的翻译工作的史料证明，这项工作始于1895年，直至他离开人世，这些史料充分说明了勃留索夫

① 勃留索夫:《俄语中的奥维德》，选自《俄罗斯作家论翻译》，列宁格勒，1960年版，第543页。

翻译观的演变过程。评论勃留索夫所译的《埃涅阿斯纪》的作者们一而再，再而三地从他的译本中摘引那些佶屈聱牙和简直不能理解的地方，以证明逐字翻译的不可能性。[①]

毫无疑问，这不是、也不可能是这位大诗人的简单的“错误”，而是他故意选择的翻译策略的结果，这一策略就是尽可能保留古代文本的客观特征，把它“移植”到20世纪的俄罗斯。这种做法与巴尔蒙特的主观主义和任意妄为截然相反。晚期的勃留索夫的翻译方法与他的其他同时代人的方法也是大相径庭。例如，安年斯基就是其中的一位。安年斯基与勃留索夫一样不仅是诗人，而且是古代希腊罗马语言的语文学家，是欧里庇德斯悲剧的翻译家。根据安年斯基的观点，“词汇的准确性往往会给译者一种带有欺骗性的接近原著的感觉——译文是干巴巴的、勉强凑成的，而且在细节的后面观念的传递不见了。……不能为任何东西牺牲俄语的特点和美妙，在诗歌的语言里尤其如此”[②]。再如勃洛克，他在提及他所喜欢的译诗时说：“技巧十分娴熟的皇皇诗篇。”[③]

还应指出，晚期的勃留索夫的观点与维亚·伊万诺夫的观点也截然不同。维亚·伊万诺夫翻译埃斯库罗斯（Эсхил）一丝不苟，这项工作始于1908年，直至他离开人世也未竟业。他的创作观点自出机杼，与其他的古希腊罗马著作的译者完全不同。这首先反映在，他无意把古希腊罗马之风移植到20世纪的俄罗斯，而是在寻觅“有生命的”，即尽量保留古希腊原著所有细节的传统的俄罗斯意义：“我的理想是埃斯库罗斯应该是全体人民的财富；如果就精神而言他将是真正的俄罗斯的，那么他

① 加斯帕罗夫:《勃留索夫和逐字翻译》,《翻译技巧》第8卷，莫斯科，1971年版，第91页。
② 费奥多罗夫：《翻译艺术和文学生活》，列宁格勒，1983年版，第202页。
③《勃洛克文集》（八卷本，第七卷），莫斯科—列宁格勒，1962年版，第371页。

也将是希腊的（不是知识分子的、不是西方派的——即通过西方的阐述的棱镜加以观察的，而且显然也不是‘斯塔索夫的’）。在希腊的和民族的‘有生命的’古风之间有一块共同的领域，我想发掘这一领域并体现在这些译作里。”①

毫无疑问，勃留索夫立场的转变不完全是像表面上感到的那样是自发的：对翻译中不可克服的困难的抱怨、强烈要求排除万难尽量接近原著文本的愿望，始终贯穿于他的整个翻译工作。在这种演变的背后可以隐约看到关于各种翻译方法存在的可能性，不过他没有形诸笔端。就这个意义而言，勃留索夫在1904年就“俄罗斯的拜伦”致文格罗夫（С. Венгеров）的信中发表的见解颇为典型，这表明他对翻译原则抱着可以通融的态度，他写道：“……我完全同意，您作为整个刊物的编辑应该指定如何翻译的原则。我则竭尽全力遵循您的翻译观点。”②

勃留索夫翻译《埃涅阿斯纪》时为自己制定的原则实际上应者寥寥，主要是几位古希腊罗马作品的翻译家。连自诩为勃留索夫弟子的洛津斯基在评论追求准确性方面大为“软性”的文本（勃留索夫晚期翻译的爱伦·坡的诗作）时也指出：“爱伦·坡的长诗和短诗无疑是勃留索夫翻译遗产中最薄弱的一环。阅读这个本子时，你会确信本子的成书之年正是诗人黄金年代‘歌唱性’离他而去之时，不禁悲从中来。这实在是‘撒落在土坑里的尸骨的撞击声’。爱伦·坡天使般的诗歌变成了一堆难以掌握的词汇的堆砌。《致叶莲娜》（«К Елене»）一诗宛如一盏孤灯，照亮了通篇令人不快的昏暗。”③

要理解20世纪初俄罗斯文学中的翻译活动，以及这一活动与本土文

①《埃斯库罗斯·悲剧》，维亚·伊万诺夫译，莫斯科，1989年版，第507页。
②《翻译技巧》，莫斯科，1959年版，第378页。
③《文学问题》，莫斯科，1993年第6辑，第286页。

学的关系，亚历山大·亚历山德罗维奇·勃洛克（Александр Александрович Блок，1880—1921）是一个不可或缺的人物，因为他对翻译文学与本土文学之间关系的理解有其独到之处。勃洛克的译作比他同时代的有些诗人少得多，但他的一生都与翻译问题结下不解之缘。除了亲自翻译外，他还出版、编辑、评论翻译书籍。他在这个创作领域始终辛勤耕耘。勃洛克对翻译的兴趣与对文学的兴趣一样萌生于青少年时代，他可以说是出生于一个翻译世家，他的母亲、两个姑妈和外婆都是职业翻译家，颇多建树。童年时代，勃洛克自编杂志《信使》(«Вестник»)，杂志是手写的，几乎每期都刊登他译自法语的作品。1895 年，即 15 岁那年，他开始翻译“严肃的”东西——雨果的诗歌，之后是巴尔扎克的《欧也妮·葛朗台》的片段。中学时代迷恋拉丁语，翻译了奥维德的《俄耳甫斯和欧律狄刻》(«Орфей и Эвридика»)、维吉尔的《埃涅阿斯纪》的第一首歌。[1]

早在这个时期，勃洛克对翻译的选材就已十分讲究。他只挑那些与他意趣相投的作品，之后这成为他翻译的不变戒律。克尼波维奇指出：“就像所有真正的艺术家那样，勃洛克不管翻译什么东西都不是偶然的。他在每一位作家那里都会找到自己的东西”[2]。就这个意义而言，他参与编撰的《亚美尼亚诗选》就是一例。亚美尼亚的文学工作者根据高尔基的提议请勃留索夫支持《亚美尼亚诗选》的编辑工作，一开始勃留索夫没有接受这个任务，后来接受了，不过提出条件，要在开编之前了解亚美尼亚文学并邀勃洛克参与此事。勃洛克理所当然地表示同意，因为他别无选择，即使是由于亚美尼亚人民当时正遭受血腥的种族灭绝而俄罗

---

① 《文学遗产》，第九十二卷，第一部《亚历山大·勃洛克：新资料和研究成果》，莫斯科，1980 年版，第 203 页。

② 同上，第 37 页。

斯社会对他们深表同情这一点，他也该这样做。但是，在勃洛克阅读了勃留索夫建议他翻译的捷良（В. Терян）的诗歌《城市之春》(«Весна в городе»）以后，便毅然决然地回绝了（“另请高明吧——我不能”），原因是他觉得这首诗无可取之处，有模仿俄罗斯“象征主义”(引号为勃洛克所加）的痕迹。这部诗选最积极的参与者之一、主编之一马金基扬（П. Макинцян）写道：“应该给他送去更多的材料供他按照自己的口味挑选”[①]，勃留索夫承认自己的错误，给勃洛克送去“几位亚美尼亚诗人的一大摞诗歌”。勃洛克回答道：“刚才我与帕维尔·尼基季奇·马金基扬在谈话，他向我提供了许多珍贵而有意义的信息并给我几个本子，希望我从中一定要挑选几首。目前我正在考虑库恰克(Н. Кучак)和伊萨基扬，他们两人把我给迷住了。”[②]

在1916年的11月和12月，以及1917年的1月初，勃洛克全身心地投入伊萨基扬作品的翻译工作，翻译了他的23首诗，这是俄罗斯和亚美尼亚文化交流史上的一件盛事。这证明勃洛克在选材问题上并不是心血来潮、并不是任意妄为，而是一以贯之的。勃洛克说：“我想，当我看到人家翻译捷良的著作时，我会明白是什么东西使我放弃他的；我对此兴趣很大，更因为帕维尔·尼基季奇认为捷良是新亚美尼亚最优秀的诗人之一。”[③]

追求译文接近原文是勃洛克一生翻译思想的主旋律，这通过保存至今的他的评论（包括他对自己的评论）、他的议论，包括文字的和口头的议论都可以看出。他对译者偏离原文之处、对译者在传递原著时的“未

---

①《纪念勃留索夫报告会1966年》，埃里温，1968年版，第172页。
②《文学遗产》，第九十二卷，第一部《亚历山大·勃洛克：新资料和研究成果》，莫斯科，1980年版，第520页。
③《纪念勃留索夫报告会1966年》，埃里温，1968年版，第172页。

尽之意”之处、对节奏遭到破坏之处都一丝不苟、不厌其烦地逐一指出。对于勃洛克来说，再现原著的诗格是译者的最大追求。他在分析海涅的“《掷弹兵》(«Гренадеры»)的米哈伊洛夫的著名译本”时，开列了由36条意见组成的清单，列举每一个与原文不符合之处，包括每一个细枝末节。这份清单附于《海涅在俄罗斯》报告之后，报告是由勃洛克在世界文学出版社的编委会的例会（1919年3月25日）上宣读的，勃洛克在此论证了出版新译本的必要性,不过他也承认在当时条件下要“革故鼎新”实际上是不可能的。他对米哈伊洛夫的评价很高，在提到米哈伊洛夫翻译的海涅的诗作时说：“其中大部分是真正的诗歌珠玑”；尽管如此，“毕竟——这不是海涅”。无论是米哈伊洛夫对海涅诗歌的解读，还是对诗歌形式的不关心都难以令勃洛克满意。勃洛克正是以《掷弹兵》为例来证实自己的想法：“现代未必能够达到米哈伊洛夫当时达到的那种高度、那种丰沛、甚至那种接近原著的程度。然而，首先，他根本就没有考虑一、三行要押韵，而这在（原文的）每一个诗节里都是押韵的；第二，他完全改变了诗格，从而破坏了诗歌整个的内在结构，全然不顾节奏的奥秘，这一奥秘妙不可言地帮助海涅把诗歌截然分成两部分并收到了特殊的效果；最后，米哈伊洛夫的译作共36行，其中可以算作严重偏离原文、主要是偏离海涅的词汇之处竟达25处之多。这一切赋予诗歌另一种语气，在原著中没有丝毫夸张的地方，语气却稍显高涨；相反，在原著诗句饱含憧憬和意志的地方，语气却显得低落，显得漂浮、犹豫。既然这从社会学的角度来看是有意义的、可以解释的、有教益的，那么就会促进艺术和技巧更上一层楼。”①

在勃洛克的这番议论中，虽然有些看法过于极端，但无一词一语提

---

①《勃洛克文集》(八卷本，第六卷)，莫斯科—列宁格勒，1962年版，第127页。

及逐词准确地再现语言特点的要求，这使他与晚期勃留索夫的翻译观泾渭分明。他对接近原著的理解不在于从形式上把原著的成分连同它的所有特点移植到20世纪的俄罗斯来，而在于附加于译本的“艺术和技巧”的要求，尽管他也说过：“把许多旧译称之为‘仿作’更加妥当。”

勃洛克对自己的社会工作和编辑活动不带任何主观色彩，宽容而负责。在1919—1921年间，他主持世界文学出版社《海涅文集》的出版工作,保存至今的史料足以说明这一点。当时的文坛劲吹着一股“革故鼎新”之风,但他却在19世纪的翻译传统中寻找支撑点,因为这些传统是由“普希金时代的文化的夕阳”[①]祝圣的。与此同时，十分典型的是，勃洛克似乎“正在跨越”世纪之交，仿佛在那里也没有找到任何支撑点。譬如，他认为：“虽然已有两部全集和许多单行本，但仍没有俄罗斯的海涅，有的只是自由的代用品。”因此他提出任务：“将要推出我们时代的海涅——这是一项巨大而重要的劳动。”[②]根据他的意见：“使用旧译本是不可能的，抑或是因为它们由于形式的不完美而与原著没有关系，抑或是因为在旧译本里如勃洛克所言每一位译者都很好地讲述了自己，这一般来说与海涅没有直接的关系。毫无疑问，那个时期的译本是客观的，但是它们对俄罗斯的‘海涅学’的贡献不大。如果大诗人来翻译，那么客观性就荡然无存了。我拿阿塔·特罗里（Атта Тролль）怎么办呢？”勃洛克抱怨道：“海涅的笔下是‘满腹的肠子都在搅动’而古米廖夫（Н. Гумилев）却译成‘气得心儿在颤抖’。”[③]

许多史料足以证明勃洛克翻译海涅作品的态度，他孜孜不倦、历经

① 《勃洛克文集》（八卷本，第六卷），莫斯科—列宁格勒，1962年版，第118页。
② 《勃洛克文集》（八卷本，第八卷），莫斯科—列宁格勒，1962年版，第517页。
③ 《文学遗产》，第九十二卷，第一部《亚历山大·勃洛克：新资料和研究成果》，莫斯科，1980年版，第38页。

艰难、永不放弃地要让海涅以自己独特的、海涅的面貌，以俄罗斯海涅的面貌呈现在俄罗斯读者的面前。

勃洛克在整个文学发展的语境中就某些共同的翻译问题发表了自己的见解，它们为数不多，但至关重要。这些见解是，传统的作用、诗格的意义、文学作品在其他语言环境中的转换问题等。勃洛克全神贯注地、“主人翁式地”对待翻译文学，他始终不渝地要求译者具有高度的责任心、良好的素养。他根据自己的方式继承了米哈伊洛夫关于“认真负责”的思想，把它看作首要的译德。他有关翻译理论问题没有留下长篇大论，但是他关于翻译的言论已经明白无误。简言之，就是始终不渝地追求“接近他人的”（即最大限度忠实地解读原文、尽可能保留所有的特点，包括形式的特点），同时小心翼翼地“接近自己的”（即接近俄语的习惯和读者的接受）。关于这个问题的困难，他不止一次地提到，但关于它的不可能性却从未说过。

巴尔蒙特、勃留索夫和勃洛克代表着俄罗斯诗歌“白银时代”（серебряный век）的三种翻译倾向。当然还可以提及其他人物，但他们三人最为典型，因为他们对翻译永恒的悖论——“自己的”和“他人的”，从不同的角度给以新的回答。这三种倾向一直延伸到俄罗斯文学中翻译史上的苏维埃时期，它们表现为“逐字翻译”（буквализм）、“任意增添”（отсебятина）两个极端和在不断的争论中探索翻译创造的新模式。世界文学出版社的宏伟计划为解决这些问题创造了条件。

大部分俄国象征主义者对翻译的看法都与象征主义这个流派的整个哲学基础有关。如果一个读者不通晓外语，那就注定不能欣赏其他民族文学的瑰宝。除了对这类读者的兴趣关注不够外，还有一个特点，那就是那些“独处的诗歌爱好者”为了能阅读一部外国作品而有意去学一门外语。这些表述充分反映了俄国象征主义的文学活动以及他们同时代的经院派语文学针对的对象的狭隘性。

但是在我们探讨的这个时期行将结束之时，也就是十月革命前夕，有一件大事意义深远。这就是俄国知识界对加入俄罗斯帝国的各民族的文学的兴趣日益增长。在组织翻译各民族文学方面，高尔基发挥了巨大的作用。他很早就十分关注乌克兰和白俄罗斯文学的发展。由高尔基主编（1916—1917年）的亚美尼亚、拉脱维亚和芬兰文学作品的译作集（勃留索夫参与了拉脱维亚和芬兰文学作品翻译的编辑工作）在帆出版社出版。高尔基还策划出版格鲁吉亚文学作品的译作集，但是最终未能如愿。同一时期（1917年），巴尔蒙特出版了自己翻译的绍特·卢斯塔维里的长诗《虎皮武士》，尽管译作不太贴近原文，是“修饰性的”。1916年，勃留索夫主编出版了《亚美尼亚古代抒情诗选》（由俄国许多诗人参与翻译），成为当时文学生活和政治生活中的一件大事。这本诗集是在骇人听闻的大规模种族灭绝行为，即土耳其占领亚美尼亚西部地区，杀戮千百万亚美尼亚人以后的一年多时间里问世的。它向世人证明了亚美尼亚民族的诗歌和文化在一千多年的历史中所达到的高度。

虽然象征主义诗人，以及在文学上与象征主义志趣相近的文人都积极地参与了这几本诗集的出版工作，但俄国文学翻译的新运动却并非源于颓废派和象征派中间，新运动的源头在博采各民族文化之长的俄国革命民主主义的文学传统之中。难怪正是高尔基成为这项工作的积极组织者。高尔基广罗人才，把一批像勃留索夫这样很有才气的诗人吸收到这项工作中来。勃留索夫在翻译俄国各民族的诗歌方面成绩卓著。在这项工作中，他与高尔基接触频繁，因深受高尔基的影响才转到进步的革命立场上来。由高尔基和勃留索夫主编出版的译文集反映了各个民族独具一格的文学的发展状况，向俄国读者介绍了各个民族不同时期、不同流派、不同体裁、不同主题的作品。在这一工作中翻译的基本原则是保留所译作品的民族特点。亚美尼亚诗歌的译作就这个意义而言最具代表性。

毫无疑问，这一时期即将成为历史的那些俄罗斯文学流派的美学思想（象征主义的和阿克梅派的）与个别诗人的个人手法在这里也有影响。但是上述译著的新颖和丰富在大多数情况下所具有的人民性，出版工作参与者的异乎寻常的工作条件（因不懂原著的语言而采用逐字翻译的方法，再向懂行的专家咨询），文选编辑和组织者（高尔基和勃留索夫）的严格要求，以及大多数作为翻译家的诗人的一丝不苟的态度，凡此种种就决定了这些译本的特殊性质：它们反映出译者表达原著民族特色和作家个人特点的追求。

但是要完完全全地完成这个任务，只有从现实主义的美学原则出发，因为只有这种美学观才能克服主观主义、唯心主义和悲观主义的翻译观。综合这些观点，可得出几个结论：

翻译理论观点的发展是与翻译实践紧密相连的。翻译的原则与翻译家或翻译评论家的意识形态、美学思想在深层次上是有联系的。使用某一种翻译方法并对这种方法进行论证在历史进程中往往发挥着政治作用。不同时期对翻译提出的要求是演进的。不同时期和不同的文学流派赋予翻译概念不同的内容，因此翻译概念具有历史的多变性。

各种不同，甚至对立的翻译流派，抑或彼此交替，抑或互相共存，但始终处于斗争之中。例如，逐字翻译说，适应俄国习惯说，改写说，饰文说，缓和特征说，形式、内容统一论，尽量再现原著的民族、历史、个人的特点说，等等，在译坛中呈现出“你方唱罢我登场”的局面。这些流派还因为不同国家的环境、文化、文学、语言学思想的不同而获得很多补充的特质。因翻译生发的问题的范围具有一定的固定性（如翻译类型的划分、对某种翻译倾向和形式的肯定与否定、可译性的争论等），而且在实践活动中逐字翻译或形式对等的翻译在理论上很少得到确定的论证。在翻译家的活动里，以及他们的翻译批评思想里，确立统一的工作方法、达到更为复杂但同时又是完整地理解翻译任务是一种总的趋势。在 20 世纪初，在可译性问题上遇到了严重的挑战，这个问题过去好像已经得到解决，但总是经常会遭遇否定的答案。

5 苏联翻译理论的形成、发展和流派

苏联成立后，俄罗斯的翻译思想进入了一个新的阶段，也就是翻译理论形成的阶段。翻译理论的形成既有内在原因，也有外部原因。内在原因在于，俄罗斯自古至今已有大量的翻译实践活动。在这个过程中既有成功的经验，也有失败的教训，但从总体上看，成果丰硕，佳译连篇，对本土文学的形成和发展起了巨大的作用。这是创建理论的牢固的物质基础。俄罗斯漫长、悠久的翻译实践活动孕育了各种各样的翻译观点和思想，其中有极端的逐字翻译，也有走到另一极端的任意翻译，甚至改写、改编等。这些形形色色、斑斓纷繁的观点和思想是现代翻译理论创立的土壤。此外，20 世纪尤其是二战以后现代翻译学所属的应用语言学、进而所属的普通语言学迅猛发展，为翻译学提供了理论依据。外在原因在于，十月革命后，苏联需要了解和借鉴世界文学遗产和同时代外国优秀作家的作品、了解和学习外国的科学技术、外国的先进科技思想。这些活动大大地推动了翻译理论的创立。此外，苏联于十月革命后在中学和大学都开设了外语课，当然也包括翻译课。作为中、高等专业学校的必修课的翻译课需要一个完整的体系、一套术语、一套便于教师教学也便于学生接受的可操作方法。这也促成了翻译理论体系的创建和发展。最后，翻译作为各国、各民族之间交往的桥梁，与其他活动相比最容易得风气之先，世界先进的语言学思想，以及其他社会科学的新成果，甚至科技

的新成就对于翻译理论（包括在同声翻译、机器翻译领域）来说都有促进作用。

5.1 文艺翻译概述

在年轻的苏维埃国家，译坛的形势与整个文化建设的形势一样，与过去迥然有异。首先在组织文艺翻译工作者的工作方面，在对译文质量的要求、对翻译的选材、对译文出版的原则等问题中必须来一个决定性的转折。这一转折是由高尔基实现的，苏联翻译史和苏联时代最初 20 年启蒙任务总体的实施是与高尔基的名字密不可分的。高尔基不仅是伟大的作家，而且是伟大的社会活动家，同时也是俄国古典主义文学传统的继承人。高尔基作为译著的编辑和批评家、作为翻译事业的组织者，在自己的活动中进一步创造性地发展了 19 世纪普希金、别林斯基、车尔尼雪夫斯基、杜勃罗留波夫形成的翻译原则和要求。

1919 年，在高尔基的倡议和领导下，以及列宁的大力支持下成立了国立世界文学出版社，目的是系统地出版外国文学中所有优秀作品的新译本或重新校订的新译本，不仅包括西方的著作，而且包括东方的著作，之后还包括苏联各兄弟民族的文学。计划出版的和已经出版的有两种系列的书籍，一种是主要的（预计出 1 500 册，每册 20 个印张），另一种是人民文库（预计 2 500 册，每册 2—4 个印张）。此项工作吸收了当时优秀的文学家和翻译家，他们有诗人勃洛克、勃留索夫、洛津斯基（М. Лозинский），批评家和文艺学家楚科夫斯基（К. Чуковский），西欧文学专家巴秋什科夫、斯米尔诺夫、日尔蒙斯基（В. Жирмунский），东方学家奥尔登堡（С. Ольденбург）、阿列克谢耶夫（В. Алексеев），著名的翻译家汉森（А. Ганзен）、佐尔根弗雷（В. Зоргенфрей）等。出版了下列作家的作品：伏尔泰、巴尔扎克、贝朗瑞、雨果、龚古尔兄弟（Братья

Гонкуры)、福楼拜、莫泊桑、都德、德·科斯特(Костер)、阿·法朗士(А. Франс)、罗曼·罗兰(Ромен Роллан)、海涅、席勒、沙米索(Шамиссо)、克莱斯特(Г. Клейст)、拜伦、柯尔律治(Кольридж)、狄更斯、司格特(В. Скотт)、马克·吐温(Марк Твен)、萧伯纳(Бернард. Шоу)、威尔斯(Г. Уэллс)、杰克·伦敦(Джек. Лондон)、布拉斯科·伊巴涅斯(Бласко Ибаньес)等。

世界文学出版社到1927年歇业，它的宏伟计划由于当时的物质困难只实现了一小部分(出版了近120本书)，但是作为出版社活动基础的原则本身却是十分新颖且至关重要的。这些原则是：有计划地选取所译的作品并努力提高译文质量，尽量使译文准确、在艺术上真实可信，不允许任何任意妄为(произвол)或逐字翻译，使译著具有学术根据。高尔基在1919年提到世界文学出版社的文章中写道："所有这些书组成了一本内容非常丰富的文学史文选，这一文选将为读者提供详细了解文学流派的产生、创作和衰落，了解诗歌和散文技巧的发展，了解不同民族文学之间的相互影响的可能性……"①

高尔基公正地赋予这项任务巨大的国际政治意义，而不仅是文化认知意义。在同一篇文章中，他继续尽力阐述这一点："该出版社因自身规模宏大而被誉为当时欧洲第一家和唯一一家出版社。这一机构的成立归功于俄罗斯革命的创造力量，敌人称该革命为'野蛮人的暴动'。在自己活动的第一年里，在无法形容的艰难条件下完成了这样一项意义重大的文化事业——俄罗斯人民有权利说，他为自己树立了一座真正的丰碑。人们因狂热崇拜黄金这个脑满肠肥的黄色魔鬼而可耻地发动了罪恶的、该诅咒的大屠杀，在这场屠杀之后，在这场由暴怒和仇恨组成的腥风血

---

①《高尔基集外佚失的文学评论文集》，莫斯科，1941年版，第279页。

雨之后，提供精神创作的广阔图景是再也合适不过的。”①

高尔基在他1920年1月29—30日致列宁的信中提到这项刚开展的工作是史无前例的，以及它的榜样和政治意义：“日内我们就要印好世界文学出版社预计出版的书籍清单。我以为，将这些清单译成所有欧洲语言并发放到德国、英国、法国、斯堪的纳维亚半岛等地倒也不坏，此举目的在于，让西方无产阶级以及威尔斯们和形形色色的谢德曼们亲眼见到，俄罗斯无产阶级不仅不是野蛮人，而且对国际主义的理解比他们这些文化人要广得多，让他们亲眼见到无产阶级在难以想象的最恶劣的条件下，竟然在一年内完成了他们早就应该想到的事。”②

根据这项工作的性质，要完成它需要有高质量的、能展现原作风格的译作。为此在出版社里，高尔基成立了专门的翻译家“工作室”，希望翻译工作能日臻完善。1919年，出版社出版了第一本俄语翻译参考书——《文艺翻译原则》(«Принципы ходожественного перевода»)手册，阐述散文和诗歌翻译的基本方法。

读者因这一出版社买到了很多在当时看来优点不少的译著，这些译著首先在传达原作意义上极为认真，同时十分注意它的形式特点。但是这些译作在有些地方仍没有摆脱逐字翻译的陋习，原作的形式在有些地方再现得有些机械，对俄语的条件和要求没有给予应有的重视（例如，有一种用相同数量的重复来传达原作词汇重复的倾向，不管重复的词组长、短之间的区别）。因此，尽管在俄罗斯翻译艺术发展史上，世界文学出版社的译著向前迈进了一大步，但远远不是所有的作品至今仍保留着自己的意义。

---

①《高尔基集外佚失的文学评论文集》，莫斯科，1941年版，第281页。
②《高尔基文集》(三十卷本，第二十九卷)，莫斯科，1955年版，第388页。

新经济政策年代，私营的小型出版社（特别是合作制的）出版了很多质量低下的译作——无论是在选材方面（低级趣味的消遣文学或同时代的颓废派作品），还是译作本身的特点方面都是如此。这些译作往往出自那些既不精通俄语又不懂外文的人之手。他们是“拉郎配”式的译者。因此，张冠李戴式的译文、无中生有的译文、文理不通的译文、逐字翻译的译文俯拾皆是。杂志和报纸的评论不止一次以严厉的措辞、竭尽嘲讽之能事抨击这类粗制滥造的译著，它们连最起码的要求都未能达到。

从 20 世纪 30 年代初期起，高尔基提倡关于选材要有计划性和译著应该高质量的原则日益为译坛所接受。虽然这一时期的译作无论在翻译方法上还是在质量上都没有什么统一可言，但正是在这一时期出现了盖有科学院形式主义印章标记的译作。这些译作是由 Academia 出版社（科学院出版社）在 1922—1938 年出版的，包括歌德的《抒情诗集》（« Лирика»，1932）、亚尔霍（Б. Ярхо）翻译的《罗兰之歌》（«Песнь о Роланде»）、兰恩（Е. Ланн）主编或翻译的狄更斯的小说等。追求传达形式的所有成分并坚信能做到这一点，往往会导致逐字翻译。虽然这种逐字翻译就其产生的原因来看，与 20 世纪 20 年代那些非专业人员和“偶一为之”的译者的逐字翻译没有任何共同之处。由科学院出版社出版的形式主义译著出自在语文学领域造诣颇深的文学工作者们之手。他们的失误在于，他们把原作语言形式的成分与其语体之间画上等号，并且没有考虑到语体的意义在于表达手段与所表达内容之间的关系；同样，他们对两种不同语言中形式相同或相近成分的修辞作用之间的差异程度估计不足。可见，这种翻译是通过不准确的折射展示原作的，使读者难以理解原著，造成两者之间的隔阂越来越大。出现这类情况的原因在于，任务的提出在原则上是错误的，所以问题的解决也不会有满意的结果。这种翻译照例在评论界引起激烈的争论。

学院式的形式主义（академический формализм）和逐字翻译的现象在20世纪30年代的译作中虽不鲜见，但不管怎么说也不能代表主流的翻译倾向。从整体上看，翻译水平在这一时期有所提高。在该年代的许多诗歌和散文译作中，意义的准确性和俄语的表现力成功地结合在一起，而且还保留了原作的修辞特色。这一时期涌现了大量优秀的翻译家和译著。

米哈伊尔·列昂尼多维奇·洛津斯基（Михаил Леонидович Лозинский，1886—1955）是诗人，也是翻译家。他翻译的莎士比亚的《哈姆雷特》《第十二夜》(«Двенадцатая ночь»)，菲尔多西（Фирдоуси）的《王书》(«Шахнаме»)，洛佩·德·维加（Лопе де Вега）的喜剧《守院狗》(«Собака на сене»)、《巴伦西亚的寡妇》(«Валенсианская вдова»)，谢立丹（Шеридан）的《造谣学校》(«Школа злословия»)，罗曼·罗兰的《哥拉·布勒尼翁》(«Кола Брюньон»)，高内伊的《熙德》，但丁《神曲》的开头部分，都是译坛的经典。另一位重要的翻译家是萨穆伊尔·雅科夫列维奇·马尔夏克（Самуил Яковлевич Маршак，1887—1964）。他所译的彭斯（Бернс）抒情诗和莎士比亚十四行诗是译界的精品。尤里·尼古拉耶维奇·特尼扬诺夫（Юрий Николаевич Тынянов，1894—1943）也是一位著名的翻译家，他翻译的海涅诗歌及其长诗《德国　一个冬天的童话》(«Германия Зимняя сказка»）堪称佳译。值得一提的翻译家还有：舍尔温斯基（С. Шервинский）［维吉尔的作品、奥维德的《变形记》］、克热夫斯基（Б. Кржевский）［塞万提斯的《训诫小说》(«Назидательные новеллы»)］、弗兰科夫斯基(А. А. Франковский)［斯特恩（Л. Стерн）的《感伤旅行》(«Сентиментальное путешествие»)、菲尔丁的《弃婴托姆·琼斯的故事》］、舍普基娜-库珀尔尼克（Т. Щепкина-Куперник）［西班牙戏剧、莎士比亚的《李尔王》和《仲夏夜之梦》(«Сон в летнюю ночь»)］，等等。

20世纪30年代，苏联开展了大规模的翻译活动，让读者了解苏联各少数民族多样化的文学创作成果，因为那段时期是苏联各少数民族民族文化和民族语言发展的繁荣时期。当然，苏联各民族之间的交流也发挥了重要作用。

众所周知，高尔基对各兄弟民族创作所展示的一切优秀的、独具特色的作品都给予高度的评价。高尔基为团结苏联各民族的文学力量并组织翻译和出版他们的著作所做的工作是有目共睹的：他在莫斯科和全国各地多次接见了各种作家团体并派遣作家代表团赴各少数民族共和国，还在文艺书籍出版社设立了苏联各民族文学编辑部等。苏联作协第一次代表大会（1934年）的召开为少数民族文学的发展及其翻译活动起了重要的促进作用。高尔基在这次会议的闭幕词中强调："必须在各兄弟共和国的文化之间开展相互的和广泛的了解活动……接下来，必须用俄语出版各少数民族共和国和地区当代散文和诗歌的优秀译文集。"①

随后，高尔基又提出了一个新任务——今后必须将每一种少数民族语言翻译成所有其他语言。他在致阿塞拜疆集体农庄报编辑马梅德利（Г. Мамедли）的一封公开信（1934年）中阐述了这一思想。

"如果苏联境内每一个民族的每一部作品都能译成苏联其他各个民族的语言，那是最理想的。这样，我们大家就能尽快学会了解各自的民族文化性质和特点，而这种了解毫无疑问会大大加速创建统一社会主义文化的进程，这种文化不会消除各个部落的独特面貌，而会创造出一个统一的、恢宏的、令人刮目相看并令全世界焕然一新的社会主义文化。"②

翻译是各民族之间相互了解对方文化珍品的最直接途径，因而也是

---

①《高尔基文集》（三十卷本，第二十七卷），莫斯科，1953年版，第342页。
②《高尔基文集》（三十卷本，第三十卷），莫斯科，1955年版，第365—366页。

苏联众多民族相互之间了解对方文化的有效工具。在高尔基看来，随着各兄弟民族之间联系的加强，今后翻译事业的发展规模肯定越来越广阔，前景灿烂。

在高尔基生前，这项工作做得相对来说还不多，完成了乌克兰文学与格鲁吉亚文学现代作品在两种语言之间的互译，以及把各兄弟民族文学的许多最优秀作品译成哈萨克语。之后，高尔基提出的任务在整体上逐步得以实现，不仅通过将少数民族语言译成俄语这种形式，而且通过更为广阔的民族之间的交流形式。

1934 年到 1941 年间，陆续出版了绍特·卢斯塔维里《虎皮骑士》的两种新译的俄文本，哈萨克斯坦民族史诗《克兹·日别克》(«Кыз-Жибек»)，亚美尼亚史诗《达维德·萨松斯基》(«Давид Сасунский»)的译本，谢甫琴科、弗兰科的诗集（主要是新译本），《格鲁吉亚浪漫主义诗选》(«Грузинские романтики»)，吉洪诺夫（Н. Тихонов）和帕斯捷尔纳克翻译的现代格鲁吉亚抒情组诗，亚美尼亚诗人图曼尼扬（О. Туманян）和约安尼相（И. Иоаннисян）等许多作品的俄译本。这些译作也在俄罗斯诗歌文化里注入了许多新东西，它们用各种互不相同的民族文化修辞特点，用过去不常用的形象、节奏丰富了俄罗斯诗歌文化，从而为传达外文原著展示了新的可能性。

卫国战争年代，翻译和出版活动极度收缩。到 20 世纪 50 年代，无论是从各种少数民族语言，还是从各种外语译成俄语的工作都重新振兴，其规模一下子超过了战前水平。苏联各民族史诗创作的大部头作品相继译成了俄语，先后问世的有阿塞拜疆中世纪文学中经典作家内扎米（Низами）的长诗和抒情诗集、乌兹别克中世纪经典作家纳沃依（Навои）的长诗、土库曼诗人马赫图姆-库里（Махтум-Кули）的长诗，以及格鲁吉亚、亚美尼亚、乌克兰、白俄罗斯、布里亚特蒙古等民族的诗选。还出版了乌克兰英卡、格鲁吉亚浪漫主义诗人巴拉塔什维利（Н. Бараташвили）、亚美尼亚诗人图曼尼扬和伊萨基扬、白俄罗斯诗坛中古典主义诗人库帕拉（Я. Купала）、拉脱维亚诗人莱尼斯（Я. Райнис）、立陶宛诗人涅里斯（С. Нерис）等的文集，以及苏联其他各民族古典主义与现代诗歌和散文的优秀作品。几百部过去鲜为人知的作品现在变成了俄罗斯读者的财富。

在各种少数民族语言之间的互译方面和将文学作品从各种外语译成苏联少数民族语言方面也都做了大量工作。

1939年，还出版了文艺作品选集《各族人民友谊》，旨在讨论各兄弟民族文学所取得的成果，阐述他们之间的相互关系，使读者能通过俄译本熟悉用各少数民族语言创作的散文和诗歌。1955年改为同名定期刊物。

在这几十年里，俄罗斯文学因为有许多外国经典文化遗产和同时代外国作家作品的译作而显得更加丰富。值得提到的翻译家和译著有：洛津斯基，他完成了但丁《神曲》的全译本，翻译了莎士比亚的悲剧《麦克白》（«Макбет»）、《奥赛罗》和喜剧《仲夏夜之梦》，以及洛佩·德·维加的《羊泉村》（«Фуэнте Овехуна»）和他的喜剧《蠢妇人》（«Глупая для других, умная для себя»）；马尔夏克，他翻译了莎士比亚十四行诗、海涅抒情诗、罗达里（Дж. Родари）抒情诗；舍尔温斯基，其译著有奥维德的《爱情三论》（«Amores»），索福克勒斯（Софокл）悲剧的新译本；列维克（В. Левик），翻译了大量抒情诗和戏剧；卡什金（И. Кашкин）和罗默（О. Румер），二人合译了乔叟（Чосер）的《坎特伯雷故事集》（«Кентерберийские рассказы»）；帕斯捷尔纳克，其译作有莎士比亚悲剧和歌德的《浮士德》；格涅季奇翻译了拜伦的《唐璜》；柳比莫夫（Н. Любимов）翻译了塞万提斯的《堂吉诃德》、博马舍（Бомарше）戏剧、拉伯雷（Ф. Рабле）的《巨人传》（«Гаргантюа»）、德·科斯特的《欧伦施皮格尔的传说》（«Легенда об Уленшпигеле»）；洛里（М.

Лорие），由他主译、多人合译的高尔斯华绥（Дж. Голсуорси）的《福赛特家史》（«Сага о Форсайтах»）；马恩（Н. Ман），翻译了托马斯·曼的《布登勃洛克一家》（«Будденброки»）；还有卡拉什尼科娃（Е. Калашникова）、达鲁泽斯（Н. Дарузес）、托佩尔（В. Топер）、沃尔日娜（Н. Волжина）、彼得罗夫（С. Петров）等人及其译著。在这个年代里，还完成了大型多卷本文集的出版任务，如巴尔扎克（出版过两版）、雨果（出版过多版）、左拉、都德、莫泊桑、福楼拜（出版过几版）、法朗士、阿拉贡（Л. Арагон）、泰戈尔（Р. Тагор）（出过两版）、狄更斯、司格特、德莱塞（Т. Драйзер）、歌德、席勒、海涅、托马斯·曼、亨利希·曼（Генрих Манн）、福伊希特万格（Л. Фейхтвангер）等大作家的多卷本文集，这些成果是许多造诣很深的翻译家集体努力的结晶。

斯拉夫文学作品的翻译和出版工作达到了空前的规模。包括波兰文学中密茨凯维奇、奥热什科娃（Э. Ожешко）、普鲁斯（Б. Прус）、热罗姆斯基（С. Жеромский）等的文集，斯洛伐茨基（Ю. Словацкий）、孔德拉托维奇（Л. Кондратович）、克拉欣斯基（Красинский）、科诺普尼茨卡（М. Конопницка）等的选集，克鲁奇科夫斯基（Л. Кручковский）的剧本，杜维姆（Ю. Тувим）的诗歌等；捷克文学中伊拉塞克（А. Ирасек）、普伊曼诺娃（М. Пуйманова）、恰佩克（К. Чапек）等的文集，玛耶罗娃（М. Майерова）、奥勃拉赫特（И. Ольбрахт）、聂鲁达（Я. Неруда）、聂姆曹娃（Б. Немцова）、捷赫（С. Чех）等的作品集，哈谢克（Я. Гашек）的名著《好兵帅克》（«Похождения бравого солдата Швейка»）[博加特廖夫（П. Богатырев）译，多次再版]，三卷本的《捷克诗歌选集》（«Антология чешской поэзии»）；保加利亚文学中伐佐夫（И. Вазов）文集，波特夫（Х. Ботев）、埃林–彼林（Елин-Пелин）、卡拉斯拉沃夫（Г. Караславов）、康斯坦丁诺夫（А. Константинов）的作品，瓦普察洛夫（Н. Вапцаров）的抒情诗，巴格良娜（Е. Багряна）、斯拉维伊科夫（П. Славейков）的诗歌，《保加利亚诗歌选集》（«Антология болгарской поэзии»，1956）和其他许多作品；南斯拉夫作家的著作，其中塞尔维亚作家的作品占有较大的比重，如安德里奇（И. Андрич）、斯列马察（С. Сремац）、努希奇（Б. Нушич）、科奇奇（П. Кочич）、托马诺维奇（Р. Доманович）等的作品，以及黑山公国古典主义诗人涅戈什（П. Негош）的作品、19 世纪塞尔维亚戏剧家波波维奇（Йован Попович）的作品、文艺复兴时代达尔马提亚诗歌选集、塞尔维亚故事集等。斯拉夫各民族诗歌创作在《南斯拉夫和西斯拉夫诗选》（«Поэзия южных и западных славян»，Л., 1953）里得到反映。

在这段时间里，除了斯拉夫文学，翻译家们和各出版社的注意力始终集中在其他人民民主主义国家作家的作品上，其中既有那些已有古老和稳固翻译传统（民主德国）的国家，也有正在创建传统的国家（罗马尼亚、匈牙利）。

与此同时，苏联翻译活动也向东方国家——亚洲和非洲——的文学拓展，其中包括那些摆脱殖民压迫、获得民族独立、正在建设新生活和新文化的国家。此时摆在翻译家和出版社面前的任务还有，让苏联读者了解印度、伊朗、中国、日本等东方国家传统悠久的民族文化。

苏联同各国文化交往的扩大和频繁，激活了现代作品的翻译工作，也拓宽了所译作品作者的范围。从 1955 年起创办的杂志《外国文学》（«Иностранная литература»），翻译在其中毫无疑问占有主要地位。无论是这本杂志刊登的译作，还是其他出版社出版的译作，无疑都反映出翻译水平的普遍提高，这体现在译者的语言质量全面提高上，他们力求传达各种各样原作的特征、展示作者的个性。二战后第一个十年在选材上的片面性已经不复存在［当时很多像海明威（Э. Хемингуэй）、福克纳（У.

Фолкнер)、毛姆（У. Моэм）等优秀作家的作品都没有翻译]。在这以前，译坛的教条主义较为严重，它表现为对俄语某些范畴的修辞手段持有偏见，拒绝使用俗语词汇、粗俗词语、黑话成分和历史词语，而使用这些手段的地方正是为了正确传达作者言语或者人物语言特点所要求的，结果在这些地方译文显得平淡或乏味。这种教条主义在这个时期得到很大程度的克服。

总之，苏联翻译文学发展的最后一段时期（20世纪50年代中期起）是对翻译质量不断提高要求的年代。所译材料（古典的和现代的，国外的和民族之间的）的纷繁多样决定了因原作特点不同而采用的具体手段的丰富多样和创造多变。但是在翻译的一般原则中，在对待任务的态度中和在方法上，比以往更加统一。这种统一之所以可能，是因为以往（尤其在20世纪20—30年代）常见的翻译毛病已经或正在逐渐消除，例如，扭曲作品形式或随意处理内容的主观任意性、漫不经心造成的语言疏忽、修辞上的畏怯、形式主义和逐字翻译等。逐字翻译的情况越来越少见了。翻译经验得以积累，进而变得异常丰富。这也使得译者可以把所有注意力都集中在力争达到翻译的主要目的上，即借助变化多端的手段正确传达原文（在意义和修辞忠于原著的范围内）。可以说，翻译史上这一时期是翻译技巧提高、更加熟练地掌握翻译手段和不以教条主义对待译事的年代。

至关重要的是，由于翻译文学（俄语）硕果累累，一直能够适应广大读者的需求，因此有可能，也必须回到高尔基的宏伟计划上来，即将世界古典优秀作品汇集成一套大型丛书。这项任务由《世界文学丛书》（«Библиотека всемирной литературы»）完成了。这套丛书（厚厚的200卷）由文艺书籍出版社出版，并荣获了苏联国家奖。这套丛书绝对不是世界文学出版社计划的简单重复，因为，根据高尔基的设想，那个计划的重点在于18世纪末到20世纪初的文学史（由第一次法国革命到十月革命）；而业已出版的这套丛书介绍了从远古到现今的世界文学进程。这次出版的主要原则符合高尔基的思想——规模宏大,选材有计划性,以及译著和研究的高质量。丛书的出版是对杰出成果和译者,以及文艺学学者(前言和注释的作者们)的一次检阅。

最后必须补充一点,在从少数民族语言译成俄语的工作中,一直存在着一个至今尚未克服的重大缺点:由于译者不通原作的语言,译作往往是通过逐字翻译完成的,这种方法往往不能尽如人意,译者只能局限于俄罗斯散文文本,透过它猜测原作。逐字翻译经常是一种独特的、不正常的现象,它一方面要求尽量做到一字不差(因为译者应该了解文本的所有成分),另一方面又要保留意义;在大多数情况下这难以奏效,因为这两者是相互排斥的。苏联作家协会多次举办翻译研讨会(20 世纪 50—70 年代),会上谴责了逐字翻译法(尽管承认不可能立刻放弃这种译法,因此作为权宜之计必须改善这种译法),并向译者提出了学习苏联各兄弟民族语言的任务。遗憾的是,目前该任务仅在一定的程度上得到解决:许多译者(散文家,诗人)只擅长个别语言,不过在将像乌克兰语和白俄罗斯语这类亲属语言译成俄语时,基本上都不用逐字翻译法。但是在将格鲁吉亚语、亚美尼亚语、突厥语族,以及某几种外语(亚洲和非洲的)译成俄语时,逐字翻译法仍时有所见。熟谙原作语言,了解这个民族的文化,再加上译者的才能和职业技巧能使译者(无论是诗人还是散文家)如虎添翼。翻译突厥语族、乌克兰语、白俄罗斯语的伊万诺夫(С. Иванов)、加尼耶夫(В. Ганиев)、阿纳尼阿什维利(Э. Ананиашвили)等许多诗人、翻译家就是明证。

综上所述,可以扼要地阐述一下苏联翻译艺术的特点和翻译出版业的原则。这些特点包括:翻译材料广泛多样,以文学为主体。翻译材料的选取具有原则性和计划性。翻译技巧的水平全面提高,立足于译文在思想内容上的忠实性和保留原作的艺术特色,即译文与原文相符,做到这一点的条件是：娴熟地驾驭母语，足以完全克服逐字翻译法，避免一切扭曲母语的倾向，以及在个别具体情况下运用多样化的手段。创造性地对待译作，运用翻译原则时允许宽泛的自由和灵活，力戒教条主义。组织翻译、编辑、出版翻译文学的工作应立足于科学的基础。颇为典型的是，在苏联出版社（从世界文学出版社的活动开始）形成了一种特殊的出版形式——学术性地出版外国和少数民族文学的古典作品。其主导原则是译者开译前应先选择原著最可靠、最权威的版本，兼顾现有的各种版本，以及作者在遗愿中钟爱的那种版本，并考虑到给文本加注的校勘学家的工作和现有的实际注释。

5.2 苏联翻译理论的形成、发展和流派

5.2.1 1919 年到1941 年

翻译文学的迅猛发展引起了对翻译实践活动的兴趣，这种兴趣很快就演变为对理论问题的兴趣。在苏联文学史起步的头 20 年里，研究翻译的文章是与研究文学史的论述同步发展的，一开始数量很少，后来逐渐增多，其中也包括文学史著作：杂志和文集中的文章，以及为数不多的书籍——教科书或教学参考书、专著。文学译著就其性质而言会引发最为复杂的问题和争论。

苏联语文学家在研究这些问题时，理论和实践的紧密联系（这里是指现代翻译文学和语文学思想之间的紧密联系）总是发挥着有益的作用。杰出的翻译大师们纷纷发表了关于翻译艺术的原则性意见［如科尔涅伊·伊万诺维奇·楚科夫斯基（Корней Иванович Чуковский，1882—1969），米哈伊尔·列昂尼多维奇·洛津斯基（1886—1955），米哈伊尔·米哈伊洛维奇·莫罗佐夫（Михаил Михайлович Морозов，1897—1952），伊万·亚历山德罗维奇·卡什金（Иван Александрович Кашкин，1899—

1963），等等］。这一时期涌现的大部分文章都以新译本和现代译本的语料为依据对这些译作进行评论，或对某一部译作的翻译方法加以分析。也可能是一篇评论某种翻译的论文或者是译者在前言或后记中对自己的翻译加以说明，即在某种程度上总结自己的经验，提出自己的翻译原则。这种以经验主义为主的做法与苏联立国以前的做法差别不大。

苏联翻译研究发端于世界文学出版社的活动。世界文学出版社是1918年由高尔基在彼得格勒创办的。这个出版社在自己周围团结了上百位优秀的文学工作者（其中包括楚科夫斯基），为自己提出了一个特殊的目标——提高翻译艺术的水平和培养年轻的翻译干部，这些干部要为第一次接触古今苏外文化遗产的苏联新读者提供世界上最优秀的书籍。

世界文学出版社创办伊始就面临如何处理世界名著旧译本的难题，这些旧译本的缺点都是根本性的，而且数量繁多（如译者根据自己的看法任意增删内容，严重违背俄语规范等），要修改这些缺点和错误还不如重新搞一部优秀译作来得容易。

1919年，出版社发行了一本小册子《文艺翻译原则》，其中刊登了楚科夫斯基的一篇文章《散文的翻译》，后来这篇文章几经增补而加工成书。这篇文章最大的优点在于：作者力图在实践的基础上建设性解决翻译中的各种困难；在整个叙述过程中他始终以生动而千姿百态的规范俄语为根据，始终以再现原作艺术特点为己任。后来他论述翻译的著作几经再版（《翻译艺术》«Искусство перевода»，1936年；《崇高的艺术》«Высокое искусство»，1941年、1964年、2001年等）。在半个世纪以后，作者在重温这段往事时谦虚地写道：当时“不得不费尽心力‘发现’这些毋庸争辩的真理，如今这些道理看来是人所共知的”[①]。这些“发现”无论

①《楚科夫斯基文集》，第三卷，捷拉出版社，莫斯科，2001年版，第7页。

是在推动翻译艺术的形成上还是在促进翻译科学的发展上都发挥了重大作用。而且他有关翻译问题的所有文章和著作都文笔生动、选例精当、通俗易懂。能够用这样专业性很强的题材吸引广大读者，实属不易。

楚科夫斯基是苏联文艺学派的奠基人之一，不过在他发表文章之初，文艺学派和语言学派两派尚未形成，而且那时语言学派的奠基人之一费奥多罗夫还正与他合作编写翻译理论著作（《文艺翻译》，列宁格勒，1930 年）。所以那时应该说尚无文艺学派这一说。后来费奥多罗夫与他分道扬镳（从 1953 年费奥多罗夫发表《翻译理论概要》之时起），另立门户，才出现了两大派。

楚科夫斯基没有提出过一整套翻译理论。正如他在《崇高的艺术》[①]一书的前言《关于我的书》里所说的："然而他们要求我拿出一套全面涉及这个重大问题的严谨理论。创建这样的理论非我所能，但是从实用出发制定一些基本规则、提示译者一套可靠的工作规矩是我所能。"[②]他集自己或他人的翻译心得，汇集成书，以饶有趣味的实例加以说明。这些心得和经验对译者来说弥足珍贵。该书涉猎颇广，只能撮其要者，加以介绍。

楚科夫斯基对翻译的看法是："优秀的翻译工作者……不是工匠，不是临摹画家，而是艺术家。他不是像当时大家认为的那样为原著拍照，而是创造性地再现原著。原著的文本是他复杂和灵感丛生的创作材料。翻译工作者首先是天才。要翻译巴尔扎克，他必须把自己化为巴尔扎克，哪怕是一部分也行，领会他的气质、沐浴他的激情、体验他对生活的诗意感受。"[③]可见，他把翻译视为艺术，而且是崇高的艺术。据此，他指

---

① 《楚科夫斯基文集》，第三卷，捷拉出版社，莫斯科，2001 年版，第 7 页。

② 同上。

③ 同上，第 7—8 页。

出译者最好选择与自己性格、情趣相投的作者来翻译，否则会事与愿违。在这个前提下，译者必须追求译著的整体风格与原著相符，也就是说译者必须把作者的思想、面貌、声音、技巧、风格等全部再现出来，即把原著整个风格体现的艺术个性再现出来。楚科夫斯基断言，文艺翻译的根本任务是再现原著的艺术特征。做到了这一点，个别词语的误译或处理不当可以忽略不计。译者应该力戒把自己的情趣、习惯和观点带入译文，应该客观地分析原著思想和风格的所有特点，尽可能准确地再现原著的艺术个性。楚科夫斯基还强调译者行文时应避免外国腔，应拿出符合译语句法规则的地道译文，使读者感觉不到自己在阅读外国作品。即使要模仿外文句法，也不能违背译语的句法习惯。

在这本小册子的第二次增补版中刊登了巴秋什科夫的文章《文艺翻译的任务》，他在文中指出："真正的文艺翻译原则只有一条：追求等同性（адекватность）。实施这一原则的条件是多种多样的。译者不仅受到自己使用母语手段技巧的制约，同时还受到这种语言一般性质、它的灵活性和民族普遍性的制约。"[①] 巴秋什科夫认为，"任何一部译著，哪怕是至善至美的，也无法完全取代阅读文学作品的原著"[②]。这个观点并不意味着他陷入了翻译不可能和无目的的悲观主义泥坑。根据新出版社考虑到新读者（在这些读者眼中，译著应该代替原著）的利益而制定的任务和精神，他继续写道："通晓所有语言是不可能的，而泛泛了解一种外语……不足以使我们理解该语言的本质。因此可以得出另一个观点：借助一本优秀译著胜于在不精通外语的情况下阅读外国文学原著。"[③] 接下来，他指出优秀译著应该符合的条件。如今，巴秋什科夫文章中的观点

①《文艺翻译原则》，第二版，彼得格勒，1920 年版，第 12 页。
② 同上，第 10 页。
③ 同上，第 11 页。

已经过时了，但对当时来说却包含了新颖而有益的观点。

在 20 世纪 20 年代初的文学评论和理论著作中，“翻译是不可能的”之说还颇有市场，这种观点由来已久。他们认为绝对的，或者“理想的”准确性（«идеальная» точность）是达不到的。因此翻译就其本质而言是一个无法完成的任务。这种所谓的“理想的”准确性就是再现原作形式所有成分的总和，同时保留这些成分的意义和修辞作用。对准确性的这种理解自然阻碍了翻译理论和实践的发展：因为它不切实际，与富有生命力的语言修辞潜力相矛盾，毫无疑问，这使翻译家和理论家无所适从。由此可见，为了使译著更接近文学现实，必须一方面不能将翻译理解为一项无法完成的任务，另一方面应该摈弃绝对的或者说是“理想的”准确性这一教条主义概念。在理论中还必须提出一条能够客观评价原文和译文对应（соответствие）程度的标准。

在 20 世纪 20 年代俄罗斯文艺学中，尤里・尼古拉耶维奇・特尼扬诺夫（1894—1943）提出了新的、方法论上的重要概念，即文学作品的成分作为系统的建构性功能，这一功能是由该成分与其他成分之间的相互关系、进而与整个系统的相互关系决定的。[①] 当然，这一概念也包含文学作品中的语言成分。为了通过译作和原作的关系来研究译作，把语言形式的具体成分与成分的意义和艺术功能区分开来是大有裨益的，因为这样可能推导出一个结论：形式不同的成分原来是相同功能的载体。费奥多罗夫接受了这个概念并继续发展它，他在自己早期的一篇文章里驳斥“理想的”准确性这一标准概念时，提出在历史的必然性中考察这个概念的想法，并首次使用“翻译理论”（теория перевода）这一概念。[②]

---

① 《论文学的演进》，选自《诗学 文学史 电影》文集，莫斯科，1977 年版，第 171 页。
② 见《诗学》II，列宁格勒，1927 年版。

然而，在20世纪20—30年代，苏联语文学家、文学评论家和翻译家们纷纷撰写文章反对使用“理想的”准确性这个不切实际的概念时却经历了一条不平坦的曲折之路。因为他们的翻译观受到形式主义观点的影响，所以他们的意见既充满矛盾，又不乏错误。但是无论如何，对“理想的”准确性这一概念的批评引出了良好的结果：研究者们把注意力集中到研究译文在形式上偏离原文的现象，这类现象往往会导致功能对应。文学史的资料也证实了这种可能性。这样，在不同译法之间的选择——创造性的选择也获得了重要意义。

在20世纪30年代的译著中出现了追求形式上准确再现原著的倾向，其理论根据在于夸大整个系统中每一个个别成分的作用；他们把整体不是理解为一个系统，而是理解为各个组成部分之和，其中每一个组成部分都应该尽可能传达出来，以求得在整体上名副其实的相似文本。然而，他们往往把原作纯粹的语言特点看作修辞特点，结果不去完成应该完成的任务——再现原作某些成分的修辞功能，而去追求在形式上复制原著语言特点这个从整体上看不切实际的任务。当然，这样理解任务势必将翻译实践和翻译研究引入死胡同。对此费奥多罗夫认为，为了使翻译研究摆脱这样的绝境，必须把注意力转移到下列方面：把文学作品视为一个整体，文学作品中所有组成部分、所有特点、所有语言成分在与内容统一时在功能上是紧密相连的，关注它们在整个系统中的意义作用与艺术作用，并关注对某些成分进行创造性选择的不可避免性。费奥多罗夫得出结论，把原作所有特点机械地移植到另一种语言的土壤上是绝对不可能的。①

在高尔基主持世界文学出版社工作时，关于翻译他做过一些指示，其中强调了整体对于理解和传达作品个别成分的作用、作品和作者在整

①《翻译通论基础》，高等学校出版社，莫斯科，1983年版，第96页。

体创作上的关系、译者考虑这种关系的必要性、不允许机械地解决任务等。这些指示是由楚科夫斯基发表的。“我认为，”高尔基写道，“在大多数情况下，译者都是书一到手马上开译，事先对原著不通读一遍，对全书的特点也一无所知。但即使认真地通读了原著，仅凭这一本书仍然不可能对作者技术手法和用词变幻莫测的全部复杂性、对他的乐感和句子特点——对作者创作的所有手段获得应有的认识。……不仅要对作者喜欢什么、乐意说什么，而且还要对他不喜欢什么、厌恶什么、不愿意说什么都必须有一个尽可能准确的概念。应该阅读这位作家的所有作品，或者至少他的所有公认为优秀的作品……译者不仅应该了解文学史，还要了解作者创作个性的发展历程，只有到了那个时候，他才能用俄语的形式多多少少准确地再现每一部书的精神。”[①]

高尔基在这里表达了一个思想：深厚的文学史素养对译者来说是很重要的，这一思想后来（20 世纪 30 年代）在报纸杂志上关于翻译的文章中不断得到发展，而且对译者素养提出的要求也增加了许多：这里也包括必须具有专门的语言学知识。

20 世纪 30 年代初，有些论述翻译的著作把重点放在下列几个方面：文学史中已知的翻译形式和方法的多样化，在某些情况下所使用手段的丰富和多样，传达原作的实际可能性，偏离“原作文字”的规律性和历史条件在形成“准确”翻译概念中的作用。

这些问题在楚科夫斯基和阿列克谢耶夫的文章[②]中都相继被提了出来。

米哈伊尔·帕夫洛维奇·阿列克谢耶夫（Михаил Павлович Алек-

① 楚科夫斯基：《崇高的艺术》，莫斯科，1964 年版，第 349—350 页。
② 楚科夫斯基：《文艺翻译原则》，选自《翻译艺术》，列宁格勒，1930 年版，第 24—28 页；阿列克谢耶夫：《文艺翻译问题》，选自《翻译艺术》，列宁格勒，1930 年版，第 157—173 页。

сеев, 1896—1981）是苏联科学院院士，专攻文艺学。他的文章以丰富的史料扼要地介绍了西欧和俄罗斯翻译发展的概况，对主要的科学文献做了综述，并从许多方面分析了文艺翻译问题。在这种分析的基础上，权衡各种不同翻译观的得失，作者得出结论：“翻译的困难对于认真对待自己任务的人来说无论有多么艰巨、无论有多么纷繁复杂，翻译作为一种文化工具也是不可避免和不可或缺的。”①

发表马克思和恩格斯论翻译的那部分著作遗产是那时苏联译坛的一件盛事，把用马克思主义研究翻译的工作推向了高潮。斯米尔诺夫（А. Смирнов）在《文学百科全书》第8卷（1934年）中所写的“翻译”条目，是试图运用马克思列宁主义方法论原则论述翻译的第一篇文章。在这篇文章中，他重新启用了翻译理论中一个建设性的基本概念——“等同性”（адекватность），在这一概念的定义中作者指出，译著与原著不仅可以直接对应（соответствие），而且可以替换（замена）[斯米尔诺夫使用了субститут（代替物）一词]的可能性，即可以运用形式相去甚远的对应（不根据形式而根据功能，与所译作品的一般特性相符）。斯米尔诺夫为“等同翻译”下的定义为：“我们认可的等同翻译应该是这样的：翻译时作者的所有意图（他深思熟虑的和无意识的）都得到传递，以从艺术上影响读者的思想感情，并尽可能[借助准确的等值单位或理想的替换单位（置换单位）]保留作者运用的形象、色调、节奏等一切资源；但是保留这些资源不应该被视为目的本身，而只应该被视为达到整体效果的手段。毫无疑问，在这个过程中不得不有选择地牺牲原文的某些次要成分。”②

---

① 阿列克谢耶夫：《文艺翻译问题》，选自《翻译艺术》，列宁格勒，1930年版，第163页。
② 同上，第527页。

费奥多罗夫认为，这个定义详细罗列了等同翻译的特征，甚至包括了“作者的意图”这类主观心理因素，以及意图的结果，即从艺术上影响读者的思想、感情，还包括为了达成影响所采用的文学手段（形象、色调、节奏等资源）。让这些手段服从基本任务——“整体效果”，是顺理成章的。但是斯米尔诺夫的提法并不能令人满意，这不仅因为，他所谓的“作者的意图”（包括无意识的）含义不清，更主要的是，关于可译性问题的说法显得模棱两可。“毫无疑问，在这个过程中不得不有选择地牺牲”与“作者所有的意图”“尽可能保留作者使用的一切资源”等显得前后矛盾。斯米尔诺夫定义的不足之处在于，偏离原著、“有选择地牺牲”的必要性是作为补充说明提出的，仿佛是规则中的一条例外，而在这以前他使用了诸如“等值”“替换单位”等非常重要的术语。①

在文艺翻译中使用等同性这一概念意味着在审美功能上与原著对应。换句话说，它意味着翻译作为文字作品是艺术价值的载体——因为原作也拥有这种价值。洛津斯基在 1936 年 1 月第一届全苏翻译工作者会议上做的报告《诗歌翻译艺术》中，确定了既是诗人又是翻译家的共同任务：“他应该千方百计使他的译作产生像原作一样的印象，使前者在审美上与后者相等。为此，他的译作应该具有内在的审美价值、自我价值。这应该是一首有说服力的优秀诗歌。它应该是对本国诗歌的一个贡献。”②

可以把这段论述诗歌翻译的言论扩而大之，用于一切文学作品的翻译：等同性原则规定译作能够发挥与原作相同的作用，成为艺术享受的源泉。根据这一观点可以理解任何翻译中语言的作用，不论是诗歌翻译、文学散文翻译，还是社会政治文章的翻译，译文的语言都应该像原文的

---

①《翻译通论基础》，高等学校出版社，莫斯科，1983 年版，第 126 页。
②《各族人民友谊》（«Дружба народов»），1955 年第 7 期，第 166 页。

语言那样具有说服力。由此可见，可译性原则的定义和等同性概念的定义无论是在文学层面，还是在语言层面都在显露端倪。

芬克尔（А. Финкель）在《论翻译理论的若干问题》(«О некоторых вопросах теории перевода»)[①] 一文中专门研究了可译性和不可译性的概念，并对翻译的可能性问题表示了肯定。文章对大量哲学和语言学的言论进行了批判性的分析。作者在方法论上的论述过程没有引起争议，但非常遗憾的是，他关于可译性问题的翔实论证提纲（在理论层面）缺乏从翻译实践中摘取的语言实例作为依托。

1941 年，费奥多罗夫在《论文艺翻译》(«О художественном переводе», Л.）一书中再一次试图论证可译性思想及其操作的可能性问题。这里的论证主要采用经验主义的方法，也就是借助大量解决形式上难题而获得成功的例子。后来在提及这种经验主义方法时，作者自己也承认，理论任务相当复杂，它要求对整体再现原作给予极大的关注，而作者对此、对整体和细节的关系、对个别的缺失及其补偿的不可避免性等都表现得过于直率。更为重要的是，作者在这本著作里是从文艺学的角度研究问题的，与作者后来在理论上探索的立场是完全不同的。

在 20 世纪 20 年代到 30 年代之间，苏联翻译研究者和翻译批评家的活动有一个共同特征：在提出问题和分析所研究的现象时都采用综合方法，把语言学和文艺学的长处结合在一起，确切地说，尽量避免将两者区分开来，把它们分而论之。只有学术文献和科技文献的翻译教科书和教学参考书（英译俄和德译俄）才具有语言学基础和纯粹的语言学性质。

研究学术文献和科技文献翻译特点、任务和手段的传统始于 20 世纪 30 年代初。当时苏联已经确定了国家工业化的方针，实现了第一个五年

---

①《国立哈尔科夫师范外语学院学报》，1939 年第 1 辑，第 59—82 页。

计划。除了“让科技走进群众”的口号外，另一个口号“让外语走进群众”也提上了议事日程，而且深入人心。在那个时代，在高等技术学校开始奠定了教授外语的扎实基础，这个基础在方法论上是可靠的，是建立在与20世纪20年代由谢尔巴院士制定的教授外语主要目的相符的那些方法论原则上的。

这种教授方法有课时限制，但目的明确、切实可行，即阅读、理解和翻译专业文献。稍后，从20世纪30年代中期开始，出现了第一批科技文献的翻译教科书和教学参考书。这是前所未有的。

20世纪30年代，高等院校的个别教师和专业文献的译者有意总结业已积累的教学或翻译经验以传授给学生或与同行切磋。他们的努力虽然尚未形成气候，但是目的很明确。按时间的先后排列，最早面世的著作分别是列茨克尔（Я. Рецкер）的《技术翻译方法》（«Методика технического перевода», М., 1934），莫罗佐夫为函授生编写的《英俄科技翻译技巧》（«Техника перевода научной и технической литературы с английского языка на русский», М., 1932—1938）、《德俄科技翻译理论与实践》（«Теория и практика перевода немецкой научной и технической литературы на русский язык», М., 1932—1936, 1937—1941）。

20世纪30年代末，这类著作明显增加。它们都以英语和德语为语料。主要成果是，搞清了科技文献风格中某些比较固定的词汇和语法特征（当时还没有“功能语体”这一术语），明确了提供切合实际的指示、建议和意见的可能性——如何解决在具体情况下经常出现的、重复的、完全或部分平行的翻译难题。这些意见和建议是用经验主义方法整理出来的，在这类建议和意见之后，关于语言和功能语体之间客观存在着规律的概念依稀可辨。

回顾1919—1941年苏联翻译家、语文学家、评论家的理论思想轨迹，一个问题不禁产生：在这段时期里，创建的并不是规范的翻译观念，而是一个完整和明确的翻译理论，这个理论是一门学科，是一个由研究对象的精确（或比较精确的）定义、它的组成成分、关于它的研究方法和它在其中得以实现的范畴等构成的体系。对这个问题简单地给予肯定的回答是不可能的。很久以后，在20世纪50年代，卡什金在自己的《为现实主义翻译而斗争》[①]中试图对各种不同的翻译观做一评价，评价的形式非常笼统、没有严格的时间限制。他认为，在他所列举的各类翻译观里没有一个观念在理论上是建构严密的、有充分说服力的。例如，他虽然赞同楚科夫斯基《崇高的艺术》（1941年）一书的基本宗旨，但感到它缺乏完整性。而对费奥多罗夫的《论文艺翻译》表示持完全相反的意见，指出此书专门讨论翻译工作中过于复杂和特殊的情况（“标新立异的和罕见的现象”）。评论家没有指明其他人的名字。费奥多罗夫对卡什金的这种说法既有肯定的一面，也有否定的一面。费奥多罗夫认为这位评论家的看法从方法论角度来看并非无懈可击，理论概念也不清晰（把许多描述的实际结果明显误认为理论观点，亦即理论和实践没有划分开），但评论家有一点是正确的：翻译理论还没有形成（这里是指文艺翻译理论）。这种理论要穷尽研究对象的方方面面，同时又要不与事实的多样化产生矛盾，它要对关键的论断加以充分的论证，但同时又不能仅仅局限于描述它们。这何其难哉！造成这种困难的原因很多。

费奥多罗夫认为，文艺翻译作为研究的客体应该与其他类型的翻译进行对比，因为这种对比可以弄明白就自己的任务而言最为复杂、最为重要的翻译特点并将其具体化。研究对象的复杂性尚未被认识清楚，因为它不仅要求综合运用语言学和文艺学的方法，而且还要求在其各个分

---

① 收录于《文艺翻译问题》，莫斯科，1955年版，第148页。

支上都有专门的深入研究。论述文艺翻译的作品，无论是文章还是书籍，主要都不是以语文学研究的形式完成的，而是以文学评论文章的体裁出现的（例如，楚科夫斯基的著作或卡什金的文章，虽然它们具有深刻的、理论原则的内涵）。在理论联系实践原则的理解方面，他们基本上没有对两者加以区分。如果把翻译实践的材料作为研究素材而不断加以运用是完全站得住脚的，如果认为理论观点对进一步实践有益的看法是合情合理的，那么这些观点的表述本身往往就会带上直接建议和意见的性质（对某些翻译手法明确表态，哪些是可行的，哪些是不可行的），这样就混淆了教学实践的目的和纯粹理论的目的。然而这一切表明，要进行更大范围的综合，时机尚未成熟。

最后，费奥多罗夫进行了总结：这一切绝不意味着理论工作停滞不前，相反，有一些重要的概念在译界已经扎下了根。首先，翻译方法和手段受到意识形态的制约，必须区分修辞手段的形式和功能。其次，根据原作的性质、译者要完成的任务，以及时代的审美要求对翻译手段进行分类，从而深化了翻译历史和翻译理论中的历史主义原则。最后，语文学和哲学评论家通过论证推翻了不可译论，并试图通过不同语言和不同文化体系之间功能对应的概念来论证可译性思想。凡此种种与俄罗斯十月革命之前的各种观点，与西方 20 世纪 20—30 年代研究翻译问题的内容相比，在翻译理论观点发展进程中都是崭新的。①

5.2.2 20世纪中叶至今

在半个多世纪的时间里，译坛呈现的当然不可能是一幅统一的图景，在这段时期里，翻译思想得到积极的发展，各种看法、倾向和原则相互碰撞，形成了很多不同的观点，但是与以往不同的一系列重要差别使我

① 《翻译通论基础》，高等学校出版社，莫斯科，1983 年版，第 99—101 页。

们有可能把这个时期看作某个整体，这个整体虽分成两个阶段，却拥有一个共同的基本特征，即：译坛渐渐摆脱了传统的，特别是经验主义的研究方法，开始了向现代翻译理论——现代翻译学转向的过程，同时现代翻译学也逐渐显现轮廓直至脱颖而出。这个特征并非是一朝一夕能够形成的，而是逐渐形成的。

二战后，翻译实践发生了巨大的变化。世界各国更加频繁的交往，联合国（1945 年成立）等国际组织的相继出现要求苏联培养大量的翻译干部，尤其是年轻的翻译工作者。这给苏联的高校提出了培养外语和翻译方面紧缺人才的任务。这个任务不仅要求高校尽快更新和完善翻译教学的内容和方法，也要求翻译理论研究的突破。国际语言学界对翻译问题的关注为苏联译坛提供了新颖的理论武器。1945—1946 年，纽伦堡审判开始使用一种特殊的口译形式——同声翻译。此外，随着电子计算机的问世，机器翻译成为大家关注的热点。凡此种种都为翻译理论的创建和发展提供了理论和实践的依托。

在苏联战后的头几年（20 世纪 40 年代末），苏联刊物主要关心的是翻译的题材问题。仅有一两本由专业文献翻译的教学实践参考书，至于论述翻译原理的著作，只有谢尔久琴科（Г. Сердюченко）的《翻译问题概论》（«Очерки по вопросам перевода»，纳尔奇克，1948 年）一本。书中对马克思、恩格斯、列宁和俄罗斯革命民主主义批评家的翻译观做了扼要而丰富的综述，并专辟一章介绍具体的翻译手段，其素材均取自译成北高加索诸民族语言的政治文献和公文事务文献的译本。

20 世纪 50 年代初，《真理报》（1950 年 5—6 月）上开展了著名的语言学讨论，之后语文学思想明显活跃起来，随之人们对翻译问题的兴趣也逐渐增强。报纸杂志和各高校学报中的大量文章，以及副博士论文都对翻译的语言学问题或语文学问题进行了探讨，此外，还出现了讨论翻译的书籍（包括论文集）。在这些出版物中很快就显露出一种倾向，这种倾向一开始将语言学和文艺学的倾向区分开来，继而将两者对立起来。

1950 年，在莫斯科出版了论文集《教学翻译的理论和方法问题》（«Вопросы теории и методики учебного перевода»），文集的标题没有什么特色，内容却很丰富，其中有几篇文章对翻译通论的发展起了巨大作用。加利佩林（И. Гальперин）的《翻译和修辞学》（«Перевод и стилистика»）一文运用对比的方法，以莎士比亚《奥赛罗》的几种俄译本（莫罗佐夫用散文翻译的文本，帕斯捷尔纳克用诗歌翻译的文本）为材料，阐明了两种语言手段在意义功能和审美功能上的异同。索博列夫（原译索伯列夫，Л. Соболев）的《翻译中准确性的标准》（«Мера точности в переводе»）一文概括地对翻译材料的基本类型进行了分类，这种分类法后来获得广泛的运用，并在其他著作中得到进一步发展。列茨克尔在《论外译俄中的规律性对应单位》（«О закономерных соответствиях при переводе на родной язык»）一文中指出，他在原作语言成分（主要是词汇语义成分）和译文语言手段之间确定了可能建立关系的三种基本类型，这类可能建立的关系具有一定的规律性，故称规律性对应。列茨克尔确立了规律性对应单位的三种范畴：等值（эквиваленты）、类似（аналоги）和等同替代（адекватные замены）。作者强调，这些对应单位的类型“是为达到翻译等同这个目的而采取的不同方法”，同时指出在翻译某一类材料时每一种类型的特点。例如，“科技翻译中起决定作用的是术语等值单位的意义”，即不受上下文制约的、对一定时间和地点而言固定的等义对应单位（例如，House of Commons 永远是“英国下议院”，而 House of Lords 则是“英国上议院”）。“翻译社会政治文章时主要是寻找类似单位”，“类似单位是根据类似原则从若干个可能具有的同义词中选择一个的方法进行翻译的结果”。最后，“翻译文学作品时广泛运用等同替代的方法”，这种方法在于“为了准确传达思想，译者应该摆脱原作的字面意义，摆脱词典和句子的对应，而从整体出发：从原著的内容、思想倾向和风格出发”。①

当然，上述表述应该理解为仅仅指明了某种翻译活动以某种类型的对应单位为主这一事实罢了。倘若因此而认为某种对应形式只属于一种类型的翻译材料那就大错特错了。因为文学翻译中可以采用等值词汇，科技文献和政论文的翻译中也可以运用“类似单位”或者“等同替代”。

在翻译通论的所有语言手段中，翻译中规律性对应的概念受到青睐，这个概念是列茨克尔针对科技文章翻译的可能性提出的，之后在他的著作中得到进一步发展和修订。同时，如上所述，在科技翻译的理论和实践中，等值概念与对应概念一样在某一门类题材的范围内不受上下文条件的制约而运用自如。借助等值词语，首先可以传达术语，不论是简单术语还是合成术语，也就是那些在科技文献中占有非常重要地位的成分。同时也可以传达很多辅助成分——系动词和准系动词，此外，往往还用于传达固定短语等。

列茨克尔在以后很长一段时间里多次（1956 年、1968 年、1973 年、1974 年）回到规律性对应这个题目上来。他把这类对应划分得更细、更明确，把它们的本质具体化（将等值概念分成多种变体并用术语加以界定，术语“类似”由“变异对应”代替，“等同替代”这一术语的定义起初显得非常笼统，仅体现在有选择的个别情况之中，取而代之的是一个把原著材料进行转换的概念，这种转换具有很多类型，每种类型的转换都得到详细的描述）。规律性对应概念及其分类目前在翻译理论界得到广泛承认，可以视其为这一领域里的首创。

① 《教学翻译的理论和教学法问题》，莫斯科，1950 年版，第 158 页。

以上是在翻译研究中跨出的一些成功的步子，但对此也有不同的看法。有人在杂志上撰文对建立一门独立翻译学的可能性表示怀疑，其根据在于，翻译学的研究对象是一种过于复杂且涉及面过多的现象。此时语言学家列福尔马茨基（A. Реформатский）关于“语言学对任何一种翻译的研究都是有益的”一文显得非常及时。[①]

不久以后，索博列夫的《俄译法教程》(«Пособие по переводу с русского языка на французский», M., 1952）问世，这本教材从方法论角度来看颇有意义，作为练习使用的文章选择得独具匠心，是一本优秀的教学指南。导论一章里的言论肯定了译者思想意识上的责任感，反对逐字翻译，认为这种方法几乎是对原作意义和思想内容的主要威胁。

所有的理论文章，包括那篇认为不可能建立翻译学的文章尚不足以引起一场论战或争论。论战的导火线是费奥多罗夫的《翻译理论概要》（莫斯科，1953 年第一版）。此书一经面世，就引起译坛一场大辩论，从此在近 20 年的时间里把苏联译坛分为泾渭分明的两大派，即语言学派和文艺学派。这场争论还波及国际译坛。

安德烈・韦涅季克托维奇・费奥多罗夫（1906—1997）是苏联译界最有影响的语言学派的奠基人。早在 20 世纪 20 年代下半期，他已有著作面世。1930 年，他与楚科夫斯基合编的《翻译艺术》出版，但是之后他们两位就“各奔前程”了。楚科夫斯基对文艺翻译情有独钟，很少关心“普同的翻译问题”，而费奥多罗夫却热衷于建构广泛的理论体系。他的《论文艺翻译》(1941 年）虽然提出了对于当时来说是非常重要的问题（他以特尼扬诺夫的观点和布拉格学派的思想为依据指出，译者翻译的不是

① 《翻译的语言学问题》(«Лингвистические вопросы перевода»)，刊于《外语教学》1952 年第 6 期。

词，即不是语言的某个成分，而是它的功能），但并未引起译坛的注意，原因是那一年第二次世界大战开始了。此外这部著作是从文艺学的立场阐述观点的，所以作者把它看成是自己早已过去的一个阶段而已。1953年，他的《翻译理论概要》问世，才开始完全从语言学角度探讨翻译理论。此书问世后，苏联译界褒贬不一。赞同者有之，批评者也有之，而且批评既有来自语言学派（列夫津和罗森茨韦格等）的，又有来自文艺学派（卡什金和加切奇拉泽等）的，因此几经作者修订和增补，于1968年改名为《翻译通论基础》出版了第三版，1983年以同样的书名出版了第四版。

费奥多罗夫认为，他选择语言学角度作为研究的方向是因为以往涉及的重要问题都很笼统，如今要对它们进行深入的专业性研究，以此来填补这方面的空白，而研究和对比不同类型翻译的任务只能通过分析它们的语言特点来完成，这是一条唯一的重要标准，它可以让研究者比较各种翻译类型并搞清每一种类型的特点。这一观点遭到了激烈的批评。

1954年，诗人和翻译家安托科尔斯基（П. Антокольский）等人在第三次苏联作家代表大会上联名做了专题报告，指责费奥多罗夫在《翻译理论概要》中没有提到作为文艺翻译理论核心问题的美学问题，强调翻译是艺术，因此必须从文艺学而不是从语言学的角度去研究，并证明费奥多罗夫的理论观点是有害的和不能接受的。《翻译理论概要》的某些评论者认为，这个问题的提出是用客观地确定语际对应这种受到限制的事实来贬低文学翻译的特点，甚至是对作为艺术家的翻译家创作权利的威胁。

从此，以苏联作家出版社发行的《翻译技巧》（«Мастерство перевода»）为一方，阐述文艺学派的观点，批驳语言学派的论点；而以巴尔胡达罗夫主编的《翻译工作者札记》（«Тетради переводчика»）为另一方，发表语言学派的看法和意见，并对文艺学派加以抨击。两派唇枪舌剑，你来我往，是20世纪50年代初至60年代末苏联译坛的主要特征。

罗塞尔斯（В. Россельс）主编的论文集《文艺翻译问题》（«Вопросы художественного перевода», М., 1955）和《翻译技巧》（М., 1959）中相继有文章对费奥多罗夫的论著加以批驳。这些文章的作者认为只有用文艺学方法对待翻译问题才是合情合理和富有成效的，因此否定语言学在翻译理论中的意义，要对它加以限制，甚至否定，尽量把语言学范畴排斥在翻译理论研究之外。费奥多罗夫一方面撰文对以卡什金为代表的观点表示异议，另一方面也不同意索博列夫在《论以形象译形象》（«О переводе образа образом»）一文中提出的集中精力传达原作“形象”的说法。费奥多罗夫指出，形象不可能超越自己的语言体现而存在于文学之中。他认为对立派在翻译语言手段的研究中看到了形式主义的危险，把语言学的研究方向与翻译实践上的形式主义和逐字翻译方法联系起来，因此他指出，这是方法论上幼稚的证明，因为这些担心的基础是把理论原则同可能出现的实践结果混为一谈。关于语言学对翻译研究的担忧和情绪是与当时的大环境有关的，结构主义语言学的迅猛发展、形式主义的实验都影响到文学语言，以及机器翻译的初步经验。①

苏联翻译的文艺学派由来已久，在语言学派没有出现前，在苏联，以及在它以前的俄罗斯译坛一直是文艺学派一统天下，那时即使有不同的看法，甚至是完全对立的观点（如逐字翻译与任意翻译），也是文艺学派的内部分歧。苏联时期第一代文艺学派代表人物可推高尔基、楚科夫斯基等人，二战以后文艺学派的主要代表有卡什金、加切奇拉泽（Г. Гачечиладзе）等人。

伊万·亚历山德罗维奇·卡什金（Иван Александрович Кашкин,

---

①《翻译通论基础》，高等学校出版社，莫斯科，1983年版，第103—104页。

1899—1963）对于文艺学派没有留下系统而完整的理论。他喜欢称自己是“实践工作者”，而不是“理论工作者”，说自己发表的东西是实践工作者“一鳞半爪的札记”。卡什金这样做的原因之一，可能是他不希望让文艺翻译脱离“富有生命力”的文学过程，而归属于干巴巴的学术研究，因为学术研究孕育着把文艺翻译抽象为枯燥教条的危险性。他的文章和报告有许多对当时翻译活动的评价，这些评价为他提供了做出理论结论的依据，不过这些结论始终是以具体经验为基础的。他在翻译理论方面留下的遗产给人的印象是零碎的、不完整的。他得出的结论也经常在变，他不断在修正自己的观点，而且他的言论有时还前后矛盾。卡什金的观点是在20世纪30年代初逐步形成的，当时他在自己周围网罗了一批精通欧洲语言的天才翻译家，向他们提出了在那个时代看来富有创意和十分大胆的任务：把翻译看作艺术，而把译著看作本国文学的现象；翻译家永远应该牢记他为之工作的读者，同时应该在自身发掘堪与伟大作者平起平坐的力量和本领。

他的这个观点（它也代表俄罗斯当时许多年轻翻译家的意见）是在与译坛称之为“学院派”的论战中形成的，学院派的代表人物基本上是经典语文学界的专家，在某种程度上可以说是与作为《埃涅阿斯纪》和《浮士德》译者的勃留索夫一脉相承的。卡什金及其追随者们参与这场“殊死”论战的直接原因是因为对方宣扬翻译应该“技术准确”（兰恩语）和“功能相似”［申格利（Г. Шенгели）语］的思想，以及他们坚持的翻译实践和编辑实践（翻译和编辑狄更斯、拜伦等的作品）。在卡什金看来，他们在这两方面的实践证明，错误的原则势必导致不可接受的结果。但必须指出的是，论战双方对待翻译都是一丝不苟的，都把翻译视为具有巨大文化意义的现象、视为毕生的事业；双方的活动都是对20世纪第一个十年国内翻译总体水平下滑、新经济政策时期出版事业的混乱和图书市场无序的“商业化”等现象所做的批评。但是他们对摆脱危机状态的途径看法迥异。

卡什金说过，接近原著不应该使译著总体印象失去完整性："逐字翻译转达的是词汇，而不是言语、语言，不是文体，是局部而不是整体，因此不可能等同地转达文艺作品的文本。翻译文学作品时，应该翻译的不是该语言中孤立的文字符号和它的语法外壳，而是思想、形象、情感——这个词后面的全部具体情况，同时必须考虑到所有的表现手段、符号的全部多含义性或词的多义性。"① 他把两种不同方法的区别概括如下：作者文本的“绝对命令式”（категорический императив）或“忠实于作者的文本”（верность авторскому тексту），但同时运用“灵活的手段”（оперативный манер）。②

这段话里的“忠实”一词值得注意。从19世纪下半叶开始译界普遍使用“准确的”翻译这个术语来代替“忠实”一词，而“忠实”一词对俄罗斯文学来说是传统的用法，在这个时期译界重新启用此词（在卡什金的文章里两个术语都用）很有意义。至于有意识地采用“逐字翻译”作为达到“准确性”手段的方法，卡什金对此持否定态度，认为它只能用于试验的目的："在某些个别情况下、在一定的范围之内进行的试验，作为经典的翻译和编辑工作原则（指《狄更斯文集》）是危险的。"③

卡什金在20世纪50—60年代初的文章是他过去翻译活动的继续，其中几乎没有提及科技和信息类的翻译，同样也没有提及口译和同声翻译。他工作的唯一领域就是文艺翻译。但是他对翻译通论始终持否定态

---

① 《为了同时代的读者》（«Для читателя-современника»），收录于《卡什金文集》，莫斯科，1977年版，第371页。

② 同上，第466页。

③ 同上，第398页。

度，不接受语言修辞学，坚持广义的语文学研究方法："即使语言修辞学能够避免错误，那它也不可能保证译者克服特殊的困难并获得创造性的胜利。……翻译通论和语言修辞学是与典型的东西打交道，而翻译技巧是与个别的东西打交道。"①

在这场争论正酣的年代，论文集《翻译理论和评论》(«Теория и критика перевода», Л., 1962)出版了。这本文集收录了语言学派和文艺学派两大派作者们的文章。文集的前言由著名的语言学家拉林(Б. А. Ларин)撰写，题目为《我们的任务》(«Наша задача»)。拉林在文中指出，文艺翻译理论必须建立在语言科学和文艺科学两位一体的基础上。在讨论"应该把翻译理论归入哪一'部门'——语言学还是文艺学这一争论"时，拉林写道："无论是语文学或修辞学，还是翻译理论，不把语言学方法和文艺学方法有机地结合起来是毫无意义的。"② 接下来写道："所有的翻译都应始于运用深厚的语言学造诣对文本进行的语文学分析，而终于文学创作。这最后一点与第一点一样是毋庸争议的。在广阔的翻译理论领域，语言学派和文艺学派也有各自的任务。"③ 拉林把文艺翻译的评论归为文艺学派的任务——但又附加说明一点，"如果不对原文和译文的相互关系进行语言学分析，那么这种评论就不可能成功，因为文艺翻译评论的基础，不是文学工作者的趣味、不是他的才能，而是作为双语现象最高类别和文学工作类别的文艺翻译严整理论"④，这种调和双方争论的做法并未奏效。

此时，卡什金根据苏联文学翻译家们创造性的实践活动，以及现代

① 《翻译技巧》(1963年)，莫斯科，1964年版，第457页。
② 同上，第3页。
③ 同上。
④ 同上，第5页。

和过去翻译艺术最优秀大师们的经验提出了“现实主义翻译”（реалистический перевод）的思想。这一思想是按照“现实主义文学”“现实主义艺术”类推而成的。“关于现实主义翻译方法这个问题的提出，有助于作为文艺学学科的文艺翻译理论的创建，它既可能，也应该是文艺学的，不应该让文学翻译仅仅盲目地服从语言规律。翻译语言学理论因需要，仅局限于所分析的两种语言关系的框架内，而文艺学对待文艺翻译的方法使我们能够提出一些标准，这些标准可以概括两种语言互译的所有文学翻译，让这类翻译服从普遍的文学规律并把它们纳入普遍的文学过程。”① 他认为“现实主义翻译”是最完善的翻译方法，同时也是一条符合规范的原则，苏联翻译家的活动应该符合这条原则，并应该以此来评价翻译活动。关于“现实主义翻译”方法所解决的任务，卡什金是这样表述的：“……译者在原作中一下子就会碰到外国的语法体系，此时对他至关重要的是冲破这重屏障，领会作者直接感受现实时的原始新鲜感。只有到那个时候，他才可能找到同样有力的新鲜语言来重新表达。苏联译者尽力看到原作语言背后的现象、思想、事物、行为和状态，并感受它们，然后忠实、完整和具体地将作者看到的这一现实再现出来……这种方法有利于译者和读者认清文字表达背后所反映的社会本质，它的矛盾和它的动态。”②

卡什金在“现实主义”（реализм）这个术语里对翻译的“真实性”（правдивость）思想颇感兴趣，他希望在文艺学基本概念体系里为这一思想找到理论根据。他以实例（他避免运用抽象的理论）来说明：“譬如，我们随便取一部作品的标题为材料，对这一材料随便怎么处理和改动都

① 《为了同时代的读者》，收录于《卡什金文集》，莫斯科，1977 年版，第 444 页。
② 同上，第 469 页。

不会破坏上下文这个有生命的组织，所以不会感到惋惜。奥斯卡·王尔德（Оскар Уайльд）有一个艺术方面的试验，英语为‘Pen, Pencil and Poison’。作者精心设计的这个标题是以什么为依据的呢？第一，它准确地表达了完全错误的，但对奥斯卡来说具有典型意义的主要思想：任何一门艺术——钢笔也好，铅笔也罢，都是毒药。然后把它用英语标题惯用的头韵法（аллитерация）连接起来——三个词都以‘P’开头。最后，从节奏来看标题是由三个词音节数量的递增结成一体的：1+2+3（包括连接词）。现在我们来设想一下各种流派和方法的译者翻译这个标题时可能出现的译文。照本翻译的经验主义者对形式漠不关心，可能会‘准确地’译成‘Перо, карандаш и яд’。在这种平面的译法里，英语标题在内容和形式上完整的统一性会受到破坏，它的文采也会丧失殆尽。运用逐字翻译法并无视内容的形式主义者不把内容放在心上，会玩弄那个同音重复法的游戏，很可能搞成类似这样的译文：‘Перо, пепел и пуговица’。在这里且不说统一，甚至连意义都丢掉了。善于想入非非的印象主义译者在标题的普通词汇中捕捉到词的形象，可能会因此而译成这样：‘Карандашноперая отрава’，这个译文连王尔德本人在梦里也没有想到过。‘杂食’的折中主义者可能会引入自己的‘确切法’：яд 意味着某种奇特的东西，那为何不准确而动听地说：‘Кисть, кураре и карандаш’……然而当代思维健全的译者会牺牲只有英语才有的特点——标题头韵法，但保留意义和节奏形态，并把这个标题不仅看作是统一体，而且看作是它细节的表述，譬如说是意义的递增，因此他会简单而明确地译成：‘Кисть, перо и отрава’。”①

“自然主义翻译”（натуралистический перевод）、“印象主义翻译”

---

①《翻译技巧》（1963 年），莫斯科，1964 年版，第 487 页。

（импрессионичтический перевод）等说法不止一次出现在卡什金的文章里；与此同时，“现实主义方法”（реалистический метод）在他的笔下是“忠实的、同时又是创造性的方法”的同义语。

卡什金提出的“现实主义翻译”概念引起了译界的兴趣，同时也引发了讨论和争议。对它表示赞同并认为它论述得非常透彻者有之，对它持批判态度并进而更为细致地加以分析、修正或补充者有之，对它表示怀疑并发表完全相反的意见者也有之。

对于卡什金关于“现实主义翻译”本质的言论，费奥多罗夫认为，其中首先应引起注意的，是他对作为文本、作为语言表达手段体系的原著作用明显估计不足。至于说什么“外国的语法体系”像“屏障”，什么译者应该“冲破这重屏障领会作者直接感受现实时的原始新鲜感”云云也令人费解。接着他指出，外国语言的语法体系就像它的词汇一样，只是对那些不精通这一语言的人来说是屏障和障碍，或者对那些天真而误以为外国的语法体系和词汇语义体系是可以机械地复制的译者来说是屏障和障碍。费奥多罗夫因此强调，事实上原作的文字织体——无论是词汇还是语法结构——对于精通原作语言和忠实地评价原作语言与母语关系的译者来说并不是“屏障”，而是通向文学现实的敞开的大门，这一现实是在原作中展示的，而卡什金却建议不要在原作中寻找它，而是通过原作，在原作背后，在原作文本的背后寻找它。①

在这场论战平息了的许多年后，属于文艺学派的托佩尔以比较文学的原则和方法为依据指出，这场争论的焦点在于翻译原则（或者甚至是方法）与某一个文学时代主导原则（方法）之间的关系。文学史研究者们早就在古典主义时代译者所享有的充分自由与它的美学特有的理想概

---

①《翻译通论基础》，高等学校出版社，莫斯科，1983年版，第107页。

念（在16—17世纪的法国，在18世纪的俄罗斯）之间进行了比较，在最大限度地把所译作品的作者“移植”到“自己”这边来的努力、直至逐字翻译的努力与浪漫主义美学中“民间精神”的概念（在18、19世纪之交的德国，在20世纪初的俄罗斯）之间进行了比较，然而翻译创作虽然要服从艺术法则，但毕竟不可与纯粹文学的、原创的创作相提并论。这即使在诸如古典主义、浪漫主义这些轮廓比较清晰并已结束的时代范围之内也是显而易见的。对外语作品的改写、对作者姓名的漠视、想把作品译成让读者“愉悦”的愿望，不仅可以上溯到古典主义美学，而且可以上溯到中世纪的翻译原则（对世俗文学而言）。另一方面，俄罗斯文学中浪漫主义的杰出代表茹科夫斯基就其翻译原则而言更接近古典主义，而不是浪漫主义。如果以轮廓还不十分清晰，而且尚未结束的文学时代（现实主义、自然主义、印象主义）为例，在翻译领域机械地套用文学史的概念是值得商榷的。

接着，托佩尔指出，如果把现实主义翻译观理解为某种完整的方法[①]也是有矛盾的。如果从这个方法里的真实性概念（在卡什金看来是主要的）出发，根据认识论来探讨这个方法，那么它会获得规范的意义——那时“现实主义翻译”就“优于”其他所有的翻译，这其实是魏因贝格“优秀翻译”（“等同翻译”），或费奥多罗夫“等值翻译”的同义语。如果把它理解为文学史上一种艺术流派（现实主义、浪漫主义、自然主义等，卡什金本人是坚决反对这样做的，但不管怎么说，它仍是论战的对象）或方法，那么就会产生许多令人困惑的问题：是否可以使用现实主义方法翻译浪漫主义的作品；现实主义的作家在翻译时是否可以使用自然主

① 卡什金经常称它为方便的“工作术语”，见《为了同时代的读者》，收录于《卡什金文集》，莫斯科，1977年版，第468页。

义方法；等等。这类问题的背后还潜伏着一种担心，是否要把原著改造成现代的、现实主义的样式。这个矛盾被列维（И. Левый）、列夫津和加切奇拉泽等发现了，但他们三人对它各有各的态度。列维仍旧接受了“现实主义翻译”这个术语并在自己的著作里运用它，列夫津则表示异议，而加切奇拉泽把它做了进一步深化。①

卡什金的观点在他生前就引起了争论，这不仅因为他在论战中措辞激烈，而且因为他对于文艺翻译特点这一极其重要问题的观点没有为对方所接受。这里的关键问题是卡什金坚信，文艺翻译轻文字形式，重这个形式后面、并用这一形式体现的形象；轻文本，重文本后面、并须以作者视角在文本中确定的生活现实。例如，他说：“为什么需要深入到词汇和文本里去？为了深入到原著的客观性，包括反映在其中的现实的艺术折射。”② 此外，还有我们前面已经引用过的那段话：“译者在原作中一下子就会碰到外国的语法体系，此时对他至关重要的是冲破这重屏障，领会作者直接感受现实时的原始新鲜感。”③

卡什金的这些言论毫无疑问会遭到非议。对立派认为，这些话是随心所欲处理原著文本，甚至是有意曲解文本而任意行事的辩护词。这种指责对卡什金来说真是冤哉枉也！卡什金在自己的思想和观念里非常看重翻译职业的尊严，反对翻译时随心所欲。有他的言论为证：“不是你写的，而是作者写的——因此请你在你工作的各个阶段跟着他。”④

在卡什金提出的原则中，费奥多罗夫批评的那一点最为薄弱。加切奇拉泽与其他赞同这个观点的理论工作者一样，想把这个概念发展成为

---

①《比较文学体系中的翻译》，遗产出版社，莫斯科，2000 年版，第 157—160 页。
②《翻译技巧》（1963 年），莫斯科，1964 年版，第 451 页。
③《为了同时代的读者》，收录于《卡什金文集》，莫斯科，1977 年版，第 469 页。
④ 同上，第 503 页。

一个完整的理论体系。加切奇拉泽在对原作文本和原作文本中所反映的现实之间关系的理解方面，以及对翻译问题的提法方面做了极其重要的修正。以下就是他的观点：

“……卡什金的出发点是认为翻译应该现实地、准确地反映原作中所反映的现实这样笼统的观点。然而根据我们的意见，翻译的特殊性在于，对译者来说直接反映的客体是原作本身，即原作的艺术现实，而不是当时由原作间接反映的那个直接的具体现实。”①

可见，文本是作者表达所见现实的形式，是理解作者所见现实最可靠的途径，这个修正卡什金观点的论说现在终于缓和了双方的争论。

加切奇拉泽著作的特点在于他运用哲学方法，根据列宁的反映论论证了自己的现实主义翻译观。他列举取自古代和现代文学的各种各样的翻译实例，令人信服地发展了这个理论，对个别作品的具体艺术特点给予了很大的关注，并从整体上研究翻译工作中的许多语言成分，但是联系他著作中的普通文艺学特点，他承认技术手段只具有次要意义。

费奥多罗夫对加切奇拉泽修正的“现实主义翻译”这一术语也有不同的看法。他指出“现实主义翻译”在加切奇拉泽的理解（像在卡什金的概念中一样）中并非是文学史内容的表达，因为根据加切奇拉泽的观点，传达原著的现实主义方法即使对那些不直接与作为文学流派的现实主义有关的译者，或者在文学发展的前现实主义时期从事翻译的译者来说都是可能的。“现实主义翻译”这一概念的超历史性从方法论上来看贬低了这个概念的价值，赋予它一种规范的评价特性。总之，作为文艺学领域里的翻译理论，它毫无疑问，向前迈进了一步，但加切奇拉泽的观点不

① 《文艺翻译的理论问题》，经作者审定的、译自格鲁吉亚语的俄译本，第比利斯，1964年版，第129页。

能克服通向创建普通语文学道路上的主要障碍。这一障碍就是对这一问题的语言方面评价不足。[1]

虽然卡什金与加切奇拉泽的观点之间有差别，但它们基本上是非常接近的。他们都希望确立关于文艺翻译具有创造性的观念，这为当时不少著作的作者所赞同。楚科夫斯基就是其中一位。他在表述这个观点时并没有采用长篇大论的学术腔，也没有使用大量的术语，但观点鲜明，他为自己的书籍选用了标题《崇高的艺术》，作为他对文艺翻译所提出的口号，此书问世后多次再版。

楚科夫斯基在《崇高的艺术》（M., 1988）的前言《关于我的书》里，罗列了一些著作和人物。他列举的著作有：阿列克谢耶夫的《文艺翻译问题》（1931）、费奥多罗夫的《论艺术翻译》（«О художественном переводе»，1941）和《翻译理论概要》（1958）、埃特金德（Е. Эткинд）的《诗歌和翻译》（«Поэзия и перевод»，1963）、五辑由苏联作家出版社出版使用同一个标题的论文集《翻译技巧》（1955，1959，1963，1965，1966，其中第一辑以《文艺翻译问题》为标题出版）、《翻译工作者札记》（1960—1967）、论文集《翻译理论和评论》（1962）、由阿列克谢耶夫主编的论文集《俄罗斯文学的国际交流》（«Международные связи русской литературы»，1963）、论文集《编辑和翻译》（«Редактор и перевод»,1965）等。他提到的"第一流翻译艺术理论家"（除上面提到的）有：加切奇拉泽、卡什金、昆济奇（О. Кундзич）、库宁（А. Кунин）、莱温（Ю. Левин）、姆克尔强（Л. Мкртчан）、托佩尔、列茨克尔、罗塞尔斯、绍尔（В. Шор）等。[2] 从这个提法可以看出，楚科夫斯基这里是指"翻

[1]《翻译通论基础》，高等学校出版社，莫斯科，1983 年版，第 108 页。
[2]《楚科夫斯基文集》，第三卷，捷拉出版社，莫斯科，2001 年版，第 7 页。

译艺术”，而不是翻译理论；而且他援引的著作中有费奥多罗夫的《翻译理论概要》，但请注意，它不是1953年的第一版，而是1958年的修订本。从中不难看出楚科夫斯基文艺学派的立场，只不过他作为译坛耆宿，没有直接参与论战而已。

费奥多罗夫在回顾这场争论的发展历史时，强调双方的参与者们都不满足于“为争论而争论”“为批评而批评”这种状态，而是希望在争论和批评中寻求建设性的解决办法，但这并非是能够一蹴而就的。费奥多罗夫在《翻译理论概要》的第二版中强调研究文艺翻译时依靠语言学原则的必要性及其不足，他尽可能明确地阐述了自己的立场（详见该书的前言第3页）。另一方面，为了更好地研究翻译问题，卡什金提出了“把文艺翻译理论作为广义的语文学学科来建设”①，也就是把翻译的语言问题和文学问题结合起来研究。这种对最终任务的表述就文艺翻译而言当然没有遭到反对，但是要完成这一任务谈何容易。译者只有对这个问题的两个方面同样关注才有可能，这要求译者有很高的普通语文学（即文艺学的和语言学的）素养，同时还要求按不同的专业领域做大量的准备工作。然而翻译理论的文艺学派，或者是翻译理论的“广义语文学”派在20世纪50年代自己的文章中就翻译应该是怎样的和如何创建翻译理论等问题仅停留在一般的见解和笼统的观点之上，这些见解和观点缺乏众多实例的支撑。

费奥多罗夫在修订和增补后出版的《翻译通论基础》里为翻译中的语言学问题再一次进行了辩护。他写道，任何翻译（其中包括文艺翻译）中的语言绝对不仅是翻译的辅助手段。翻译中产生的所有任务（对于科

---

①《论苏联文艺翻译的方法和学派》（«О методе и школе советского художественного перевода»），刊于《旗》1954年第10期，第152页。

技文献而言是思想认知任务，对于文学作品而言是思想审美任务）只能依靠语言手段来解决。毫无疑问，思想上正确地诠释原作，充分领会原著的艺术特征，译者深厚的学养——这些都是解决问题必不可少的先决条件，但是解决问题（当然不是本身目的）的手段是语言。虽然语言应服从一定的艺术和思想构思，但是语言本身是极为丰富和复杂的材料。因为翻译与原创的文学作品不同，翻译不会碰到诸如寻找主题和主人公、构思情节、谋篇布局等问题，所以对语言进行研究就成为作为对作者构思的诠释者和表达者的译者开展创作的主要和唯一领域。使用一定语言手段表达的原著形象，只有借助另一种语言的一定手段（在很多情况下是形式上相去很远的手段）才可能在译文中得到传达和"重新表达"。因此不仅对于翻译实践来说，而且更多的是对于翻译理论来说，拥有语言学基础、缜密地考虑某些语言之间存在的规律是必须的。[①]

在这场论战过去多年后，托佩尔冷静地总结道：费奥多罗夫依旧认为"文艺学派反对语言学，甚至根本否定语言在翻译中的意义。但是很难想象一个职业翻译家或一位文艺学学者会不理解语言的意义或认为它不过是一种工作的'辅助手段'"[②]，接着他指出："卡什金说过，我们需要的不是语言修辞学，而是个人风格。他与翻译研究中语言修辞学方法的主要分歧就在于此。"[③] 费奥多罗夫的理论虽然几经修改，但这个矛盾始终未能解决。托佩尔对费奥多罗夫的通论提出质疑，费奥多罗夫如果认为文艺翻译是"翻译活动的最高形式"，它的问题是"极其重要和极其复杂的"，那么为什么在通论中对它的发展只提供一个简述呢？文艺翻译中的哪些内容应该被列入通论之中，而哪些不必列入，文艺翻译理论与

---

① 《翻译通论基础》，高等学校出版社，莫斯科，1983 年版，第 108—109 页。
② 《比较文学体系中的翻译》，遗产出版社，莫斯科，2000 年版，第 164 页。
③ 同上。

通论之间的界限如何划分等问题都是费奥多罗夫难以回答的。[①]

费奥多罗夫总结道：如果在从20世纪50年代到60年代初这一段时间里，翻译问题的理论著作基本上还是按照两条业已出现并泾渭分明的轨道进行，那么这是由专业化的要求引起的，是由集中注意力于问题的某一方面和研究属于问题这一方面或那一方面的丰富实例引起的。但是忘掉建立普通语文学理论的最终任务、忘掉综合两大派是不可能的。情况越来越明了：在研究文艺翻译时仍然坚持只采用文艺学方法或者只采用语言学方法既不是现代的观点，也不体现研究的进步。当今的时代是各门学科空前紧密合作的时代，有时这些学科看起来似乎相互之间毫无关系，例如语言学和数学。然而在语文学中，它的两个邻近的分支（语言学和文艺学）"老死不相往来"的状态却远远没有结束。但是这种状态不是注定不可避免的，实际上是可以克服的，只要把研究翻译的两条路线结合起来就可行。这在实践上由日益增多的作品所证实，这些作品把语言学原则和文艺学原则成功地结合在了一起（例如，在20世纪70年代，《翻译技巧》和《翻译工作者札记》这两本刊物上发表了许多这类文章）。[②]

翻译学进一步发展的进程从整体上证实了这些论点的正确性。在翻译史的著作中，特别是在那些论述某一外国作家的创作遗产在俄罗斯文学土壤上的命运的著作中，研究问题可以避免采用语言学的资料，而在论述翻译方法或某一翻译家翻译活动的著作中，对材料的分析（其实早些时候，甚至是在那些反对用语言学方法解释问题的学者的著作中已是如此）离开对具体语料的分析是不可思议的。如今这场争论基本上平息了，

---

① 《比较文学体系中的翻译》，遗产出版社，莫斯科，2000年版，第164—165页。
② 《翻译通论基础》，高等学校出版社，莫斯科，第109页。

不过它的余波一直持续到20世纪70年代初。[①]

后来，语言学问题的研究主要是在翻译通论的范围内，以非文学材料为主。文艺翻译理论领域中的一件大事是捷克语文学家伊尔扎·列维（Иржа Левый，1927—1967）发表的专著《翻译艺术》（«Искусство перевода»），该书有一个供国外发表的版本，它的俄译本于1974年问世（由罗塞尔斯从捷克语译为俄语并撰写前言）。列维属翻译理论的文艺学派，专著的构思也是从文艺学派的角度酝酿的，但在落实构思时变得非常宽泛，所走的路子是沿着以马列主义为基础的哲学、美学的方向和普通语文学的方向，也包括深入研究翻译的语言问题。它的基础是布拉格语言学小组、捷克结构主义小组的具体方法论。列维的专著在提出和解决理论问题上独树一帜，他成功地使用了布拉格语言学派提出的范畴，这些范畴的基础是用功能的方法对待语言现象以及文学语言的事实。

该书的“国际版本”与捷克版本有别，内容丰富且多种多样，以从西欧诸语言译成斯拉夫语（包括俄语），以及从斯拉夫语译成西欧诸语言的各种译作中摘取的材料为语料。该书十分全面地描绘了翻译艺术（主要是现代翻译艺术）的一般状况。

鉴于列维高度评价了苏联翻译研究工作者理论思想的成果并将这些成果卓有成效地加以运用，罗塞尔斯在该书的序言中指出：“……在我们这派理论家著作中所提出的设想：任何一部文学文本原则上都是可译的；译者必须给自己提出像作家一样的任务，即不仅研究原作，还要研究生活本身；文艺翻译中的文学方面、艺术方面与语言方面相比重前者；最后，功能的普遍原则，这一原则的确立终结了由来已久的关于‘准确翻译’

---

① 还有一种过激的观点，认为翻译学应是一门超出语言学和文艺学框架之外的独立学科，详见明亚尔-别洛鲁切夫的《翻译通论和口译》，莫斯科，1980年版。

（точный перевод）和‘任意翻译’（вольный перевод）之争。”

费奥多罗夫认为这一概括性的表述是可以接受的，但对其中的第三点稍有异议。因为它又回到了原来的争论：关于两大派的方法不应该侧重其中的一种方法，而应该把两者综合起来、有机地结合在一起。这种结合不排除在很多情况下出于研究材料和研究任务之需在两大方法之间各有所偏重，直至某一方法的作用占优势。因为列维的著作本来就是两种方法综合的典范之作。

总结两大派的这场争论，可以归纳以下几点：

文艺学派的成员多为诗人、作家和文艺学学者，故强调文艺翻译是艺术，翻译家应是天才和艺术家。因此文艺翻译是一种富有创造性的活动，属于美学范畴。翻译的对象是形象、感情和艺术特色，对文艺翻译的要求是从整体上再现原著的艺术特点、原作的艺术个性。而语言学派的成员多为语言学家和翻译教学工作者，故希望建立一个囊括各种语体的翻译通论，把翻译视为一种语言行为，重视两种语言的对比以寻找其中的规律性对应单位。翻译的任务是通过等值或等同的方法从整体上再现原著的语言功能。

如果比较一下语言学派与文艺学派的理论在苏联外语和翻译教学中的使用情况，也不难发现，语言学派的研究成果往往很快就反映在翻译实践、翻译教学、教材和教学参考书中并能产生良好的效果，而文艺学派的观点因为缺乏教学中的可操作性所以很少反映在翻译教学里。可见，语言学派有高校的师资为其后盾并不断得到他们的补充，而文艺学派则没有。

无论是二战后还是20世纪50年代初，有关科技文献阅读和翻译技巧的教科书和指导手册陆续问世，与科技翻译有关的问题（主要是术语问题）在与这一课题相关的一些论文中有所体现。科技翻译就其性质而言是一种不太复杂的翻译类型，它不可能像文艺翻译那样引起论战，但仍然是提出和解决专业问题的基础。

科技文献与政论文的特点与文学作品不同，文学作品的语言中有大量个性化原则和审美原则，而科技文献的功能语体遵守形式逻辑组织言语的原则，其中集体原则占主导地位，所谓集体原则是指大量一定类型的文本所共有的，并在其中不断反复出现的特征。[①] 由此才可能在描述这个语体的特点时进行更为广泛的概括并推导出（直至直接介绍）以两种语言之间规律为基础的更为清晰和严谨的翻译原则。

虽然科技语体特有的规律和方法具有比较清晰和严谨的性质，但绝不意味着这一领域无复杂性可言。相反，复杂的现象是客观存在的（对其他类型的翻译也是如此，不论是文学翻译还是政论文章的翻译），有时还非常多。因此，机器翻译到目前为止还不可能百分之百地解决问题绝不是偶然的。毫无疑问，在科技翻译中富有创造精神的译者也是有用武之地的。例如，在这里寻求术语的对应词语就是一个需要经常关注的重大而艰巨的任务，因为外语的术语层出不穷，涉及的领域方方面面，而且在任何词典里都没有记载，是译者第一次遇到的。再说那些现在经常作为现成材料运用于翻译中的等值词语，也不是“从天上掉下来”的，而是由大家创造的，只不过没有指出创造者的姓名罢了。此外，很多术语在科学和技术的各个领域里都是同音异义的。寻找对应词语的任务可以通过不同的途径完成——经常是根据已有的先例词语采用类推法，但往往还取决于某一具体情况中更加复杂的因素，这些因素要求富有创造性、灵活善变和确切考虑术语的语言环境，也就是说没有统一的标准。

---

① 关于这一观点详见蓬皮扬斯基（А. Л. Пумпянский）的《英译科技文献翻译实践导论》(«Введение в практику перевода научной технической литературы на английский язык»)，莫斯科，1965 年版，第 11 页。

随着科技的发展，需要命名的新概念数量与日俱增，因此始终需要寻找它们的等值词语并考虑术语使用的特殊性。换言之，无论是译者、词典编纂者，还是研究人员，都面临着一个共同任务——深入研究等值问题。

科技翻译还有另一个任务，即关注科技文献翻译的质量，这不取决于它是为了出版，还是供单位或企业内部使用。这不仅要求译者做到完全没有内容方面的错误和违反该语体规范的现象，而且还要求叙述清晰、准确和严谨，使内容读来明白易懂，千万勿使文章复杂化。在科技文献中也有自己的美学，现在大家在口头和文章里经常谈到这种美学，是因为工业和民用建设、城市规划、建设和布置车间等场所，机器的外观和功能的需要。这是一种形式目的明确、清晰和深思熟虑的美学。在以语体形式逻辑的一般标准为背景的科技作品中，有时也会出现个人技巧的特征，这些特征表现为使用形象性手段或使用讽刺来达到争论的目的，此时就会产生与文学翻译相似的审美任务。

在苏联译坛两派争论不休的时候，并不是所有的翻译理论工作者都完全卷入了这场论战。有几位翻译工作者和教学工作者因工作之需总结、归纳了自己的经验和心得，借鉴其他学科的新成果，把自己的体会上升到理论高度，发表了几部有理论价值的著作，开拓了翻译的新领域。他们是专门研究口译的明亚尔-别洛鲁切夫，研究机器翻译的列夫津和罗森茨韦格。

早在两派争论乍起之后不久，明亚尔-别洛鲁切夫就于1959年发表了《听译教学法》一书。1969年，他的《口译教程》和《异声翻译》（也译《交替翻译》，考虑到这个名称是在“同声翻译”出现后出现的，故用“异声翻译”的译法与之呼应）两本教材问世。这三部教材不仅为苏联口译理论和实践的研究和教学奠定了基础，而且也为翻译通论做出了贡献。

科技翻译研究的新阶段可以从20世纪50年代中期算起，那时在苏联语言学界中兴起一股结构主义热，对语言事实进行量化分析的精确方法颇为盛行，同时开展了对机器翻译的研究，并对此寄予厚望。然而这种期望却落空了。虽然机器翻译的研究没有立竿见影，但围绕它所产生的理论在研究科技文献的功能语体以及这类文献翻译的实践和理论问题方面发挥了卓有成效的作用。科技文献中语言的词汇组成比较单一，以术语和中性通用词汇为主，句法符合逻辑结构清晰的条件，因此科技语体使我们有可能确定谋篇时的固定倾向，并且找到由统计资料和运用更加复杂的数学原则证实的严格规律。

同时，传统语言学的方法并未过时，特别是翻译通论的论点和范畴仍然适用于科技语体，而且同样也带来了丰硕的成果，此外，将它们与结构主义语言学的原则综合运用也大有裨益。列夫津和罗森茨韦格的《普通翻译和机器翻译原理》(«Основы общего и машинного перевода», М., 1964）与安德烈耶夫（Н. Андреев）的《理论和应用语言学的统计综合方法》(«Статистико-комбинаторные методы в теоретическом и прикладном языковедении», Л., 1967）这两本书都印证了这一点。

在这两部著作中特别应该介绍的是《普通翻译和机器翻译原理》，它是由伊萨克·约瑟福维奇·列夫津（Исаак Иосифович Ревзин）和维克托·尤利耶维奇·罗森茨韦格（Виктор Юльевич Розенцвейг）两位学者为外语学院和大学外语系的学生合编的一部教材。它的价值超出了教材范围，带有学术性质，在理论上富有创意，是苏联翻译理论史上一部重要的作品。

首先，它是世界学术文献中将“传统”(费奥多罗夫所谓的“翻译通论”）翻译理论的概念和论点与结构主义语言学的范畴综合运用的第一次尝试。两位作者阐述自己的任务如下：“……试图用结构主义语言学中通用的术语阐述传统的翻译理论问题。对传统理论进行这样的改写是必须的，因为就这种理论在这以前阐述的样式而言，它对应用语言学专家来说内容匮乏，而且根本不可能应用于实践……然而我们希望指明在传统翻译理论中有很多富有价值的和容易形成形式体系的概念。”①他们接着写道：“……尽管本书作者力图坚持局限在对传统理论进行纯粹改写的范围内，但还是不得不引用很多新概念……并且在某些方面改变了这一理论的本质……显而易见，这里别无他法，与机器翻译实践的任何一次接触，以及在结构主义语言学的总体语境内研究翻译理论是不能不改变这一理论的。”②

两位作者认为，机器翻译可以为客观研究翻译中出现的语言过程开辟道路，可以使我们在翻译理论中进行试验。在翻译理论中，机器翻译应该提出关于翻译过程的某些假设，这些假设今后由机器制定的翻译过程模式来检验。因此机器翻译不仅具有实践意义，而且为科学研究翻译过程提供了新的可能性。

两位作者肯定了列茨克尔在《论外译俄中的规律性对应单位》一文中和费奥多罗夫在《翻译理论概要》一书中系统论述的翻译语言学方法，但同时指出了费奥多罗夫在书中阐述的翻译观有前后不一致的缺憾。根据他们的观点，费奥多罗夫一方面表示要采用纯粹的语言学理论，介绍处理具体语言现象的翻译方法；另一方面却运用文艺学概念把翻译视为创造性过程的结果，强调内容和形式是不可分割的统一体，强调原著民族和艺术风格特点必须在译著里得到传递，强调形象的再现，等等。费奥多罗夫的翻译观具有这样的两重性，就很难达到理论上的完整性。

鉴于此，他们从结构主义语言学的角度把翻译过程定为翻译理论研

---

①《普通翻译和机器翻译原理》，莫斯科，1964年版，第3页。
② 同上，第4页。

究的对象，而不像传统翻译理论著作那样把规范（нормативный）、把获得翻译过程结果和制定评价翻译质量的标准作为己任。他们认为只有使用描写的（дескриптивный）方法才可能发掘出适合各种翻译类型的普遍规律。两人对翻译所下的定义为："对报道的某种变换"（определенное преобразование сообщения），在此基础上探讨了实现这类变换的途径、变换在原则上的可能性、变换的阶段等。在他们的观念里，实现翻译过程有两种截然不同的途径：诠释（интерпретация）和真正的翻译（собственный перевод）。这种分类对机器翻译来说非常重要。

教材还提出，翻译过程中有语言的不变单位（инвариант），认为应该区分报道、报道的所指和报道的意义，并指出这三种情况参与翻译过程实施的途径是不同的。教材把翻译过程分为两个阶段：分析（анализ）和综合（синтез），并使用转换（трансформация，即变换）的概念来描写翻译过程，还对对应的类型进行了详细的描述。此外，教材对各种类型的翻译（口译、笔译等）进行了研究，还就可译性、翻译单位等问题提出了新的想法。

两位作者提出的理论虽然随着结构主义语言学热的过去而失去了现实意义，但他们观点的普通语言学方向、关于翻译科学不应该是规范的而应该是理论的之观点、所使用的分析方法等为译界所接受。翻译理论的一个中心任务是研究翻译过程，即从原著的文本过渡到译著的文本，或如两位作者所说的把一种语言的文本变换为另一种语言的文本。把翻译过程视为变换的思想对译界影响很大。但他们关于翻译过程有诠释和真正的翻译两个途径的思想受到了訾议。

如上所述，在很多现代专著中翻译过程的概念占有特殊地位。对这一概念关注的原因在于，力求从整体上确定影响由原语向译语过渡的所有条件和由它们决定的结果的特性，即译语言语作品的结构，从而获得总结影响翻译过程和结果的语言因素和超语言因素，同时搞清这些因素的各个方面并通过这些因素搞清不同形式翻译活动的特征。翻译过程这一概念，无论是对于更为广泛地使用形式化（公式化）原则作为分析过程来说，还是对分析的结果来说都是适宜的。在实现上文所指出的任务时，语言手段及其体现在言语中的多样化功能概念仍有意义。

在这类著作中有一种普遍的倾向：叙述的方式尽量准确和严谨，概念的区分尽量术语化。这种倾向实际上导致一定程度（有时是很大程度）上的复杂化、"编码化"，这样的复杂化与对象复杂化的程度并不是始终吻合的，因此对基本和派生范畴定义的特别注意也并非偶然。在用形式化的方法看待问题时，对公式、约定的字母符号等倍加关注。

上述倾向是在一方面应用于自然科学和精密科学，另一方面关注人文科学的现代科学——信息论的影响下形成的。这种倾向还表现在"信息"这一术语的广泛普及，甚至在文艺翻译的著作中"亮相"，把它用来表示文本里很难准确计量的成分（或文本里的段落），如情感方面的内容。从种种迹象来看，这一倾向不仅追求一般的概括，而且追求抽象化，它摈弃经验主义的具体化，继而重视演绎原则而轻视归纳原则。

上述种种情况再一次证实了对翻译各个方面兴趣的增强，证实了这一兴趣发展方向的多样化，同时也证实了翻译问题研究的整个范围得到了迅猛拓展，因此要求语言科学中完全不同的方法出人意料地结合起来。有一点是很能说明问题的，翻译理论是在传统的语文学中产生的，几乎是最年轻的学科，在语文学的背景下，这门学科在不久以前还显得很不传统，并未得到所有语言学权威的承认，而机器翻译的两位作者却称它为"传统的"。同时，书中有关这个问题的提出本身说明这种"传统理论"虽然在过去具有为更多的读者阐述的形态，但如今仍有现实意义，仍有生命力。这样，这两位作者在对属于同一对象——翻译的，但引自不同领域的论点和范畴进行综合的过程中，不得不与“传统的”翻译通论进行争论。

在苏联译界有一位理论家虽没有专著，但他的理论却颇有影响。他就是弗拉基米尔·格里戈里耶维奇·加克（Владимир Григорьевич Гак）。加克在自己的普通语言学著作和法语理论著作里广泛使用了翻译中的实例作为语言学的材料。对比分析法语和俄语原著和译著的方法使作者得以找到这两种语言之间的一系列翻译规律。他的一些重要思想为译坛后来的理论家所采用和发挥，其中值得一提的是等值的层次（уровни эквивалентности）说和翻译中词汇和语法转换的逻辑演算（логическое исчисление）。

1962年，加克与利温（Ю. Львин）合编的《翻译教程》（«Курс перевода»）出版了，这本教材之后再版了7次。加克以此为基础与格里戈里耶夫（Б. Григорьев）又编写了《翻译理论和实践》（«Теория и практика перевода»）一书。教材的理论导言由加克撰写，阐述了翻译理论的基本观点。在导言部分，加克提出的翻译等值三层次说引人注目。作者的出发点是译者与具体的话语打交道，话语里的词汇和语法形式表达了反映现实现象的概念和关系，因此译者使用等值的共性可以表现在：抑或语言形式的相似，抑或语言手段在形式上不同而在意义上相同，抑或所描写的情景（ситуация）相同。由此可见，翻译中有三种模式（形式的、意义的和情景的）和三个与之相应的等值层次。然后作者以实例加以说明。这个思想在现代翻译学中得到了广泛承认，不过不同的理论家对这个思想有不同的定义和不同的分类。此外，作者还对翻译的等值词语进行了逻辑演算，他指出，翻译转换可以表示质的变化或量的变化。在第一种情况下，原语的成分在翻译时由带有其他特质的成分所代替；在第二种情况下是某一个成分的增删。这里当然不包括因两种语言结构差异而引起的必然变换（主要在语法方面）。由于关于量的转换原因尚未得到很好的研究，因此作者把注意力集中在理论上可能出现的质的变换上。他强调这类变换可以在词汇语法结构的基础上进行逻辑演算。根据文本里一个词的意义、形态形式和句法功能经演算可分为五种基本转换形式。其中每一种形式又可细分为几个亚类（подтип）。这些亚类的形式经逻辑演算可变为矩阵（матрица）。作者以语际对比的实例演示了这种可能性。这类演算可用于语法范畴、词类等。对可能出现的语义变换进行演算具有很大的理论和实践意义。这类转换可根据概念之间的逻辑关系分为五类（相同、矛盾、从属、超常、交叉）。作者运用大量实例进行这类演算以证明这一思想的正确。在结束这类描述时他指出，它们都可以纳入翻译转换共同类型的框架之中。这些转换是翻译等值的基础并为论证这种等值的存在提供了可能性。

从 20 世纪 60 年代后半期开始，翻译研究无论是在苏联还是在国外基本上都是按照翻译通论的路线，也就是按照语言学的路线进行的。其原因是，在现代社会里研究各种类型翻译（包括文艺翻译）的迫切性和因此对这项工作所积累的经验进行概括的需求与日俱增。同时，显而易见，翻译作为纯语言学研究的特殊对象、作为两种语言对比的材料引起了现代语言学家们的兴趣。此外还出现了一门语言学的特殊分支，名为“翻译语言学”（лингвистика перевода）。科米萨罗夫于 1980 年在莫斯科以这个标题出版了一部专著《翻译语言学》，但这个观点后来很少有人响应。翻译通论在译坛开始占主导地位，意味着翻译理论或作为一门独立的翻译学已呼之欲出了。

20 世纪 70 年代是苏联译坛“丰收的十年”。在这个十年里佳作迭出，硕果累累。1971 年，鲁斯卡娅（Русская）主编的《文艺翻译的理论问题》（«Теоретические вопросы художественного перевода»）出版，总结了文艺学派的观点。1972 年，加切奇拉泽的《文艺翻译与文学交流》问世。1973 年，科米萨罗夫的《论翻译》面世，提出了等值层次说。同年，什维策尔在《翻译和语言学》一书中博采国内外学者之长，提出了翻译不仅是两种语言体系的接触，而且是两种不同文化，有时甚至是两种不同文明的接触。次年，列茨克尔在《翻译理论与翻译实践》(翻译的语言学理论论纲)中阐明了翻译语言学方法的一些基本问题。1975 年，苏联译坛迎来了巴尔胡达罗夫的力作《语言与翻译》。这部专著把苏联的翻译理论提高到一个新的阶段。1976 年，切尔尼亚霍夫斯卡娅的《翻译和语义结构》一书问世。这是苏联译坛唯一一本使用实义切分法研究翻译中选择句法结构问题的专著。同年，列维茨卡娅（Т. Левицкая）和费捷尔曼（А. Фитерман）合编的《翻译问题》(«Проблемы перевода»)出版，这部著作的主要任务是解决英译俄在词汇、语法和修辞方面的难题。1977 年，柳比莫夫（Н. Любимов）在《翻译是艺术》(«Перевод—искусство»)一书中重点讨论了文艺翻译问题，指出翻译的基本范畴是话语。1978 年，维诺格拉多夫的《文艺散文翻译的词汇问题》非常详细地探讨了作为语言基本单位的词在翻译中的种种现象。同年，由科米萨罗夫主编的《国外语言学中的翻译理论问题》与读者见面。这一年苏联译坛在口译的特殊形式——同声翻译的理论上有了突破。由切尔诺夫撰写的有关同声翻译的第一部著作《同声翻译的理论与实践》出现在译坛。这部作品的油墨未干，另一部题材相同的作品《同声翻译》即由希里亚耶夫编成出版。

由此可见，在这十年里，在翻译理论研究上，既有对传统理论的继承和发展，又有在新领域的突破；既有对翻译通论的深化，又有具体到句法结构、词汇层面的专论；既有对翻译文艺学派的进一步阐述，又有对语言学派富有理论价值的探索。所以称之为“丰收的十年”并不为过。此外，随着翻译通论逐渐为译界所接受，苏联翻译学已具雏形。

术语是一门学科的重要组成部分。每一门新学科的发展都要求有新的概念和表示这些概念的术语。例如，在这一时期，苏联翻译理论著作中出现了非常重要（特别是在研究文学和社会政治文献以及政论文翻译的时候）的背景知识（фоновые знания）概念。所谓背景知识，就是关于另一个国家、另一个民族现实的实际知识，是对学习某一种语言的人，或者对译者和译文读者来说，正确和完整理解文本中所展示的内容所必需的知识。

术语的意义和使用在译学形成的过程中也有变化。这首先涉及上面提到的术语“等值”。无论是在翻译理论著作中，还是在论述其他语言学和普通语文学问题的著作中，这一术语起初是用来表示原语和译语单位之间固定和单一的对应关系，这一意义使用了很长时间，后来经常用作各种对应关系的同义词。之后这一术语的意义扩大了许多。除此之外，与它在词源上相关的术语“等值性”大为普及，该词表达了原作和译作之间更为普遍的等同概念。由于关于固定的单一对应关系的概念本身对于详尽划分翻译手段是必需的，并要求有清晰的界说，因此为了避免混淆，实际上用了维诺格拉多夫在上述著作里成功使用的“恒常对应”（константное соответствие）这一术语和概念来代替它。显而易见，这一术语排除了学术上犯忌的歧义，是有前途的。为了表示现象的普及性，概念和术语在研究各种类型的翻译时是必需的。为此，在 20 世纪 90 年代以后出版的论述翻译的有些著作中，把翻译术语作为附录列于著作之后（如明亚尔－别洛鲁切夫的《翻译理论和方法》，1996 年；科米萨罗夫的《现代翻译学》，2001 年）。值得一提的是，涅柳宾（Л. Нелюбин）的《译学详解词典》[①]（«Толковый переводоведческий словарь»），收录

① 莫斯科，2003 年，第三次修订版。

了译界常用的术语2 028条，并给以翔实的释义，为规范翻译学术语发挥了有益的作用。

20世纪70年代，苏联翻译理论开拓了一个新的领域——同声翻译。代表人物是格里·瓦西里耶维奇·切尔诺夫（Гелий Васильевич Чернов）和阿纳托利·费奥多罗维奇·希里亚耶夫（Анатолий Федорович Ширяев）。他们两人一致认为同声翻译是口译的一种特殊形式，同声翻译之所以可能，是因为演讲者的言语有冗余（избыточность）成分，但他们阐述这种翻译的机制和过程的方式却各有千秋。他们的著作和教材不仅对同声翻译的理论和实践，而且对翻译通论做出了应有的贡献。

切尔诺夫（Г. В. Чернов）是一位富有实践经验的同声翻译工作者和翻译教师。早在1969年就发表过论文《同声翻译：言语压缩——语言学问题》探讨同声翻译问题。《同声翻译的理论和实践》（«Теория и практика синхронного перевода»）虽以教材的形式出版，但它的理论阐述逻辑严密，具有说服力。他运用语言学、心理语言学和心理学的成果全面研究了同声翻译的理论问题，同时也指出了培养同声翻译者的实践要点。切尔诺夫以实验的数据证明同声翻译是可能“同声”的，从而推翻了心理学家认为听和说是同一个机制，因此两者不可能同时发生的观点。之后，他探讨了同声翻译的心理模式（психологическая модель），为此他转而研究心理语言学、心理学、交际理论。他的同声翻译理论基础是概率预测模式（вероятностно-прогностическая модель）。所谓概率预测，就是言语各个结合单位之间是用语法和语义的一致关系联系起来的，这种关系为译者提供或多或少预测下文的概率，使他有可能利用听到的内容预测报告人下面要说的内容，从而接受更大的言语段落。概率预测是同声翻译的主要机制，它可以使译者翻译尚未听到的部分下文。作者经过试验论证了概率预测的设想是能够在现实中实现的。

切尔诺夫详细地探讨了话语意义形成的方法，以及听者尤其是同声翻译者抓住这个意义的可能性。他认为文本是作为统一的结构——意义整体而存在的，保证这样的存在有许多因素，其中关键因素是它的主位-述位结构（тема-рематическая структура）。他认为，主位是话语的题目，可由几个句子或整个文本表达，处于语义的层面，而述位是深层的谓词（предикат），与表层的句法谓语可能吻合，也可能不吻合。经过分析和研究，作者发现在文本的所有层面上主位具有最大限度的预测性，而文本的述位成分只有在译者接受的更高一个层面具有足够冗余度的情况下才可能预测（句子的述位在文本的层面上，而文本的述位在交际情景的层面上）。可见，只有在主位的构成中进行言语压缩（речевая компрессия）才可能在话语（句子）和报道（文本）两个层面上实行。最后作者对同声翻译实施的交际情景进行了全面的分析。在此基础上，作者列举了影响概率预测机制实施的因素，这些因素为：报道的源头（演讲者）、报道的题材、受话人、地点、时间、报告的目的和它的动机。但该书在同声翻译的句法方面，以及在同声翻译时对语调的辨义作用等方面研究得还不够。

苏联同声翻译理论的另一位研究者希里亚耶夫的《同声翻译》（«Синхронный перевод», 1979）发表在切尔诺夫的专著之后，其中的有些观点与切尔诺夫的有一定的交叉，但应该说是独立研究所得。这本著作虽以教学参考书的形式出现，但具有很强的学术意义。

作者从心理语言学的角度把同声翻译视为活动的一种特殊形式，因此他的任务是揭示同声翻译者活动的结构、同声翻译时接受演讲者言语的过程和用译语生成言语的过程平行进行的实质，以及它的时间特性和语言特点。他根据言语活动的理论提出，同声翻译这种活动的目的和结构是它最重要的概念。

作者在分析同声翻译的结构之前，先确定这种分析的方法论原则。第一，按照活动单位进行分析，其中每一个单位都应该具有整个活动所有的一切基本性质。第二，活动结构具有三个阶段。这样的划分既适用于整个活动，也适用于活动的每一个单位。这三个阶段是：(1) 在任务明确和必须选择行动计划形势下的定向阶段；(2) 实施阶段；(3) 对比结果和预设目的阶段。第三，承认接受和生成话语的启发性质：译者可以根据活动的具体条件选择不同的策略（стратегия）。第四，把概率预测理解为选择行为方法的程序。然后，根据上述原则研究译者的行为。希里亚耶夫引入了定向单位（единица ориентирования）这个概念。所谓定向单位，是指一段原语文本，在意义上接受这段文本使译者有可能着手寻找或选择下一个翻译方案。这个术语意味着，译语文本的出现并不是对原语文本简单地重新编码的结果。译语文本的生成是话语内部程序的实现，这个程序是在译者的意识中以情景，尤其是以它最重要的组成部分——演讲者言语定向而形成的。定向单位的篇幅可由译者视具体情况而定。这种单位的确定势必与对原语文本的切分（сегментация）有关。作者经过试验得出结论，这种切分取决于译者个人的特点、原语文本词汇和句法的特性、演讲者言语的速度、原语和译者所用的两种语言的句法特点等。

在同声翻译中，译者行为的主要特点是：压缩定向对象的长度（以语句的一部分代替整个语句），在不完全了解语句内容和它的词汇语法结构的情况下决定解决问题的方案和压缩翻译行为的产物的长度（以语句的一部分代替整个语句）。这样连续的翻译行为组成了活动的持续过程。

在描述同声翻译机制时，作者又补充研究了同声翻译发挥功能时的两个特点：时间特点和语言特点。希里亚耶夫经过试验确定，译者在原语文本的定向阶段中感到时间最紧。同声翻译活动所受到的时间限制，是由翻译行为在心理和语言方面适应这种限制决定的。

时间的限制要求译者改变语言特点以减少原语文本的长度。减少的方法通常称为言语压缩。这类压缩之所以可能，是因为言语有信息冗余度（информационная избыточность）。通常，在报道中有许多相互重复的言语信号以提高交际的可靠程度。必要时删去某些信号对报道内容无损。随后，作者用试验对这类压缩进行了研究并得出结论，言语压缩在同声翻译中只起辅助作用，只有在阅读原语文本时保持适度（缓慢）的语速时才能发挥作用。如果语速很快，甚至是中等语速都会造成压缩的困难。在此基础上作者提出了言语压缩的几种手段。最后，作者描述了同声翻译的综合模式：简言之，抓大放小，即选用这个活动最主要的方面而故意放弃次要的成分。

在同声翻译中，语言转换有两个特点。首先，译者在决定自己语句结构的方案时不得不仅仅以接收到的原语文本开头几个成分为依据，因此他的选择往往接近于原语结构。其次，在非常短暂的时间里译者要完成上述三个不同的阶段，因此他应该借助演讲者言语的冗余度减少译语文本的长度。

在 20 世纪 70 年代众多的著作中，还有一本介绍西方译论的作品必须提到。它就是科米萨罗夫主编并撰写前言的《国外语言学中的翻译理论问题》（莫斯科，1978 年）一书，其中非常翔实而客观地介绍了西欧和北美译界的代表人物，书中的各个章节和文章是 14 位作者 20 余年的心血。

主编的文章内容丰富，提纲挈领地介绍了文集选材的原则和它的主要内容。

该书的第一部分首先强调了现代理论（普通）语言学和翻译（一般）理论之间的有机联系，它们彼此对于对方的意义，翻译作为提出和解决语言学任务的方法和材料的意义和重要性，以及语言学理论对于深入探讨翻译本质的必要性。

第二方面是翻译的等值性。必须指出，科米萨罗夫在有独到见解的专著《论翻译》一书（莫斯科，1973 年）中对这一概念在自己整个翻译理论中赋予了巨大的意义。与列茨克尔不同，他认为等值性概念不是规律性对应的一种变体，即不是作为原语和译语某些单位之间不断复现的单一性对应，而是更为普遍的——整体的等同，是客观研究的原文和译文之间的相互对应性［这一概念接近“等同概念”（адекватность）］。文集第二部分的章节和段落表明，等值性概念的基础是原文和译文之间功能关系的标准。

第三方面，同时也是第三部分的标题——翻译过程，这里是狭义的翻译过程，这一过程就是“翻译技术手段”的运用，这些手段很容易从原语与译语的言语作品各成分之间的相互关系中总结出来，这一过程也是人意识的创造性行为，这个行为可分为若干个阶段。

最后，第四部分的标题是“翻译的语用学和修辞学”。这个方面包括两类问题：所译话语的性质（它的形式结构和反映客观现实的语义）和说话人之间的复杂及多方面关系，以及翻译方法受到篇章修辞种类的制约性。

该书没有深入分析和评价个别作者提出的观点，但应该明确一点，这部篇幅不大的文集对西方翻译语言学理论的现状做了充分的概括，它一方面使读者可以了解到各流派的差别和多样及其思想的不同、诠释问题和使用材料的差异、描述所研究事实的具体原则，另一方面使读者得以了解书中材料所反映的共同基本特征。在所有这些代表国外翻译理论思想的著作中，广义的翻译过程范畴占有重要地位。广义的翻译过程不是指个别翻译手段的应用，而是指交际行为的体现（该书第一部分中卡特的文章把这一概念作为中心概念并非偶然）。因此，应该强调，在现代国外翻译语言学理论中最重要的课题之一，就是交际行为，而交际行为的一次实施就是翻译过程。还有一点非常重要，即可译性的思想实际上没有人反对，不过没有明说而已；很多著名的研究者无论是通过取自实践的材料，还是通过演绎的观点，都明白无误地证实了这一点。在这方面乔治·穆南（Ж. Мунен）的观点最有代表性。[①]

要准确地理解可译性原则，仅考虑两种语言在形式上的关系是不够的，这一原则的实施必须有如下的条件：译者和译文读者应该了解原语国家的生活情况、了解这两个民族之间的交往，最后要了解两种语言之间是否有译本、它们的数量和特性。

乔治·穆南在自己的书中明确地提出了可译性的动态观——或者如他自己所称的辩证观，可译性绝对不是某种一劳永逸、确定的东西，它总是处于变化之中——它随着语言外现实、两种语言本身，以及两种语言之间交往的发展而变化。[②] 这种观点在很大程度上是富有成效的。

苏联翻译理论研究者的著作与他们的国外同行们的著作在当时有着很多共同之处，但也有不同之处。共同之处在于，很多理论家都对翻译过程以及翻译过程模式感兴趣，这些翻译模式是决定翻译过程各种条件的不同组合的概括性反映，这些条件包括言语环境和一般语用（超语言）因素（见什维策尔的《翻译和语言学》和巴尔胡达罗夫的《语言与翻译》）。苏联的翻译理论家与国外同行一样广泛运用功能概念，但他们都按照在苏联业已形成的传统采用功能原则对待问题。

---

① 他的这个观点在这一文集中并没有得到反映，详见他的 *Les problemes theoriques de la traduction*. Paris, 1963, p. 277; *Linguistique et traduction*. Bruxelle, 1976。

② 类似的思想康拉德（Н. Конрад）在穆南以前就提出过，即在 1959 年，不过是以口头报告的形式，书面发表已是 14 年以后的事了，详见《翻译技巧》第 9 辑，莫斯科，1973 年版，第 471 页。

令现代翻译通论研究者们感兴趣的一个主要问题可能就是重新提出的等值问题。现在必须强调，翻译概念本身要求确立原文单位和以原文为基础创造的译文单位之间的对应关系，换句话说，确立两种不同语言单位之间的对应关系。这些语际对应单位是建立在什么基础上的呢？比较传统的观点是，这些对应单位是建立在两种语言——原语和译语——单位意义（语义）等同的基础上的。而在科米萨罗夫的著作《论翻译》（莫斯科，1973 年）中解决问题的方法不一样，书中作者提出了自己独一无二的“等值层次”概念。

对可译性思想的研究不可能无视具体的历史条件。例如，在将一种语言译成另一种语言时，前者具有丰富的词汇，而后者还没有足够的词汇手段来表达某些概念、来表达意义和形象方面的细微差别，在这样的情况下，没有必要期望任何原著得到等值的再现。文化史上不乏这样的先例，将政治、经济和文化方面较为发达的民族的语言译成另一个尚未达到这个水平的民族的语言时会产生障碍，但是跟随着历史的进程，这些障碍都逐渐被克服了。总之，随着一个民族在经济、政治和文化上的发展，随着该民族语言词汇的丰富，随着翻译文学的出现和发展，译入该语言的等值翻译的条件、更加充分地实现可译性原则的条件会日臻完善。这一事实可以认为是一条历史规律。

上面已经指出，现代翻译理论著作的特点在于倾向描写的严谨和准确，外显地陈述原始概念的观点和定义，尽量建立形式化的或半形式化的翻译过程模式。但是，这绝不意味着现代翻译理论仅仅是建立在语言形式基础上，而不考虑语言外部的——但却至关重要的，有时对翻译过程来说是决定性的——社会学的、心理学的和文化史的因素。关于这一点，著名德意志民主共和国翻译理论家卡德（O. Каде，1927—1980）的文章颇具代表性，该文章发表在《翻译工作者札记》（第 16 辑，莫斯科，1979 年）

上。文章题目是《论翻译语言学理论的对象》(«К вопросу о предмете лингвистической теории перевода»)，文章肯定了从符号学和微观语言学角度对翻译的研究应该成为更为广泛的方法的一部分，这一更为广泛的方法作者称为“宏观语言学的”方法。它应该考虑翻译过程中语言和语言外因素之间的互动关系，特别是这种言语活动的社会方面，以及它们对结果的影响，即对翻译作为言语作品的影响。关于翻译理论作为学科具有“宏观语言学的”(运用现代术语，可称为“社会语言学的”，不过从整体上看，“社会语言学的”概念比“宏观语言学的”概念来得窄)属性，更早些时候巴尔胡达罗夫根据翻译过程本身，在自己的专著《语言与翻译》(莫斯科，1975年)中已经做出了十分相似的结论(该书的德译本由进步出版社于1979年在德国出版。德译本除原有的俄、英材料外，还增加了德语的实例)。

从上面提到的几位作者的著作中，可以看出几个共同特点：非常关注具体事例，非常关注经验性材料，十分明确地贯彻理论与实践相结合的方法，目的为直接运用已经获得的学术成果来解决实际问题。在这方面颇具代表性的是列茨克尔的最后一本书《翻译理论和翻译实践》(«Теория перевода и переводческая практика»)、上述什维策尔和巴尔胡达罗夫的两本著作以及克鲁普诺夫(В. Крупнов)的《在翻译工作者的创作实验室——有关专业翻译的随笔》(«В творческой лаборатории переводчика. Очерки по профессиональному переводу», М., 1976)。这些著作一方面集中讨论理论问题，另一方面则提出和解决实践中的任务(根据共同的理论出发点)。在理解翻译过程中也会发现某些可以上溯到苏联语文学传统的特征，例如，什维策尔在《论用语言学研究翻译过程》(« К проблеме лингвистического изучения процесса перевода»)一文中认为，翻译时寻找最佳方案的过程是运用“试错法”(метод проб и ошибок)。[①] 这与半世纪前佩什科夫斯基提出的修辞试验的思想十分相似，费奥多罗夫也提出过类似的想法。[②] 最后，科普季洛夫（В. Коптилов）对翻译过程提出了另一种理解，他认为这一过程是译者实际工作的三个连续的具体阶段：分析原作文本，在自己的语言中寻找必要的对应词语，综合以及对取得的结果进行自我批评性的检查。[③]

在苏联翻译理论研究者的实践中（在所研究的时期）采用的是屡试不爽的传统方法，这一方法的基础是从整体和细节上对原作和译作之间的关系进行分析（参见上文指出的列茨克尔 1975 年的著作，什维策尔和巴尔胡达罗夫的专著；克鲁普诺夫以实践任务为内容的章节；维诺格拉多夫的《文艺散文翻译的词汇问题》，1978 年；费奥多罗夫《翻译理论概要》的第三版《翻译通论基础》，1968 年）。与翻译理论中实践任务紧密相连的，是对两种语言从整体上或者在它们等级体系的某一层次上进行对比研究。这一语文学的分支也在苏联语言学活动的范围之内。

文艺翻译问题自然是包括翻译所有类型的翻译通论的一部分，不过保留了与对象特点有关的独立性。上述的所有著作都是以各种不同的材料为基础，其中包括文学文本的材料。翻译过程和翻译模式概念在这里也适用，当然因对象本身的复杂性而有所变化，这一对象要求关注诸如译者的个性和个人风格这样的重要因素。应该说，在苏联的论著中，这个问题曾经不止一次地被研究过，且取得成果（楚科夫斯基的著作、特尼扬诺夫的个别文章等），不过未成系统。但在 20 世纪 70 年代，译者

---

① 《语言学问题》，1970 年第 4 期，第 216 页。

② 《论作为创作的翻译过程中局部与整体的关系》（«О соотношении отдельного и целого в процессе перевода как творчества»），刊于《语言学问题》，1970 年第 6 期，第 34—35 页。

③ 《翻译工作的三个阶段》（«Этапы работы переводчика»），刊于论文集《文艺翻译问题》，莫斯科，1971 年版。

的个人风格才成为被专门研究的对象，它或与原作作者的风格相符，或与作者风格很难相容，甚至根本不能相容。这里必须提到诺维科娃（М. Новикова）的著作，尤其是她的《基茨—马尔夏克—帕斯捷尔纳克个人翻译风格札记》(«Китс-Маршак-Пастернак ‹Заметки о индивидуальном переводческом стиле›»)[①] 一文。这些作品对于研究文艺翻译这个复杂而有现实意义的现象，以及它所有具体的文学和语言特点来说是一大进步。

20 世纪 70 年代,苏联译界的另一个特点是翻译理论队伍的新老交替。文艺学派的代表人物，如楚科夫斯基、卡什金等人已经去世。老一代的语言学派代表人物,如列茨克尔、费奥多罗夫、巴尔胡达罗夫也年事已高。新一代的理论家已成气候，正驰骋于译坛。

20 世纪 80 年代，苏联译坛新、老理论家的交替已经完成。1983 年，费奥多罗夫的《翻译通论基础》出版了最后一版，此后基本退出译坛。当年发动和积极参与两派论战的主将们或已谢世，或已封笔。文艺学派的主要成员是兼搞翻译的作家、诗人和文艺理论家,在他们去世或搁笔后，该派后继乏人。新生代的作家、诗人和文艺理论工作者们与他们的前辈不同，很少关心、问津译坛，更不用说涉足译坛了。此时翻译理论家队伍中的新生力量几乎都是苏联立国后自己培养的大学外语系或外语院校的毕业生。他们的知识结构是在以语言学为基础编写的翻译教材熏陶下形成的，与文艺学派的学养迥然有异。文艺学派的许多翻译家本身是实践工作者，其中不乏优秀的翻译家。但他们只在译著的前言和后记、题和跋里发表自己的见解，在理论上不成系统。而此时活跃在译界的翻译理论队伍主要是翻译工作者、翻译教学工作者和语言学家。新一代的语

---

① 刊于《翻译技巧》第 8 辑，莫斯科，1971 年版。

言学派，或因文艺学派作为整体已不复存在，故被称为理论研究者。他们既从事翻译实践，又讲授翻译课程。因此，20 世纪 80 年代以后的译坛几乎是翻译理论研究者一统天下的时代。

1980 年，明亚尔-别洛鲁切夫的重要著作《翻译通论和口译》问世，为整个 80 年代开了一个好头。1981 年，译界出现了一位新人，他就是拉特舍夫。他以《翻译教程——翻译等值及其实施的方法》一书专门探讨翻译的等值问题。

1982 年，希里亚耶夫发表了《同声翻译参考资料》（«Пособие по синхронному переводу»）一书，推出一套精心设计的专门练习以培养同声翻译工作者的技能。次年，费奥多罗夫的《翻译通论基础》面世，为自己的创作画上了句号。

1985 年，利沃夫斯卡娅（З. Львовская）发表了《翻译的理论问题》（«Теоретические проблемы перевода»）一书。她从交际功能的观点确定了翻译的交际功能模式，指出翻译的重要问题是语言意义和言语含义之间的关系。

1987 年，切尔诺夫发表了第二部著作《同声翻译原理》（«Основы синхронного перевода»），广泛地探讨了同声翻译的语言和超语言问题，在研究这些问题时，作者使用了现代语言学和翻译的语言学理论。该书对概率预测的设想做了进一步的补充，作者力图为概率预测模式提供扎实的语言学理论基础。他围绕这个核心机制分析了论证这个模式各个方面时产生的问题和实现翻译过程时与这个模式有关的各种问题。

切尔诺夫探讨了报道中意义结构的成分，这些成分造成了意义冗余，从而为概率预测提供了依据。作者借助成素分析法，发现义素的必定重复性是言语中词汇搭配的基础，以此，他演示了这类冗余的客观性。对报道中意义结构成分的描述使作者有可能研究这个观点的中心问题：译者如何抓住报道的意义。为此他建议把报道的冗余性分为客观的和主观的两种。客观的冗余性是由报道中语义成分的重复性和相互联系造成的。主观的冗余性是下意识的意义结论（подсознательный смысловой вывод）造成的。切尔诺夫引入了蕴涵性（импликативность）的概念，指出蕴涵是交际中关键的意义结论，这个结论是由报道接受者根据三个方面做出的，这三个方面是：从一组预设（пресуппозиция）中有意或无意做出的一种选择，报道的源头和理解这个报道的条件。作者把这类意义结论细分为语言的、认知义类的（когнитивно-тезаурусный）、情景指示的（ситуативно-дейктический）和语用的四类。在这个基础上，作者认为,大部分的意义结论是根据超语言信息来源(экстралингвистические источники）做出的，超语言信息来源有义类的、情景的和语用的之分。这类信息是理解的重要依据。作者在这里所指的"蕴涵性"比传统意义上的"蕴涵意义"来得宽。在这以后，作者着重分析了同声翻译中交际情景（коммуникативная ситуация）的八大因素：演讲者的特点，报道的题目，演讲与事件的关系，会议的参加者们，会议的地点、时间，报道的目的和它的动机。这些因素中有些是固定不变的，有些是变化的。了解交际情景与这些因素的关系可以大大减轻同声翻译工作者的工作。解决了这两个问题以后，作者着手描述同声翻译的心理语言机制。为此他发展了概率预测的观点，指出这种预测可以在不同言语单位（音节——词……连贯的报道）层面进行。报道的冗余度愈高，正确预测的概率愈大，反之则愈小。

在详细地分析了演讲者言语中的冗余度后，作者把注意力转移到译者言语生成的问题上来。在译语中，报道的生成受到两种具体语言语义和句法在结构上差异的制约，因此在寻找词汇的等值单位时会碰到许多困难。演讲者言语中较高的冗余度使译者有可能在翻译时采用压缩言语的方法。所谓压缩言语，是指使用节省言语—语言手段来表达同一个内容。言语压缩法有四种类型：音节的、句法的、词汇的和语义的。这四种类型相互关联、相互交叉。例如句法压缩会导致词汇压缩，从而导致音节压缩。在实际操作过程中也可能出现相反的情况，即扩展（экспансия）。如果演讲者的语速很慢，译者就有可能提高译语报道的冗余度，使原语中的含义尽量显现出来，从而让听众更易理解。作者认为在生成报道时，句法是诸多因素中的关键因素。最后，切尔诺夫把同声翻译的各个阶段归结为一个统一的功能体系，并列举了这个中心的五个组成成分。同声翻译的所有阶段与人活动的功能体系中所有成分是相符合的，从活动的动机到对活动成果的评估。

1988 年，什维策尔在《翻译理论》（莫斯科）中及时指出："最近一二十年，翻译学发展的一个主要倾向是，重点逐渐从语言之间的关系向文本之间的关系转移。"翻译理论家围绕着"文本"和"上下文"这两个概念施展身手。

20 世纪 80 年代，苏联译界接受了西方的交际行为理论，把翻译过程视为交际行为。

20 世纪 70—80 年代的翻译理论（主要是翻译通论）的长足发展与此时文艺翻译质量的提高并不一定是同步的。在这个时期，苏联的报纸杂志连篇累牍地发表读者来信批评译著的质量下降、误译不断。其中有些表示疑问、有些提出建议、有些感到愤慨，更有甚者，自己提出纠正误译的方案。为此在报纸杂志上开展了如何翻译文艺作品的大讨论，这次讨论的时间长达数月之久。

之后，1991 年，苏联解体，俄罗斯联邦诞生。这次重大的政体改变短暂地中止了翻译事业的进程。嗣后不久，翻译事业重新启动并得到迅速的发展，不过在翻译实践中出现了很大的变化。

苏联解体前夕，译界的商业化已露端倪，为了提高销售量，出版社在选题方面已无规定和限制。不仅质量低下的通俗文学，甚至色情文学都在考虑之列。在苏联解体以后，出版社纷纷私有化，有些出版社唯利是图，选题毫无禁忌，有些在西方都有争议的作品在俄罗斯也照译不误、照出不误。随着翻译题材的无限扩大，翻译人员的数量也急剧增加，出版社无心挑选译者，实行“拉郎配”式的方法。译著，尤其是文艺作品译著的质量进一步下降。苏联立国初期，由高尔基、楚科夫斯基等前辈翻译家制定的翻译、编辑、出版的优秀传统已荡然无存。

苏联解体后，俄罗斯政府无论是对普通百姓的出入境、对国际文化和科技交流，还是对贸易的出口和入口都采取非常宽松的政策。因此口译和笔译需要量大增，启蒙性的翻译教材，如《怎样成为一名翻译？》（«Как стать переводчиком?»）[①] 等陆续面世。译界的理论研究并未因苏联解体而中断。苏联解体后，一批活跃在 20 世纪 70—80 年代的理论工作者继续在译坛耕耘，仍然有不少专著问世。值得一提的有：明亚尔-别洛鲁切夫的《翻译的理论和方法》（莫斯科，1996 年），加克和格里戈里耶夫合编的《翻译理论和实践》（再版，莫斯科，1997 年），奥博连斯卡娅（Ю. Оболенская）的《文化的对话和翻译的辩证法》（«Диалог культур и диалектика перевода», М., 1998），科米萨罗夫的《翻译通论》（莫斯科，1999 年）和《现代翻译学》（莫斯科，2001 年），托佩尔的《比较文学体系中的翻译》（莫斯科，2000 年），阿列克谢耶娃（И. Алексеева）的《翻译工作者的专业训练》（«Профессиональное обучение переводчика», СПб., 2000; М., 2001），布兰德斯和普罗沃托罗夫（М. Брандес, В. Провоторов）的《文本的译前分析》（«Предпереводческий

① 作者为明亚尔-别洛鲁切夫，莫斯科，1999 年版。

анализ текста», М., 2001），拉特舍夫的《翻译技巧》（莫斯科，2001年），卡扎科娃（Т. Казакова）的《文艺翻译》（«Художественный перевод», СПб., 2002），科米萨罗夫的《俄罗斯翻译语言学》（2002年），涅柳宾的《译学详解词典》（莫斯科，2003年），加尔博夫斯基（Н. Гарбовский）的《翻译理论》（«Теория перевода», М., 2004）。此外，还有论文集《翻译与交际》（«Перевод и коммуникация», М., 1997）、《法语和翻译理论问题》（«Вопросы французского языка и теории перевода», М., 1999）、《大学翻译学》（«Университетское переводоведение», СПб., 2000）、《语言和文化。语言学，诗学，比较文化学，翻译理论》（«Язык и культура. Лингвистика, поэтика, сравнительная культурология, теория перевода», М., 2001）等。在这个时期，有一种现象值得关注：翻译教学与研究超越了传统的国际性大都市（莫斯科和圣彼得堡）的"疆域"向俄罗斯腹地扩展。其中有一定代表性的教材有斯多布尼科夫（В. Сдобников）和彼得罗娃（О. Петрова）合编的《翻译理论》（下诺夫哥罗德，2001年），以及莫霍娃（И. Э. Мохова）编写的《翻译理论和实践》（新西伯利亚，2002年）。这些教材主要是供其课程或活动与翻译有关的大学生使用的，它们对俄罗斯译坛的各种观点进行梳理、归纳和总结，对不同的观点发表了自己的见解，但无重大的理论性突破。不过这项工作随着时间的推移会向纵深发展，到时候量变可能会引起质变。

自1999年，停刊10年的学术理论文集《翻译工作者札记》复刊。俄罗斯翻译工作者协会（Союз переводчиков России）开始出版理论和实践性质的定期刊物《翻译世界》（«Мир перевода»）。

20世纪90年代末，什维策尔一改自己在70年代的观点——翻译理论应归属应用语言学——提出翻译理论是跨学科的科学（междисциплинарная наука），这门学科可以克服语言学和文艺学之间的"孤立主义"，在学科里制定一体化和多维分析的翻译方法的趋势会得到发展。他指出，促成方法论上这种定向的原因在于，“语言学本身扩大了边界，它摈弃了‘分立的’传统，与其他学科建立了紧密的联系和出现了能够促进语言学与一系列边缘学科相互丰富的‘连词符式的’（дефисный）新方向”①。关于对翻译理论进行跨学科研究的观点，费奥多罗夫在20世纪80年代已经提出，而且在实践中已有所体现。②如，在论述同声翻译的著作中，作者运用了语言学、心理语言学和心理学等学科的相关理论。再如，科米萨罗夫在《现代翻译学》第一部分中的观点。但把这种跨学科研究变成跨学科的学科，有些学者不能接受。如加尔博夫斯基在《翻译理论》（莫斯科大学出版社，2004年）中指出：“翻译理论远远超出了语言学的框架，因为所研究对象的特点要求吸收诸如逻辑学、文化学、人类学、民族学、心理学、社会学等其他学科的知识和方法。这是否证明了翻译理论的跨学科地位呢？ 是否证明了它是一种所谓‘连词符式的’科学方向呢？恐怕并非如此。这证明了翻译作为对象可以从不同的方面，由不同的学科进行研究。……翻译研究需要跨学科的方法，但是在科学方向相同的情况下，对它对象的跨学科研究方法和它的跨学科地位是两码事。”③

继费奥多罗夫后，科米萨罗夫活跃在俄罗斯译坛上。他完成了一个历史性的任务，提出“现代翻译学”这个概念，提倡对译学进行跨学科的研究，从而把俄罗斯的译学推向一个新的阶段。④

---

① 《翻译理论的跨学科地位》（«Междисциплинарный статус теории перевода»），刊于《翻译工作者札记》，莫斯科，1999年版，第21页。

② 《翻译通论基础》，高等学校出版社，1983年版，第119页。

③ 详见该书第205—206页。

④ 科米萨罗夫已于2005年去世。

俄苏文艺作品中人物姓名的译法刍议

迄今为止，我国翻译工作者在处理俄苏文艺作品中人物姓名时一般都采用音译法，例如：Иван Иванович Ерошкин 译为伊凡·伊凡诺维奇·叶罗什金，Иван Жуков 译为伊凡·茹科夫，等等。毋庸置疑，这种方法对于统一译名颇有裨益，但也有不足之处。其一，文艺作品中人物的姓氏与普通的不同，除了代表作品中的人物外，有时还包含与人物某种特征有关的意义。作家给某一人物所取的姓氏往往是这个姓氏代表的艺术形象的组成部分。例如：契诃夫在他的名篇《跳来跳去的女人》中为男主人公取了 Дымов 这个姓。此姓来自 дым（烟）一词，因此与它的语义有密切关系，可暗示出作家对这个人物的态度。音译却无法译出这类含义。其二，俄语中姓名的构成和使用比汉语复杂得多，例如：俄语中名字 + 父称这种称呼在成人之间表示尊敬，而音译无法反映出原文中这种人际关系。其三，俄语的名字具有形式多样的小名、昵称、爱称和卑称，但音译后，原来包含的感情色彩就不复存在了。

由此可见，音译法只能传递原作人物姓名的语音特点。至于人物姓氏的含义，姓名不同构成部分的不同组合所表达的人际关系，名字表爱、表卑等形式所反映的迥然有异的感情色彩，音译法都无法反映出来。音译的人物姓名，对于不懂俄语的广大读者来说没有任何意义，仅仅是一组纯粹的表音符号而已。从忠实原文和再现作家的风格来看，这不能不被认为是一种损失。有鉴于此，本文试图就上述三个问题发表一些粗浅的看法，求教于专家和读者。

一

众所周知，文学作品中人物的姓氏是作家虚构的（当然，反映真人真事的传记、报告文学和历史小说除外）。不少作家利用自己给人物所取的姓氏来刻画人物的特点。试以俄国著名剧作家亚·奥斯特洛夫斯基为例，他在自己众多的剧本中塑造了一系列栩栩如生的形象。这些人物的姓氏乍一看来似乎是作家信手拈来的，其实恰恰是作家的匠心独运，用它们从各个侧面勾勒出人物的各种特征。例如：

人物外部的特征

Пузатов（来自 пузатый，表示大腹便便）

Плешаков（来自 плешь，表示秃顶）

Бородкин（来自 бородка，表示大胡子）

人物性格的特征

Лисавский（来自 лиса，表示狡猾）

Кукушкин（来自 кукушка，表示自私、冷酷）

Коршунов（来自 коршун，表示贪婪）

人物待人接物的特征

Грознов（来自 грозный，表示威严）

Устрашимов（来自 устрашимый，表示胆战心惊）

Лютов（来自 лютый，表示凶恶）

人物生活方式的特征

Досужев（来自 досуг，表示显得百无聊赖）

Погуляев（来自 погулять，表示纵情游乐）

Баклушин（来自 бить баклуши，表示游手好闲）

人物社会地位和生活状况的特征

Большов（来自 большой，表示大［人物］）

Великатов（来自 великатый，表示威严、显赫、高傲）

Мыкин（来自 мыкаться，表示贫穷）

含有如此丰富意义的人物姓氏，音译后原来的含义丧失殆尽。为了让中国读者了解人物姓氏的含义和作家在这方面的创作手法，不妨采用以下几种方法。

（1）音译加注：在目前普遍使用的音译法的基础上加注，指明这个人物姓氏所蕴含的意义，并介绍作家的创作手法。

（2）音意兼译：按音翻译人物姓氏，但不采用统一译音表中提供的汉字，而是删去一些非重读音节或辅音，再选择既能表达原文中人物姓氏所包含的意义，又能在发音方面与俄语相似或相近的汉字。例如：

Досужев 按音译法应译为：多苏热夫。如音意兼译的话，是否可改为：屠素餐。“屠”是 до 这一音节的译音，权作汉语的姓氏，而“素餐”是其余两个音节近似的译音，同时也可反映原文中这一姓氏的含义，在汉语中算作名。再如：

Великатов 音译应为：维利卡托夫，而音意兼译似可译为：威厉客。

（3）意译：不考虑俄语中人物姓氏的语音特点，只根据意义取其相应的汉语姓名。例如：Лисавский 按音译法是：利萨夫斯基，而意译则可为：刁湖利（双名取“狐狸”谐音）。

比较上述三种方法可以看出，第一种方法比较容易做到，但音译的姓氏不能有机地融合于整部作品之中，而注释部分又游离于作品之外，可能会使读者感到不便。第二种方法音意兼顾，读者容易理解。就通篇作品而言，也有一气呵成之感，但并不是每一个姓氏都具备音意兼译的语音条件。第三种方法对读者、对作品的整体来说是有益的，但在语音方面与原文的人物姓氏失去了联系。我们认为，为了把原作在这方面的信息和特点充分传递给读者，译者在翻译时可以根据作品的特点、姓氏的语音条件，以及选用汉字的可能性，采用不同的方法。甚至不同的译者在翻译同一部作品时也可因人而异。

二

俄罗斯人的姓名由三个部分组成：名（имя，以下简称为 И）+ 父称（отчество，以下简称为 О）+ 姓（фамилия，以下简称为 Ф）。

在俄语中，这三个组成部分可构成六种形式，使用于不同场合：

（1）И+О+Ф[①] 这是人物姓名的全称，在文艺作品中一般用于介绍人物，或正式的文件（出生证、护照、证书等）中。例如：

Сперва взгляните в окно! *Евдокия Ильинична Голубкова* сидит на лавке...[②]（作品开头介绍人物）

...*Екатерина Михайловна Маслова* 27-ми лет обвиняется в том, что...（起诉书）（«Воскресение»，Л. Толстой）

（2）И+О 这一形式用于叙述，在成年人的对话中表示尊敬，相当于 вы。例如：

---

① 也可为 Ф+И+О。

② 摘自 С. П. Бабаевский, Родимый край. М., 1965。

...как говорит о ней *Евдокия Ильинична*[①]（叙述）

—*Дмитрий Андреевич*, ямщик ждать не хочет!（表示尊敬）（«Казаки»，Л. Толстой）

（3）И+Ф[②] 这一形式用于叙述，或学校、军队中的点名，或地位、辈分高的对地位、辈分低的人的称呼等。例如：

Второй раз сплетня выползла на улицу, когда комсомолец *Иван Голубков* прислал к Шаповалову сватов.[③]（叙述）

—*Корнейцов Петр*, сапожник. *Кондрашов Иван*, шорник ...[④]（点名）

（4）И 使用于叙述，或朋友、熟人、亲戚之间，地位、辈分高的对地位、辈分低的人的称呼，相当于 ты。例如：

Была *Евдокия* стройна и по-девичьи тонка в талии ...（叙述）[⑤]

—Что-то нам, *Илья*, надо делать с нашей матерью—сказал Антон.（兄弟之间的对话）[⑥]

（5）О 使用于农村或俗语中以示亲昵、亲密、尊敬，知识界中很少使用。例如：

—Хватит, *Сидоровна*! Уморила ты меня!（在俗语中）

—Ничего, *Иваныч*, хоть молодость вспомним.（农庄主席和生产队女队长之间的对话）（Е. Сорокин）

（6）Ф 可用于叙述，或用于学校、工厂中老师对学生，师傅对徒弟，或旧友重逢表示亲热，或上级对下级，有时表示不客气。例如：

---

① 摘自 С. П. Бабаевский, Родимый край. М., 1965。
② 这一形式也可用作 Ф+И, 以下第二例即是。
③ 摘自 С. П. Бабаевский, Родимый край. М., 1965。
④ 同上。
⑤ 同上。
⑥ 同上。

...заломил такую цену, что у *Онихримчукова* кубанка сама поползла на лоб ...[①]（叙述）

Понял меня, *Барабанов*!（师长对团长说的话）（К. Симонов）

作家在人物对话中变换这六种形式[②]，向读者提示使用不同形式姓名组合的人物的社会地位、身份、教养，以及人物之间的关系和这种关系随着称呼的改变而发生的变化。这一切对以俄语为母语的读者来说是一清二楚的，但经过音译后，不同形式之间的差异以及变换形式所产生的变化恐怕很难为不懂俄语的读者所理解。试举一例。

...Кто ты, человек?—думала хозяйка хаты.—И чего ты сюда забрел? Или с дороги сбился и заплутал? Неужели ты и есть *Иван Голубков*?...

—Что так глядишь, *Дуся*? Не признаешь?

—Какой-то ты стал ... *Иван Кузьмич* ... Какой-то ... Не пойму...

...

—Или хворый, *Кузьмич*, или приморился?..

—Так ... От всего. Рассказывать—песня даже длинная. А ты чего это меня по отчеству величаешь? Раньше *Ваней*, *Ванюшей* звала?

—То раньше ...

...

—Нашу болячку, *Евдокия*, не ковыряй.

...*Иван*, *Иван*, за что тогда меня так обидел?—думала она ...

“这个人是谁？”屋子里的女主人想道。“你干吗到这儿来啦？难道

① 摘自 С. П. Бабаевский, Родимый край. М., 1965。
② 因篇幅有限，此处所列举的例子并不说明六种形式所有的使用场合。还有一种形式是小名＋Ф，例如：Дуся Шаповалова.

是迷了路啦？莫非你就是伊凡·戈卢勃科夫？”……

“杜霞，干吗这样看我？不认识了？”

“看你成了什么人啦……伊凡·库兹米奇……成了什么……我弄不懂……”

……

“库兹米奇，你是病了呢，还是犯了什么愁呢？”……

“这个嘛……原因很多，说来话可长了”，“你怎么用父称来叫我？从前你不是叫我万尼亚，万纽沙吗？”

“那是从前……”

“叶芙多基娅，不要揭人家过去的伤疤啦。”

……“伊凡哪，伊凡，那时候你为啥要这样欺侮我？”她想道……

这段对话是在小说主人公叶芙多基娅·伊里依尼奇娜·戈卢勃科娃和与自己分居多年后初次见面的丈夫伊凡·库兹米奇·戈卢勃科夫之间进行的。丈夫当年官居区委第三书记时，不认结发之妻。罢官后弄得“衣衫褴褛、弯腰弓背”，“好像一个乞丐”。他重返故里，指望找个栖身之所，可是连妻子“也认不出他来了”。故而一上来妻子在心里以 И+Ф 相称，揣摩此人是不是自己的丈夫。确认后，始则以 И+О 称之，表示对他敬而远之，继而叫他的 О，虽说退了一步，但仍保持距离。难怪丈夫听了要问“你怎么用父称来叫我”。接着，丈夫又说：“从前你不是叫我万尼亚，万纽沙吗？”希望妻子像过去那样称他的小名、爱称，同她握手言和、重温旧梦。但是妻子答曰：“那是从前……”，断然拒绝。丈夫知道重修旧好无望，便从一开始他所使用的妻子的小名 Дуся（杜霞），改为本名 Евдокия（叶芙多基娅）。

从这一段文字中可以看出，俄语中使用姓名的不同构成部分所表达的不同态度，通过音译法，中国读者是很难体会的。

再以文学作品的标题为例：Анна Каренина（《安娜·卡列尼娜》，И + Ф）；Иван Иванович（《伊凡·伊凡诺维奇》，И+О）；Чапаев（《恰巴耶夫》，Ф）；Ионыч（《姚尼奇》，О）；Анюта（《阿纽塔》，小名）。对俄国读者来说，哪部书名是姓，哪部是名字 + 父称，哪部是名字 + 姓，哪部是父称，哪部是小名，一望即知；可是对不懂俄语的中国读者来说，对于这几部书的书名是俄语姓名的哪些构成部分，以及作家为什么要这么做等问题却不甚了了。

除此之外，俄语中的 И、О、Ф，在口语、俗语或书面语中往往有不同的变体。仅以 И 为例，除了规范形式外，还有民间形式、口语形式、俗语形式和旧形式。① 例如，名字：Вера → Вер（口语形式），Наташа → Наташ（口语形式），Сергей → Сергий（旧称）、Сергиян（俗称）、Сергеич（口语）；父称：Иванович → Иваныч（口语形式），Маскимович → Маскимыч（口语形式）；姓：Чапаев → Чапай（口语形式）。И+О 在口语中也有紧缩形式。例如：Петр Александрович → Пет саныч, Анна Ивановна → Анн ванна。

更有甚者，И+О 可紧缩为一个词。例如：

Михаил Васильевич → Михвас（Рогов）: Анпална（Анна Павловна），а как зовут собаку с черным ухом?（«Белый бим черное ухо»，Г. Троепольский）

上述各例如均采用音译，那么对中国读者来说不过徒然增加了俄语人物姓名的数量而已。例如：列·托尔斯泰的 «Отец Сергий»，有译成《谢尔基神父》的，也有译为《谢尔盖神父》的。中国读者对此颇难理解。同样，"马卡罗维奇"与"马卡雷奇"，"恰巴耶夫"和"恰巴依"这些不

---

① 详见 Н. А. Петровский, Словарь русских личных имен. СПб., 2000。

同的形式也会给读者造成错觉。至于 Анпална 这类形式就更难为中国读者所接受了。上述例子如译为汉语则为 :“阿帕尔娜，黑耳朵的狗叫什么名字？”读者要从“阿帕尔娜”与“安娜 · 帕芙洛芙娜”之间找出联系，恐怕要花些功夫。

由此可见，笼统地、千篇一律地使用音译法，中国读者是不容易理解和接受的。

解决这个问题大致有以下两种方法 :

(1) 以姓氏代替其他各种形式。上面提到的小说 «Иван Иванович» 在我国有两个译本 :《伊凡 · 伊凡诺维奇》和《阿尔基诺夫医生》。前一译名用音译法，后一译名则是按英文译本的书名 *Doctor Arzhanov* 翻译的。英译者把 И+О 这个结构改译为职业名称 +Ф，恐怕是因为英语中没有俄语中的 О 这个形式，故而舍 И+О 这一结构，取职业+Ф 这一用法，使英语读者更容易接受。汉语中也没有 О 这一形式，后一译名对中国读者来说也是如此。又如 : 剧本《以革命的名义》(«Именем революции») 的译者在处理人物姓名时一般只用人物的姓或小名，例如 :

Вася. Здравствуйте, товарищ *Ленин Владимир Ильич*!

Ленин. Здравствуйте, *Василий Андреевич* ... Так, кажется?

Дзержинский. *Владимир Ильич*, тише ... заснули ...

...

Ленин. *Лидия Алексеевна*, будить не будем ...

Ленин. Вот и отлично, *Феликс*, погасите лампочку на столе ...

...

Ленин. ... Одну минуту, *Феликс Эдмундович* ...

Вася. ... А меня—*Василий Андреевич*, а это *Петька*—мой брат ...

...

Ленин. (Васе)... *Петр Андреевич* задал вопрос по существу.

瓦夏：您好，列宁同志！

列宁：好像是……瓦夏同志吧？

捷尔任斯基：列宁同志，轻声点，他们睡着了……

列宁：莉吉娅同志，我不想叫醒他们……

列宁：这太好啦。捷尔任斯基同志，把台灯熄掉……

……

列宁：……稍等一会儿，捷尔任斯基同志……

……

瓦夏：……我叫瓦夏，他是彼加，我的弟弟……

……

列宁：……彼加同志提了个实际问题。

当然也有例外，列宁在第一次碰到瓦夏和彼加时，介绍自己和捷尔任斯基说：

Меня зовут Владимир Ильич, а это—Феликс Эдмундович.

译者处理成：

我叫弗拉基米尔·伊里奇，他是捷尔任斯基。

这样做是必要的，因为列宁虚怀若谷，不愿意把自己的姓氏告诉对方。

可见，采取这个方法的好处是译名统一，使读者一目了然，不至于被上述六种形式弄糊涂。这对剧本和电影的翻译尤为适合，因为在舞台或银幕上声音稍纵即逝，如果人物的姓名一会儿是И+О，一会儿变成Ф，一会儿又以小名相称，会使观众难以“对上号”。这一方法的缺点是：人物之间关系的变化无法通过称呼的变化体现出来。例如：列宁听到彼加的问题：“你的头干吗秃得这么干净，也得过伤寒吗？”就笑开了，便改称彼加为彼得·安德烈耶维奇。这种郑重其事、一本正经的称呼用在小孩身上显得十分风趣、幽默，是“彼加同志”所不能传达的。此外，列宁对老战友捷尔任斯基或称之以 И，或唤之以 И+О，甚至对秘书也以 И+О 相称，都反映出列宁这位伟大的革命导师平等待人、毫无架子的优良作风。如一概译为 × × 同志则显得过于严肃、正式。

（2）把人物的姓名“汉化”，即把俄语人物的姓名译为三个（最多四个）汉字。这几个汉字可以是与人物姓氏相似或相近的译音（或音意兼译，或意译），也可以是姓氏的一个或两个音节与名字的一个或两个音节结合而成。这要视具体情况而定。上文所举的“屠素餐”和“威厉客”即是两例。又如，前文援引的那位区委书记罢官后重返故里与妻子重逢时的对话，翻译时可考虑把父称删去不译，而把男主人公伊凡·库兹米奇·戈卢勃科夫译成戈伊凡，把女主人公叶芙多基娅·伊里依尼奇娜·戈卢勃科娃译成叶杜霞，然后根据汉语的习惯把 И+О 译成戈卢勃科夫书记或戈书记（姓氏 + 职务），把男女主人公的小名译成阿凡、阿霞或小凡、小霞（阿 + 名字，小 + 名字）。[①]

外国人名汉化在科技文章中早有先例。瑞典天文学家摄尔修斯（Anders Celsius）制定的温度计刻度方法，就是我国科技界通用的摄氏温标。而德国物理学家华兰海特（Gabriei Daniel Fahrenheit）制定的温标则简称为“华氏”。此外，还有“列氏”等。在文艺界这种现象也不乏其例。把英国戏剧大师莎士比亚称为“莎翁”，把俄国大文豪列·托尔斯泰叫作“托翁”的大有人在。

可见，汉化的方法是可行的。问题在于如何使用汉语的各种手段来反映俄语中人物姓名的不同构成部分所表达的不同感情。例如，汉语中连名带姓地称呼对方表示不客气，相当于俄语在某种场合下带强烈

① 这样处理的根据见三。

感情色彩称呼对方的姓氏。此外，汉语中有些前缀（如：老［王］，小［李］，阿［唐］），有些名词（如：老兄、仁兄、老人家），有些后缀（如：×［×］兄，×［×］老，×［×］公，以及农村中常用的 ×［×］哥、×［×］妹、×［×］大伯），有些表达强烈感情色彩的结构（如:姓 × 的；我叫你一声 ×××），都能附加于姓或名的前后，表示出使用者对人物的态度。例如：十月革命初期，农民都称列宁为 Наш Ильич，通常译为“我们的伊里奇”，根据上述原则是否可以译为“列宁他老人家”呢？这样既能反映原文中说话人使用父称时对他的亲切、尊敬，又能为中国读者所接受。又如，Ю. Трифонов 的《滨河街公寓》中有一段:“甘丘克说，阿列克赛·马克西莫维奇是不对的，他对陀思妥耶夫斯基评价过低”。然后加注说明阿列克赛·马克西莫维奇是高尔基的名字和父称。做这样的说明是必要的，但没有交代说话人为什么不用高尔基这个姓，而要用这个形式。如译为“高尔基公”或“高尔基老”是否可以两者兼顾呢？

三

俄语中名字除了有旧称、口语和俗语等形式外，还有丰富的指小、表爱和表卑形式。试举一例：

Евдокию полюдили и дома и хуторе звали ее по-разному, но только не Евдокией. Покойная свекровь называла ласково—*Дуняшей*, соседи уменьшительно—*Дуней*, а Иван любовно—*Дусей*, а чаше *Дусенькой* или *Душечкой*.（«Родимый край»，С. Бабаевский）

目前广泛采用的办法是音译加注。音译每一种形式然后注明是爱称、昵称、小称或卑称。例如：Вануша 凡奴沙（伊凡的爱称），Ванька 凡卡（伊凡的小称），Степка 斯焦普嘉（斯捷潘的卑称）。

这种处理方法无疑是有益的，但也值得商榷。首先，有些小称与本名从语音特点来看毫无关系。例如:舒拉和亚历山大,热尼亚和叶甫根尼。这对俄国读者来说不成问题，而中国读者即使通过注解了解到两者之间的联系，但在上下文中再次碰到时也是不容易一下子回忆起来的。其次，有的名字，如：Иван 等，指小表爱形式多达一百余。虽然一部作品中不可能同时出现这么多形式，但四五个不同形式，足以使读者感到不便。

有的译者在处理这一问题时采用“统一法”，把小名还原成本名，统一用本名。如：《钢铁是怎样炼成的》的译者把保尔的小名 Павка 还原成保尔,《以革命的名义》的译者只使用 Вася 和 Петя 这类形式（见上述二中例文）。这种译法有利有弊,有利的一面是便于读者记住人物的名字，不利的一面是无法表达原文的感情色彩。谢·普罗科菲耶夫有部著名的交响乐作品 «Петя и Волк»，这是为青少年创作的一部交响童话。原文用 Петр 这个名字的小称 Петя，俄国读者一看便知是儿童作品。汉语不译“彼加”，而还原成本名，译为《彼得与狼》，儿童作品的味道没有了，因为中国儿童作品的标题也总带些孩子气。当然，如果译成“彼加”，中国读者也未必知道这是彼得的小名，而且作为标题又无法加注说明。鉴于这些情况,是否译成《小彼得与大灰狼》更像一部儿童作品的标题呢?

特别应该引起译者注意的是带后缀 -к (а) 的小名，如：Наташка, Ленка, Танька。这类小名带有强烈的色彩，既可表爱也可表卑，主要取决于上下文。试举 А. Толстой（托尔斯泰）作品中的两个例子。

Потому он у этой *Анки*, у дубленой шкуры, сидит, что он—красный поп, ему не свинина твоя нужна, у него забота о нашем горемычном счастье.

—Да взгляните на мою *Надьку*, у нее кофта на груди лопается … В зеркале поглядит: мама, зовет, мама …

从上下文可以看出，Анка 是 Анна 的卑称，而 Надька 则是 Надя（← Надежда）的爱称。在翻译时不能一视同仁。

我们认为在翻译人物名字的指小、表爱、表昵、表卑的形式时，一般不必见到一种形式就音译，而是取一个小名（或名字），再利用汉语中现成的与原文色彩相似或相近的前缀（如：小××，乖××，阿×）或名词（如：××宝贝，××小子，××心肝）等加于小名（或名字）之上，以表达原文的不同感情色彩。例如：《被开垦的处女地》第二部的译者把 Яша（雅沙）的两个爱称 Яшутка 和 Яшенька 分别译为"小雅沙"和"雅沙宝贝"。这样既保留了使用者的感情色彩，又使读者容易理解。

以上我们把文学作品中人物姓名的译法分三部分做了阐述，主要是为了叙述的方便。在翻译具体作品的过程中，这个问题要复杂得多。译者可根据俄语作品中人物姓名的具体条件（语言特点，创作手法的特点），按照具体的语言环境，注意到中国读者已经熟悉和接受的名字（如伊凡、安娜等），考虑到不同的文学体裁（儿童作品、剧本、小说、诗歌等），针对说话人的身份（干部、群众）、年龄（老人、青年、儿童等）、出身（工人、农民、贵族等）、阶层（知识分子、神职人员等）、所处的时代（农奴制社会、封建社会、十月革命前后）等特点，选择相应的切合实际而又能为中国读者所接受的译名。此外，有的作品人物有姓无名，有名无姓，有姓名而无父称，有小名而无全名，等等，译者可在同一部作品中针对不同的人物采用不同的方法。总而言之，译者可以从全局出发，通篇考虑，不必囿于一种方法。只要让读者在汉语中能够体会到原作在这方面的特点，译者完全可以"各显神通"。

必须指出的是，这一套方法必定会使文学作品中人物的姓名变得"混乱不堪"，甚至同一人物的姓名因经过不同译者之手可能会有不同的译名。这会给外语工作者和外国文学研究工作者带来不少麻烦。为此，译者应在译作的前言或后记中说明自己的处理方法，并附上一张人物姓名对照表，列出译者加工过的人物译名和用统一译音表译出的相应译名，以便读者查阅。

文学作品中人物姓名的翻译，对于鸿篇巨著来说，无关大局。但是人物姓名犹如构成一幅蔚为壮观的油画上的几根不可或缺的线条，如果处理不当，毕竟是白璧之瑕。况且作家在给自己人物取名时本来就不是随心所欲，而是深思熟虑的，因此译者在进行再创造的过程中，在这个方面也应有所创新！

为杨仕章著《文化翻译论略》序

如今，翻译中的文化问题无论是在理论上还是在实践上都吸引着越来越多的翻译工作者的关注。杨仕章同志也在其列。从文化角度探讨翻译问题在我国译坛已有不小的进展。但在现代翻译学的基础上从文化学、跨文化交际学和文化语言学的视角对翻译进行综合性的研究尚不多见。杨仕章同志的《文化翻译论略》就是他在这方面辛勤耕耘所得的成果。

一个民族的文艺作品蕴含着极其丰富的文化信息。这些信息根据不同的分类标准可分为显性文化和隐性文化，又可分成物质文化、精神文化、行为文化、制度文化等，不一而足。此外，两种文化的对比也可能产生文化信息（如本书最后个案中俄语 вечер 一词，本无多少文化信息可言，但经过俄汉两种文化的对比，获得了一定的文化信息）。由此可见文化信息数量之多。

文化信息不仅体现在作品的字面上，而且深藏于它的核心。通常，读者在浏览作品时了解的往往是文本字面表达的文化信息，对其深层的文化信息可能不甚了了。但只要仔细、认真阅读都能领会其要旨。因为读者和作者同属一种文化。读者透过文字，凭借本文化的主要文化参数（如原型、价值观等）便能揣摩作者的意图。然而文化信息一经翻译，即从一种文化移植到另一种文化后，作品字面传递的文化信息与其深层文化,乃至整个文化体系之间的千丝万缕的联系即被译者切断了,造成了“身首异处”的状态。这样，译语文化的读者在欣赏译本时，只能看到译文字面提供的关于源语文化的信息。至于原著的深层文化信息，读者只能依据他所属的文化的主要参数加以释读。这不啻雾里看花,误读在所难免。可见，文化的差异是翻译的一大障碍。

面对文本中纷繁复杂的文化信息，译者不可能、也不必把它们全部移植过去。因为译者必须保持文艺作品的艺术性、可读性、美学功能等，他翻译作品主要是供广大读者欣赏而不是研究。如果把一部作品中的所有文化信息不论多少、不分主次逐一加注，那么有关原著的文化信息的注释在篇幅上可能会大大超过原著。这样译者奉献给读者的已经不是一部文艺作品，而是一部学术著作了。因此，首先应该释读一部作品中的文化信息，然后将其分类，区分主次，有所取舍，实施传输。真可谓“有所为，有所不为”。对于这些问题，作者在书中进行了详细的分析并提出了一整套处理的原则和方法。

翻译中的文化问题不仅仅是处理文化信息问题，而且还涉及两种文化的互动、译者的文化身份等问题。在俄罗斯翻译史上有过语言学派和文艺学派之争。语言学派的基本观点是“翻译就是把一种语言里内容和形式不可分割的统一中业已表达出来的东西，准确而完全地表达出来”（费奥多罗夫）;“翻译是把一种语言的言语产物，在保持内容也就是意义不变的情况下，改变为另一种语言的言语产物的过程”（巴尔胡达罗夫）。文艺学派的主要看法与文艺翻译与创作一样,都是艺术。文艺翻译的实质，是用一种语言创造的艺术价值，通过创造与原著相等的美学价值，去传达原著的美学价值。因此“译文的艺术性与原著的艺术性相符，而语言的对应只能服从艺术上的对应”（加切奇拉泽）。当前，如采用文化学和跨文化交际学的观点来审视翻译，那么可以认为翻译是用两种语言进行的文化传输活动。因为语言是文化的主要载体，而文学是文化的主要组成部分。文化可以覆盖语言和文学，而且其覆盖面要大得多。更为重要的是，翻译活动归根结底是一种文化活动，其根本目的是要传输文化。这一想法无疑有待进一步论证。

在这本书中，作者还强调了译者的文化身份在文化传输中的作用，并对翻译进行了分类。这些观点也颇具新意。

杨仕章同志好学勤思，才出师门，已有新作问世，而且提出了不少独到的见解，可喜可贺。这本著作是他人生的第一部专著，是他在这个领域迈出的第一步，而且是坚实的一步。期待他沿着这条道路有更新、更多、更好的探索！

2002 年岁末

为朴哲浩著《影视翻译研究》序

在希腊神话中，主神宙斯与记忆之神谟涅摩叙涅生了九个女儿分管文艺和科学。宙斯的九位千金分别是：司音乐和诗歌的欧忒耳珀、司历史的克利俄、司喜剧的塔利亚、司悲剧的墨尔波墨涅、司舞蹈的忒尔西科瑞、司抒情诗的埃拉托、司颂歌的波吕许尼亚、司天文的乌拉尼亚、司史诗的卡利俄珀，她们通称为缪斯女神。这虽是神话，但也反映出当时希腊现实生活里文艺和科学的分工状况。产生于数千年之后的电影和继之而来的电视所创造的艺术当然不在其列，没有“正统”的艺术身份。但在当代的艺术殿堂上，电影与电视艺术占有一席之地是毋庸置疑的。

影视艺术是凭借现代科学技术手段，融文学、造型艺术、音乐、戏剧等多种文艺门类的元素于一身的新型艺术样式。电影问世至今仅百余年，电视诞生于半个多世纪之前，这两种年轻的形式一经面世，在短短的一个多世纪里，席卷整个艺坛，横扫整个世界，成为当今世界上受众最多最广的一门艺术。一国的影视作品要推介到他国乃至全世界，就需要翻译清除语言障碍。随着影视艺术走向世界，影视作品的翻译也显得越来越重要。

目前，影视作品的翻译实践已为数不少，但对这类翻译的研究却为数不多。有些译者在工作之余，提笔写了一些心得、体会、经验和总结。其中不乏真知灼见，但这些观点尚未形成体系。

朴哲浩同志对这个问题产生了浓厚的兴趣。他阅读了大量有关影视艺术的理论著作，收集、观看和比较、研究了众多的翻译的影视作品（主要是由俄语译成汉语的影视片），从以现代翻译论为主的多学科的视角，对影视作品的翻译进行了全面、系统、深入的探讨，终于有了新的见解。他把自己的看法形诸文字，写成《影视翻译研究》一书与同行和读者切磋。

朴哲浩同志在书中指出，在影视作品翻译与其他文艺门类作品的翻译之间存在着根本的区别。多种门类的文艺作品的翻译，乍一看来，都建立在它们的共同载体——语言之上。区别仅仅在这些门类的言语形式。诗歌是富有节律且押韵的文字，戏剧是对话式的言语，小说是以叙事体为主的语言。影视作品当然也不例外，它与戏剧有几分相似。那么作为一门独立的艺术门类，影视作品的语言有何特点呢？作者细加分析，给出了一个答案：影视作品的语言是一种综合语言，它是一个由画面语言与人物语言两部分构成的有机整体。在影视作品中，画面语言与人物语言是共生的，是互依互存的，两者缺一不可。试想在电影发轫之初，有一段默片时期，当时，电影仅有画面，并无有声的人物对白，但银幕上必须打上字幕，对画面加以说明，否则观众无法理解。相反，若隐去画面，把电影（或电视）的分镜头剧本译成汉语，则在人物对白的前后有许多解说情景的文字，否则读者只读对话会丈二和尚摸不着头脑。由此可见，影视作品里，画面和对白是“难分难解”的有机整体。正因为如此，翻译影视作品时，自始至终应该有与之相对应的画面部分作为参照。

作者找到了研究影视翻译的切入点，进而提出了影视作品的翻译单位——言语与画面的组合单位。这个单位包括话轮—场景画面和相邻语对—场景画面两个层面。这两个层面兼备分析单位和操作单位的特点。

作者在书中所提出的观点在理论上是站得住脚的，在实践上是可以操作的，这对从事影视作品翻译研究的理论工作者与从事影视翻译的实践工作者都有启迪作用。

影视事业方兴未艾，前程远大。朴哲浩同志的这本专论不过是一种探索，随着这一事业的发展，影视作品的翻译大有可为。期待作者在这个领域能再接再厉！

2008 年 8 月1 日

为胡谷明著《篇章修辞与小说翻译》序

篇章修辞学是近年来出现的一门新学科。它研究篇章的结构、类型及其修辞特点、功能等。

目前，在俄国关于篇章修辞学有两种不同的观点。索尔加尼克持一种观点，认为篇章修辞学是篇章语言学的分支，并以此为出发点派生出一系列相关的论点。戈尔什科夫与他的意见相左，他提出篇章修辞学与语文学（文艺学）有关，从而生发出一整套议论。由于两位学者把篇章修辞学归属不同的学科，因此与之有关的研究思路和方法也不尽相同。两者之间虽然存在不小的分歧，但他们的目标是一致的，即以篇章为对象探讨与这一层面有关的种种修辞问题。

胡谷明同志秉承了索尔加尼克的理论，运用他的论点（尤其是“散文段”的论点）于小说的翻译之中，潜心钻研，冥思苦想，几易其稿，才得以完成此书。

文艺作品的翻译离不开修辞，因此译者不仅必须熟谙源语的种种修辞手段和方法，还必须得心应手地调动、驾驭、妙用译语的一切修辞资源。这样一方面可以在译著中尽量保持原著的修辞风貌，另一方面也能在允许的范围内加以修辞创新。

在这以前，有不少学者对译作中遣词造句的修辞问题进行过探讨、归纳和评述。这些文章对译者、读者均有裨益。但其中有些问题的处理难免有就“词”论“词”、就“句”论“句”之不足。例如，在原文中遇到多义词，应选哪一义项为妥？又如，在译语中有若干个同义词，为什么要取甲而舍乙？再如,在运用句式时,根据什么标准选此而弃彼？等等。这些问题在以单句为例的语料中不易解决，或解决得不够周全。

上述这些难处若从篇章修辞学的角度加以审视，情况就大不一样了。篇章是整体，是全局，是整部作品，因此具备高屋建瓴的优势。在篇章的制约下，一词一句不容易产生歧义，词义的确定、同义词和句式的选择等诸多困难都可迎刃而解。再说，作者在构思作品时是通盘考虑的，虽然他落笔是从一词、一句开始的，但文中的每个词、每一句都必须服从作品的主题、形象和叙述的要求，即服从篇章这个全局。既然如此，译者在翻译时站在作者创作时所处的立场，从篇章角度处理问题也是理所当然的。可见，译者只有站在篇章的高度才能对原著的理解更深刻、更全面、更透彻。同样也只有处于这一地位，在表达时才能使译文前后呼应、首尾相衔，达成一气呵成之感。

但是，应该看到，对篇章的总体把握，译者不管如何尽心尽力都不如作者。因为作者对自己作品所反映的现实最为熟悉，最有心得，这是处于异文化的译者所无法企及的。译者在开译之前尽管也通读全文，但这类通读与成竹在胸的作者在动笔前对作品的全盘筹划是很难相比的。此外，作者创作一部作品的时间往往比译者翻译同一部作品的时间长得多。凡此种种都足以说明，译者虽然站在与作者相同的立场上，即处于篇章的层面，仍很难全面、透彻地领悟作者的匠心。尽管如此，译者还是竭尽全力使译著的修辞特色接近原著。为了达到这一目的，译者应该如何在从篇章的高度把握原著和译著的同时，又从具体的一词一句译起呢？对此胡谷明同志提出“散文段是小说翻译的基本单位”的论点。根据索尔加尼克的理论，篇章由句子、散文段、片段、章等构成。可见篇章有若干个层面。胡谷明同志按照小说结构的特点，结合小说翻译的实践，运用篇章修辞学的理论，认定散文段是贯通篇章上下的最佳层面（即文中的基本单位）。散文段是篇章中一个意义相对完整、结构相对独立的单位，上承篇章，下辖词语、句子。如果说篇章是宏观结构，而词语、句子是微观结构的话，那么，散文段是联结宏观结构和微观结构的中观结构。它一方面可与前后的散文段连成片段，最终汇成篇章；另一方面能把篇章的主旨贯彻到词语和句子之中，统辖它们，使它们不游离主题，偏出篇章而“走样”。由此可见，散文段是小说翻译的基本单位这一论点有其独到之处，无论从理论上看，还是从实践上看，都是站得住脚的，也是符合小说翻译的规律的。

本书的另一个特点是，作者在论证自己的观点时，采用了几部译文相比较的方法。常言道，有比较才有鉴别。作者通过具体的例证凸显出自己的论点：凡处理得成功的译文都是以散文段为基本单位的。

这部专著是作者在自己博士论文的基础上加工、增补而成的。它为小说翻译提供了一个新的平台，对这一问题感兴趣的译者或读者从中可以得到借鉴。

篇章修辞学刚刚起步，尚处于发展和日臻完善的过程中。把这门新学科引入翻译学是译坛的创举。胡谷明同志经过艰苦的努力终于迈出了可喜的一步，我们企盼他沿着这条新路闯出一片新的天地！

于上海外国语大学

为刘肖岩著《论戏剧对白翻译》序

戏剧是文学的三大体裁之一。它与其他两种体裁（诗歌和小说）相比，既有共性又有个性。戏剧的个性何在？戏剧是在有限的时间（一般为两三个小时）里，有限的空间（剧场）里，面对有限的观众（少则几十人，最多也不过二三百人），由导演通过演员（他们的对白、独白、面部表情、肢体语言等）借助服装、布景、道具、音乐等戏剧元素全方位地作用于观众，让观众与演员之间达到精神上的交流，使台上台下经历一场集体的心理体验。我们可以看到，在优秀剧目上演的剧场里，台上妙语连珠，台下笑声不绝；台上慷慨陈词，台下群情激昂；台上缠绵悱恻，台下怦然动情；台上生离死别，台下潸然泪下。一言以蔽之，台上台下浑然一体。在整个过程中,演员的台词始终是沟通台上台下的主渠道，是决定这场集体心理体验的主导因素。由此可见，戏剧对白是戏剧翻译的核心。

戏剧翻译的对象是戏剧文本（这里主要指演出文本），因此译者必须时刻把戏剧个性，即剧本上演时的特点记在心里。换言之，译者在翻译剧本时要像剧作家那样关心所译台词的演出效果，尤其要注意戏剧对白在舞台上转瞬即逝的特点。与此同时，译者与剧作家又不同，他还要充分考虑到观众的文化背景（当然也要考虑到这一剧本的观众的文化素养），因为剧作家在动笔时，他与他的创作对象——潜在的观众同属一种文化。他们之间有相同的文化背景，有共同的统觉，有相同的语用前提。所以作家使用的隐喻、潜台词、双关语、言外之意等都能为观众所接受、领悟、心领神会，达成上述演员和观众水乳交融的场面。译者则不然，他的任务是把剧作家在剧本里创造的文化（异邦文化）移植到本土文化中来，想方设法在剧场里营造一个特殊的文化空间，使观众在有限的时间里接纳、吸收、体会这种异邦文化，与演员沟通以经历一次不同文化之间的、集体的心理体验。有鉴于此，译者在开译前务必细心解读深藏于原文文字后面的各种文化信息，下笔前认真推敲，译出的对白是否具有与原文相同的隐含的信息。若有，可依原文翻译；若无，应千方百计把它们用不同的方法“和盘托出”，让观众从对白稍纵即逝的舞台上充分了解对白的深层含义。唯有如此，才可能克服文化障碍，进行一次完全的跨文化交际。

根据奈达的观点，译文对译文读者或者听众所起的作用，与原文对原文读者或听众所起的作用基本上相同。为了达到“作用基本上相同”（即功能对等），译者在处理某些词句时可做较大的变通，不仅可舍弃原文的形式，在个别情况下甚至可牺牲内容。因为此时此地观众与剧作家处于不同的文化，他们之间缺乏共同的统觉、共同的文化背景、共同的语用前提。剧本对白中的许多信息因人类具有文化的普世性、普同的统觉和情感，虽经翻译仍能为译语的观众所接受，但是另一部分信息不经译者加工就很难达到“作用上基本相同”。在这种情况下，译者的加工就意味着在原文词句的位置上寻觅一个与原文词句在功能上相当的词句。由此可见，对于戏剧翻译来说，对白的功能对等何其重要！遇到类似的问题，译者不必拘泥原文，应在对白的功能上多下功夫。

奈达还认为，所有翻译都应该着眼于与原语信息最为接近而词句又自然的译文。从“与原语信息最为接近”这一观点来审视戏剧对白的翻译，意味着要求每一个对话统一体（见本书第三章第四节）在翻译后所传递的信息，应与原作中的那个对话统一体的信息最为接近。但是戏剧翻译的实践证明，情况并非如此。若以“与原语信息最为接近”的程度来衡量对白的翻译，不难发现以下几种信息类别。第一种是“信息充分的”译文（传统上称为“正译”），也就是完全符合奈达要求的“与原语信息最为接近”的译文。第二种是“信息不充分的”译文。所谓信息不充分的译文是指原文词句虽按原文字面意义译出，但所含的潜台词、隐含意义、言外之意等信息因文化差异等因素在传递中丧失殆尽。它们只表达了原文的显性意义，至于原文的隐含的、附属的种种信息都没有传达出来，故称为“信息不充分的”译文（见本书第五章）。第三种是“零信息的”译文。所谓零信息的译文是指译文按原文的字面译出，但原文字面所含的意义也因文化差异等原因而无法转达给译语的观众。这类译文虽由译文文字组合而成，但没有给译语的受众提供信息，故称为“零信息的”译文（见本书第四章第二节）。最后一种是“负信息的”译文（传统上称为“误译”）。这是译者在任何一类译文中都竭力避免的。

为了达到功能对等，为了在译语中弥补对白经翻译中流失的种种隐含的信息，译者无疑会尽力避免第四种译文而力求第一种译文。但第二、三种译文因从字面上看忠实于原文等原因往往为译者所忽视。译者如能自始至终设身处地地从观众的角度来考虑问题，情况可能会有所改善。

如何在戏剧对白翻译中做到功能对等，如何使对白的译文与原文的信息最为接近，以及关于对白翻译的其他一些重要问题，在刘肖岩同志的这部专著中都有所涉及、阐述和论证。作者在撰写本书的过程中运用了跨文化交际学、语用学和现代翻译学等语言学的最新成果，对戏剧对白翻译有新的认识，提出了新的观点及其处理方法。这可能是国内探讨戏剧对白翻译的第一本专著。翻译工作者、外国戏剧的导演和演员以及其他读者如有兴趣拿来一读，想必会有所得。

2003 年 11 月 17 日

为郑敏宇著
《叙事类型视角下的小说翻译研究》序

环顾今日之译坛，在浩如烟海的文学翻译作品中，诗歌、散文、戏剧、小说等体裁的译作百花齐放、异彩纷呈。然而在文学翻译理论研究领域中却是另一番景象：那里仍旧是一派重诗歌轻小说的现象。一直以来，小说翻译的实践活动异常活跃，虽说译作的质量良莠不齐，但无论是从翻译的选题、所译的语种、译著的印数来看，还是从译者的队伍、出版翻译小说的出版社数量来看，小说的翻译事业已经达到了前所未有的规模。对此，翻译理论家们似乎没有给予应有的关注。关于诗歌翻译研究的论著已经汗牛充栋、不胜枚举，而对小说翻译的专题研究仍是凤毛麟角、屈指可数。即使有研究者在其论著中有所提及，也往往不是篇幅不多，匆匆带过，就是固于文本中一词一句翻译之得失。苏联译坛的文艺学派（如加切奇拉泽）就散文翻译的节奏、语调等问题发表了自己的观点，其观点对小说翻译颇有启迪。尽管如此，小说翻译的研究与诗歌相比，在深度和广度上都无法望其项背。

那么，小说翻译是否值得专题研究呢？究竟应该从何着手呢？

郑敏宇同志的这部专著从理论和实践上回答了这两个问题。

小说在源远流长的诗歌面前是“后起之秀”，且“不登大雅之堂”，但它作为文学的一种主要体裁，自有区别于诗歌、散文、戏剧等其他体裁的本质特征。这个特征是什么呢？这就是小说的叙事性，因为传统意义上的小说是以叙事为主的文学样式。根据这一点，小说翻译的研究仅仅着眼于一词一句翻译的成败，或者仅仅专注于话语的节奏和语调是不够的。如何抓住小说的本质特征——它的叙事性，如何在译文中体现这个特征，才是小说翻译研究的题中应有之义。

郑敏宇同志发现了这一点，把俄罗斯科热夫尼科娃等文论家们关于小说叙事类型的理论和西方现代小说理论引入小说翻译研究，对小说的叙事、叙事视角，及其具体的表现形式——叙事类型进行了全面而深入的考察。

传统意义上的小说话语主要分为叙述话语和人物话语两大类，这两类话语是由各种具体的叙事类型组成的，这些叙事类型各有各的特点。作家在创作时根据需要巧妙地运用各种叙事类型，必要时还加以转换来描摹情状，刻画人物，塑造形象。译者在动笔之前应细察文本中每一种类型的特点，留心这些类型的转换，从中揣摩出作者独运的匠心，然后尽量用译语把这些不易察觉的特点展现出来。

这部专著是郑敏宇同志在自己的博士论文的基础上加工、补充而成的，是她就叙事类型在小说翻译中的地位、作用和处理方法等相关问题进行探索的结果。其中不仅有缜密的理论阐述，而且有摘自经典著作的翔实的译例，以及对这些译例的精到的分析。这对小说翻译研究来说可谓深中肯綮。

书中所涉及的叙事类型，正如作者所言，是传统的叙事类型，常见于经典的现实主义小说中。小说创作形式发展至今日，新的叙事手法层出不穷，尤其是在后现代小说中，传统的叙事方式遭到了彻底的颠覆。专著中所探讨的几种主要的叙事类型自然不适用于这类小说，但对于一般现实主义小说的翻译仍有借鉴意义，对其他艺术流派小说的翻译也不无启发。

这种研究表明，翻译通论固然重要，文学翻译因其特殊性仍必须专门加以研究，不仅如此，文学翻译中的各种体裁都值得按照它们各自的特征一一给予专题讨论。

小说翻译的专题研究尚在起步阶段。从叙事类型观照小说翻译是一个新的视角。这本著作是作者从这个角度观察问题的一些见解，在这方面还有不少问题有待开掘。况且，叙事只是小说的本质特征，小说还有其他重要的特征在翻译时需要关照。可见，小说翻译的研究大有作为。望郑敏宇同志认准这个方向大胆地往前走！

2006 年仲春

为王正良著《回译研究》序

回译对于广大翻译工作者来说可能是一种似曾相识的现象。说它似曾相识,是因为大家无论是在外语教学或翻译教学中,还是在翻译实践中,都多多少少碰到过这样的现象，只不过不知何以名之而已。

那么，何谓回译？回译之名又从何而来？

回译的英语术语为 back translation 或 backward translation，俄语术语为 обратный перевод。回译是相对顺译（英语术语为 forward translation，俄语术语为 прямой перевод）定名的。顺译就是我们通常所说的从源语译为译语的翻译活动。回译则相反，是顺译的逆向活动，是把已译成的文字“译回老家去”。顺译与回译虽说不过是一先一后、一来一回，但两者差别大焉！顺译的特点众所周知，毋庸赘言。回译与顺译的差别在于回译已有现成答案，要找到这个答案的依据是顺译而得的译文。因此，回译成功与否，完全取决于顺译。顺译时，译者在译文中掺杂的个人因素越少，换言之，越忠实于原文，那么，回译度就越高。相反，翻译时，糅合了大量的个人成分，那么，回译的可能性就小。这正应了“失之毫厘，谬以千里”这句老话。回译者迷失了方向，不知东西南北,就回不了“老家”。本书中列举的马勒的《大地之歌》就是一例。

回译就其实质而言，既是翻译又是检索，是翻译还是检索完全由顺译文字的回译参数（即译本中的注释：原文的作者、书名、出版社、出版年月、页码，甚至行码等）决定。上述参数一应俱全，答案得来全不费工夫，此时回译与检索无异。如若参数不齐，甚至暂付阙如，那时回译就是翻译。这类翻译与顺译不尽相同，始终是采用忠实原文（即顺译文）的方法。这样所得的文字并不就是答案，它可能在意义上与答案相近，但形式已变。要找到答案，只能检索。由于翻译时形式与内容往往是被割裂的，而且译者在大多数情况下是取义舍形，因此回译后也仅有意义而无形式。这在历时回译（如答案是文言文）时尤为明显。若答案遍索不得，只能翻译加注，说明情况。就这个意义而言，回译再次证明，绝对等值是不可能的。

这些现象引起了王正良同志的极大兴趣，他把这种现象定为自己博士论文的课题。在俄罗斯进修期间，王正良同志兼任俄罗斯国立人文大学（回译为 Российский государственный гуманитарный университет）汉语教师，在教学中，他经常采用回译法巩固和检查他的教学内容，积累了回译在教学中使用的经验。此外，他还参与了上海文艺出版社组织的由俄罗斯学者李福清（回译为 Б. Л. Рифтин）等人主编的《世界文学史》（回译为 «История всемирной литературы»）的翻译工作，承担唐诗部分的翻译，把其中大量译成俄语的唐诗和与之有关的文献回译成中文。在这项工作中，他收集了大量典型的回译译例。在实践的基础上，结合翻译理论，在这块“未开垦的处女地”上辛勤耕耘数载，终于大功告成。

在本书中，王正良同志厘定了译名，阐述了回译的定义，经过细密的梳理，确定了回译的模式、原则，制定了回译的规范，对回译问题进行了全面而翔实的研究。这项成果对译界不无启发。

值得一提的是，学术著作向来是用严谨的学术语体撰写的，读者若非正襟危坐，难得其中三昧。王正良同志在这里一反常态，用生动、活泼、诙谐的笔调来议论严肃的话题，令人耳目一新，这大大地提高了学术著作的可读性。倘若不信，请君拿来一阅。

2007年4月9日

我是怎样培养博士生的

我于 1996 年开始招收俄语语言文学专业翻译理论方向的博士生，每年招收 2 名。下面我把我的一些做法做一总结，供大家参考。

1 严格把好招生关

无论培养哪一类的学生，招生这一关是十分重要的，对于博士生来说，就尤为重要。要想招收到好的学生，考试这种形式自然重要，但光凭考试还是不够的。为了考察学生的科研能力，我一般都要求考生提前把他（她）的硕士学位论文和以前的科研成果邮寄给我，我再根据具体的情况告诉考生是否同意报考，也就是说，先来一个科研能力的资格审查。凭我的经验，这种做法有一点好处：能招收到比较理想的学生，对学生的了解比较全面而不仅仅是通过一次考试。当然，这样做，需要导师付出很多额外的精力和时间。如果报考的人数像英语专业那么多，就很难采用这一办法。

2 注重能力的培养

博士生的培养与本科生和硕士生的培养是有本质区别的。博士生应注重能力的培养，这种能力是多方面的，包括独立进行研究的能力，查阅资料和摄取新知识的能力，阅读原著的能力，等等。因此，我始终把能力的培养贯穿于我的整个教学当中。比如说，在“苏俄翻译理论”这门课上，如果从头到尾都由我讲，对学生来说是十分轻松的，只是听听而已，顶多在课前进行一下预习，在课后进行一下复习罢了，对他们的能力培养没有任何好处，只能是和本科教学一样传授知识而已。我没有采取这样的方法，我要求学生在课后阅读原著，一个星期看一本，要求他们写出 5 000 字左右的读书报告，内容包括这本书的主要观点，该书作者的观点是如何承上启下的，这些观点与前人的观点有什么联系，又有哪些创作，你对该书的观点有什么看法。而后要求学生在课堂上花半个小时的时间进行讲述，讲述时不能看稿子。当然，首先让学生就一些难点或重要的地方提问。这样，始终把学生的活动放在首位，给他们一点压力，给他们尽可能多的锻炼机会。经过对几届学生的教学实践，证明这种方法的效果是不错的。他们反映，既学到了知识，又提高了写作能力和口头表达的能力，对日后的科研工作大有帮助。

3 注重学科基础理论知识的学习

由于现在规定博士生在读书期间要写两篇核心刊物的文章后才能取得论文答辩资格，因此，大部分学生都急于写文章、出成果，显得很急躁。但我认为，作为博士生，必须对他所学的领域有一个全面的了解，必须掌握该领域的基础理论知识、它的发展历史和现状。也只有这样，只有多看书，写起论文来才会有题目，也才能写出像样的文章。因此，我在安排学位课程的时候，就充分注意到了这一点。第一学期开设了翻译修辞学和西方翻译史;第二学期开设了苏俄翻译理论和文化翻译学。可以说，整个第一学年都是在打基础，当然，上面我已经谈了，在教学方法上要注重能力的培养。我不主张，博士生一进校就确定一个很窄的研究领域，而要求在具有扎实的基础之后再去选定一个方向做深入的研究。我要求学生，在看前人的著作时，要多思考，多问几个为什么，多去进行一些反证，不是一看了之。这样往往能发现一些值得进一步研究的课题。

4 注重新知识、新理论的学习

翻译是一门综合性的学科，它的涉及面很广，换句话说，我们可以从不同的角度来研究翻译。翻译研究的历史已有两千多年。很多东西前人都进行了深入细致的反复研究，再按照传统的方法去探索，很难取得突破。因此，我在着重研究传统翻译理论的同时，主张充分利用其他新学科理论的成果，如文化学、社会语言学、跨文化交际学、语用学、叙事学、符号语言学等学科的相关理论来研究翻译。基于这种想法，我平时及时把一些新的理论书籍推荐给博士生们看，并开展讨论。在指导毕业论文时，我也要求他们尽量用新的理论、从新的视角去进行研究。即将毕业的几个博士生的论文有的是从文化学的角度，有的是从叙事类型学，有的是从符号学和语用学的角度对翻译进行研究的，他们都写出了一些新意。

5 重在鼓励，适时指导

无论进行翻译实践，还是进行翻译理论研究，对两门语言都要精通，除此之外，还要求译者要具有广博的知识。但在我招收的博士生当中，往往是汉语水平没有俄语水平高，他们不是理解不透原文，而是在汉语表达上找不到合适的方案。有的同学就很着急，这时，我大都采用鼓励的方式，要他们平时注意积累，背些古诗词和古文，多看一些优秀的文学作品。“不知道不要紧，怕就怕不用功，只要用功，就有办法。”这是我常讲的话。此外，我鼓励他们适当搞一些口译和笔译工作，获得一些翻译的实践经验，这样会有利于对翻译理论的学习。2001 年在上海举行的“上海五国会议”“APEC 会议”“上海国际工业装备博览会”上，我的博士生参加了翻译工作，受到了好评。更重要的是，他们从中积累了宝贵的翻译经验。另外，对博士生平时写的论文，我只对大的方面提出一些原则性的意见，充分发挥他们独立科研的能力。

第三编

文化学与俄罗斯文化

文化学及其当代流派

文化学一词是由德国化学家威·奥斯瓦尔德于1909年在《文化学之能学基础》一书中首创的，界定为文化的科学。40年之后，即1949年美国文化人类学家莱·怀特在《文化的科学》一书中把文化学定位为文化人类学的分支，并把文化看作自成一体的事物。从此文化学作为一门新兴的学科跻身于传统学科之林。

由于审视文化的角度不同，探讨文化的方法迥异，当代文化学研究呈现出流派纷呈、观点杂陈的局面。笔者拟对当今文化学研究中有影响的流派做一介绍。

1 象征符号学派

随着当代大众传媒的飞速发展、信息革命蓬勃开展而产生的年轻而有影响的流派是象征符号学派，代表人物有德国新康德主义主将恩·卡西尔和法国结构人类学的奠基人克·列维-斯特劳斯。

卡西尔在其力作《象征形式哲学》中指出，人具有不断创造大量和系统象征符号的能力。他认为，周围世界的逻辑与符号的逻辑是不可分割的，因为符号，或象征符号不仅是思想的外壳，而且是思维不可或缺的工具。文字等符号（标志）在日常生活、科学和技术中除了传递时间和空间中的某种信息之外，还赋予这种信息以一定的形式，以备永存。这样便形成了一个硕大无朋并有选择地不断得到补充的人类文化世界。

列维–斯特劳斯引进结构语言学和信息论的某些方法来分析原始部落的文化和社会结构。他指出：我们所有的人或多或少都以使我们日益脱离现实生活的程式化言行和神话在生活。他认为，神话同样可以解释过去、现在和将来……没有任何东西能像政治意识形态那样使我们想起神话。换言之，意识形态和神话是同义语。只有神话才能哺育集体无意识，因此它也哺育了原始和古代先民的文化；而意识形态哺育我们受过高等教育的，确切地说，淹没在抽象概念中的现代人。①

以塔尔图大学教授尤·洛特曼为代表的莫斯科–塔尔图（塔尔图是爱沙尼亚市名，原属苏联）学派采用符号学的方法研究文化。洛特曼强调“文化首先是集体的概念。个别人可以是文化的载体，可以积极地参与它的发展，但文化就其本质而言，同语言一样是社会现象。因此，文化对于任何一个集体（生活于同一时代由一定的社会组织所制约的群体）来说都是一种共同的东西。由此可见，文化是人际交往的形式，只有在人们相互交往的群体中才可能有……为社会交往领域服务的结构是语言”。这意味着，文化组成了根据该集体各成员所熟知的规则使用的固定的符号体系。他们把具有意义，因此可以成为传递意义手段的所有物质表现形式（词汇、图画、事物等）称之为“符号”。因此，洛特曼指出文化首先具有交际本质，其次具有象征性质。他根据能把生活在同一时代或不

---

① 参见克洛德·列维–斯特劳斯：《结构人类学》，陆晓禾等译，北京：文化艺术出版社1989年版；《野性的思维》，赵建兵译，北京：京华出版社2000年版。

同时代的人们联合起来的组织交际结构，把文化分成共时和历时两个截面。他写道：文化永远是在这以前的经验的保存，而且，文化最重要的定义是文化具有集体非遗传记忆的特点。文化是记忆。因此文化始终与历史相关，始终意味着个人、社会和人类的道德、智力、精神生活的不间断性。可见，文化一方面是一定数量的文本，另一方面是一定数量的继承下来的象征符号。文化的象征符号很少出现在文化共时的截面上。它们往往来自久远的古代，不断地改变自己的意义（但同时也不失去关于自己在这以前的意义的记忆），传递给文化未来的状态。文化的现在永远是相对于过去（现实的或以某种神话建构的）和未来的预测而存在的。①

2 后结构主义和后现代主义

自 20 世纪 70—80 年代起，后结构主义、后现代主义开始在文化学界崛起，其代表人物有法国的罗·巴特、米·福柯、雅·德里达、雅·拉康、吉·德勒兹、让·利奥塔尔等人。后结构主义旨在思考结构中一切“非结构”的东西，借助语言结构发现在试图客观地认识人和社会过程中出现的悖论，克服语言简约化，创造新的阅读实践。在它的内部取向上有两个要点：着重文本现实和政治现实。前者的名言是“文本之外别无他物”（德里达语），后者的座右铭是“一切归根结底是政治”（德勒兹语）。

后结构主义的一个主要任务是批评西欧的形而上学和语词向心论，在所有的文化产品和思想图形外发现权力语言和语言权力。语词向心论基于存在即现实、意义、统一、完整等思想，而后结构主义提出差别和多数的思想。德里达由法语动词 differ 创造了 difference 一词，既可表示

---

① 参见 Ю. М. Лотман. Избранные статьи (в 3-х т.). Таллин, 1993。

“区别于，不同于”，又可指“推迟，延误、耽搁”。这是不完整的、非统一的“起源”，是造成差别的结构上的和起区分或推迟作用的“起源”。他用各种办法从不同的角度证明 difference 是放之四海而皆准的，任何实体都不可能完美无缺，任何东西都难免成为 difference 作用的一部分。他发表《书与学》（1967 年），阐述解构的含义及作用。解构是相对于结构主义的结构分析而言，其目的是激活文本内部反抗语词向心论“操纵”的炉灶；其任务是揭示文本中体系以外的、边缘成分的意义。它发掘书写的建设性作用，把重点转移到意义形成的过程上。它动摇了形而上学概念的虚假稳定性，在过去认为意义充分表达的地方发现了间隙和空白。后结构主义的其他学者像列维–斯特劳斯一样企图发现普同结构，不过他们已经不再从神话着手，而是“各显神通”。拉康通过无意识心理学，福柯则透过思想史。他们都认为找到由二项对立组成的人类理智无意识结构就是存在的普同结构。[①]

后现代主义因詹姆森和利奥塔尔在著作中称当代文化形势是“后现代主义状态”而在文化学中取得主导地位。它起源于现代主义，表示现代主义之后的一切，并以后结构主义和解构作为其哲学方法。它号称是以信息为中心的后工业社会的带路人。与囿于哲学和文艺学兴趣范围的后结构主义不同，后现代主义粉墨登场后企图成为现代艺术、哲学、科学、政治、经济等的共同的理论“上层建筑”的表现。后现代主义主张普遍的多元化，摒弃严肃性，摒弃真理。在个人电脑、大众传媒，尤其是互联网相当普及的今日，出现后现代主义是毫不奇怪的。[②]

---

① 米·福柯：《词与物》，莫伟民译，上海：三联书店 2002 年版。

② Lyotard, J. F. *The Postmodern Condition*. Manchester, 1984; *The Fontana Dictionary of Modern Thought*. London: Fontana Press, 1982; Jameson, F. *Postmodenism, or Cultural Logic of Late Capitalism*. Durham, 1991; Derrida, J. *Writing and Difference*. Chicago, 1978.

后现代主义文化学摒弃经典，发现了智力活动的新方式和新规则。这是一份独特的答卷，回答了20世纪在世界观中发生的全球性变化的反射性思考。它阐明了在智力活动中带有根本性的、具有本时代思维风格的那些基本概念、观点和取向。第一，摒弃真理，因此也摒弃“起源”“原因”这些概念。取而代之的术语是“痕迹”，这是代替过去“想知道确切原因”这种要求的唯一的东西。“痕迹”比任何一种体系都重要和原始：这是时间上的延期和空间中的间隙。第二，不接受“本质”这个范畴，因为这一范畴会引导研究者去探索现象的深处、根源，结果引出“表面”这个概念。在这种情况下，“目的”“意图”等术语就无用武之地；而“游戏”“偶然”更容易被接受。第三，摒弃真理、本质、目的和意图实际上是摒弃现代主义以研究文本，尤其是文学文本为特点的范畴、概念等级。而后现代主义的注意力全部集中在“无政府状态”，因此这些概念在此不起作用。第四，后现代主义用“嘲讽”和“内在论的”来代替在现代主义话语中具有重要意义的概念“形而上学”和“先验的”。第五，如果说现代主义追求“确定性”的话，那么后现代主义倾向于“不确定性”，并把它当作自己智力实践中的一个中心概念。第六，用“文本”或“中介文本”代替文本的“体裁”“界限”等术语。这赋予思想者以创作的自由，而不必考虑传统的要求。第七，后现代主义的目标并非创造、综合、创作，而是“解构”“破坏”，即改造和破坏所有智力实践和文化原来的结构。

可见，后现代主义的话语不是从现代主义那里继承下来的，它是另外一种方式。其中，原有的一切优点都变成缺点，它与传统彻底决裂。对过去、对经典、对传统那种否定的，甚至咄咄逼人的态度是后现代文化的规范。因此，几百年来造就的人道主义和理性主义的文化突然之间变得一无是处、无人问津。它成为一大堆索然无味的文本、一大堆老大难问题，而20世纪这帮“青年”对其深层的含义不屑一顾。后现代主义一旦与一切传统“脱钩”，由着自己酷爱自由的秉性便走上了极端：抹去姓名和日期，搅乱文体和时间，变文本为精神分裂症的冒险、为匿名语录的拼缀作品，开始不按语法和修辞的任何规则玩语言，把神圣的和罪恶性的、崇高的和卑下的混在一起，一视同仁。于是，对结构主义和现代主义来说，诸如崇高和卑下、精英和大众，这样一些重要的二项对立，在后现代主义系统中日益消失、模糊，而在缺少必不可少的经典的情况下，对立项本身的意义也变得模糊而难以确定。

破坏现代主义文化中如此坚实和牢固的边界，是后现代主义状态的一个基本特征。多元化、缺乏起约束作用的公认的权威、演绎的多价性，取代了人的象征符号、语言活动这种结构主义的观点，而这种观点恰恰是依靠以经验为基础的实证知识而进行的一切精神生产的基石。逐渐演化为不完整性的多元化，是后现代主义另一个基本特征。但是混乱、破坏风格、结构的统一和表现手段以及失去取向这种总的印象，意味着建立在后现代主义基本观点之一——“区分”概念基础上的成分关系和联系的新观念。在某些情况下，相互关系经过“区分”这种新方式使我们能够达到“新的和独特的思维和感知方式”，但往往对于达到意识中的变化来说，却取得“不可能的命令”的形式。

整个后现代主义文化的特点是带有破坏性质的进程。后现代主义文化中用最概括的形式反映这一运动本质的最典型的过程是非中心化、解构和非领域化。

后结构主义理论家们最得意的命题是作者和人物的问题，消除“作者—主角”“主体—客体”的对立。在艺术创作中，这反映在艺术家对身体描绘的态度上，因为身体成为强而有力的象征。就此意义而言，国王成为国王、君主，仅仅是由于确立他伟大的图像，在此我们碰到了幻象，碰到了模拟天然现实的人造现实。因此艺术家在绘描自己时，不仅把自己视为艺术的客体，而且视为拥有权力的人物，这一行为发展成企图“去做不可能做到的事”，“仿佛类似的画像可画一辈子”。艺术家逐渐变成研究者、档案管理员、考古学者、生态学者、科学家、哲学家等。艺术家的形体继主角形体的消失而消失，继身体和文本的消失，作品也消失了，至少就其历史意义而言是消失了的。罗·巴特的“作者死了”的名言超出了原初的美学原则。后结构主义在接受了这一观念的基础上，向前又迈出一步。把作者的形体、主体也进行了解构。对巴特而言，作者是基于实证主义和资本主义意识形态的现代社会的产物。

非领域化的思想是由德勒兹提出的。后现代主义把领域化的意义视为“专制的能指”的恐怖秩序的确立。在第一阶段（前领域阶段），个体是社会的，同时是有欲望的代表；第二阶段的特点是进一步的法典编纂，排挤掉“欲望的代表”，代之以领域结构的禁欲主义。在人类全面堕落的背景下，非领域化的可能性重新出现。资本主义这一逐渐涣散的代码体系特有的“第二次解体”导致世界空间的不完整性。后现代主义艺术中表现非领域化空间的特有形式由此产生，在一部作品中（文学作品式造型艺术），经验、感受的种种类型无形式地拼凑、堆砌在一起，过去和现在并存。难怪拼贴画、集成曲、拼缀作品在后现代艺术中是最具代表的形式。不可能确定自己的位置，不得不在边界线和暂时空出的领域闲逛，是这个存在阶段社会形势的特点。在文化和社会体制等级中失去自己位置的整个社会群体变成“大众”，对他们来说，过去的领域是他们漫无目的地闲逛的轨迹的基本轮廓和一系列街道，而今他们遭到旨在控制他们闲逛的警察的镇压。习以为常的领域框架的变化和随之而来的权力的毁灭，是后现代文化特有的永恒运动、向前突进、无止境地求新的原因。同时在后现代主义的社会中，会产生能发现在面向真理和意义的行为与社会生活其他几维之间缺乏共时过程现象的新“社会空间”。

幻象文化的传播，不仅与后现代主义解构和非中心化的方法有关，而且与现代文化中进行的全球性过程有关，因为在现代文化中“现实的”（自然方法发生的）和“人工的”（人工产品）的区别正在消失。文化领域溢出预测的知识范围，走向“看不见的地平线”，即向未知的方向运动。这在很多方面与传播方式的发展和人工智能的创造有关。在这种情况下，人和人类的急剧变化使他们仿佛“消失”了，融化在新的现实、新的人工环境中。这种状态反映在后现代主义最为典型的表现文化的不完整性和过剩性中，以及涉及文化每个方面的“全球意识”的产生和普及化过程中，这一点在现代艺术视觉形式中的体现尤为鲜明，自20世纪初，开始可以看到不完整的过程，继而人的形象消失了。

现代文化中发生的矛盾过程首先涉及人自己和个性本原的危机。经典人体的“拆卸”成为后现代主义的关键问题。后现代主义摒弃中心这个概念，使人也“不完整”了，把他和自己变得不一样了。曾经对现实主义来说是典型的人的个性的完整性丧失殆尽，导致艺术接近“单色的零位”，接近纯几何，接近“原始”材料。

3 文明冲突理论

20世纪的最后10年，文化（或文明）引起了国际关系和国际政治等领域的学者们的浓厚兴趣。阿·波兹曼等学者关注文化在国家决策中的角色；白鲁恂与森·费巴把文化与发展联系起来；罗·普特纳姆对公民文化与民主的关系进行了探讨；迈·麦哲则对文化与国际关系进行了研究。在这些理论家中，影响最大的是塞·亨廷顿。

亨廷顿于1993年在美国《外交》季刊发表了《文明的冲突》一文，

就冷战后国际关系及未来发展趋势提出了一种新范式。之后，他在《不是文明是什么？——后冷战世界的范式》《文明的冲突与世界秩序的重建》《西方文明：独特而非普遍》等作品中补充并发展了自己的理论。

他首先回顾历史，指出在威斯特伐利亚和约后的一个半世纪里，冲突主要发生在君主之间，目的在于掠夺土地。从法国大革命开始，冲突的基线与其说是在统治者之间，倒不如说是在国家之间。这个模式贯穿于整个19世纪。第一次世界大战和十月革命宣告这一模式的结束，意识形态的冲突替代了国家之间的冲突。冷战时期，这种冲突就体现为两个超级大国之间的斗争（超级大国已非经典意义上的国家）。冷战结束后，西方和非西方文明的互动成为中心。在这个新阶段，非西方文明的人民和政府已不再是历史的客体（西方殖民主义政策的靶子），而是与西方一起开始推动和创造历史。

亨廷顿对文明的界说是：文明是一种实体，是由语言、历史、宗教、习俗和制度等客观因素以及人们主观的自我认同这两个方面组成的。据此，他划分出七八种主要文明，并断言“未来最大的冲突将沿着分隔这些文明的断裂带进行”。他认为文明之间会发生冲突的原因是：（1）文明间的差异不仅是现实的，而且是基本的；（2）世界正在变小，不同文明的人民之间的互动日益加强，这导致文明自我意识的增强和对文明间异同更加深刻的认识；（3）全球性的经济现代化和社会变化削弱了人们传统的对居处的认同感，同时也削弱了国家作为认同感根源的作用；（4）文明自我意识因西方的双重作用而得以增强；（5）文化的特点和差异与经济和政治相比不易变化；（6）经济区域主义正在抬头。因上述原因，冲突将在两个层面展开：在微观层面上，文明断裂带两侧的集团为争夺土地和制服对方进行斗争，往往导致流血事件；在宏观层面上，不同文明的国家因经济领域的影响而相互竞争，并为控制国际组织和其他国家、推行自己的政治和宗教价值观而斗争。

亨廷顿的理论一经问世，便引起普遍的关注，成为文化学最热门的话题。哈佛大学教授奈在《华盛顿季刊》1996 年冬季号发表的题为《冷战后的冲突》一文中，以两伊战争为例说明："大文化内部的认同感冲突远多于大文化之间的认同感冲突。"而且在理解冷战后的冲突时，应该考虑当今解释冲突、战争的两大基本流派：现实主义（战争起源于国家间追求权力和确保安全的欲望）和自由主义（冲突取决于国家内部结构、价值观、认同感和文化）。但目前应关注自由主义所关注的问题，因为对宗教冲突整个世界几乎都毫无准备。美国学者麦哲把影响国家、社会和经济的文化模式分为四类：广泛地决定个人与国家成功的文化价值观；影响决策的文化；作为经济与社会结构主要决定因素的文化；作为今日冲突与国际关系中最重要变量的文化。亨廷顿的"文明冲突论"属于第四种模式。他指出，亨廷顿所列举的会引起冲突的理由，有的是一种经验观察而不是理由，而文明间的基本差异会引起冲突是不真实的。他认为冲突的真正原因是社会经济，而不是文明。日本东京大学平野健一郎对亨廷顿的看法也持不同意见。他指出文明之间几乎不存在明确的界限，可见，将来的战争要在不同文明之间发生的说法是不合逻辑的。他坚信文化是包括文明的一个大概念，因此亨廷顿使用的"文明"这个概念不妥。他对亨廷顿把伊斯兰原教旨主义的崛起视为是"文明冲突"的反映的观点不敢苟同，因为并非所有的伊斯兰教徒都倾向于原教旨主义，而且该主义不针对其他文明。他主张用"文化的摩擦"来代替"文明的冲突"。阿拉伯学者马赫布巴尼在亨廷顿之前就提出未来世界政治的中心轴不仅是"西方和其他世界"的冲突，还应包括非西方文明对西方实力和价值的反应。这种反应一般表现为下列三种形式中的一种或是它们的结合：（1）非西方国家，以朝鲜为例，采取孤立政策，防止西方渗透，不参与以西方占主导地位的国际社会；（2）试图融入西方社会并接受它的价值观和制度；（3）企图发展经济和军事力量，与反对西方的其他非西方国家合作，与西方分庭抗礼，同时可以保持固有的民族价值观和制度。换言之：现代化，但不西方化。[①]

俄罗斯的学者们对此有自己的看法，其中较有代表性的有帕纳林·雷日科夫斯基和拉什科夫斯基。试以拉什科夫斯基的观点为例，他指出亨廷顿文章中有三点富有启迪：（1）世界上原来占主导地位的意识形态至今确已销声匿迹；（2）意识形态的销声匿迹导致社会心理能量，确切地说，是过去意识形态形成和营造的癫狂状态得到外泄；（3）当今世界特别紧张的集中点正在形成。

拉什科夫斯基从三个方面批评亨廷顿的理论：第一，不管学者如何划分文明，把它视为概念也好，把它看作体系也好，都不能无视每种文明内部构造的复杂性。每一种文明中都在进行着为争夺对自然和人力资源的控制权而开展的激烈的内部斗争；为争夺象征性领域（不仅在意识形态，而且在宗教范畴）的统治权而激烈斗争。20世纪阿拉伯-伊斯兰文明的历史及其内部纠纷，足以引起我们认真的思考。第二，凡文明均有流动性，所以会变化。文明处于理性主义（西方）和传统主义（本土文明）的双重影响之下。从18世纪到20世纪，这种互动是非西方社会中文化进程的一个决定性特点。俄罗斯、土耳其、日本、印度等国家和拉丁美洲等地区都是这种现象的印证。而且，从19世纪开始，这种互动以世界主义和西方中心论的冲突形式在西方文化中占据一席之地。这种冲突成为西方文明深刻的自我意识中至关重要的一部分。第三，当前解释传统问题取决于政治局势。无论是伊斯兰世界和东正教世界，还是印

---

① Mahbubani, K. *The West and The Rest. National Interest*, 1992, № 28.

度教和犹太教，它们之中宗教原教旨主义的社会经济和心理前提是可以理解的。原教旨主义，稍加审视就能发现，无论是与理性主义还是与传统主义都格格不入，因为它不接受传统及其历史的变异性和现实性。它企图把传统作为臆造的超凡绝俗的东西树立起来，用理性的手段巩固传统。原教旨主义就此意义而言不是保守，而是非常极端的。①

① Цивилизационная модель международных отношений и ее импликации (научная дискуссия в редакции «Полиса»). Полис, 1995, № 1.

俄罗斯文化的历史回顾

俄罗斯文化在世界文化历史类型中独树一帜。德国著名的历史学家施本格勒在《西方的没落》一书中根据不同文化的“基本象征符号”或“灵魂”把世界文化划分为9个“文化团体”或“文化民族”。它们是古典文化（古希腊文化）、西方文化（中世纪后的西欧文化）、阿拉伯文化、埃及文化、印度文化、中国文化、巴比伦文化（культура Вавилона）、墨西哥文化和俄罗斯文化。他认为俄罗斯文化“有一个‘平板的’灵魂，但其文化和灵魂均未发育成熟”(《文化学通论》)。著名的英国历史学家汤因比在12卷皇皇巨著《历史研究》里根据自己的标准把世界文化划分为21个文明单位，其中俄罗斯文化被称为“罗斯东正教”。俄国的历史学家尼·丹尼列夫斯基（Н. Данилевский，1822—1885）在自然科学，尤其是生物学的影响下撰写了《俄国与欧洲》(«Россия и Европа»，1869）一书，认为文化历史类型犹如生物的物种必定会经历成熟、衰老和死亡的阶段，文化历史类型会从种族状态演化到国家状态，进而成为文明。他根据宗教（религия）、政治和社会经济特征把世界文化划分为10个完全或部分不可能进一步发展的历史类型。他用大量事实论证了存在一种特殊的斯拉夫文化历史类型。他强调，这一类型之所以特殊是因为俄罗斯的独特性，它是崭新的，从历史的角度看是有前途的，因为这一类型集中体现在俄罗斯人民身上，因为俄罗斯人富有振兴文化的救世思想。丹尼列夫斯基的观点散发出强烈的大俄罗斯主义的狂妄，但他关于俄罗斯文化是一种独具特色的文化的想法在施本格勒和汤因比的著作里得到了进一步的发挥。

俄罗斯文化的特殊性是与其他文化历史类型的比较而显现的。对俄罗斯文化的看法尽管众说纷纭、莫衷一是，但有几点是公认的：首先，从地缘的角度考虑，俄罗斯地跨欧亚两洲，对东西方文化兼收并蓄。其次，俄罗斯东正教虽然源自拜占庭，而且可上溯到希腊正教。但饶有趣味的是，在汤因比的21个文明单位里，拜占庭东正教与俄罗斯东正教是平列的，俄罗斯东正教的特殊性可见一斑。再次，俄罗斯文化未经历过文艺复兴时代的浸润。当西欧的文化相继进入蓬勃的文艺复兴时期时，俄罗斯刚从蒙古鞑靼人的桎梏下解放出来。因此与西欧文化相比，俄罗斯文化起步晚，滞后于西方数百年。直至19世纪，它才在世界文坛上异军突起，独树一帜，真可谓“大器晚成”。此外，俄罗斯在历史上就是大国，之后它的疆域不断得以拓展，成为世界第一大国。它的文化在如此大的空间里发展，一方面继承了东斯拉夫和其他部落的文化传统，而后是罗斯的文化传统，同时在与国内各民族不断整合过程中融合了他们的文化养分；另一方面吸纳了以拜占庭文化为主的东西方文化成分，形成了别具一格的文化。最后，一个民族的文化与民族的性格息息相关。

下面主要论述苏联时期与苏联解体后俄罗斯文化的特点。

1 苏联时期的文化

1917年的十月革命是一场翻天覆地的变革。世界上第一次建立了无产阶级当家做主的国家。历史颠倒过来了，在文化方面也是如此。但是文化发展有自身的规律，文化始终有继承性。在无产阶级专政建立之初，革命风暴仅触及政治、经济体制、军事、社会结构等领域。至于文化，只涉及其表层，传统文化的延续性依旧存在。

在苏联成立之初，贵族社会的上层建筑业已被彻底摧毁，随之被摧毁的是贵族文化。在苏俄时期，文化的首要任务是消除文化的不平等。文化的国有化运动空前高涨。在联共（布）[ВКП(б)] 第八次代表大会上通过了布尔什维克的纲领性条例："为劳动人民开放在剥削其劳动基础上创造的所有艺术瑰宝并使他们人人都能参观。"它是在 1917 年十月革命胜利之后立即执行的。早在 1917 年，埃尔米塔日博物馆、俄罗斯博物馆、特列季亚科夫美术馆、兵器馆等都归人民所有。休金、马蒙托夫家族、莫罗佐夫家族、特列季亚科夫家族、符·达里、伊·茨韦塔耶夫等人的私人收藏品也都收归国有。可惜的是，在此过程中，许多珍品或遗失，或损坏，或被盗，或被丢弃，或被运往国外，损失难以估量；不少庄园改为俱乐部、学校，原来的建筑遭到不同程度的破坏。例如，普希金住过的米哈伊洛夫斯克耶被当地农民烧毁，只有改造成博物馆的庄园基本上得以保存原来的风貌。1918—1923 年，新建的博物馆达 250 所之多。1918—1965 年，历史艺术纪念碑得到修复。但在当时的社会里，弥漫着对旧的精神文化持否定态度的思想和敌视知识分子的情绪。新文化隆重登场，它首先与革命英雄紧密相连。在十月革命一周年之际，马克思和恩格斯的纪念碑在莫斯科落成并揭幕，从此许多历史地名相继以革命家的名字重新命名。在革命前夕，以高尔基、蒲宁等为代表的一些知识分子欢迎这一狂飙的到来，但到暴风雨真的来临时，不少知识分子亲眼目睹这场"残酷无情的俄罗斯造反"，便大失所望，拒绝与新生的政权合作。一大批旧知识分子流亡国外，使国内的整个文化事业大受影响。

马克思纪念碑（莫斯科）

但是应该指出，大部分知识分子留在国内积极地参加新社会的建设。值得一提的是，在国内战争时期，沙皇军队近一半的军官参加了保卫苏维埃政权的斗争。许多工程师和科学家为百废待兴的苏联，尤其是为俄罗斯国家电气化计划等重大的国民经济项目的实施做出了应有的贡献。

俄罗斯经历了长达七年的战事（第一次世界大战、国内战争），死伤惨重，疲惫不堪。宗教世世代代培育的传统道德价值观被宣布无效。新生政权在站稳脚跟后着手抓文化事业。当局的政策首先着眼于社会的底层，同时也吸收一部分知识分子参与。

1.1 布尔什维克的文化政策及其领导管理机构

新型国家所制定的党的文化政策归根结底是两大任务：党对文化事业的控制和普遍提高人民，主要是工农的文化水平。

1918 年，苏维埃政权实行文字改革，并推行新历。1918 年通过的俄罗斯联邦宪法规定，国家应该“为工人和贫苦的农民提供充分的、全面的和免费的教育”。1919 年联共（布）的纲领中强调：“开展最广泛的共产主义思想宣传，为此可动用国家政权的机关和手段。”

卢那察尔斯基

新生的苏维埃政权设立了专门领导文化的机构，任命阿·卢那察尔斯基（А. Луначарский，1875—1933）为教育人民委员（Наркомпрос)。但又创立了一个自愿参加的无产阶级业余文艺组织——无产阶级文化协会(Пролеткульт，1917—1932)，以亚·波格丹诺夫(А. Богданов，1873—1928)的思想为指导。协会形式上受教育人民委员会的领导，事实上是自行其是，而且波格丹诺夫的思想与列宁相左。波格丹诺夫认为党的活动范围仅局限在政治，协会是无产阶级在文化领域的独立组织。这一看法理所当然地遭到列宁的批判。另一个分歧在于新文化的社会基础。波格丹诺夫指出，无产阶级文化的创造者只能是无产阶级，而列宁采用社会主义文化一词，论证了这种文化的基础是无产阶级思想，但这一思想能为其他社会阶层人士所接受。波格丹诺夫经常被指责对文化遗产抱虚无主义的态度。1918—1920年间，协会的活动富有成效，参与者达50万人。1920年秋，协会的自主权被剥夺，后屡遭中央批判，遂日渐式微。

20世纪20年代，联共(布)中央把文化视为思想斗争的领域，加强了文化的领导体制，扩大并强化了联共(布)中央宣传鼓动部的权限。当时尚有民主之风：对党的文化政策进行了辩论，而且分歧颇大。两条路线开始显现。以杂志《在岗位上》(«На посту»)为代表的一派力主在文学和艺术领域分清阶级阵线，对持中间立场的知识分子决不妥协，而以教育人民委员会为核心的另一派则主张苏维埃政权应吸收动摇的知识分子，并不干预艺术生活。1924—1925年间，进行了由党的领导干部参加的关于当代知识分子命运问题的讨论。1924年，中央会议讨论文学政策问题，邀请作家、新闻工作者、评论家参与。与此同时，中央也采取了强硬的措施：查封杂志，1922年在未经审判的情况下把大批知识分子流放国外。

1.1.1 对待宗教的态度

新生的国家对宗教的态度来了个180度的转弯。革命胜利伊始，布尔什维克在宗教方面的首要任务是帮助“民众摆脱宗教偏见”。此外，

1918年1月23日，人民委员会通过了“政教分离的法令”，褫夺教会和所有宗教组织担任法人及拥有财产的权利。此令一出，1921—1923年间，俄国大刮没收教会财产之风，抄没的不仅有教会的物质财富，甚至有教会奉为至宝的圣尸（мощи）。这些圣尸直至20世纪40年代和80年代，国家才分批归还教会。

1.1.2 对待知识分子的态度

联共（布）中央在知识分子问题上采取区别对待的态度：对反革命言行坚决加以打击和镇压，对忠心耿耿者则加以扶植和支持。此时无产阶级初掌政权，急需大量人才，因此准备吸收左右摇摆的知识分子为苏维埃服务。但实际上，采取的是“宁左毋右”的政策。当时，布尔什维克认为，“不与我们在一起的人，就是反对我们的人”（Кто не с нами—тот против нас），大批知识分子惨遭逮捕。高尔基在致当时的彼得格勒市工农兵代表苏维埃主席季诺维耶夫的信里写道：“逮捕的人实在太多，而且毫无理由。”这是导致大批知识分子流亡海外的原因之一。一方面，随着苏联转入新经济政策时代，一部分知识分子认为这是苏维埃政权转向民主的征兆，开始与当局合作。这一思潮被称为“路标转换派”。另一方面，新生的国家急需各种人才，做出了一定的妥协。包括放宽了对意识形态的控制，允许非苏维埃倾向的刊物出版，比如路标转换派的杂志的出版。但政治化的阶级立场仍是党的知识分子政策的基本原则。总之，20世纪20年代的知识分子政策是矛盾的。当局既欲与知识分子对话，又继续对他们进行迫害。1922年，当局把诸如别尔嘉耶夫、索罗金（П. Сорокин）、弗兰克（С. Франк）、洛斯基（Н. Лосский）、布尔加科夫（С. Булгаков）等一批知识精英流放国外。此举在历史上被称为“哲学船”（философский пароход）。1924年，全俄中央执行委员会（ВЦИК）决定，苏联人民委员会国家政治保安总局（ОГПУ）拥有特权，可把对政治制度有危险的人员关入集中营或流放外地。大批作家、艺术家和演员流亡国外。

1.1.3 科学

动荡的俄罗斯社会对科学的发展极为不利。1914年，俄罗斯计有10 240名科学工作者，其中约有500名移民国外（包括1922年流放的科学家）。移民的科学家以哲学家、法学家和历史学家为主，自然科学工作者不受政治信仰的影响仍在自己的岗位上工作。新政权的科技政策旨在恢复科技潜力，使其为社会主义建设服务并希望其政策在科技界能立竿见影。在人民委员会的努力之下，不少科学家参加了各个委员会的工作，如著名学者巴甫洛夫、普里亚尼什尼科夫（Д. Прянишников）等。但在战时共产主义时期，条件实在太差。1918—1921年间，国内战争正酣，举国饥馑，又加严寒，居民苦不堪言。1919年冬季，彼得格勒的叶·费奥多罗夫（Е. Федоров）等几位著名科学家不幸饿死。自1920年始，对科学家实行特供制——学院份粮（натуральный академический паек），发放至1923年10月。人民委员会还附设改善科学家生活的中央委员会（1921—1931年），科研体制也得到改革，许多专门化的科研机构应运而生。1917—1922年间，科研机构的数量增加了两倍，这类机构都是应用型的，以解决工农业生产中的问题为己任。社会科学的科研机构是清一色研究马克思主义的机构。1927年，科研人员的数量为2.5万名左右，是革命前的一倍多。科研人员依靠科研机构和大学来培养，培养时注重马克思主义方法论和新生力量中无产阶级的成分。1925年，推行研究生制，新的科研体制的一大特点是科研的计划性。研究所普遍制订年度计划，从1923年开始，编制五年计划。基础研究有所突破，巴甫洛夫、韦尔纳茨基、克雷洛夫、茹科夫斯基等大学者都有所建树。在社会科学领域，马克思主义占领了这块资产阶级的世袭领地。俄罗斯科学院在成立200

周年的庆典上改名为苏联科学院（Академия наук СССР）。

1.1.4 艺术生活

革命和继之而来的社会变革使艺术与现实的关系发生了根本性变化。革命提出的口号是“艺术归人民”。知识分子的“象牙塔”已被革命的狂飙所摧毁。文学艺术必须为现政权所提出的社会任务服务。而且党把文学艺术看作在意识形态方面熏陶民众的手段。革命为民众开放了这块贵族和资产阶级以及知识精英盘踞的世袭领地，从此工农有可能自由出入这一神圣的艺术殿堂。人民大众的需求和趣味势必影响文学艺术。1918年1月8日，教育人民委员会呼吁文学艺术家与新政权合作，但应者寥寥。当时文化人的思想情绪可从曼德尔什塔姆的诗作《世纪》（«Век»）里窥视一二。

共和国成立伊始，文艺力量开始新陈代谢。无产阶级文化协会在培养无产阶级的作家、艺术家、演员方面作用巨大。像爱森斯坦（С. Эйзенштейн）等未来的电影导演、剧作家和演员都是在这里起步的。新的剧团如雨后春笋，但其中多数都是凭一时热情搞起来的，后终因物质条件匮乏而解散。以勃洛克任第一任艺术总监的列宁格勒大剧院、以符·梅耶霍德命名的剧院、以叶·瓦赫坦戈夫命名的剧院、莫斯科苏维埃剧院等对苏联戏剧艺术流派的确立发挥了很大作用。此时，由萨茨（Н. Сац）牵头的儿童专业剧院（профессиональный театр для детей）开张。一些业余的艺术团体发展成专业团体，如以皮亚特尼茨基命名的俄罗斯民间合唱团（Русский народный хор им. Пятницкого）在20世纪30年代以前始终是业余合唱团，1928年创办的著名的红军歌舞团（Ансамбль песни и пляски Красной Армии）也是由业余团体发展而成的。

经受过国内战争洗礼的青年人初登文坛。1920—1926年间，有150余名作家在杂志上初显才华，其中有卡维林（В. Каверин）、肖洛霍夫（М.

《第三国际的塔楼》

Шолохов)、法捷耶夫(Д. Фадеев)等。与此同时，早在革命前已经成名的作家，如布留索夫、马雅可夫斯基、叶赛宁等也并未搁笔。

在共和国成立之初就进行了从艺术上反映革命的尝试。首先是马雅可夫斯基的诗歌和勃洛克的《十二个》。蒲宁的日记《该死的日子》是从街垒另一面感悟革命的心灵实录。在绘画方面，雷洛夫(А. Рылов)的《蔚蓝色的空间》(« В голубом просторе»)、尤翁(К. Юон)的《新的星球》(«Новая планета»)、彼得罗夫-沃德金的《1918年的彼得格勒》(«1918 год в Петрограде»)都塑造了充满革命激情的形象。塔特林的设计——《第三国际的塔楼》(«Башни III интернационала»)是艺术新流派的象征。第一部苏维埃的戏剧是由马雅可夫斯基创作、梅耶霍德导演、马列维奇设计舞台的《宗教滑稽剧》(«Мистерия Буфф»)，不过只上演了三场。

在苏维埃的艺术中，群众鼓动性质的艺术形式最为常见。这类作品以时效性强、寓意丰富、不突出个人为特点。它们的艺术生命非常短暂，但鼓动性很强。它们大声宣告旧社会的灭亡，歌颂新社会的到来。另一种新的艺术形式是戏剧化的群众节日。参与这类活动的除了成千上万的群众外，还有诗人、演员、画家、导演和乐师。第一个这样的节日于1920年5月1日在彼得格勒证券交易大楼(Фондовая биржа)的台阶上举办，节日的名字为“被解放的劳动的神秘剧”(«Мистерия освобожденного труда»)。

1918年春，当局批准了在莫斯科、彼得格勒等大城市树立杰出的思想家、革命家和文化名人纪念碑的计划。在两三年的时间里，马克思、恩格斯等人的纪念碑纷纷落成，而且每一个纪念碑揭幕时都有党的领导人出席。

文学艺术团体如雨后春笋一般涌现，但许多团体都是来去匆匆，仅有一个宣言而已。其中最有影响的是："锻冶场"（Кузница，1920）、"谢拉皮翁兄弟"（Серапионовы братья，1921）、"十月"（Октябрь，1922）、莫斯科无产阶级作家协会（МАПП，1923）、"左翼艺术战线"（ЛЕФ，列夫，1922）、"山隘"（Перевал，1923）、俄罗斯无产阶级作家协会（РАПП，拉普，1925）。它们都积极地探索反映革命现实的新的艺术手段，手段繁多，不一而足。大体上可分为两大类：一类是在传统的现实主义艺术轨道之内进行探索；另一类，所谓的左翼艺术，把艺术与新形式联系在一起。这两大派成分复杂，美学观念各异。

党对文学艺术的干涉最初仅仅局限于政治检查。1922年和1923年相继成立了书籍出版总局（Главлит）和中央剧目与演出检查委员会（Главрепертком）。它们的任务是禁止具有反动内容的作品出版和上演。至于美学问题可以自由争论。无产阶级作家团体的文件里阐述了无产阶级文学发展的纲领。其中杂志《在岗位上》和拉普是坚决贯彻这一纲领的斗士。他们认为当时的文学艺术力量分为三大阵营：无产阶级的、农民的和"同路人"（Попутчики）。"同路人"的代表人物有扎米亚金、巴贝尔（И. Бабель）。他们的作品以辞藻华丽著称。而《在岗位上》评价艺术作品以思想性为主，艺术性和写作技巧为次。《在岗位上》对"同路人"尤为反感。《在岗位上》还舞动批判的大棒对准杂志《红色处女地》打去，因为那里发表作品的标准是：优秀与否与作者的政治信念和社会出身无关。《在岗位上》自封为党的代表，乱扣帽子，乱打棍子，连高尔基和马雅可夫斯基也难免挨批的厄运。至此，党中央不得不出面干预。1925年，中央开会讨论文艺界的问题，通过了《关于党的文艺政策的决议》(резолюция «О политике партии в области художественной литературы»)。该决议带有妥协的性质，一方面批评了《在岗位上》的极端做法，另一方面无条件地支持无产阶级的文学艺术力量。从阶级斗争的角度来看，艺术生活也应由无产阶级占领，不过这种斗争可以和平地、有组织地开展。中央提出了“爱护同路人”的口号，要帮助他们转到共产主义思想的立场上来。在美学领域，各种主张和观点可以自由争论。党的干预暂时平息了围绕“同路人”问题的争论，也安了这些作家的心，但全局并未发生根本变化。

耐人寻味的是，当时优秀作品并非出自一种流派或一个团体。能列入苏联文学经典的作品有：作为列夫成员的马雅可夫斯基的长诗和抒情诗、属于意象派的叶赛宁的作品、无产阶级文学运动的组织者之一德·富尔曼诺夫（Д. Фурманов）的长篇小说《夏伯阳》，以及没有参加任何文学组织的作家阿·托尔斯泰、布尔加科夫、巴贝尔、帕斯捷尔纳克的作品。

剧院是文化生活中一个最固定的成分。在那个年代，彼得堡每天上演 40 多部戏，主要是经典戏剧。新戏不多，而且卖座率不高。1920 年，梅耶霍德提出了“戏剧十月”（Театральный Октябрь）的口号。他当时是教育人民委员会戏剧司司长，他的纲领是要革命地改造戏剧。他认为，革命的戏剧应带有倾向性、政治性、鼓动性。这就是大众的戏剧，观众是戏剧的参与者。经典剧院对“戏剧十月”的观点不予苟同。创新戏剧艺术的希望在剧团的身上，而剧团大部分在经典剧院里。梅耶霍德的创造性探索不为大众所理解，也提不起他们的兴趣。而正是这一大批观众是这些左派改革家的希望所在。1923 年，剧院调过头来“回到奥斯特洛夫斯基去”（«Назад к Островскому»），即回到自己的戏剧传统。从此“左派”和“经典派”之间的差别开始逐渐缩小。20 世纪 20 年代中期，第一批依据现实主义传统创作的苏维埃剧本登上舞台。1925—1927 年间戏

《柳博芙·亚罗娃娅》剧照

剧季节的大事有：莫斯科省工会理事会（МГСПС）剧院上演的比利－别洛采尔科夫斯基（В. Билль-Белоцерковский）的《暴风雨》（«Шторм»），小剧院推出的特列尼奥夫（К. Тренев）的《柳博芙·亚罗娃娅》（«Любовь Яровая»），瓦赫坦戈夫剧院首演的拉夫列尼奥夫（Б. Лавренев）的《决裂》（«Разлом»）和弗·伊万诺夫（В. Иванов）的《铁甲列车 14 −69》（«Бронепоезд 14−69»）。经典戏剧仍旧长演不衰，无论是经典派（在莫斯科高尔基模范剧院上演的奥斯特洛夫斯基的《炽热的心》），还是左派（在梅耶霍德剧院上演的奥斯特洛夫斯基的《森林》和果戈理的《钦差大臣》），对经典剧本都进行了新的演绎。

俄罗斯革命美术家协会（АХРР）、架上画画家协会（ОСТ）、“4 艺术”（«4 искусства»）、莫斯科画家协会（ОМХ）等团体执造型艺术之牛耳。俄罗斯革命美术家协会的核心成员来自巡回展览画协会。他们努力采用广大群众能够欣赏的形式反映同时代的现实生活。这一派的代表作有谢·马柳京（С. Малютин）的《德·富尔曼诺夫》的肖像画、格·里亚日斯基（Г. Ряжский）的《女代表》（«Делегатка»）、叶·切普佐夫（Е. Чепцов）的《农村支部会议》（«Заседание сельячейки»）、米·格列科夫（М. Греков）的《机枪马车》（«Тачанка»）。架上画画家协会吸收了苏联第一所美术高等学校——国立高等美工实习学校的毕业生，其任务是通过形象体现出人与同时代生产的相互关系。他们的创新精神鲜明地反映在杰伊涅卡（А. Дейнека）的《保卫彼得格勒》（«Оборона Петрограда»)、尤·皮缅诺夫（Ю. Пименов）的《重工业》(«Тяжелая индустрия»)、卢奇什金（С. Лучишкин）的《球飞掉了》(«Шар улетел»)中。“4 艺术”和莫斯科画家协会的成员都是老一辈的画家。他们虽身处同一个组织，但风格各异。“4 艺术”以彼得罗夫-沃德金、库兹涅佐夫等为主力。莫斯科画家协会最活跃的画家有孔恰洛夫斯基、马什科夫等。

如果说戏剧至 20 世纪 20 年代末已经推出新剧目的话，那么在歌剧和芭蕾舞的舞台上依然是经典剧目一统天下。唯一一部成功的现代题材的芭蕾舞是 1927 年在大剧院上演的赖因·格里爱尔（Р. Глиэр）的《红罂粟》(«Красный мак»)。

虽然俄罗斯无产阶级音乐家协会（РАПМ）竭力抵制，但俄罗斯古典音乐不仅是音乐厅、大剧院，而且是乐队最受欢迎的保留剧目。俄罗斯无产阶级音乐家协会的任务在于与音乐中的资产阶级因素做斗争，主张简化音乐形式，认为在所有的音乐体裁中群众歌曲是最主要的。现代音乐家协会（АСМ）则把目光转向同时代的西方艺术。

列宁有一句名言：“电影对我们来说是所有艺术中至关重要的门类。”据此，党和国家机构对电影事业情有独钟、恩宠有加，视它为群众宣传和文化工作的有效手段。在国内战争年代，鼓动性电影比比皆是。20 世纪 20 年代，纪录片的发展与济·维尔托夫（Дз. Вертов）的名字相关联，他开创了用艺术手段演绎史实的新风。这一时期谢·爱森斯坦的影片《战舰波将金号》(«Броненосец Потемкин»)和《十月》(«Октябрь»)奠定了在电影中阐发革命题材的范例，从而名垂电影史册。

1.2 20 世纪 20 年代末至 30 年代的文化发展

1.2.1 新的政治思想环境

20 世纪 20 年代后半期，苏联领导提出了对国民经济进行社会主义改造的口号。党内关于建设社会主义途径的激烈辩论因权力之争而变得更加复杂。20 世纪 20 年代末，斯大林和他的亲密战友坐稳了苏共领导的宝座，开始加速经济的工业化并强制进行农业集体化。当局把苏联所处的国际形势描绘成处于敌对的资本主义包围圈里的堡垒。关于随着向社会主义的推进阶级斗争越来越激烈的提纲已经出笼，这是大规模镇压的理论根据。20 世纪 20 年代末的转向标志着以镇压为主要手段的政治制度正在形成，这一制度意味着严格控制社会生活和人的活动的所有领域，限制信息的独立获取，具有一个统一的、人人必须遵循的意识形态。

文化政策的大势依然如此。文化的一切领域都从无产阶级阶级斗争的角度加以审视。但这些任务倒反而显得更加简单化。20 世纪 20 年代，对文化革命的理解为克服文化落后性的多方面过程。到了 1929 年 3 月，斯大林在演讲中指出，文化革命归结为推行初等和中等义务教育。

斯大林当权后，对党政各级领导进行了调整，年轻的党员干部替代了列宁时期的老干部。卢那察尔斯基的教育人民委员之职由安·布勃诺夫（А. Бубнов）接任。他与前任不同，是党的忠诚战士，是上级指示的坚决执行者。

20 世纪 30 年代初，对文化管理机关进行改组。改组的方向是加强专业化。新的行业机构相继成立：全苏电影业联合公司（Союзкино，1930）、全苏广播化和广播事业委员会（Всесоюзный комитет по радиофикации и радиовещанию，1933）、高等技术学校委员会［（Комитет по высшей технической школе，1932），自 1936 年起改为全苏高等学校委员会（Всесоюзный комитет по делам высшей школы）］、全苏艺术委员会（Всесоюзный комитет по делам искусств，1936）。教育人民委员会的权限相应缩小了。

1928 年，在全国范围内开始推行“五年计划”，文化建设也不例外。

国家优先拨款给与国防有关的部门，至于文化事业，只能拿到一个零头。文化事业物质保障的水平始终落后于需求。20 世纪 30 年代，在传播文化手段的发展上出现了跃进。书籍、报纸和杂志的发行量大增。老百姓文化程度的提高使读者群迅猛壮大。收音机、留声机来到寻常百姓家。电影成为大众都可欣赏的艺术。但对于发展大众传媒来说，物质和技术条件十分有限。第二次世界大战前夕，仅有 3 000 万人能收听广播。当时苏联纸张的产量居于世界的末位。

领导文化的方法也有改变。文化问题不再进行讨论，许多社会组织也不复存在。科学、文学和艺术领域专横的官僚领导作风在滋长、弥漫。

20 世纪 30 年代初对斯大林的个人崇拜业已形成，始作俑者是克·伏罗希洛夫（К. Ворошилов）。他在 1929 年，总书记 50 岁生日时发表了题为《斯大林和红军》(«Сталин и Красная армия»）的文章，违背历史真实，夸大他的功绩。从此，斯大林变成唯一的和永远正确的马克思主义理论家。他作为英明领袖、“各民族的父亲”（отец народов）的形象被灌输到全体苏联人的意识中。

官方对形势的估计不符合现实，浮夸之风盛行。如，在 1934 年党的十七大上宣布，在第一个五年计划里，苏联已成为先进文化的国家；在 1939 年十八大上宣称文化革命已经结束。显而易见，这些结论水分很多。当时的人们对报纸上看到的或收音机里听到的深信不疑。国家日新月异的变化增强了他们对未来的信心和对党的领导的信任。崇高的目标、与时代同步前进、对光辉理想的信仰、憧憬似乎近在咫尺的未来都是当时人们乐观、干劲充足和幸福的源泉。贫穷、生活的诸多不便、逼仄的住处，即物质生活的困难在有幸参与完成的宏伟任务面前显得无所其谓。而且这种大好形势不容怀疑，稍有怀疑就是思想上的不坚定。这个年代里常见的互相监视、打小报告都使这种怀疑孕育着很大的危险。

1929 年，苏联当局与教会的关系破裂。教会的罪名在于支持富农，抵制粮食采购。国家机关严格控制宗教机构的活动。大批修道院、教堂和教区被关闭。还成立了由雅罗斯拉夫斯基（Ем. Ярославский）领导的群众性的社会组织“战斗的无神论者联盟”（Союз воинствующих безбожников）。列宁格勒的喀山大教堂和以撒大教堂都被辟为反宗教的博物馆。但总的来说，与宗教斗争的效果不大。

20 世纪 20—30 年代，加强了对知识分子的镇压。在 1928 年的“沙赫特案件”（Шахтинское дело）、1930 年的“工业党”诉讼事件（Процес снад «Промышленной партией»）后，旧知识分子的日子越来越难过。粗略估计，90%—95% 的遗老遗少被视为“反革命知识分子”。成千上万的知识分子丧失了宝贵生命，上百万人的命运遭到扭曲。

对文化的实用主义态度与对宗教和旧知识分子的敌视，导致有关文化遗产政策的严重失误。革命之后建立起来的保护文物的体制出现了裂缝。大批教堂和修道院被拆除。在改造莫斯科时，有 1/3 的建筑类文物被毁。如基督救世主大教堂［（Храм Христа Спасителя），苏联解体后已重建］，本来被辟作博物馆的庄园，现在连博物馆也关了，房子用作公社的仓库。随着镇压的扩大，图书馆开始清理被镇压的作者的书籍。1933—1934 年间，在对待文化遗产上又有了些许转机。全俄中央执行委员会（ВЦИК）和人民委员会（СНК）通过了“关于保护历史文物”和“关于保护建筑文物”的决定（Постановления «Об охране исторических памятников» и «Об охране архитектурных памятников»）。

1.2.2 文学和艺术

20 世纪 20 年代末的政治转向在文学艺术领域也有所反映。苏维埃成立之初，党的活动家们都已被撤职，政策也有变化。提到首位的是“各派力量的团结”“积极开展文学艺术领域里反对敌对思想的斗争”“在作家和画家的组织里加强党的影响力”。文学艺术应服从“社会主义建设的任务”，应该用马克思主义的观点反映社会的发展，应该面向现行的党的政策和政治思想。要完成这些任务，只有铲除文艺领域的不同政见和加强检查。对一两个作家的猛烈批判起到了杀一儆百的作用，搞得人人自危。

高尔基

此时，全国计有40个左右的文艺团体，其中拉普是它们的中心和领导。拉普是群众性组织，在全国各地设有分会。无产阶级的文艺在当时尚无重大建树，仅以积极的、富有斗争性的文艺评论来弥补创作成就之不足。拉普对那些非无产阶级的作家尤为反感，把党内斗争的形式和方法搬到文艺生活里来。1925年，党通过了《关于党的文艺政策的决议》，支持无产阶级文学运动。但党是在总体上支持拉普路线，在具体问题上则经常调整拉普的做法。高尔基的问题就是一例。他遭到拉普的批判，但中央通过专门决议，对他给予保护。

拉普的做法越来越左。它提出“要让文学生产服从社会主义建设的总速度”“日常阶级斗争的需求”“不是同路人，就是盟友或敌人”“立即用艺术形式反映五年计划的英雄”等，不一而足。文学界的形势发展到了边缘。1931年，一部分作家接连致信斯大林。扎米亚金（Е. Замятин）和布尔加科夫（М. Булгаков）在信里表达了对形势不能容忍、无法继续工作等意见。1932年4月23日，联共（布）中央通过了《关于改组文学艺术组织的决定》（Постановление «О перестройке литературно-художественных организаций»），决定撤销无产阶级作家组织。1934年8月，在莫斯科举行第一届全苏作家代表大会（Первый Всесоюзный съезд советских писателей），大会通过了作协的章程，并选举了以高尔基为主席的理事会，理事会的首任秘书是党中央机关工作者谢尔巴科夫（А.

Щербаков）。这是文化生活中的一件盛事，从此开始相继建立其他艺术门类的组织。

1931 年，俄罗斯无产阶级艺术家协会（РАПХ）宣告成立，但到了 1932 年，它因惯用行政手段和庸俗的社会学方法而被解散。其他门类的组织委员会虽都已成立，但在战前除了建筑师组织委员会外都没有来得及召开代表大会。

20 世纪 20 年代末至 30 年代初，苏联文坛就苏联文艺的创作方法问题展开了大讨论。有一派认为，在建设社会主义新社会的过程中文艺方法的基础是一种特殊的方法。拉普派对新方法的探索最为积极。他们把马克思主义的辩证法机械地搬到文艺创作中来，提出辩证唯物主义的创作方法。按照他们的观点，文艺工作者应该在主人公的思想和行为里表现“对立面的统一和斗争”。把马克思主义机械地运用到文艺学里，势必导致弗里切（В. фриче）和佩列韦尔泽夫（В. Переверзев）庸俗社会学理论（вульгарно-социологические теории）的出笼。艺术直接从艺术家的阶级存在推导而成，艺术的功能归结为阶级斗争的工具。据此，普希金变成了贵族的诗人，而陀思妥耶夫斯基是反动小市民的贵族作家。这些理论后来虽遭批判，但其影响依旧存在。

历经两年的辩论，苏维埃文学的创作方法终于找到了新的名称——社会主义现实主义（социалистический реализм）。1934 年召开的作协代表大会在自己的章程里宣告社会主义现实主义是苏维埃文学的主导性创作方法并赋予文艺作品的思想性以决定性意义。章程要求艺术家“真实地和历史上具体地描绘现实及其革命的发展。与此同时，艺术地描绘现实的真实性和历史的具体性应该与用社会主义精神改造和教育劳动人民的任务结合在一起”。

社会主义现实主义的创作方法在理论上不排除文艺创作在风格和体

肖洛霍夫

裁上的多样性。但是在实践中，始终在几种艺术领域里存在着所有艺术家们无一例外地必须仿效的规范性的样板。在选择样板时，唯党的领导人的个人趣味之马首是瞻。在绘画方面，将巡回展览画派的画家奉为经典。在建筑领域，机械地套用古典主义的形式，结果搞出了一种折中主义的方法，后人戏称为“斯大林的吸血鬼”（сталинский вампир）。在乐坛上，独尊格林卡和柴可夫斯基。戏剧舞台的样板是莫斯科艺术剧院（MXAT）。对俄罗斯古典作家的创作遗产和传记从阶级立场加以演绎。如，普希金被说成是与专制主义斗争的斗士，托尔斯泰是“俄国革命的镜子”，等等。

苏维埃文学的经典也往往根据不同时期的不同需要，而不是根据作家的才能和成就加以确定。如，高尔基被封为无产阶级文学的奠基人。一方面，因为他的才华和他为无产阶级文学所做出的贡献；另一方面，因为他与列宁的关系，都使这顶桂冠非他莫属。他的地位一经斯大林钦定，他传记里那些与这位苏维埃文学巨擘不相称的“痕迹”就都被一一抹去。又如马雅可夫斯基，斯大林封他为“时代最优秀和最富天才的诗人”，而实际上他的创作远非可用社会主义现实主义“一言以蔽之”。用帕斯捷尔纳克的话来说，“这是他的第二次死亡”。

社会主义现实主义的创作方法对艺术各个门类的影响唯文学为大。20 世纪 30 年代，文艺创作的主题是革命和社会主义建设。高尔基的《克利姆·萨姆金的一生》（1925—1936）、肖洛霍夫（М. Шолохов）的《静静的顿河》（«Тихий Дон»，1928—1940）、奥斯特洛夫斯基（Н. Островский）的《钢铁是怎样炼成的》（1936）等列入了这一时期的苏维埃文学的经典。时代性主要在当时特有的“生产小说”（производственные романы）里得到体现：《水电站》（沙吉尼扬）（«Гидроцентраль»，М. Шагинян）、《能源》（格拉特科夫）（«Энергия»，Ф. Гладков）、《时代向前》（卡塔耶夫）（«Время вперед»，В. Катаев）、《大流水线》（伊利英）（«Большой конвейер»，Я. Ильин）、《拖拉机制造》（扎比拉）（«Тракторострой»，Н. Забила）。在这个时期里，历史题材的作品占有相当的分量：阿·托尔斯泰（А. Толстой）的《彼得大帝》（«Петр Первый»）、特尼亚诺夫（Ю. Тынянов）的《瓦济尔·姆赫塔尔之死》（«Смерть Вазир-Мухтара»）和《普希金》（Пушкин）。

阿赫玛托娃、曼德尔什塔姆、帕斯捷尔纳克堪称诗歌创作的楷模。讽刺体裁的大家可推左琴科（М. Зощенко）、伊利夫（И. Ильф）和彼得罗夫（Е. Петров）。苏维埃的儿童文学已经大展风采：马尔夏克（С. Маршак）、盖达尔（А. Гайдар）、楚科夫斯基（К. Чуковский）、日特科夫（Б. Житков）等人的作品教育了几代苏联儿童。

20世纪20年代末起，苏维埃戏剧在舞台上站稳了脚跟。20世纪30年代首演并列入苏维埃戏剧经典的剧作有：维什涅夫斯基（В. Вишневский）的《乐观的悲剧》（«Оптимистическая трагедия»）。此时文化生活的新事是儿童剧院的创立。

20世纪30年代，苏维埃的电影事业发展迅猛。苏联电影在20世纪20年代末就逐渐代替外国电影占领了整个银幕。国产胶卷、国产电影设备和有声电影的问世大大推动了苏联的电影事业。这一时期的影片主要有《走向生活》（导演：埃克）（«Путевка в жизнь», Н. Экк）、《独自一人》（导演：科津采夫，特劳贝格）（«Одна»，Г. Козинцев и Л. Трауберг）、《金山》（导演：尤特克维奇）（«Златые горы»，С. Юткевич）。20世纪30年代的优秀影片着眼于歌颂同时代人，如格拉西莫夫（С. Герасимов）的《七勇士》（«Семеро смелых»）、《共青城》（«Комсомольск»）；展现革命和内战时期的大事的，如瓦西里耶夫兄弟（С. и Г. Васильевы）的《夏伯阳》（«Чапаев»）、济甘（Е. Дзиган）的《我们来自克琅什塔特》（«Мы из Кронштадта»）、海菲茨和扎尔哈（И.Хейфиц и А. Зархи）的《波罗的海的代表》（«Депутат Балтики»）、科津采夫和特劳贝格的《马克辛三部曲》（«Трилогия о Максиме»）。亚历山大罗夫（Г. Александров）的音乐喜剧《快乐的孩子们》（«Веселые ребята»）、《大马戏团》（«Цирк»）也颇有影响。20 世纪 30 年代末期，历史题材的影片纷纷登上银幕，包括：彼得罗夫（В. Петров）的《彼得大帝》（«Петр Первый»，1937—1939）、爱森斯坦的《亚历山大·涅夫斯基》（«Александр Невский»，1938）、普多夫金（В. Пудовкин）的《波格丹·赫梅尔尼茨基》（«Богдан Хмельницкий»，1939）和多勒（М. Доллер）的《苏沃罗夫》（«Суворов»，1939 и 1941）。

自 20 世纪 30 年代始，为纪念重大节日经常举办全苏造型艺术展览会。大型绘画开始露面，其经典作品有：格拉西莫夫的《集体农庄的节日》（1937）、叶法诺夫的《斯大林和伏罗希洛夫在克里姆林宫散步》。在革命题材的画作里值得一提的是，彼得罗夫-沃特金的《政委之死》（«Смерть комиссара»）、杰伊涅卡的《保卫彼得格勒》、格列科夫的《第一骑兵军的号手》（«Трубачи первой конной армии»）、约翰逊（Б. Иогансон）的《审讯共产党员》（«Допрос коммунистов»）。此外，涅斯杰罗夫、科林、孔恰洛夫斯基等人的肖像画也有所进展。穆钦娜（В. Мухина）的雕塑《工人和集体农庄女庄员》（«Рабочий и кол-

《工人和集体农庄女庄员》
（穆钦娜）

хозница»，1937）成为时代的象征。

这个时期的乐坛上，普罗科菲耶夫（С. Прокофьев）、肖斯塔科维奇（Д. Шостакович）、哈恰图良（А. Хачатурян）、赫连尼科夫（Т. Хренников）、卡巴列夫斯基（Д. Кабалевский）、杜纳耶夫斯基（И. Дунаевский）等的名字红极一时。苏维埃音乐生活里值得一提的是创立了一批音乐集体：贝多芬四重奏团、国立大交响乐团、国立爱乐乐团等。年轻的苏联指挥家穆拉温斯基（Е. Мравинский）、海金（Е. Хайкин）等成为乐坛主力。1932 年，苏联作曲家协会（Союз композиторов СССР）成立。

统一的创作人员协会的相继成立并不意味着思想和美学观点斗争的终结。论战又在与形式主义做斗争的口号下烽火再起。1935—1937 年间，党中央提出，在文学和艺术中开展克服形式主义（формализм）和自然主义（натурализм）的辩论。1936 年，报纸上连篇累牍地发表文章抨击某些作家、画家和作曲家创作中的形式主义。文章的调子都是上纲上线的。援引当时《真理报》的文章标题就可见一斑：《杂乱无章的音乐》（«Сумбур вместо музыки»）、《矫揉造作的芭蕾》（«Балетная фальшь»）、《拙劣的画家》（«О художниках-пачкунах»）。肖斯塔科维奇的歌剧《姆岑斯基县的麦克白夫人》（«Леди Макбет мценского уезда»）和芭蕾舞《清澈的小溪》（«Светлый ручей»）被批判为形式主义的代表作。画家连图洛夫和施腾贝格（Д. Штернберг），电影导演爱森斯坦、多夫任科（А. Довженко），作家帕斯捷尔纳克、扎波洛茨基（Н. Заболоцкий）、阿塞耶夫、奥列莎（Ю. Олеша）、巴贝尔，都被扣上形式主义的帽子。导演梅耶霍德和泰罗夫均在批判的火力之中。1938 年，梅耶霍德剧院被查封，不久以后，导演本人惨遭镇压。

事实上，形式主义的危险被夸大了，这场斗争使一批天才的作家和画家不仅从文坛上消失，甚而从肉体上被消灭。从此，粗糙的、应景的和配合形势的作品充斥于市。无冲突的小说成为时尚，其理论根据是在社会主义制度下没有矛盾。一批理论家断言，社会主义现实已摆脱了对抗性矛盾，因此反映这种现实的作品只能建立在好与更好的矛盾的基础上。作品的中心必须是正面人物、改造生活的积极分子。这一理论的影响颇为恶劣，其流毒一直波及战后的文学和艺术。

社会主义现实主义虽然未能涵盖20世纪30年代文艺的方方面面，但事实上它被用来从政治上控制整个文艺过程。那些没有明显政治倾向性的作品往往被视为思想性不够的作品。才华横溢的、个性鲜明的作家和艺术家在这样的环境里搞创作是非常困难的。许多优秀作品或遗失，或不能与读者和观众见面。在这方面比较典型的是“现实艺术组合”（Объединение реального искусства，«ОБЭРИУ»）的命运。这是一个先锋派的文学小组。这个小组的成员想把词汇从它们的文学和日常生活的关系中解放出来，在有机物的、不合逻辑的上下文中重新展示它们的意义。这种创作探索与同时代的画家菲洛诺夫和马列维奇的创作特点有相似之处。这个小组的领导人是达·哈尔姆斯（Д. Хармс）和亚·韦坚斯基（А. Введенский），他们的第一个创作晚会是在列宁格勒出版之家举行的，那里演出过哈尔姆斯的剧本《叶莉扎维塔·巴姆》。但是他们编写的集子《瓦纳·阿尔希梅达》却未能出版。1930年，第一篇抨击性文章见报，指责这个组合不问政治的倾向。从此大部分成员只能撰写儿童诗，他们都在国立儿童出版社、在马尔夏克主编的儿童杂志社工作。20世纪30年代末到40年代初，绝大部分成员或自杀，或遭逮捕，或流放到集中营。布尔加科夫的《大师与玛格丽特》（«Мастер и Маргарита»）直至1966年才出版（有所删节），普拉托诺夫

布尔加科夫

（А. Платонов）的《原生海》（«Ювенильное море»）、《地糟》（«Котлован»），阿赫玛托娃的《安魂曲》（«Реквием»）直至改革时代才得以呈现在读者面前。在博物馆里尘封已久的俄罗斯先锋派画家费洛诺夫（П. Филонов）、马列维奇等的画作在不久以前才露面。对被镇压的文艺工作者的作品讳莫如深，如梅耶霍德、皮利尼亚克（Б. Пильняк）、曼德尔什塔姆、巴贝尔等人的作品。科林的未完成的画《正在逝去的罗斯》（«Русь уходящая»），其宏大的构思现在只能依靠草图来猜测。爱森斯坦描写集体化的电影《白净草原》（«Бежин луг»）也被禁止拍摄。仅在 1937 年一年，禁演的剧目就达 56 种，原因是剧作家“不可靠”。

严格的控制还殃及过去的文学艺术。大批不能归入现在模式的人物、作品都被除名。20 世纪初的艺术实际上已不能与俄国读者谋面。大量流亡海外的唯心主义哲学家、作家的著作在图书馆里被销毁。历史建筑遭到破坏的程度更为严重。

1.3 卫国战争时期的文化

第二次世界大战彻底改变了社会的文化生活。国家变成了一个统一的兵营。文化的一切领域都必须无条件地服从对敌斗争的任务。

为了集中权力，成立了国家的国防委员会（ГКО），委员会里负责科学的全权代表由高教委员会主任卡夫塔诺夫（С. Кафтанов）担任。在委员会里设立了由科学院院士约费（А. Иоффе）、卡皮扎（П. Капица）、巴尔金（И. Бардин）等参加的全国科学工作协调理事会。1941 年 6 月 24 日，成立了由党中央直接领导的苏联情报局（Совинформбюро），集所有情报工作于一身。

战争伊始，新的社会组织纷纷成立，其中有影响的是：苏联科学家、苏联妇女、苏联青年等几个反法西斯委员会，犹太人反法西斯委员会，等等，它们都归情报局领导。还有一批文艺工作者也为情报局工作，他们是肖洛霍夫、爱伦堡（И. Эренбург）、西蒙诺夫（К. Симонов）、法捷耶夫等。文化工作者也在调查和确定德国法西斯侵略者及其同伙的罪行的国家非常委员会里工作。在战争期间，联共（布）中央还设立了科学部。

战争时期，国家的宗教政策出现了变化。1941 年，“战斗的无神论者联盟”宣告解散,反对宗教的宣传开始偃旗息鼓。宗教的爱国主义立场，它为国防之需参与募捐、在人民中加强宗教情绪、巩固反希特勒联盟的作用促使斯大林决定与教会进行对话。1943 年出现了转机，国家的最高元首与俄罗斯东正教教会的领导人在克里姆林宫举行了会晤。同年举行了大牧首的选举活动。从此宗教组织才有可能进行日常的、正常的活动。

伟大统帅

战争暂时把思想战线的斗争推到次要地位。文化管理机构精简了，在意识形态方面的控制宽松了。因政治思想原因进行的镇压继续进行，但规模要小得多。在战争初期，红军连连失利，关于个人崇拜的宣传有所收敛。随着各条战线的节节胜利，关于斯大林是“所有时代和所有民族中最伟大的统帅”（«Величайший полководец всех времен и народов»）的神话逐渐灌输到普通百姓的思想里。文化的各个门类实际上自始至终都参与了制造这一神话的过程。战争中发生的种种大事都根据对制造这一神话有利的原则加以阐述。宣传机器的重点在于,做敌占区公民的工作。

战争对所有的文化机构提出了改造的要求。文化工作中诸如广播、电影、报刊等最机动灵活、影响最大、效果最好的形式是重中之重。为满足前线的需求，专门组织了前线剧团（1944 年这类剧团达 25 个之多）和专门的乐团。

在战争刚刚打响之时，国家对文化的拨款锐减；但从 1943 年起，因战场上出现了转折点，国家给文化的经费开始增加。

战争刚一开始，大众传媒的意义就显得非常突出。当时，广播是主要手段。情报局的战报每天用苏联各民族的 70 种语言播放 18 次。对红军战士、游击队、青年还特设专题节目。在车站、海运码头、河运码头、兵役局、战地医院、工矿企业、政府机构、现役部队都设有宣传站，及时播报战况和宣讲时局。内战时期的政治教育工作经验得以发扬光大，特别是通过“罗斯塔社之窗”（Окна РОСТА）——后来被称为“塔斯社之窗”（Окна ТАСС）。

战争对报纸和书籍的出版影响巨大。4 000 多种报纸停刊，期刊的发行量减少了 3/4，书籍的发行量仅为战前的 1/4。战时的出版物以小册子、指导性读物、鼓动宣传品和科普读物为主。直至 1944 年，情况才有所好转，书报的发行量开始回升。战时的书籍都为关于战争的读物，党的领导所写的小册子市场很大。本国历史的书籍，尤其是战争历史的书籍，以及文学作品都是主要的出版物。

战争期间，文化机构自始至终坚持工作，在莫斯科，甚至在 1941 年 10—11 月德国法西斯兵临城下之际，博物馆和图书馆仍旧开放。在被围困的列宁格勒，图书馆和剧院从未间断过工作。列宁格勒战争时期文化生活的头等大事是肖斯塔科维奇献给这座城市保卫者的《第七交响曲》（«Седьмая симфония»）的首演式。在 1942 年 9 月前，在被围困的列宁格勒市里，剧院始终坚持演出。

大量文化机构被疏散到后方。仅在乌兹别克一国就有 53 所高校和科学院机关，300 个左右创作联盟和组织。在库斯塔奈一地，就汇集了历史博物馆、革命博物馆的藏品，列宁图书馆、外文图书馆和历史图书馆的孤本与珍品。俄罗斯博物馆、特列季亚科夫美术馆的珍藏被运到彼尔姆，埃尔米塔日博物馆的至宝被送到斯维尔德洛夫斯克。作协书记处和苏联文学基金迁至喀山。苏联国家画家协会组委会主席团和画家基金搬到斯维尔德洛夫斯克。在迁往阿拉木图的列宁格勒电影制片厂和莫斯科电影制片厂的基础上组建了中央联合电影制片厂（Центральная объединенная киностудия, ЦОКС）。著名电影导演爱森斯坦、普多夫金、瓦西里耶夫兄弟、埃姆勒（Ф. Эрмлер）、佩里耶夫（И. Пырьев）、罗沙利（Г. Рошаль）等都在那里施展自己的才能。战争期间，80% 的国产故事片由这个电影制片厂摄制。至 1941 年 11 月，从莫斯科、列宁格勒、乌克兰和白俄罗斯，有近 60 个剧团内迁，因此戏剧创作的骨干得以保存。

1.3.1 科学

科学机构的主要疏散地是喀山、乌拉尔和中亚。数理和化学研究机构在喀山落户，地质方面的研究机构在乌拉尔，生物研究机构在伏龙芝，人文科学研究机构在塔什干和阿拉木图继续从事科研活动。知识精英一下子都集中在东部地区。他们的知识和经验为培养和提高当地的干部发挥了应有的作用。

在战争时期，动员科研工作支前、维持国家的科研潜力和保障科研工作的持续发展成为科研工作的中心。科研课题转过来面向三大方向：解决军事技术问题、以科研支持工业、开发原料资源。为解决具体问题，随时可组建由各方专家参加的跨部门委员会。科技工作者自己倡议成立各种委员会以科技力量支援工业。

1941 年，组建了开发乌拉尔资源的委员会，这个以科学院院士拜科夫（А. Байков）等人为首的委员会联合了 60 个左右的科研和工业机构，后来其活动一直扩大到西伯利亚和哈萨克斯坦。此外，直接与红军有关的军事卫生委员会、地质地理委员会都做出了应有的贡献。

格鲁吉亚科学院院长领导的数学研究所解决了一系列生产武器和弹

药方面的实际问题。生理研究所和许多医学研究所为治疗红军伤员做了大量工作。科研人员为处理紧急状态中的难题出谋划策。如，从被围困的列宁格勒到陆地开辟了唯一的一条经过拉多加湖的“生命之路”。时值拉多加湖的结冰期，技术物理研究所的工作人员对湖里冰层的厚度进行了勘察，制定了冰上交通的运行规则。

库尔恰托夫纪念碑（莫斯科）

苏联科学家为改善武器、军事装备，为开发东西伯利亚和极北地区的能源与资源做出了很大的贡献。70% 的伤员得以重新归队。

自 1943 年起，苏联开始研制新型武器——原子弹。莫斯科专门组建了库尔恰托夫（И. Курчатов）领导的实验室。

人文科学的研究课题转向与战争有关的任务。毫无疑问，关于俄罗斯英勇历史的著作成为显学。

1.3.2 文学和艺术

常言道，炮声一响，缪斯女神不再声响。但在卫国战争打响以后，缪斯女神却更加大显身手。作家、诗人、记者用自己的书籍和文章、前线的演说、剧本和诗歌鼓舞着前线将士和人民的斗志。数千名作家和诗人作为战地记者参加现役部队，150 多名电影工作者在前线或游击队里开展工作。

在莫斯科保卫战最困难的时候，作家苏尔科夫（А. Сурков）、彼得罗夫（Е. Петров）、贝克（А. Бек）亲临第一线。他们出没于战壕和指挥所，与战士交谈，及时在报端报道战事和战士的功勋。作家康·西蒙诺夫作为《红星报》战地记者在莫斯科保卫战、斯大林格勒大战、库尔斯克弧形地带大会战、攻克柏林、解放布拉格的战争中都留下了自己的身影。

作为战地记者的著名作家还有肖洛霍夫、法捷耶夫、吉洪诺夫（Н. Тихонов）、扎克卢特金（В. Закруткин）、盖达尔等。310 位作家荣获苏联英雄的称号。

战地记者西蒙诺夫

战争的要事在当时的文学作品里得到充分反映。在贝戈尔茨（О. Берггольц）的《列宁格勒长诗》和因贝尔（В. Инбер）的《普尔科夫的子午线》里塑造了列宁格勒保卫者的形象，西蒙诺夫的中篇小说《日日夜夜》和格罗斯曼（В. Гроссман）的《主要打击方向》是献给斯大林格勒大战的，沙吉尼扬和格拉特科夫的小说描绘了后方劳动者的献身精神和忘我劳动。战争年代作品的特点是主人公并非虚构，而是实实在在的人物。其中阿利格尔（М. Алигер）的长诗《卓娅》和法捷耶夫的长篇小说《青年近卫军》的最初几章都是在战争年代动笔的。

特瓦尔多夫斯基（А. Твардовский）的长诗《瓦西里·焦尔金》、西蒙诺夫的政论作品、爱伦堡的政论文都是家喻户晓的佳作。战争年代的戏剧也与政论文和诗歌一样为民众喜闻乐见。如，列昂诺夫（Л. Леонов）的《进犯》、西蒙诺夫的《俄罗斯人们》、考涅楚克（А. Корнейчук）的《前线》等。后两个剧本与情报局战报同时发表在《真理报》上。

在战争开始的年代里，戏剧生活遭到破坏。部分剧团来不及撤退，疏散到后方的剧团来不及组织演出。1943 年，戏剧网络才开始稳定，但剧团数字几近减半。为了满足前线将士的文化生活，各个共和国组织了演员、作家、画家的小分队，甚至还组建了前线剧团（фронтовые театры）。第一个前线剧团是由列宁主义共青团剧团的演员——民兵志愿者组成的“星火”剧团。之后，组建了小剧院和瓦赫坦戈夫剧院的前线分院、国立卢那察尔斯基戏剧艺术学院的共青团剧团。

在战争期间，共有 4 万多名文艺工作者参加戏剧、音乐小分队在前线演出。其中有戏剧界的泰斗莫斯科温（И. Москвин）、塔拉索娃（А. Тарасова）、赫梅列夫（Н. Хмелев）、亚布洛奇基娜（А. Яблочкина）、扎列夫（М. Царев）、切尔卡索夫（Н. Черкасов）等。

在电影事业中，电影杂志和纪录片得到特别的关注。纪录片摄制者随时对重大事件做出反应。1941 年底，《莫斯科城下粉碎德寇记》[（«Разгром немецких войск под Москвой»），导演瓦尔拉莫夫和科帕林（Л. Варламов и И. Копалин）] 在电影院公演。在整个战争期间，共摄制 500 部电影和 34 部足本影片，其中有《区委书记》（«Секретарь райкома»），佩里耶夫导演；《进犯》（«Нашествие»），罗姆（А. Роом）导演；《虹》（«Радуга»），顿斯科伊（М. Донской）导演；《两个战士》（«Два бойца»），鲁科夫（Л. Луков）导演；《她在保卫祖国》（«Она защищает Родину»），埃姆勒导演。在战争临近结束时，党政领导对电影事业更加关心，但仍未恢复战前的水平。

宣传画《无情粉碎和消灭敌人！》

在造型艺术中，最机动灵活的形式是宣传画。库克雷尼克斯（Кукрыниксы）的宣传画《无情粉碎和消灭敌人！》（«Беспощадно разгромим и уничтожим врага!»）在宣战几个小时以后就与读者见了面。它在国内 103 个城市的报纸上被转载。托伊泽（И. Тоидзе）的《祖国母亲在召唤！》（«Родина-мать зовет!»）富有巨大的感召力。从 1942

年起，恢复画展，战争题材在普拉斯托夫（А. Пластов）、里亚日基、格拉西莫夫、杰伊涅卡、库克雷尼克斯的画作里都有体现。

在音乐领域，抒情歌曲独领风骚。《战壕》(«Землянка»)、《军港之夜》(«Вечер на рейде»)、《夜莺》(«Соловьи»)、《黑夜》(«Темная ночь»)等歌曲成为苏联军事歌曲的经典。在大型作品中值得一提的是肖斯塔科维奇的《第七交响曲》(又名《列宁格勒交响曲》)。作品完成于1941年12月，之后在各地公演，1942年7月在纽约演出。这部作品使苏军上下士气大振，并让全世界人民相信苏联人民战胜德国法西斯的决心。这部交响曲在当时无异于一颗精神原子弹。

这一切使红军将士和后方人民士气大振，为卫国战争的胜利奠定了精神基础。在战争期间，社会的精神生活出现了显著变化。民族之间的交往和团结得以加强。因疏散带来的民族迁徙促进了这种关系。对俄罗斯历史的兴趣和对祖国文化的成就及瑰宝的兴趣大增。卫国战争还使苏联文化跨越国界传遍世界各地。1942年9月，英国作家普里斯利（Дж. Пристли）写道："……在最近一年里英国人民了解俄国的情况比过去的20年还多。"肖洛霍夫、西蒙诺夫、波列沃伊（Б. Полевой）等人的作品经常现于英美的报端。苏联的电影、音乐都在西方的剧场和音乐厅里大放异彩。

但是，战争也给苏联文化的发展带来了恶果。1941年12月，成立了由各种不同文化机构和组织的代表参加的委员会（苏联科学院、工农红军政治部、苏联艺术科学院），其任务是调查法西斯造成的损失、向全世界通报法西斯对待文化艺术的野蛮行径的范围和形式，以及在解放区恢复和保护文物。据1945年9月在《真理报》上公布的苏联调查德国法西斯侵略者罪行的国家非常委员会的通告称，共有8万多所学校、几百所大学和科研机构被毁，敌占区里的991座博物馆有430座被掠夺，4.4

万座文化宫和图书馆遭抢劫。列·托尔斯泰在雅斯纳亚·波利亚纳（Ясная поляна）的故居博物馆、普希金在米哈伊洛夫斯克耶的故居博物馆、屠格涅夫在斯帕斯基-卢托维诺夫（Спасский-Лутовинов）的故居博物馆、柴可夫斯基在科林（Клин）的故居博物馆都遭到不同程度的破坏和掠夺。俄罗斯的历史名城诺夫哥罗德、普斯科夫、斯摩棱斯克、勒热夫、维亚济马、基辅都未能逃脱这场兵燹之灾。列宁格勒和斯大林格勒所受到的破坏是空前绝后的。文艺珍品的疏散和搬回，需要大量资金。

文艺恢复工作在战争尚未结束之时，随着失地的一一收复就已开始，但许多艺术瑰宝一经毁坏，就犹如覆水难收。如，诺夫哥罗德索菲亚大教堂里的 12 世纪的壁画，柴可夫斯基在科林博物馆的手稿，斯大林格勒收藏的列宾、谢罗夫、希施金、艾瓦佐夫斯基（И. Айвазовский）的画作，等等。这一切对战后文化的发展均有影响。

1.4 战后的文化生活

战争对苏联社会的精神面貌影响巨大。经受过战火考验而没有经历过 20 世纪 30 年代大清洗的整整一代人成长起来了。战时的磨难使人们对生活的改善抱有很大希望。人们的自尊增强了，希望反思过去的愿望更加强烈了。参加解放欧洲国家战争的苏联战士们首次看到国外的现实生活远非国内报纸上所宣传的样子。两相对比使这支胜利之师不得不重新审视许多问题。但到战争的硝烟散去，一切依旧：依旧是行政命令式的领导方法，依旧是大清洗。在战争临近结束之际，镇压的矛头对准了好几个民族——车臣民族、印古什民族、卡尔梅克民族、克里米亚的鞑靼人，谴责他们叛国。此外，被德国法西斯俘虏的战士们和被德寇强制拉到德国去工作的苏联人都遭到流放或被关进劳改营。

党中央在战后的中心任务是思想工作。其涉及面很广，包括从培养思想工作的干部到报章杂志的工作，从大学里人文科学的教学工作到审查剧院演出的剧目和对个别电影、歌剧的评价。

一切手段都用来宣传苏联在“所有时代和所有民族的天才领袖”（гениальный вождь всех времен и народов）的英明领导下，在经济和文化战线上所取得的巨大成就。共产主义在三四个“五年计划”里就能建成的思想在不断蔓延和滋长。天下无敌、无所不能的强国形象，“没有一个国家的人民能够这样自由呼吸”的说法在所有的书籍、电影、绘画、歌曲里都有反映。这种调子与实际情况相去甚远。

世界被分为两大敌对的阵营和“冷战”的开始，使国际文化交流减少到最低限度。这种孤立主义（изоляционизм）的做法因为大规模批判崇拜西方思想的运动而愈演愈烈。报章杂志上充斥着拼命推崇俄国和苏联的文章。更有甚者，竟然不顾事实，鼓吹样样科技发明都是俄国人首创。苏联学生已不知瓦特、爱迪生等为何许人。批判崇西的运动也波及文艺生活。这个为人类开辟通向社会主义道路的国家，理所当然不仅拥有世界上最先进的科学，而且拥有世界上最优秀的文化艺术。1948 年，西方新艺术博物馆被关闭。“印象主义”（импрессионизм）与“形式主义”一样臭不可闻。1948 年，在美术研究院学术会议上有人断言 ：“苏联绘画和雕塑中最差的作品比美、法、英形式主义者最时髦和著名的作品要好得多。”

宣传中沙文主义的情绪和反犹性质越来越浓。1949 年 1 月，发动了批判“无爱国心的世界主义者”运动（кампания против «безродных космополитов»），运动的矛头直指犹太人。一批科学家、教师、文艺工作者在这场运动中惨遭灭顶之灾。1948 年 12 月，犹太人反法西斯委员会被解散，其积极分子遭到逮捕，1949 年，苏联人民演员米霍埃尔斯（С. Михоэлс）被镇压。之后，犹太人的文化机构——剧团、学校、报纸，统统被查封。这一运动在斯大林晚年达到了高潮。在克里姆林宫医院里为高干治病的一批犹太人医生被指控谋害高干继而被投入监狱。

在斯大林逝世前后，国内的气氛是人人自危。

1.4.1 科学

这个时期国内的思想政治氛围对科学的发展不利。教条主义、本本主义、言必引语录、理论脱离实际之风铺天盖地。检验真理的标准不是实践，而是权威的言论。对西方科技界所取得的成就采取蔑视态度，竭力在科技领域树立自己权威的努力阻碍了科技的进步。西方学者在物理、量子力学、化学和控制论方面所取得的重大突破被宣判为与唯物论背道而驰。唯有与国防有关的那些领域才能置身于运动之外，但是即便是这些领域也难免受外行的干扰。

在这个年代里，原子物理学和半导体物理学、生物化学和生物物理学、放射生物学等新兴学科的发展处于领先地位。随着新学科、尖端技术的出现，组建了相应的科研集体。20 世纪 40 年代下半段，精密机械和计算机技术研究所、无线电技术和电子研究所、应用地质物理研究所、理化研究所、原子能研究所、核问题研究所等纷纷开张。

国家领导人对原子能的利用予以特别关注。这项工作由科学院院士库尔恰托夫领导。其成果是，1946 年在原子能反应堆里实现了可控制的核反应，1949 年原子弹试验成功，之后转为在国民经济中利用原子能。科学院院士瓦维洛夫（С. Вавилов）、塔姆（И. Тамм）、弗朗克（И. Франк）和切连科夫（П. Черенков）等对发光的研究做出了重大贡献（在 1958 年因发光分析的工作，苏联学者获得诺贝尔奖）。此外，在半导体

科罗廖夫和加加林

（科学院院士约费）、火箭制造［科罗廖夫，（С. Королев）］、机械化和自动化手段等领域的研究工作异常活跃。

这一时期发生在生物学界的事件远远超越了学术的界限。当时独霸生物学界的李森科（Т. Лысенко）否认遗传的物质载体——基因的存在，并夸大环境对有机体遗传特性形成的影响。遗传学派试图揭露李森科之流的反科学观点。但李森科有斯大林做后台，有恃无恐。在例行的选举大会上，遗传学派稳操胜券，为此选举大会被撤销，科学院的新成员由斯大林钦定。1948 年，在全苏列宁农业科学院（ВАСХНИЛ）大会上，遗传学派被宣布为伪科学，遗传学派被指控为当时认为是重罪的唯心主义者。近 3 000 名生物学家为此被撤职，遗传学的研究暂时中断。

生理学、心理学、理论医学的情况也不妙。在 1950 年生理学家巴甫洛夫参加的研讨会上，几位学界巨擘成为摧毁性批判的靶子，并因“离经叛道”而被撤职。

信息的闭塞、研究课题的狭窄、唯上级指示是从、确立“全面的唯一正确的”科研路线等，扼杀了社会科学的进步。甚至当时出版的马列主义经典作家全集中也留下了行政干预的痕迹。例如，《列宁全集》第四版没有收入列宁晚期的著作，其中包括所谓的列宁遗嘱。

社会科学研究工作的中心是作为颠扑不破真理的斯大林著作。他主编的《联共（布）历史简明教程》[«Краткий курс истории ВКП(б)»]不仅是党史和苏联社会史，而且是指导一切工作的指南。20 世纪 40 年代末至 50 年代初的几次大论战是党史社会科学状况的鲜明写照。1947 年，以亚历山大罗夫（Г. Александров）的著作《西欧哲学史》为靶子的哲学论战、1950 年关于语言学的论战、1951 年有关政治经济学的论战都由党的领导人出面压阵。在哲学论战中，政治局委员、主管思想工作的日丹诺夫（А. Жданов）发表了意见；在讨论语言学和政治经济学时，斯大林亲自出马。他们的意见作为党的指示，一锤定音，岂能争辩？岂可自由讨论？实际上，这种论战是让“犯错误”的学者示众，收到杀一儆百之效。

1.4.2 文学艺术

战后党的文艺政策未变。出现的新气象是党中央的一系列决议和史无前例地直接干预文艺。这是大部分文艺工作者和读者、观众所始料不及的。对“持不同政见者”（инакомыслящие）的讨伐酝酿已久。

在战争伊始思想工作比较宽松的几年过去以后，从1943年开始，思想工作的螺丝又拧紧了。第一个被拿来开刀的是发表中篇小说《日出之前》（第一部分刊登在《十月》1943年的第6—7期，第8—9期）的左琴科。被列入“坏”作品的有多夫任科的《胜利》（«Победа»）和《燃烧的乌克兰》（«Украина в огне»），这两部影片均被禁演。好几百部准备付梓的书籍因被定为“政治上的次品”而停止印刷。许多作家对书报检查过严和领导文艺工作方法简单化的做法不满。作家圈子里的这种情绪经过某些人的小报告传到克格勃，克格勃在内部把这些作家定性为反苏分子。战后，知识分子满以为情况会有所好转，不会再恢复原来的政策了，但情况并非如此。

1946年，日丹诺夫领导并发动了一场对国内文化生活严加监督的运动。运动矛头直指西方的颓废派、形而上学的倾向、小资产阶级个人主义为艺术而艺术和西方的影响等，于是联共（布）中央出台了一系列决议。这些决议是1946年的《关于杂志〈星〉和〈列宁格勒〉的问题》（О журналах «Звезда» и «Ленинград»）、《关于剧院的剧目及其改善措施的问题》（О репертуаре драматических театров и мерах по его улучшению）和《关于电影〈伟大的生活〉的问题》（О кинофильме «Большая жизнь»）。继这几个决议以后，1948年，又出笼了《关于穆拉德利的歌剧〈伟大的友谊〉的问题》(Об опере «Великая дружба» В. Мурадели)。在这些决议里，作家、记者、作曲家、电影和戏剧工作者或被指责为不问政治，或被批评为缺乏思想性，或被说成是宣扬资产阶级思想。阿赫玛托娃、左琴科、穆拉德利、肖斯塔科维奇、爱森斯坦都被决议点了名。党中央号召文艺工作者创作思想性高、反映苏联人民劳动成就的优秀作品。实际上，这些决议使文坛的阶级斗争之弦绷得更紧。戏剧评论家鲁德尼茨基（К. Рудницкий）回忆这一时期时写道："写作也好，排戏也好，演出也好，都一样好比是在雷区散步，往右跨一步，轰然一声，死于非命，往左一步，轰然一声，死于非命。"①

法捷耶夫的墓碑

这种形势为大量粉饰现实的、无冲突的作品大开绿灯。于是乎，巴巴耶夫斯基（С. Бабаевский）的《金星英雄》《地上之光》，马利采夫（Е. Мальцев）的《全心全意》，佩里耶夫的电影《库班的哥萨克》(«Кубанские казаки»)等应运而生。耐人寻味的是，这些作品都是以战后的农村为背景的。

战争的胜利为创作注入了新鲜血液。作为过去前线战士的一代人踏上文坛，诉说自己经历过的新体验。涅克拉索夫（В. Некрасов）的《在斯大林格勒的战壕里》就属于这类作品。法捷耶夫（А. Фадеев）的《青年近卫军》(«Молодая гвардия»)是当时的经典。但是战争题材的潜力已经挖尽了，它会使读者的目光离开当今的重任而转向过去，会勾起沉重的回忆。

---

①《戏剧情节》，莫斯科，1990 年。

“我们需要的是使人超脱琐事和偶然性的节日文学。”官方的评论如是说。这一时期的代表作有列昂诺夫（Л.Леонов）的《俄罗斯森林》，费定（К. Федин）的《早年的欢乐》《不平凡的夏天》，潘诺娃（В. Панова）的《四季》，卡维林的《一本打开的书》。这些作品反映了当时文学过程的概貌，无甚新意，是一种思想的图解，体裁和风格显得单一，情节雷同。冲突始终在创新者和保守者之间进行，任务是把落后的集体农庄改造为先进的农庄，原因是厂长或农庄主席的自高自大，摆脱困境的办法无非是委派新的领导或让旧领导接受再教育。那些才气横溢的诗人和作家，或埋头翻译，如帕斯捷尔纳克；或干脆搁笔，如阿赫玛托娃和左琴科。那些试图摆脱这种狭隘理解现实的方式的作品未能传到读者手中。

根据批判崇拜西方运动的精神，树立自己的杰作成为当务之急。这一政策导致对作者“无微不至的”呵护，于是对电影摄制和戏剧排练的各个阶段都严加控制。每一部电影或每一个剧本都按照章节进行讨论，作者不得不根据领导指示一而再，再而三地修改、润色、重写。这样一来，电影制作的过程拖长了，新片数量锐减。1945 年摄制了 45 部，1951 年仅 9 部，而且部分影片是从舞台剧移植过来的。银幕上占显著地位的是历史人物传记片：科津采夫的《皮罗戈夫》（«Пирогов»）、普多夫金的《茹科夫斯基》（«Жуковский»）和《海军上将纳希莫夫》（«Адмирал Нахимов»）、罗沙利的《院士巴甫洛夫》（«Академик Иван Павлов»）。优秀影片当推爱森斯坦的《伊凡雷帝》，影片杀青于 1945 年，但遭禁演。影片刻画伊凡雷帝夺权时所表现出的狡诈和残暴有影射现实之嫌（禁演的是影片的下集，上集公演后获斯大林奖）。反映战争重大事件的故事片是恰乌列利（М. Чиаурели）的歪曲历史、歌颂斯大林的《攻克柏林》（«Падение Берлина»）。当年观众喜爱的故事片有巴尔涅特（Б. Барнет）的《侦察员的功勋》（« Подвиг разведчика»）、顿斯科伊的《乡村女教师》

(« Сельская учительница»)、格拉西莫夫的《青年近卫军》等。

戏剧的情况颇为复杂。战争年代场场爆满的剧院，而今观众寥寥无几。1946年党中央的决议规定，在每一个演出季里剧团演出的现代剧不得少于23个。但当时的管理体制使这个任务无法落实，因为一个现代剧要通过层层审查，完成不知要到哪年哪月。结果，同一个剧本在全国同时上演。拉夫列尼奥夫的《决裂》《为在海上的人们!》打破了演出的记录，在1947—1948年的演出季里，这两部剧作在100多个剧院里同时公演。剧团生死存亡的大权掌握在领导手里。如1949年，室内剧总导演泰罗夫被免职，剧院并入其他剧院。同年，列宁格勒喜剧剧团艺术总监阿季莫夫（Н. Акимов）遭贬。戏剧艺术中执牛耳者仍旧是莫斯科艺术剧团，因为它早在战前就深受斯大林的青睐。在沉闷的剧坛上，洛巴诺夫（М. Лобанов）编导的《老朋友》（马柳金编剧）和《旅伴》（潘诺娃编剧）在莫斯科叶尔莫洛娃剧院的公演轰动一时。

战前就开始的与形式主义的斗争,到了战后并未结束,斗争触及文学、音乐、造型艺术等领域。1948年，召开了苏联作曲家协会全苏代表大会和为期三天的苏联音乐工作者会议，在这两次会议上，试图人为地把作曲家分为形式主义的和现实主义的。肖斯塔科维奇、普罗科菲耶夫、米亚斯科夫斯基（Н. Мясковский）、舍巴林（В. Шебалин）、哈恰图良都被点名批判，罪名是反人民和大搞形式主义。形式主义的作品遭到禁演。当时，党的领导人和官方评论界检验乐曲的方法非常简单：以听众的反应为准，凡听众不能接受或一下子难以听懂的乐曲，意味着人民不需要这类作品,于是就被打入冷宫。因此,结合时局的颂歌和清唱剧大为流行。

1947年成立的苏联美术研究院（第一任院长是格拉西莫夫）在成立之初就被投入到反对形式主义的斗争中。无情的斗争使一批富有才气的画家早早地结束了自己的艺术生命。他们是奥斯梅尔金（А. Осмеркин)、法尔克(Р. Фальк)、舍夫琴科(А. Шевченко)。无情的斗争在格拉西莫夫、科林、萨里良的创作命运上留下了难以抹去的惨痛痕迹。

造型艺术的危机日益加深。对艺术的基本要求是：不脱离现实，遵循俄罗斯巡回展览画派的传统，为人民所理解，创作有理想、充满乐观主义的作品等。形成了一整套上级批准的题材、情节、结构、色彩等。在每年的画展上，展品主要是描写列宁和斯大林在革命时期或国务活动中关键时刻的形象。如，谢罗夫的《列宁宣布苏维埃政权成立》(«Ленин провозглашает советскую власть»)，纳尔班疆(Д. Налбандян)的《1945年5月24日的克里姆林宫》(«В кремлевском дворце 24 мая 1945 года»)。1949年是斯大林七十大寿，值此佳期，在特列季亚科夫美术馆举办了题为《造型艺术中的斯大林》的画展；在普希金造型艺术博物馆里陈列了献给斯大林的礼物。

《列宁宣布苏维埃政权成立》
(谢罗夫)

不过在当时的背景下，格拉西莫夫和萨里良的风景画和科林的画作还有一点特色。

文艺的这种危机不仅文艺界的知识分子，而且以斯大林为首的党中央也意识到了。1952年4月，《真理报》发表了题为《克服戏剧界的落后状态》的社论，批评无冲突论。1952年，在《新世界》(«Новый мир»)杂志上刊登的奥维奇金(В. Овечкин)的一组特写《区里的日常生活》引发了社会上的巨大反响，因为他第一次尖锐地提出了农业的领导方法问题。

在这个时期，与主流文化相对，在集中营里悄然形成了一种集中营文化（лагерная культура），这是一种特殊的、人际关系的文化，它具有本身特有的社会层次，有自己的口头创作。这里的囚犯（зеки）分为刑事犯和政治犯两大类。集中营监管人员一般来说对刑事犯的态度比政治犯好一些。集中营内的囚犯有一整套贼语（黑话），如 сачки 指有一技之长可免除体力劳动的犯人（厨师、医生等）。后来，集中营里出现了口头文学作品，再后来创作了真正的文学作品。

总的来说，对无冲突论的批判又带出了一批反映“生活垃圾”的作品——审计检查、家庭悲剧、党委审理的个人案件等。在现成的剧本里塞进诸如骗子、官僚主义者等反面人物的角色。

1.5 社会文化生活的“解冻”(1953 年到 20 世纪 60 年代中期)

斯大林逝世后，赫鲁晓夫的改革为文化发展提供了良好的环境。1954年，在斯大林逝世后的第二年，爱伦堡发表了长篇小说《解冻》(«Оттепель»)，小说篇幅不大，它的标题却形象地展示了新时期的特征。小说一出炉，便引起了一场轩然大波。但好景不长，20 世纪至 60 年代中期，“解冻”期结束。不过，“解冻”的意义远非仅仅是文化生活里的几簇浪花。在那个年代，它在清除斯大林消极影响方面跨出了具有决定性意义的第一步。

“解冻”时期与赫鲁晓夫是密不可分的。他登上苏共中央第一书记的宝座后，大力提倡开垦荒地（主要在哈萨克斯坦和阿尔泰地区），上百万的志愿者（добровольцы）奔赴那里。另一项重大举措是大搞大型的世纪工程（стройка века），如 20 世纪 50 年代末在安加尔河和叶尼塞河的大型水电站、新西伯利亚的科学城（Академгородок）。参与这些项目的有数千人，被称为“热情者”（энтузиасты）。“志愿者”和“热情者”这两个词在当时的大众传媒中属于出现频率最高的词汇，这突出了后斯大林时代劳动带上了新的“自由”的性质。

1956年，赫鲁晓夫在苏共二十大上做秘密报告，批判斯大林的个人崇拜。这次会议对后来的历史影响重大。20世纪50年代末到60年代初的一代人后来被称为“二十大的孩子”（Дети «XX съезда»）。之后是全面的非斯大林化。

1956年也被称为“回归年”（год возвращения）。在“大清洗”年代，遭迫害致死的将领等军事人员，国务活动家等行政人员，文学家、科学家、艺术家等文化工作者终于在死后获得了平反昭雪。集中营和监狱中的政治犯终于获释，得以重见天日。

1957年，在第二次世界大战前夕和战争时期迁居到西伯利亚等地的高加索民族可以重返家园。

赫鲁晓夫采取了一系列措施改善人民生活：提高工资、降低物价、缩短一周的工作时间、增加产假等。他还决心解决苏联社会的老大难问题——住房问题，在很短的时期里，全国一大批五六层的盒式住房如雨后春笋般地涌现。房子质量不高，但几万人民得以拥有自己的一套住房，这使苏联的住房面积增加了一倍。不过，这种房子终因质次，且没有独用的卫生设施，在民间被称为“赫鲁晓夫筒子楼”（«Хрущевка»）。

喜剧演员拉伊金

侨民文化的遗产开始回归，文化的继承性得以修复，文化的国际交流走上正常化道路。在“解冻”期，一代新型的知识分子——60年代派（шестидесятники）成长起来了，他们成为下一次改革的中流砥柱。对于社会意识来说，信息的来源有了多种选择——地下出版物（самиздат）和外台广播。

20世纪60年代，俄罗斯文化史的一大要事是大部分苏联家庭拥有了电视机。他们通过电视多多少少看到了其他国家，尤其是西方国家的情况。围坐在电视机前的男女老少对连续不断的各种时政报道产生倦意，相反，对喜剧演员拉伊金（А. Райкин）的演出和机智游戏俱乐部（КВН）中大学生队的比赛趣味盎然。

1.5.1 文化政策和文化领导体制的变化

在斯大林的葬礼举行后不久，即 1953 年 3 月，中央对文化的领导体制进行了重大改革，成立了加盟共和国的文化部，把几个部委——高等教育、电影事业、劳动资源、广播事业、艺术等合并成一个部。党的文化机构也做出相应的调整：苏共中央文化艺术部并入苏共中央科学和文化部。这一做法显而易见酝酿已久，是在斯大林生前定下并以集中为目的的。新的管理机构过于庞杂，因此合了不久又分了。自 1954 年起，从文化部里先后分出高等教育部、对外文化联络委员会、广播电视委员会、电影事业委员会。随之，党中央的科学和文化部也一分为二，党中央的文化部由波利卡尔波夫（Д. Поликарпов）出任部长。

苏联的第一任文化部长是苏共中央书记波诺马连科（П. Пономаренко），之后在这个位子上频频换将，最后由福尔采娃（Е. Фурцева，1960—1974 年在任）坐稳了这个宝座。

虽然政府文化部和党中央文化部与原有的文化管理机关是一脉相承，但在它们的活动里发生了一定的变化：时尚的口号已是“恢复列宁主义的党政领导的规范”和“克服个人崇拜的流毒”，对官僚主义和文牍主义开战。管理机关的功能缩小了，创作集体的独立性扩大了。创作联盟的作用日趋强化。文化生活中大事连连：第二届（1954 年）和第三届（1959 年）全苏作家代表大会、第一届全苏美术家代表大会（1957 年，会上苏联美术家协会宣告成立）、第二届全苏作曲家代表大会（1957 年）相继召开。1958 年，举行了第一届俄罗斯联邦作家代表大会，会上成立了俄罗斯联邦作家协会。1954 年和 1962 年，先后举办了全苏建筑家会议和历史学家会议。1957年、1962年和1963年，党政领导三次会见了部分创作人员。

与此同时，文化管理机关的民主化带有形式主义性质。创作协会的活动套用服从党政领导的层层官僚机构的做法。文化政策并未改变。文化被视为“共产主义建设的一块阵地”,文化工作者是“思想战线的战士”。党政领导在扩大创作协会的独立性的同时，不过是把思想控制的任务转嫁到协会的身上而已。

批判对斯大林的个人崇拜（культ личности Сталина）、揭露克格勃里的罪犯、为大清洗时期蒙受冤屈的人士平反昭雪对苏联社会的精神生活产生了巨大影响。那种人人自危的恐怖氛围逐渐消失，道德精神的健康化开始走上轨道。

瓦维洛夫、梅耶霍德、皮利尼亚克、曼德尔什塔姆、巴贝尔等一大批科学、文化、艺术工作者恢复了名誉。对一大批作家、画家和作曲家作品的不公正评价得以纠正。1946年被苏共中央决议批判的鲁科夫的影片《伟大的生活》(第二集）于1958年公演。久违的阿赫玛托娃和左琴科的作品选集也与读者见了面。但是对日丹诺夫的决议并未撤销，相反，有些作家关于希望撤销这些决议的提议被看作是政治上的错误，为此，党的刊物上登载文章指出党在文艺领域的阶级路线是无可指责的。直至1958年，苏共中央才通过了《关于为歌剧〈伟大的友谊〉〈波格丹·赫梅尔尼茨基〉〈全心全意〉平反》的决议。这与为在战争时期受到镇压的北高加索各民族恢复名誉一案有关（1948年《关于穆拉德利的歌剧〈伟大的友谊〉的问题》的决议含有对这些民族代表的侮辱性言辞）。

在“解冻”年代里，一批本来早已从人们记忆里消失的和鲜为人知的作品终于回到了广大读者的手中。在叶赛宁身后被广为传抄的诗歌正式发表了。19世纪末至20世纪初的西欧和俄罗斯作曲家们的作品开始在乐坛公演。1962年，在为纪念俄罗斯联邦美术家协会莫斯科分会成立

叶赛宁（1919年）

30 周年举办的画展上，展出了尘封已久的 20 世纪 20—30 年代的画作。新的文学杂志的创刊以及《涅瓦》(«Нева»)、《青春》(«Юность»)、《外国文学》(«Иностранная литература»)、《我们的同时代人》(«Наш современник»)、《青年近卫军》(«Молодая гвардия»)、《莫斯科》(«Москва»)、《顿河》(«Дон»)、《文学问题》(«Вопросы литературы»)、《创作》(«Творчество»)、《苏联银幕》(«Советский экран»)、《音乐生活》(«Музыкальная жизнь»)等一批老杂志的复刊，使文化生活大大地活跃起来。

随着国际形势的好转，苏联文学的国际交流日趋频繁。1954—1955 年间，党中央做出一系列决议，扩大与意大利、法国、英国的接触。之后，外国电影节、外国剧团的巡回演出接踵而来。1954 年的第一个意大利电影节和“法国戏剧”的巡回演出成为文化生活中的大事。莫斯科电影节（Московский кинофестиваль）得以恢复并正常化（首届电影节始于 1935 年）。1958 年开始举办的柴可夫斯基国际演奏者比赛在国际音乐界获得了很高的声誉。

与美国的文化交流出现了突破性进展。苏联的钢琴家吉列尔斯（Э. Гилельс）、小提琴家奥伊斯特拉赫（Д. Ойстрах）、大提琴家罗斯特罗波维奇（М. Ростропович）等于 1955—1956 年间冲破“铁幕”，在美国巡回演出（自 1921 年普罗科菲耶夫的演出和 1923—1924 年间莫斯科艺术剧院的巡回演出以后，再也无人到美国演出过）。

苏联人民终于有机会了解西方的造型艺术。在战前被打入冷宫的普希金造型艺术博物馆的展品，如今重新亮相。外国的收藏品展览开始与观众见面，如德莱斯顿画廊、印度、黎巴嫩、法国等博物馆的藏品。1956 年，毕加索的画展引起了巨大的社会反响。

1957 年的国际青年和大学生联欢节（Международный фестиваль молодежи и студентов）有力地促进了苏联的文化交流。对于大多数苏联人来说，联欢节使他们有机会了解外国的现代音乐和造型艺术。

苏联科学家参加国际科学组织，在国外发表论文，参加国际学术会议的机会大大增加。1953 年，苏联开始出版国际学术出版物的文摘。纠正蔑视西方科技成果的态度有利于科技的进步。

帕斯捷尔纳克

但是，老的领导方法惯性很大。在生物学界，李森科因有上层撑腰，依旧独霸一方。内容和形式新颖的文学和绘画作品难以得到读者和观众的认同。动辄挥舞棍子、乱扣帽子的做法时有所见。帕斯捷尔纳克因在国外出版了长篇小说《日瓦戈医生》而受到不公正待遇，于 1958 年被开除出苏联作协（直至 1987 年他逝世以后才得以平反）。赫鲁晓夫经常激烈批评年轻的诗人和画家。党政领导的指示是“放之四海皆准”的真理，等等，不一而足。

20 世纪 50 年代末，党政对教会的态度日益严厉，提出宗教是人们思想里最有害的残余。这与旨在建成共产主义的新党纲的制定有关。于是，在各种借口之下，教堂和修道院纷纷被迫关上大门。

保守主义和自由主义的倾向在“解冻”时期的政治和文化生活里紧紧纠缠在一起。这样的对立并非发生在知识分子与当局之间，而是在知识分子内部和党政高层领导的内部。相互较劲的自由主义知识分子和斯大林的知识分子在高层领导中寻找支持，而中央的保守派和改革派在知识分子里寻找盟友。知识分子在“解冻”的转折时期，逐渐壁垒分明，而当局却随着社会上自由主义思潮的强大而团结起来了。

“解冻”的第一次高潮在1953—1954年间，当时杂志上撰文，尖锐地提出文艺界的状况问题，这些文章在文艺界和社会上引起了很大的反响，因为文章涉及的问题超出了文艺生活的范围。波梅兰采夫（В. Померанцев）的文章《关于文学里的真实性问题》（载于《新世界》1953年第12期）是争论的焦点。评论界指责他丢掉了文学的党性原则，而读者们却完全支持他，双方的立场势不两立。论战的结果是，1954年8月中央做出关于《新世界》杂志犯有错误的内部决定，并撤销特瓦尔多夫斯基总编的职务。

“解冻”的第二次高潮与社会舆论对赫鲁晓夫在苏共二十大上所做的关于斯大林个人崇拜的报告有关。一部分知识分子坚决支持清除个人崇拜的恶果，并力主在政治和文化生活所有领域里肃清它的流毒，但他们变成了党内批判的主要靶子。党的二十大以后的思想动乱被视为“右倾机会主义的动摇”。1957年，在全国范围内，开始逮捕持不同政见者的小团体。列宁格勒的皮缅诺夫小组“共产党员联盟”（группа Р. Пименова «Союз коммунистов»）、莫斯科的“革命的列宁主义联盟”（«Союз революционного ленинизма»）和莫斯科大学历史系研究生克拉斯诺佩夫采夫组织的小组（группа Л.Краснопевцева）均被投入监狱。他们从组织上来说是分散的，但有共同的理想。他们认为，斯大林主义歪曲了社会主义的实质，出路在于复兴革命的共产主义理想。但是，无论是逮捕，还是与“机会主义”的斗争和“给苏联现实抹黑”都不可能完全扼杀自由思想的萌芽。由于不可能公开讨论积聚已久的社会问题，社会积压的大量问题转移到文学艺术的身上。“解冻”时期的文艺讨论不仅吸引了专业人员，而且吸引了广大读者，这实际上起到了发表公民观点的讲台作用。

赫鲁晓夫

随着赫鲁晓夫个人政权的巩固，文化政策里的保守主义倾向日益加强。在1963年6月的中央全会上，“使各种思想武器处于战斗状态”的呼声很高。赫鲁晓夫下台后新领导的政策彻底葬送了自由主义知识分子企盼改革的希望。

1.5.2 苏联进入科技革命时代

苏联进入科技革命时代（эпоха научно-технической революции）是文化发展至关重要的因素。实际上，早在20世纪50年代中期，党的全会已确定了加速科技进步和科技与生产相结合的方针。1955年5月28日，苏共中央和苏联部长会议制定了党和国家有关科学技术政策的纲要《关于改善在国民经济里研究和推广本国和外国科学技术先进经验和成果的工作》，在党中央全会（1955年）的文件里也有所体现。成立了国家新技术委员会，附属于苏联部长会议。1961年，成立了国家科研工作协调委员会（在此之前是苏联科学院的职责）。

在20年里，国家对科技的拨款猛增了近11倍：从1950年的10亿卢布增加到1970年的117亿卢布，同期的科技工作者人数也增加了5倍左右，占全世界科技工作者总数的1/4。

新科研机构的形成体现出科学发展的两个方向：专业化和科学不同领域的相互渗透。在数理科学领域开设了许多新的研究所：半导体研究所、电子控制机器研究所、高压物理研究所、杜布纳核研究所。在化学和生物学领域，开办了电子化学研究所、放射生物学和理化生物学研究所。

对科研机构进行了地域性调整。20世纪50年代末，国内东部最大的科研中心——苏联科学院西伯利亚分院（Сибирское отделение Академии наук СССР）落成。它包括苏联科学院远东、西西伯利亚和东西伯利亚等分院，以及位于克拉斯诺亚尔斯克和萨哈林的研究所。

自 1963 年起，苏联科学院由原来的科研咨询机构升格为国家管理理论科学发展的机构。苏联科学院从此有权确定全国范围基础研究的主要方向并制定规划。科研规划和协调的新型组织机构形式——科学委员会应运而生。它的工作建立在广泛吸收各社团组织和集体领导的基础上。社会科学和自然科学的科学委员会由苏联科学院管辖，而科技委员会由苏联国家科学技术委员会（1965 年由苏联科研工作协调委员会改成）管辖。在这个时期，国家统一的信息局形成。

高等学校，尤其是综合性大学，在科学发展方面的作用越来越大。莫斯科大学的物理学家们在科学院院士斯科别利岑（Д. Скобельцын）和维尔诺夫（С. Вернов）的领导下从 20 世纪 40 年代末开始对宇宙线进行研究，做出了很大贡献。喀山大学以阿尔布佐夫父子（А. и Б. Арбузовы）为代表的化学学派在世界科坛享有盛誉。

新的科学杂志的创刊活跃了科学生活。许多部门的科学院和加盟共和国的科学院、高校、研究所都有可能定期出版科研论文集。自然科学和专业技术杂志的数量增加到 100 种以上。社会科学各门类的新杂志也相继创刊，其中有《世界文化史通报》(«Вестник истории мировой культуры»)、《世界经济和国际关系》(«Мировая экономика и международные отношения»)、《苏联史》(«История СССР»)、《苏共党史问题》(«Вопросы истории КПСС»)、《近代和现代史》(«Новая и новейшая история»)、《语言学问题》(«Вопросы языкознания»）等。

物理学对科技进步和其他自然科学的影响最大。苏联物理学家的基础理论研究登上世界科坛，获得世界声誉。1962 年，兰道（Л. Ландау）因在液态氦的理论研究上有突出贡献而获诺贝尔奖，同年，兰道和利夫

兰道

什茨（Е. Лифшиц）合编的《理论物理教程》获列宁奖。

1957年，在韦克斯勒（В. Векслер）、叶夫列莫夫（Д. Евремов）、卡马尔（Е. Камар）等领导下，苏联研制成功了最大的基本粒子加速器——同步相位加速器。这使物理学的新方向——高能和超高能物理得以长足发展。这方面的成果与布洛欣采夫（Д. Блохинцев）、杰列波夫（В. Джелепов）、梅谢里亚科夫（М. Мещеряков）、蓬捷科尔沃（Б. Понтекорво）等人的名字紧密地联系在一起。

苏联科学家在核物理方面所取得的成就使苏联国民经济产生了新的部门——原子能和原子工业部。1954年，苏联启用了世界上第一个原子能发电站，之后在西伯利亚、沃罗涅日和别洛亚尔斯基等地开始兴建原子能发电站。1957年，世界上第一艘原子能破冰船“列宁”号下水，保证了苏联北冰洋地区的顺利通航。

半导体物理的崛起引发了一场真正的技术革命。自动化技术、无线电技术和计算机技术的发展因为有了半导体元件而突飞猛进。巴索夫（Н. Басов）和普罗霍罗夫（А. Прохоров）在量子电子学方面取得了突破，于1964年同美国物理学家汤斯（Ч. Таунс）一起获得诺贝尔奖。这标志着无线电电子学上了一个新台阶。苏联研制成第一个分子发生器——激光器，开创了彩色的全息摄影术。库列巴金（В. Кулебакин）、波戈柳博夫（Н. Боголюбов）、克雷洛夫（Н. Крылов）等数学家的理论性研究成果使连续生产过程的自动化控制体系得以建成。20世纪60年代，数学方法渗透到科学和国民经济的各个领域：生物学、语言学、考古学、历史学。

化学家尼·谢苗诺夫

谢苗诺夫（Н. Семенов）在化学领域的连锁反应理论获得重大进展，因此在1956年获得诺贝尔奖。这为工业上提取新的化合物提供了可能性。聚合物的理论研究催生了塑料的生成，新型的材料在许多性能上超过了金属，在国民经济和日常生活中大显身手。

1956年，图-104型涡轮喷气式飞机升空，奠定了苏联喷气航空业的基础。以图波列夫（А. Туполев）、伊柳欣（С. Ильюшин）、安东诺夫（О. Антонов）等为代表的工程师和设计师研制了一批涡轮喷气式和涡轮螺旋桨式的大型客机。

1957年10月4日，世界上第一颗人造地球卫星（искусственный спутник Земли）发射成功。1961年4月12日，加加林（Ю. Гагарин）乘“东方”号宇宙飞船（космический корабль «Восток»），在人类历史上第一次绕地球一圈，在太空中逗留了108分钟。天才的设计师科罗廖夫在这方面做出了巨大贡献。

火箭宇航技术拓宽了物理学和天文学领域研究的范围。人造卫星使人类对地球外部辐射带、地球和月球磁场的研究变成现实。发现了天体物理学新的研究对象——射电脉冲星。

人类进入宇宙时代（космическая эра），对其他学科也有很大影响。新的知识领域——宇宙遗传学诞生了。生物学界为人类进入太空也出了大力。生物学在物理学、化学、数学的作用下，变成了自然科学的主要方向。生物学界的学霸李森科随着赫鲁晓夫的下台而倒台，使生物学界生机盎然。遗传学、分子生物学的发展日新月异。新的方向——仿生学应运而生。对遗传工程方法的探索为人类与遗传疾病的斗争提供了广泛的可能性。

自然科学取得的重要成就催生了社会上的科学热。大家开始相信，这个过程是无限的，在这个过程中科学家是能够创造奇迹的神。科学家逐渐成为报章杂志上的英雄，甚至成为电影的主人公，如罗姆（М. Ромм）执导的《一年中的九天》(«Девять дней одного года»)。随着科学热不断升温，报章杂志展开了“物理学家”(физики)，即自然科学家，在社会中的作用问题的讨论。社会舆论认为，“物理学家”的作用大大高于“抒情诗人”(лирики)，即社会科学工作者和艺术家。趁着这股风，科幻作品大行其道，其中斯特鲁加茨基兄弟（Стругацкие）的长篇小说红极一时，但尽管如此，科学家们的社会地位并没有得到根本的改善。

对于社会科学的发展，党的二十大和苏共中央《关于克服个人崇拜及其后果的决议》具有重大意义。过去鲜为人知的列宁著作、马克思和恩格斯的文件开始在学术界出现，并可用于研究。某些档案适度开放。回忆录性质的文学作品风靡一时、统计材料公开刊登。这使理论界有可能纠正一系列的理论错误，摒弃教条主义。一大批党政军活动家得以平反昭雪。

社会科学虽有新意，但未有根本变化。行政领导体制未变，因此，许多课题和人名仍在禁区之列，许多档案材料仍未能对研究人员开放，与国外学者的交流和接触还很不够。造成这种状态不仅是由于来自上面的指示，而且也来自那些熟读《联共布历史简明教程》的社会科学工作者胶柱鼓瑟和抱残守缺的思想。历史学家著作里的新课题和新方法往往成为同行激烈批判的对象。这些教条主义者不善于摆事实讲道理，他们看到不同意见，就告到党中央，以势压人。典型的例子是《历史问题》杂志事件。1956 年，该杂志发表了一系列文章，纠正过去斯大林年代的历史不实之处，其中布尔贾洛夫（Э. Бурджалов）的《论 1917 年 3—4 月间布尔什维克的策略》(«О тактике большевиков в марте-апреле

1917 года»)一文为代表作，结果，党中央做出决议，批判杂志所犯的错误，布尔贾洛夫被解除杂志副总编之职。

这一时期社会科学的特点在于，集体编写的大部头著作逐一问世，其中有十卷本的《世界史》(«Всемирная история»)、《伟大卫国战争史》(«История Великой Отечественной войны»)、《俄国艺术史》(«История русского искусства»)、人口学系列丛书《世界各民族》(«Народы мира»)。正在编写之中的有《哲学史》《俄国经济思想史》《苏联共产党历史》《苏联史，从上古时代至今》。

随着经济改革的展开，经济学受到重视，它的方法论问题得到广泛的研究。数学方法在进行经济规划和解决经济问题时被广为采用。

社会学的研究禁区在这个时期被冲破。在莫斯科、列宁格勒、新西伯利亚、高尔基、塔尔图等地创建了用以完成党政任务的科学社会学中心。1968 年，苏联科学院成立了社会实际问题研究所（自 1972 年始改为社会学研究所）。

总的来说，对科学的新态度正在形成。一门新的知识——科学学出现了，它包括科学逻辑学和方法论、社会学、历史学、经济学等。

1.5.3 文艺

“解冻”文学好景不长，但这个时期的代表作还是起到了振聋发聩的作用。这些作品是杜金采夫（В. Дудинцев）的长篇小说《不仅仅为了面包》、格拉宁（Д. Гранин）的短篇小说《个人意见》、亚申（А. Яшин）的短篇小说《杠杆》、基尔萨诺夫（С. Кирсанов）的长诗《一周七天》。当年的作家，按照斯鲁茨基（Б. Слуцкий）的说法，是成人学校里的教师，而现代读者已经在这种学校里毕业了。这些当年处于读者争论焦点和官方批判的火力点中的文学作品，现在变成了那个时代的历史文件，反映社会情绪的特殊的晴雨表。那时人们通过文学形式提出社会上至关重要的问题，而这些问题因意识形态的禁令无法被公开进行讨论。于是，这些问题只能交给读者来审议，或在作协的会议上议论，因此，在文学辩论中，对一部作品的赞成和反对不仅仅是读者对这部作品好恶的反映，而且是整个社会观点的表现。

杜金采夫

1956年的文化生活中，值得一提的是杜金采夫的长篇小说《不仅仅为了面包》的发表，小说讲述了一个孤独的发明家与官僚主义进行的一场力量悬殊的斗争，以及他的命运。连载这部小说的《新世界》杂志经常是刚一出版，就被抢购一空。在图书馆里人们排着长队，争相借阅这一杂志。这部长篇小说引来了雪花般的读者来信。那些有创造发明的工程师纷纷致信编辑部，以亲身体验证明小说的内容是真实的。来信的读者中还有学校教师、大学教授、大中学生、军官等。用一位读者的话来说，“俄罗斯所有的读者都有过《不仅仅为了面包》中所叙述的经历”。

如果说杜金采夫的这部长篇小说是自由派的宣言的话，那么科切托夫（B. Кочетов）的长篇小说《叶尔绍夫兄弟》（1958年）则是保守派反击的檄文。作者用漫画式的笔触勾勒了一些人物来影射某些作家。

格拉宁的《个人意见》和亚申的《杠杆》触及了在两面派和虚伪盛行的社会里的道德变形问题，成为争论的焦点。

作家和画家探索的主要方向是如实地表现生活，没有表面文章，没有轰轰烈烈的场面，没有臆造的英雄主义，换言之，努力表现普通人的生活、他们的喜怒哀乐、他们日常的操劳。那些坚强有力、无所畏惧、所向披靡的英雄让位给普通百姓。阿克肖诺夫（B. Аксенов）在评论格拉季林（A. Гладилин）第一部中篇小说《维克多·波德古尔斯基生平纪事》（载于《青春》，1956年第7期）时说：“失恋者第一次用肩膀撞了一下充满共青团干劲的两颊绯红的机器人。”这类作品不符合社会主义现实主义经典的要求，遭来一阵阵猛烈的批判。肖明（В. Семин）的中篇小说《一家七口》（1965年）即是明证。评论家们指责肖明的主人公是芸芸众生，他们的劳动没有浪漫主义和英雄主义，他们的生活庸庸碌碌、平淡无奇。这些人物的真实生活与抽象的“伟大真理”、某种“正确的思想”背道而驰，根据这种思想，苏维埃人不可能是不幸和孤独的，因为他为幸福的未来而进行的劳动是忘我的。在文学和艺术的创作过程中存在着英雄主义和浪漫主义的标准，偏离这一标准就会挨批。

在银幕上出现了新型的主人公——与理想相去甚远的普通人，但他的道德力量使观众感到可亲、可爱，富有魅力。雷布尼科夫（Н. Рыбников）在影片《扎列奇内街上的春天》（«Весна на Заречной улице»）[①]、《高度》（«Высота»）[②] 和巴塔洛夫（А. Баталов）在影片《大家庭》（«Большая семья»，1954）、《鲁缅采夫案件》（«Дело Румянцева»，1955）、《我的亲爱的》（«Дорогой мой человек»，1958）里所塑造的形象即属此类。[③] 即使在革命历史题材的影片里，也由事件的普通参与者担纲。

在造型艺术方面，新的艺术思维正在形成。绘画和雕塑里的富丽堂皇的风格，“对事件做出反应的”实践都遭到批判，20世纪20年代先锋派的艺术得到平反，用非传统手法创作的青年画家可以公开举办画展。但是美术研究院的保守派领导不想失去自己独霸苏联造型艺术领域的地位，千方百计阻挠非传统流派的成长。1962年，赫鲁晓夫参观纪念莫斯科成立30周年的展览会，美术研究院的领导趁机赢得赫鲁晓夫的支持，

① 导演：胡齐耶夫（М. Хуциев），1956年。
② 导演：扎尔希（А. Зархи），1957年。
③ 文中巴塔洛夫（А. Баталов）参演的三部影片，导演均为海菲茨（Хейфиц）。

开始对左翼的各个流派大张挞伐。“形式主义”和“抽象主义”被宣称是“与我们社会的整个马列主义意识形态背道而驰的”。但是禁止青年画家的艺术探索是不可能的。他们躲进小楼，继续为自己和朋友作画。自20世纪60年代初起，在苏联绘画中确立了一种新的流派，后世称为“严峻的风格”（суровый стиль），其特点在于对生活现象强调其戏剧性。尼科诺夫的《我们的日常生活》（«Наши будни»，1960）和《地质工作者》（«Геологи»，1962）、安德罗诺夫（Н. Андронов）的《木排流放工》（«Плотогоны»，1958—1961）、波普科夫（В. Попков）的《小组正在休息》（«Бригада отдыхает»，1965）等都属此类。

在“解冻”时期，青年人的理想及其在社会上的地位等问题显得分外突出。最早提出这个问题的人是佐林（Л. Зорин），他在自己的剧本《客人》（1954年在叶尔莫洛娃剧院首演）里推出一位年轻人，他与自己官迷心窍的父亲格格不入，而在保持革命理想的祖父那里找到了精神支柱。年轻的剧作家也涉及青年问题，他们似乎是踏上生活道路的一代人的喉舌。阿克肖诺夫的中篇小说《同行》（1960）中一位主人公说出了这一代人的心里话：“我们这代人睁着眼睛向前走，我们瞻前顾后，也看脚下…… 我们看事物观点鲜明，不允许任何人拿我们认为神圣的东西来投机。”在电影领域，这一题材的关键性影片是胡齐耶夫导演的《伊里奇的岗位》（«Застава Ильича»，1959—1964）。胡齐耶夫在这部片子里告诉观众，青年人忠于父辈的理想，这些信念无须豪言壮语，因为信念已经深深地扎下了根，因此是真诚的。但在表达这一思想时，没有采用直露和教诲的手法，结果引起对片子的曲解，因此尚未公演便遭批判。作者不得不修改、重拍，并改名为《我20岁》（«Мне двадцать лет»），片子直至1987年才得以恢复原样。

关于斯大林时期无情镇压的题材很难获得通行证。二十大以后，出现了几个以恢复名誉的共产党员为主角的剧本：别廖兹科（Г. Березко）的《复仇》、施泰因（А. Штейн）的《阿斯托里亚旅馆》、波戈金（Н. Погодин）的《忠诚》。这些剧本都有一个共同主题：在个人崇拜的年代里，见风使舵者生，优秀的人们死。1962年，索尔仁尼琴（А. Солженицын）的中篇小说《伊万·杰尼索维奇的一天》发表。不久以后，关于劳改营生活的题材遭禁。

在"解冻"的年代里，伟大卫国战争的题材有了新意。在战争题材的作品里崇高的英雄形象让位于肩负战争重任的普通战士和人物。某些评论家蔑视和不公正地称这类作品为"战壕"文学，但事实上它们反映的是战场上的真实情况。"现代人"剧院推出了关于战争的剧本，罗佐夫的《永生者》是划时代的佳作。一批优秀的苏联电影如《雁南飞》(«Летят журавли», 1957)①、《士兵之歌》(«Баллада о солдате», 1959)②、《一个人的遭遇》(«Судьба человека», 1959)③，不仅在国内，而且在国外也赢得了声誉。西蒙诺夫的三部曲《生者与死者》(1955—1970)是描写战场上士兵日常繁忙的劳动生活的一部佳作。

邦达尔丘克在《一个人的遭遇》中饰演索科洛夫

"解冻"时期的特殊现象之一是大众对诗歌的兴趣剧增。读者有机会重新接触到叶赛宁、茨维塔耶娃、阿赫玛托娃等许多20世纪20—30年代遭禁的诗人的诗作。与此同时，新一代的诗人登上诗坛，他们之中有大名鼎鼎的叶甫图申科（Е. Евтушенко）、沃兹涅先斯基（А. Вознесен-

① 导演：卡拉托佐夫（М. Калатозов），1957年。
② 导演：楚赫莱（Г. Чухрай），1959年。
③ 导演：邦达尔丘克（С. Бондарчук），1959年。

ский)、艾哈迈杜林娜(Б. Ахмадулина)、罗日杰斯特文斯基(Р. Рождественский)等。这是“群众文艺诗会的诗歌”(эстрадная поэзия)繁荣之时，这类诗人被称为群众文艺诗会诗人(поэты-эстрадники)。他们的诗歌语言通俗、针砭时弊、富有煽动性，充分反映了“解冻”时期这一代人的情绪。诗会的地点有政治博物馆的大型讲堂、莫斯科“卢日科夫”体育场、大学、研究所、文化宫、技校等地方，诗歌爱好者蜂拥而至，会场座无虚席。1958年7月，在莫斯科树立了马雅可夫斯基纪念碑，从此俄罗斯人的诗兴一发而不可收。在马雅可夫斯基广场上举办诗歌月会，希望朗诵自己诗作的和倾听他人诵读的人按时到场，广场上总是人头攒动。能够更加强烈地抒发这类情绪的是游吟诗人(поэты-барды)。他们用吉他伴唱自己的诗歌，使自创歌曲(авторская песня)获得了新生。游吟诗人的自创歌曲能迅速传遍全国各地，完全取决于它的朗朗上口、录音磁带的便捷、善于对日常生活事件立即做出反应等特点。在自创歌曲里专业和业余的差异实际上消失了。奥库贾瓦(Окуджава)、加利奇、维索茨基等的歌曲把握着这个复杂而矛盾的时代脉搏。这个时代之所以如此，是因为在这个时期人们普遍处在由“国家机器的螺丝钉”变为社会上能思想、享有自由的成员的过程中。

奥库贾瓦

20世纪初，那些实验性的艺术家们或移居海外，或遭到迫害，俄罗斯艺术中代代相传的传统因此中断。在革命初期和内战时期出生的、具有创造性特点的知识分子在斯大林时代无缘了解曼德尔什塔姆、夏加尔、康定斯基和现实组合等的佳作。这些知识分子只有到了50年代才有可能接触到20世纪的这类精品，并继续进行这方面的艺术实验和探索。

在这批人中比较有影响的是利阿诺佐沃小组（Лианозовская группа），这个小组因为在莫斯科市郊利阿诺佐沃（Лианозово）活动而得名。小组的倡导者和核心人物是克罗皮夫尼茨基父子（Е. и Л. Кропивницкий）和他们家的女婿拉宾（О. Рабин）。克罗皮夫尼茨基在利阿诺佐沃的家成为这些志趣相投的画家和诗人聚会的场所。后来，诗人涅克拉索夫（В. Некрасов）、萨图诺夫斯基（Я. Сатуновский），画家涅穆欣（В. Немухин）、采尔科夫（О. Целков）等都参加了这个小组。他们的作品各式各样，这些林林总总的现代主义传统，从荒诞派和表现主义到社会艺术派和概念主义。利阿诺佐沃小组成为非官方文化的第一批代表。这个小组在10年之后开始繁荣。

严格的书报检查制度未能遏制住20世纪50年代中期的创作浪花，地下出版物悄然登场。这种出版物实际上显得五花八门：因各种原因被出版社"枪毙"的苏联作家的作品有之，俄侨作家的作品有之，世纪初的诗集有之，侦探小说的手稿也有之。开"解冻"时期地下出版物风气之先的是特瓦尔多夫斯基的长诗《焦尔金游地府》，长诗写成于1954年，未能获准发表，结果未经作者同意就已转入地下。

在过去年代里形成的思想僵化的条条框框使许多优秀作品无缘与读者或观众见面。任何作品，只要在描写历史事件时违反已有的经典，或在题材上触及禁区，或有非传统的形式，都会遭禁。最有才华和最具创作潜力的作者都不得不为发表自己的作品而到处奔波，花费许许多多精力。沙特罗夫（М.Шатров）准备在"现代人"剧院推出的以崭新的角度诠释革命题材的剧本《布尔什维克》即是一例。此外，索尔仁尼琴的中篇小说《伊万·杰尼索维奇的一天》的出版计划因赫鲁晓夫的干预而流产。当时的许多优秀作品就此未能付梓。帕斯捷尔纳克和他的代表作《日瓦戈医生》的命运非常悲惨。这部获诺贝尔奖的长篇小说直至1988年才获准在苏联公开发表。格罗斯曼写成于1960年的长篇小说《生活和命运》，被安全部门没收，至1988年才得以面世。施魏策尔（М. Швейцер）的影片《难解之结》（«Тугой узел»）在很长一段时期里被放在片库的搁板上，因此有“搁板上”（полочный）的影片之说。不少已经排练好的剧本因审查未能过关而胎死腹中。

杂志在当时的社会和文艺生活里发挥着很大作用。社会精神生活的两种倾向日趋明朗。一种倾向主张克服过去一个时代思想上的条条框框，用世世代代创造的所有财富去丰富苏联文化。这一倾向从20世纪60年代初起在杂志《新世界》（主编特瓦尔多夫斯基）中得到充分的体现。另一种倾向鼓吹保持不久以前意识形态的特点，继续对文化进行行政干预，这一倾向与《十月》杂志紧密相关（主编为科切托夫）。这两种倾向当然不可能公开论战，但通过他们对作者的选择，所发表作品的思想艺术倾向，以及评论的字里行间就不难感觉到这两种倾向的存在。

从20世纪60年代中期开始，社会精神生活里的“解冻”逐渐被“料峭的春寒”所取代。随着行政对文化生活的控制日益加强，《新世界》杂志的活动开始困难重重，杂志戴上了丑化苏联历史和现实的帽子。每一期杂志在检查机关里耽搁很长时间，迟迟不能送到读者手里。但是杂志的胆略和不屈不挠的精神、杂志上发表的作品的高度艺术水准使《新世界》及其主编特瓦尔多夫斯基在社会上的威望有增无已。

1.6 两次改革之间的文化（20世纪60年代中期至80年代中期）

在这个阶段，苏联国内平静似一潭死水，但在国际舞台上却很不平静，事件迭起。继捷克斯洛伐克的布拉格之春（Пражская весна）、波兰的“团结”工会（профсоюзная организация «Солидарность»）之后，苏联悍然出兵阿富汗，冷战又起。国际舆论称勃列日涅夫的这一系列行为为勃列日涅夫主义（брежневизм）。

在赫鲁晓夫改革与戈尔巴乔夫改革之间有20年的时间，这段时间基本上由勃列日涅夫当政。在两次动荡的改革背景之下，政局显得稳定，经济发展比较平缓，但社会表面的平静无法掩盖其内在的僵化和停滞的弊病，所以历史上称其为“停滞”时期。这个时期，苏联计划经济弊端日渐显现，其中商品奇缺是最大的问题。商品紧俏导致了商业领域的投机倒把。同样的商品黑市上的价格比国营商店的价格贵2倍。有些党政领导看到这个“商机”，便非法组织了带有黑社会性质的组织，即影子经济（теневая экономика）。在这些组织中势力最大的是第聂伯罗夫斯克帮。

勃列日涅夫时代是苏联技术干部担任官职的黄金时代。官员大起大落的时代已经结束，稳坐官位的领导形成了权权、权钱、权物交易，于是乎，收贿受贿之风大长。与此同时，机关和企业的偷盗之风也悄悄盛行。当时流行的一句话反映出那个时代的特点：Кто что охраняет, тот то и имеет（“谁保管什么，他就有什么”，即“监守自盗”）。因此，世风日下，人心不古。在这一文化时期所发生的一切也不能用“停滞”一言以蔽之。

1.6.1 文化政策与文化发展的条件

随着以勃列日涅夫为首的新领导的粉墨登场，知识分子分化的过程加快了。重大的转折点出现在1965年。这一年当局逮捕了作家西尼亚夫斯基（А. Синявский）和达尼埃尔（Ю. Даниэль），罪名为从事反苏活动，具体内容是用笔名在西方出版了几部作品。1966年2月，对他们两人进行了审判，这是斯大林死后第一次公开的政治诉讼，给同时代

审判西尼亚夫斯基和达尼埃尔

人造成了十分压抑的印象：作家会因自己的作品而罹祸。压力虽然很大，两人却拒不认罪。

这个案件彻底粉碎了自由主义知识分子企盼当局能够继续执行非斯大林化路线的希望。因此产生了持不同政见者运动（диссидентское движение），这场运动的第一次举动是1965年12月5日持不同政见的知识分子在普希金广场举行的游行。之后他们集体上书当局，要求重新审理此案并释放两位作家。持不同政见者运动势孤力单，没有得到社会道义的支持，受到当局的镇压。

1970年，自由主义知识分子的最后一个堡垒《新世界》杂志被攻克。主编特瓦尔多夫斯基被撤销总编的职务，使这本杂志丧失了作为民主力量机关刊物的作用。这反映了文化领导机关上层保守主义的得势，在以后的年代里领导的保守倾向越来越强。

文化管理机构在形式上趋向民主，但事实并非如此。在这个时期里，学校教师、高校工作者、从事创作的知识分子的代表大会、社会科学工作者大会等，都定期召开，但这些活动渐渐变成了一种隆重而严肃的程式。20世纪20年代末到30年代初形成的官僚行政体制已经根深蒂固。对斯大林的个人崇拜的批判未能动摇它的根基，只是给它披上了一层薄薄的民主外衣而已。

加强官僚行政体制的痕迹处处可见。具有创新意识的教师很难施展手脚，担任领导职务的教育家的著作和专著被视为禁脔，不得妄加评论。凡“离经叛道”的作品，即使艺术上优秀，也不允许与读者见面，这些作品的数量正在增加。政治上不可靠是可以置科学家、作家、画家的作品于死地的最大罪状。一些知识分子感到“此地不留人，自有留人处”，便移居海外。他们一跨出苏联的国门，便被苏联文化界除名，他们的作品也从苏联各个图书馆的书架上被取走。

肃清斯大林主义后果的题材已经被发掘殆尽。20 世纪 70 年代，斯大林重新作为英明统帅出现于书籍里和银幕上。

文化生活里的思想和组织问题因物质条件的困难而日渐严重。一方面，文化的物质基础有了质的飞跃。大众传媒发生了日新月异的变化：半导体收音机和电视接收器、磁带、盒式录音机和录像机、彩色电视机、彩色宽银幕电影、复印机等使人民接触文化的机会成千上万倍地增长。另一方面，国家给文化事业的拨款却相形见绌。1970—1985 年间，国家对社会文化的总投资翻了一番之多，但是这一项在国家预算里所占的比重却从 36.2% 下降到 32.5%。科学和教育经费在预算中所占的比重明显减少，从 1970 年的 16% 减到 1985 年的 12.8%。战前常见的做法“把剩余资金拨给文化建设”的思想“阴魂不散”。这与其说是由于 20 世纪 70—80 年代经济困难引起的，倒不如说是领导对文化产业的不重视造成的。

长期的资金匮乏，再加上经常使用不当使科学、普教和高教止步不前。对文化物质基础的忽视使这些问题堆积如山。20 世纪 80 年代中期，国家最重要的文化中心——特列季亚科夫美术馆和国家历史博物馆相继关闭，进行抢救。国内最大的图书馆——列宁图书馆（现改名为俄罗斯国家图书馆）也岌岌可危。

1.6.2 科学

20 世纪 70 年代，苏联科研人员数量的增长速度放慢了，科研机构网日趋稳定。科学集约化（即最合理地使用现有科研潜力）的任务被提到了首位。

在管理体制方面，正在探索一种新的组织形式，这种形式为解决重大问题可不局限于部门的隶属关系，而把科学院所属的研究所、部门的研究机构或高校组织在一起。一些跨地区的、跨部门的协调性质的科学委员会纷纷成立。1979 年组建了列宁格勒和列宁格勒州的科学协调委员会，这是首批委员会中的一个。但是，科研力量的“条块”分割问题仍然未能得到彻底解决。

新的组织形式——科学生产联合体（научно-производственное объединение）把科学变成了直接的生产力。早在20世纪60年代，第一批科学生产联合体就已经诞生。西伯利亚电力重型机器制造厂与科研所联合，列宁格勒光学机械联合体、乌拉尔重型机器制造厂研究所等相继建立。至1985年，全国这类联合体计有250个。

20世纪70年代至80年代上半叶，在长期科研规划方面积累了一些经验。但是，这项工作的实际效果不大，因为尽管对科技和社会进步的前景规划比较正确，但当时的机制和政治结构使这些规划往往变成一纸空文。

保证满足国家对能源的需求是一项中心任务。新型的能源——原子能的作用越来越大。国家对石油天然气能源也十分关注。地质勘探的新方法使地质工作者发现了大油田和大气田。由于输气管道的改进，西伯利亚西部和西北部的天然气得以输送到欧洲。天然气资源的出口虽然暂时缓解了国内的经济困难，但从长远的角度来看并不合算。而且1986年的切尔诺贝利核电站事故证明，在发展核电站时万万不可掉以轻心。

物理学的进展表现在量子电子学和激光技术上。激光技术在能源、工艺以及医学方面都开始广泛应用。

由李森科造成的苏联生物学与世界的差距在日益缩小。蛋白质结构的解码工作进展顺利。生物有机化学研究所获得了人工基因，找到了改变植物和有机体遗传特性的方法。

在天文学和天文物理学领域的突破与研制成功大功率的天文仪器和对宇宙的研究有关。20世纪70年代，长期工作的轨道站和长期的宇宙考察是进军宇宙的主攻方向。宇航的实际效益提高了。通信卫星的启用使远距离广播和电视节目的传输成为可能，气象卫星系统增加了气象预报的准确性。从宇宙对地球表层的研究使地质学、农业、捕鱼业大大得益。宇宙生物学和医学积累了丰富的资料和经验。研制了大功率的望远镜，其中苏联科学院射电望远镜(PATAH)是当时的世界之最。这推动了宇宙科学的进展。

总的来说，苏联科学家对国家的经济发展贡献巨大，但科技潜力仍未得到充分发挥，其中占全国科技界半壁江山的部门研究所的效率尤其低下。它们的状态对国民经济各部门的科技装备水平也大有影响。科研脱离生产的需求、生产对科技发明的反应十分迟钝等都是由经济管理体制造成的。许多科技成果、重大发明因主管部门及其领导对它们的应用不感兴趣而长时期束之高阁。

当局大量吸收社会科学工作者参与关于经济发展的许多具体问题的讨论，参与政治文件的拟定。在1977年宪法草案的起草和修订过程中，有一批社会科学工作者始终在积极地活动。社会学的研究突飞猛进，大学开始培养社会学的专业人才。经济学家和其他领域的专家参加了国家国民经济各部门发展的新蓝图的制定，他们关于更加充分地利用自然资源和更加和谐地发展经济区域的思想在那里得到了体现。但是在那个时代，经济学家和社会学家的许多思想只能写在纸上罢了。

历史学依旧未能摆脱《联共布历史简明教程》的框框。甚至在二十大后，本来允许的对斯大林的有限批评也处处碰壁。如，历史学家阿·涅克里奇（А. Некрич）为纪念卫国战争胜利20周年而撰写的著作《1941年6月22日》(«22 июня 1941 г.»)，对战争初期失利的原因进行了分析，结果遭到毁灭性批判，从此他被剥夺了发表作品的机会，几年后不得不远离祖国，迁居海外。20世纪60年代中期，历史学家梅德维杰夫（Р. Мед-

历史学家阿·涅克里奇

ведев）写就的新作《历史的审判》(«К суду истории»）未能在苏联出版，原因是书中的矛头直指斯大林和斯大林主义。可是该书在国外畅销，它的作者因此被清除出党。

集体撰写的多卷本巨著是当时官方历史科学的招牌。《苏联共产党历史》《苏联史，从远古时代至今》继续出版新卷，但发达的社会主义这一新概念在理论上的脆弱性使这两部著作未能完卷。12卷的《第二次世界大战史》面世，30卷的大百科全书出版的筹备工作已经就绪。社会科学工作者的大量著作都是因纪念活动之需而撰写的。

社会科学的根本缺陷在于不敢大胆地、直截了当地提出问题。研究的对象往往是政治决议里已有结论的问题，而不是生活中提出的现实问题。在社会科学领域里，动辄得咎，只要稍稍地偏离官方的观点，就是思想错误，就会变成被批判的靶子而受惩罚。这不利于在科研集体里营造出创造性的氛围，结果导致教条主义和本本主义的泛滥。耗时耗资的多卷本往往是总结和归纳已知的研究成果而缺少新意。在这种情况下，作者个人的观点荡然无存。

1.6.3 文化艺术

"解冻"虽然夭折，但它对创造性探索的影响不可低估，这类探索在以后的几十年里没有停止，而且结出了成果。苏联文化对世界和祖国过去的文化更加开放了。在文化艺术里，人道主义和民主的理想继续存在，关于苏联社会现在和过去的真实情况也有所反映。

文化艺术不可能游离于国家的日常生活以外。贪污、盗窃、渎职和有组织的犯罪等现象日益严重，政治决议与现实情况之间的差距越来越大，官方意识形态的教条化对社会的精神空气产生了消极影响。官方宣布的理想和目标成为政治游戏的对象、形式上的繁荣，因此缺乏鼓舞力。但是人们总是需要真正的价值概念，需要真正的思想和道德取向。

以费·阿勃拉莫夫（Ф. Абрамов）、鲍·莫扎耶夫（Б. Можаев）、瓦·别洛夫（В. Белов）、叶·诺索夫（Е. Носов）等的作品为代表的所谓的农村散文的出现是这个时期文坛引人注目的现象。他们在作品里探讨了道德问题，人民精神力量的源泉，人与自然、与人民的历史等问题，这些问题是人们一直关心的永恒主题，在当时的社会生活背景下显得分外尖锐。

尤·特里丰诺夫

尤·特里丰诺夫（Ю. Трифонов）的《交换》《预先的总结》《另一种生活》描绘了城市知识分子精神上的离群索居和日常生活的悲剧，引起了社会轰动。

20世纪70年代的精神探索导致对过去的文化遗产更加深刻的思索。20世纪30年代被中断的文化历史继承性在“解冻”时期开始逐渐恢复，这个过程一直延续到以后的几十年。在文化艺术的所有领域，对经典作品，无论是本国的还是外国的，兴趣与日俱增。从20世纪60年代至80年代上半叶，托尔斯泰、陀思妥耶夫斯基、屠格涅夫、契诃夫、普希金、莱蒙托夫的主要作品，狄更斯、托马斯·曼的长篇小说，王尔德的剧本都先后搬上了银幕和电视屏幕。参观画廊的人增多了。参观国外博物馆藏品中的老画家作品展览会的观众格外踊跃。《世界文学丛书》（«Библиотека всемирной литературы»）和《世界儿童文学丛书》（«Библиотека мировой литературы для детей»）的发行量之大令人吃惊。经典作品经过现代人的重新认识，得以在人民的精神文化中继续存在下去，并丰富这种文化。

广泛开展了文化历史旅游（культурно-исторический туризм）活动。许多民族传统通过民间歌舞团、工艺品、民间习俗得以恢复和创造性的开发。一场保护文化历史遗产的运动轰轰烈烈地展开了。1966年，自愿组成了全俄保护历史文化协会（ВООПИК）。这个协会对保护遗产的物质贡献不仅是会费，而且是直接参加文物的修复工作（1971 年发动了自愿协助修复者运动）。这一切足以说明，苏联文化吸纳过去文化价值概念的新阶段开始了。

对过去文化的开放意味着在过去年代被否定的东西如今又得以肯定。例如，在本国文学史中，列米佐夫（А. Ремизов）、皮尔尼亚克、伊戈尔·谢维里亚宁、曼德尔什塔姆的作品又重新取得了一席之地。俄罗斯哲学的古典学派开始复兴。但是思想上的评价已形成固定模式，要打破这种模式非一朝一夕之功。

20 世纪 60 年代末，许多俄语书籍只能在境外出版社（тамиздат）出版。20 世纪 70 年代，获释囚犯的集中营回忆录和散文作品在境外出版社出版，其影响大的作者有金兹堡（Е. Гинзбург）、沙拉莫夫（В. Шаламов）和索尔仁尼琴。

地下出版物中既有畅销书，也有经典著作。伏伊诺维奇的《大兵琼金奇遇记》通过一个普通士兵的眼睛展示了苏联制度的荒诞性，这部作品是当时最滑稽的小说之一。地下出版物良莠不齐，例如阿列什科夫斯基（Ю. Алешковский）的作品满纸污言秽语，虽然畅销，但艺术性低下。地下出版物使一批 20 世纪未能发表作品的作家和诗人，诸如阿赫玛托娃、茨维塔耶娃、普拉东诺夫、曼德尔施塔姆、勃罗斯基等成为经典作家。

在勃列日涅夫时代，斯拉夫派和西方派之争并没有结束。这两派的意识形态都与官方的意识形态有分歧，因此不能明争，只能暗斗。

保守派把正统观点与民族主义思想结合在一起，公开宣扬民族主义的理论，自由派则变成了西方派。作家别洛夫、阿斯塔菲耶夫，评论家科任诺夫，画家格拉祖诺夫，数学家沙法列维奇（И. Шафаревич）、索尔仁尼琴是温和的民族主义者。这些爱国者有病态的民族自尊心，对其他民族的文化不屑一顾，认为俄罗斯文化就其精神而言是绝无仅有的，是无与伦比的。他们否定实验性的创作。他们与19世纪的斯拉夫派一样，认为俄罗斯民族是上帝的选民。新斯拉夫派鼓吹反犹主义和排外主义，谴责犹太人和帝国主义者仇俄、恐俄并策划反俄活动，包括1917年十月政变。在这种思想影响下，俄罗斯各地涌现出不少保护祖国历史和文化遗产的民族主义小组。其中特别积极的是“纪念”古迹保护协会。民族主义的主要目的在于“揭露”犹太人和西方各国侵犯俄罗斯的文化和生活的真面目。

民主派阵营中的主要成员是原来的“新世界派”，有群众文艺诗会的诗人、游吟诗人奥库贾瓦、作家伊斯康佳尔。西方派把资本主义理想化，不过他们对俄罗斯的和西方的画家与作家，对传统的和实验的艺术都一视同仁、一样尊重。与斯拉夫派不同，他们认为那些曾在俄罗斯生活过的犹太作家和诗人，如梅耶霍佳、曼德尔施塔姆、帕斯捷尔纳克、勃罗斯基是俄罗斯的天才。

20世纪70—80年代，苏联音乐和芭蕾舞团体的不少演员、作家、画家、运动员在国外巡回演出、出差、比赛时留在西方成为不归者［或译“叛逆者”（невозвращенцы）］。在演员不归者中有努里耶夫（Р. Нуриев）和巴雷什尼科夫（М. Барышников）。

党政领导人会见文艺工作者的时代已成陈迹，对“犯错误的人”公开大张挞伐，对文艺工作乱做指示的现象都不复存在。但对文艺在思想上的控制反而更严。

书籍的出版、剧本的首演、电影的公演仍需经过宁左毋右的层层审查。与此同时，回到斯大林时代的模式：只要与官方的指示相左就会挨批、挨整也不是不可能的。文艺领导机关往往在内部做出决定，有时稍做让步。例如，1974年先锋派（авангардисты）画家的画展［可悲的名称为推土机展览会（бульдозерная выставка）］遭禁后，允许举办类似的展览会，但展期很短。过去不少优秀影片因各种原因在影片库里睡大觉，如今有些影片从官方的观点来看虽是“可疑的”，但还是允许上演，不过拷贝的数量有限制。例如，安·塔尔科夫斯基（А. Тарковский）的《镜子》（«Зеркало»）、穆拉托娃（К. Муратова）的《短暂的会见》（«Короткие встречи»）。

这个时期出现了戏剧热。与文学和电影相比，戏剧的观众相对要少得多。因此这一艺术门类发挥了释放社会情绪阀门的作用。塔干卡剧院［总导演尤·柳比莫夫（Ю. Любимов）］、“现代人”剧院［总导演奥·叶夫列莫夫，1971 年后是沃尔切克（Г. Волчек）］、列宁格勒大剧院［总导演格·托夫斯托诺戈夫（Г. Товстоногов）］等剧院的演出场场爆满，要购买这些剧院的戏票，只能彻夜排队。《炼钢工人》《党委会》《反馈》《外来人》（小波浪纳亚街的剧院）这些针砭时弊的戏剧深受观众的欢迎。可是有谁知道，这几部凝聚着剧作家心血的话剧与思想监督员进行了多少次斗争才得以与观众见面啊！

在文艺创作中，官僚主义的层层障碍使作者们逐渐适应并开始麻木了。“停滞”（застой）时期扭曲了人们的道德面貌。人们对自己的力量失去了信心，随时准备妥协的心理态势业已形成。

电影院里的银幕上，以为配合接二连三的纪念活动拍摄的多集史诗性影片为主。这类影片的广告和在全苏范围里组织的首映式都不过是轰轰烈烈的表面文章而已。瓦·舒克申（В. Шукшин）、尼·米哈尔科夫（Н. Михалков）、阿·米塔（А. Митта）的影片非常卖座。这个时期票房价值最高的影片当推梅尼绍夫（В. Меньшов）的《莫斯科不相信眼泪》（«Москва слезам не верит»），这

《莫斯科不相信眼泪》镜头

部片子获得了奥斯卡外语影片奖。但这个时期的大部分片子都是平庸之作，使既不熟悉本国电影艺术真谛，也不了解外国电影艺术妙处的广大观众的趣味庸俗化。像塔尔科夫斯基、格尔曼（А. Герман）、穆拉托娃等一些富有才气的电影导演的佳作在当时却无缘让苏联观众开眼界。

在造型艺术领域诞生的新作品也鲜为人知。在马涅什这个全国最大的展览中心里所举办的纪念性展览会上几乎看不到苏联现代绘画各种流派的画作，那里展出的是用传统方法创作的画家或由官方认可的画家的作品。

1978 年，地下文学艺术丛刊《大都会》（«Метрополь»）的出版是文艺领域反对官僚主义禁令的一次抗议行动，参与此事的作家有阿克肖诺夫、比托夫（А. Битов）、伊斯康德尔（Ф. Искандер）、叶罗菲耶夫（В. Ерофеев）等人。丛刊不带有任何政治倾向，但当局把它视为反苏活动。那些无法适应这种氛围和无力抗争的作家和画家相继离开了祖国。塔干卡剧院的总导演柳比莫夫因自己执导的多部戏剧遭禁而移居海外。塔尔科夫斯基留在国外的电影制片厂工作，画家采尔科夫（О. Целков）、舍米亚金（М. Шемякин），诗人约·勃罗茨基（И. Бродский）、科尔扎温（Н. Коржавин）、加利奇（А. Галич），作家涅克拉索夫（В. Некрасов）先后成为移民，索尔仁尼琴被赶出国境，剥夺苏联公民资格。被剥夺苏联公民资格的还有当代著名的音乐家姆·罗斯特罗波维奇和天才的女歌唱家维什涅夫斯卡娅（Г. Вишневская）。

移居海外的许多作家、画家、音乐家、导演的作品从苏联文坛正式清除，他们的名字甚至在历史和文艺学的研究文献里消失了。但是，被"枪毙"的作品继续留在书目上、复印机里、电影胶卷上、录像机的磁带上。

20 世纪 70 年代，存在着三种文化：官方文化（официальная культура, официоз）、半官方文化（полуофициальная культура, новые попутчики）和非官方文化（неофициальная «неформальная, параллель-

ная» культура）。官方文化体现执政者的意志，带有公开或隐晦的宣传性质，得到国家的支持和鼓励，其中以书记（секретарская）文学（指出自作协书记之手的作品）和史诗性影片为主体。非官方文化或在艺术上，或在政治上与执政者唱反调，因此处于被禁之列。半官方文化的代表人物为了能在苏联公开出书、展出、演出，对当局保持中立，如伊斯康德尔、艾特玛托夫、特里丰诺夫、奥库贾瓦等都属于这些"同路人"。

苏联当局对他们持怀疑态度。与斯大林不同，勃列日涅夫对文化界采取的镇压手段相对松动。这样，斯大林时代遭禁的部分作品可以出版，不宜上演的剧本得以开禁。创新的电影、非传统的绘画和雕塑都有机会与观众见面。像库兹明、马列维奇、斯特拉文斯基等一批本来遭禁的作家、画家、现代主义音乐家现在转入了半官方文化的队伍。1966 年，布尔加科夫的长篇小说《大师与玛格丽特》的公开出版是苏联文化生活的一件盛事。这部作品一经问世，就成为有教养的俄罗斯人的新"圣经"。

符·维索茨基

什么是允许的，什么是禁止的，两者的界线变得模糊，这弄得人们不知所措。批评现在政权的可能安然无恙，而诗人朗诵诗作一不小心就引来上级的勃然大怒。在社会科学领域独尊马列主义的方法。学者自己的理论只能用分析和批判资产阶级的科学加以阐述，如，哲学家洛谢夫（А. Лосев）的美学观点就是在《古希腊罗马美学史》中阐发的。画家往往借助历史和幻想的形象表达自己对同时代种种问题的看法。读者和观众则在这类文学、绘画和电影作品中寻觅文学后面的潜台词，领会作者的隐喻和暗示。"停滞"时期的文化宛如一座冰山，其水下部分只有心有灵犀的读者和观众才能悟出其中的奥妙。

官方认可的思想、题材和形式屈指可数，无法包容丰富多彩的创作可能性。在斯大林时期，官方不承认的文学作品的存在和传播的可能性几乎等于零，因为非要那么做的话，必定危及生命。而在20世纪70—80年代，创作者已无会因作品而丧生之虑，再说新的技术手段的出现使非官方文化的传播成为可能。符·维索茨基的歌曲创作就是一例。他善于在歌曲里唱出生活里许多无法公开讲的内容。他创作的民主性，涉及生活的方方面面，深刻理解人民精神及其历史根源使维索茨基变成真正的人民诗人和演员，虽然他在生前未获任何称号和奖章。维索茨基成名是自己时代的特征。作者生前只有为数不多的几首歌曲在银幕上或在广播里播放，或灌录成唱片。传播他的作品的主渠道是录音机的磁带。

为了避免参加按官方指示创建的种种社会组织，越来越多的人自发结成“非正式群体”（неформальные группы, неформалы）。这类群体在青年人中非常多。其中比较著名的一个群体，名为“业余艺术歌曲俱乐部”（Клуб самодеятельной песни, «КСП»），由游吟歌手的崇拜者组成。俱乐部成员又组成几个小群体（кусты），每逢节假日就驱车到城郊参加集会（слеты）。

虽然当时的苏联国门未开，采取关闭政策，但西方的高雅和通俗文化还是通过各种渠道渗透进来，许多青年的群体是由摇滚、爵士乐队的粉丝组成的。还有不少青年人模仿嬉皮士、朋克和印度教的黑天派（кришнаиты）。非正式群体称自己的集会为非正式聚会（тусовка）。俄罗斯社会逐渐滋长出与各种各样西方社会的非正式群体类似的群休，其中具有暴力倾向的群体称为柳别尔齐社（люберы или любера），这个群体推崇暴力、攻击，因产生于莫斯科郊区的柳别尔齐市（Люберцы）而得名。

非正式群体不仅在青年人中有，在科学家和作家中也有。其中有反对政府将西伯利亚河水调到中亚地区项目的环保主义的科学家，也有莫斯科和列宁格勒数学学校的毕业生。他们组成了非正式的小圈子（микромир）。他们毫无疑问引起了当局的怀疑，甚至仇视。这些小圈子生命力极强，当局取缔了一批，另一批又滋长出来，真有“野火烧不尽，春风吹又生”的势头。

莫斯科知识分子的“厨房”辩论（«кухонные» диспуты）也是非官方文化的一大奇观。他们在厨房里、在朋友的圈子里讨论“老大难问题”“怎么办？”“谁之罪？”等问题。西方派和斯拉夫派之间又重开战火。知识分子的存在体现出双重意识的法则：在工作上和在党的会议上表现得十分听话，而在关于文化的谈话里则与当局唱对台戏。

1.7 改革年代的文化（1985—1991）

1985 年，以戈尔巴乔夫为首的党的领导着手改革国内的社会主义体制。此举对文化的所有部门都影响巨大。在这 6 年里，文化生活的形势发生了翻天覆地的变化，利用意识形态的条条框框铸成的“苏联文化”铁板一块的现象不复存在。文化生活变得异常复杂、多样，且精彩纷呈，各种各样的亚文化悄然出现。

1.7.1 改革和文化生活的新趋势

戈尔巴乔夫推行的“公开性”（гласность）政策对社会文化生活的变化具有决定性意义。改革派把公开性看作社会经济发展民主化和高速化方针的必不可少的条件。官方意识形态的条条框框或有所松动，或部分地进行了调整。在戈尔巴乔夫的讲话和党的文件里，阶级立场及其思想上的不可调和性，被优先提倡全人类的价值观和各种观点的“社会主义多元化”的思想逐渐取代。但是上面批准的各种观点的多元化很快冲破了社会主义的框框。

审查制度的放宽使原来遭禁的作品纷纷面世。辩论和批判的最大热点是苏维埃政权成立 70 年来的“社会主义变形”问题。“六十年代派”

在这片火力集中的批判中充当主力军。这部分知识分子积极支持戈尔巴乔夫的路线，认为这条路线是“解冻”时期反斯大林改革的继续。“二十大的孩子们”（«дети XX съезда»）成为“改革的施工员”（прорабы перестройки）。民主派的报章杂志脱颖而出：《论据和事实》（«Аргументы и факты»）、《莫斯科新闻》（«Московские новости»）、《莫斯科共青团员》（«Московский комсомолец»）等报纸，《星火》（« Огонек »）、《新世界》（«Новый мир»）、《旗》（«Знамя»）、《各族人民的友谊》（«Дружба народов»）等杂志。以上述报章杂志为一方，以《真理报》《苏维埃俄罗斯》等报纸，《我们的同时代人》《青年近卫军》等民族主义和共产党色彩浓厚的杂志为另一方大打笔战。结果，报章杂志的发行量猛增。

报章杂志对社会意识的影响极大。尚不习惯于言论自由的读者们竞相争购杂志和报纸，贪婪地阅读爆炸性的揭露文章，这些材料在开始阶段尚未出“社会主义选择”之格。久而久之，公开性的范围逐渐扩大，党的改革派所圈定的框框被冲破了。那些反斯大林的批判发展成对共产党的批判，改革派的意识形态遭到重创。许多文章的矛头已经不是针对斯大林的罪行和“社会主义的变形”，而是直指制度本身的弊病。在社会意识里，不可能“回到源头”的思想颇有市场。

意识形态的宽松使社会生存的文化信息空间扩大。广大读者得以读到封存几十年的文学作品。在两三年里，大部头文艺刊物把过去遭禁的几十部作品送到读者的面前。遭禁的文学和地下出版物的界限消失了。“搁板上”的影片（当年被禁演的片子）重新回到了银幕上，“老的新”剧本能够公演。当局开始为持不同政见者恢复名誉。1986 年 12 月，持不同政见者科学院院士安·萨哈罗夫（A.

安·萨哈罗夫

Сахаров）从流亡地回到莫斯科。

高层干部的调动在文化结构里也有反映。以塔干卡剧院的演员古边科（Н. Губенко）为首的一批新人进入文化部。苏联科学院主席团、各创作协会、许多文艺刊物的编委都纷纷易人。

改革为苏联的国际关系带来了巨大变化。两种制度的对峙逐渐消失，1989年柏林墙的拆除标志着“冷战”时代的终结。把苏联与外部世界隔开的“铁幕”不复存在，控制外部传入的信息的意识形态过滤器没有了。大量的西方文化涌入苏联，占领了这一新的市场。文化交流也摆脱了桎梏而日益频繁。校际交流、因私出访等变成了司空见惯的事。

与“国外俄罗斯”的关系也有改善，不过在整个过程中显得“步履蹒跚”。与西方舆论不同，这批原来的苏联公民——第三次移民潮的成员——对改革的态度极其谨慎。1987年，十名在不同时期被赶出苏联的著名文化活动家在西方发表公开信，对苏联制度进行改革的可能性深表疑虑。在公开信上署名的有柳比莫夫、阿克肖诺夫、马克西莫夫（В. Максимов）、涅伊兹韦斯内（Э. Неизвестный）、奥尔洛夫（Ю. Орлов）、季诺维耶夫（А. Зиновьев）等。1987年4月，《莫斯科新闻》转载了这封公开信，并加了谴责性的编者按。但事隔一年，关于移民的文章调子来了个一百八十度的大转弯。侨民和苏联知识分子的个人接触恢复了。第三次移民潮的侨民创作回到了祖国怀抱。

侨民知识分子也好，苏联知识分子也好，在改革的浪潮面前不得不重新站队。大部分科技界和文艺界的知识分子支持改革，而且充当它的政治思想的排头兵。在文坛举足轻重的人物有波波夫（Г. Попов）、克利亚姆金（И. Клямкин）、谢柳宁（В. Селюнин）、斯特列亚内（А. Стреляный）、什梅廖夫（Н. Шмелев）等，他们的政论文说理透彻、笔锋犀利、激情洋溢，在当时大有洛阳纸贵之势。科技界出了一批政治活动家，他们在当今的俄罗斯政坛上依然叱咤风云。

另一部分知识分子对戈尔巴乔夫的路线持否定态度。1988 年 3 月，大学教师安德烈耶娃（Н. Андреева）在《苏维埃俄罗斯》上发表题为《我不能拿原则做交易》(«Не могу поступаться принципами»)的文章，它堪称正统共产主义思想的宣言。在民族爱国主义运动的领导人中有著名作家索洛乌钦（В. Солоухин)、别洛夫、拉斯普京（В. Распутин)、邦达列夫（Ю. Бондарев)，画家格拉祖诺夫（И. Глазунов)。爱国派的作家们反对国家西化和文学里的“内战”。有些侨民作家，如哲学家季诺维耶夫也持类似的观点。

文艺界内部思想观点的相左和政治上的分野，使本来铁板一块的创作协会出现了裂痕。创作人员的代表大会由规模宏大的官方行为变成辩论会。新的派别出现了，但它们的组织形式因分割属于协会财产的困难而迟迟没有落实。

政治经济形势的不稳定和出国手续的简化引发了新的出国潮。这次出国潮的主力军带有民族性质（犹太人和德意志人)，但也使一部分知识分子卷入其中。此时选择在国外定居已不意味着与祖国决裂。与“国外俄罗斯”关系的正常化和现代化的交通及交际工具使俄罗斯文化的统一成为现实。在苏联开始自由出售侨民刊物。

民主化的方针是劳动集体独立性扩大的前提。科技界的实验室、研究所，大学的教研室，剧团获得了选举领导的权利。但这一新的举措无论是在国民经济部门，还是在文化领域的各部门都没有带来预期的结果。这种民主的游戏使集体的心理环境趋于复杂化，而且也根本没有提高领导的素质。在瓦赫坦戈夫剧院、普希金剧院、莫斯科艺术剧院都为此发生了冲突。1987 年，这种冲突导致了剧团的分裂。

改革时期，国家对宗教和教会的态度出现了根本变化。1988 年，在俄罗斯东正教庆祝罗斯受洗 1 000 年之际，教会的命运出现了转折。开始恢复苏联时期关闭的修道院、教堂和教区的活动，撤销了对从事宗教教育、传播宗教文献和法器的禁令。教徒们又可以不必担惊受怕地走进教堂。

在文化交流方面，取消检查和“开放门户”的政策带来了不少负面影响。好几百个教派蜂拥而入，在苏联设分会。由于限制宗教团体活动的法律不够健全，一些如“奥姆真理教”（«Аум Синрике»）等对社会有害的邪教也在苏联大肆活动。

在艺术领域里，意识形态的控制让位给市场控制。在滚滚而来的西方大众文化产品里汇入了国产的劣质文化产品——色情报纸和杂志、黄色电影、恐怖片、言情小说等。

在改革行将结束之际，国家的文化政策必须承担一个崭新的任务——在市场经济的环境里确保国产文化的高水准和利用文明手段调控大众文化的传播。

1.7.2 科学

改革的年代从历史的长河来看真可谓“弹指一挥间”，但这个时期却在科技界留下了非常明显的痕迹。这一时期在自然科学和精密科学领域是人才大流失的年代。科学家在国外大学和研究所找工作获得了合法性。苏联科学家“价廉物美”，毫无疑问是国际科技界的“抢手货”。这样一来，人才流失，尤其是在物理学、化学、数学、生物学等领域人才大量外流，真有势不可挡之势。

人才除流向海外，还流向国内的其他领域。一部分知识精英下海经商，另一部分知识骨干在改革时期不甘寂寞，弃教从政，到宦海里随波逐流。

社会科学与自然科学和精密科学不同，人才流失的现象不严重（不过出了一些政治活动家）。但原来的马列主义理论队伍陷入了空前危机。试图把这支队伍改造成“恢复列宁主义科学探索传统”的努力使社会科学队伍出现了分裂。一部分学者积极响应提倡公开性、克服教条主义、本本主义的号召；另一部分学者把这视为一种威胁。因为在赫鲁晓夫改革的年代里，同样的两派对峙是以得到党的上层领导支持的保守派的胜利而告终的，如今当然还心有余悸。当时谁也没有预料到，这场改革的最后结局是苏共的垮台和苏联的解体。苏联时期的一支社会科学理论队伍也随之溃不成军。

改革时期，精神生活中的一件大事是社会对祖国历史的浓厚兴趣。俄国革命前的历史学家索洛维约夫、克柳切夫斯基、卡拉姆津的著作一而再，再而三地出版，发行量出乎人们的意料。在两年里，《莫斯科》杂志连载卡拉姆津的《俄罗斯国家史》，竟然因此而争取到一大批固定读者。在历史科学领域，围绕着苏联史问题而展开的斗争引起了社会广泛的响应。长时期以来人们被剥夺了了解自己历史真相的权利，而今则贪婪地阅读着史实。历史题材在文艺和政论作品里唱主角。报章杂志辟有介绍历史的固定栏目。关于苏联史的讲座场场爆满，而且有人站着听讲。在新的史实和资料面前，被神化、美化的苏联历史恢复了本来面貌。但是一些神话被粉碎以后，另一些神话又应运而生了。社会历史意识同历史科学一样，它的改革过程是极其复杂的。

1.7.3 文学和艺术

在改革年代里，文艺界和当局的关系发生了实质性的变化。一方面文学和艺术摆脱了来自上层的意识形态的控制，另一方面，文艺作品不再是发泄社会情绪的唯一法门。在文学领域，第一批关于改革的作品的出版堪为全民的盛事。瓦·拉斯普京的中篇小说《火灾》、维·阿斯塔菲耶夫（В. Астафьев）的《忧郁的侦探小说》、钦·艾特马托夫（Ч. Айтматов）的《断头台》等，尖锐而无情地鞭笞痼疾——道德的弊端，这几部作品令社会震惊，舆论哗然。之后，开始通过文学作品揭示国家的历史。阿·雷巴科夫（А. Рыбаков）的长篇小说《阿尔巴特街的孩子们》、弗·杜金米

《阿尔巴特街的孩子们》

夫的《白衣服》、阿·日古林（А. Жигулин）的《黑石》、达·格拉宁的《欧洲野牛》、米·沙特罗夫的剧本《布列斯特和约》和《往下、往下、往下……》成为里程碑式的作品。这些作品中的大部分都收笔于改革以前。

改革时期文化生活的一大特点是大量禁书的复出。从20世纪80年代中期开始，古米廖夫、霍达谢维奇（В. Ходасевич）、伊万诺夫（Г. Иванов）的诗歌，纳博科夫的散文和诗歌开始陆续出版。茨维塔耶娃、布尔加科夫、阿赫玛托娃、普拉东诺夫、索尔仁尼琴的著作大量印刷发行。1987年，帕斯捷尔纳克的长篇小说《日瓦戈医生》正式面世，它的作者当年因小说获得诺贝尔奖而被开除出苏联作协。1988年，在20世纪60年代初遭国家安全机关没收的瓦·格罗斯曼的《生活和命运》被解禁。1989年，索尔仁尼琴的《古拉格群岛》正式问世，作者曾因该书被赶出苏联。这些杂志把公开性的空间逐一拓宽。每往前跨一步就为读者街谈巷议提供一批新的材料。发表著作的数量越来越多，本来的书荒变成了“书满为患”。

文学并不因为打开了尘封已久的仓库而枯竭，但俄罗斯文学在国内所起的传统作用却变了。它不再是表达民众意愿的唯一手段，不再是真话的唯一源泉。政治斗争的激化、经济形势的恶化、电视的竞争等因素把社会的注意力从刚出版的新书转移到当前的大事上来。苏联社会中，文学在文化中占据中心地位的现象逐渐消失。

这一时期，文学的另一个特点是以“新浪潮”（Новая волна）为名的俄罗斯后现代主义文学登上文坛。这说明，解禁的作品不仅有苏联早、中期的禁书，改革时期锋芒毕露、言辞激烈的政论文，而且包括那些形式复杂得“令人难以理解的”或情绪悲观的诗歌，这类诗歌就是俄罗斯的后现代主义诗歌。它们多年来一直遭禁，当年被打入另册，未能与读者见面。因此，1986 年，“新浪潮”的代表人物——隐喻派诗人伊·日丹诺夫（И. Жданов）诗集的问世成为具有重大文化意义的盛事。这部诗集的面世标志着“新浪潮”以正式的身份亮相于俄罗斯文坛。“新浪潮”只是一个笼统的名称，它涵盖了不同的流派和不同的体裁。

以诗歌为例，后现代主义诗歌可分为隐喻派、讽刺派、概念派等。

隐喻派诗人（поэты-метафористы）伊·日丹诺夫、叶·施瓦尔茨（Е. Шварц）、阿·帕尔希科夫（А. Паршиков）继承彼得堡学派的传统，确切地说是继承了这个学派以约·勃罗茨基为代表的隐喻的、巴洛克式的流派。他们的诗歌以隐喻见长，故有此名。

20 世纪 80 年代初是讽刺文学盛行的时代，这是一种形式特殊的文学。诗歌通篇是用荒诞次序排列的引自经典作家的语录、当代流行的套语和文化成语。讽刺派诗人（поэты-ироники）认为，在一个大家都不相信统治者们的话语、不相信虔诚地引用经典作家的语录的世界里，讽刺语言是唯一的人类语言。一切的一切，现代的和过去的、文学、政治和宗教，西方化和民族主义都应该从讽刺的观点加以重新审视。从讽刺的角度看，一切同样不重要，或者一切同样重要。文学与政治一样需要宽容和多元化。讽刺派诗人有：伊·伊尔坚耶夫（И. Иртеньев）、德鲁克（В. Друк）、叶·布尼莫维奇（Е. Бунимович）、德·普里戈夫（Д. Пригов）、鲁宾施泰因（Л. Рубинштейн）。这个流派又分成两组：新现实主义艺术组合派（неообэриуты）和概念派（концептуалисты）。新现实主义艺术组合派是 20 世纪 30 年代俄国先锋派（ОБЭРИУ, Объединение

德·普里戈夫

Реального Искусства）——现实艺术组合派的传承者，他们重振了俄罗斯的荒诞派诗歌。概念派把西方 20 世纪 60—80 年代的艺术思想移植到俄罗斯的土壤上。

概念派借助不同的言语层面展示人的思维和语言模式。这些诗人的主人公在引自日常生活中的谈话，以及文学作品、政论作品中的流行套语的框架之内进行思维。各种不同的体裁（стиль）混杂在一起，显示出内在的矛盾和荒诞。与此同时又不直接显现人类社会和世界格局整体的荒诞怪异。

最著名的概念派诗人普里戈夫以一个假冒的名义写诗写口号，这个主人公要表达自己的思想，一会儿借用报纸上的话，一会儿援引经典作家的豪言壮语。鲁宾施泰因把诗歌写在图书馆编目的目录卡片上，在信息过剩的时代对诗歌进行了编目。

概念派诗人作品的中心主题思想是他的概念，概念始终比体现它的词语来得重要。例如，卡片上、诗歌中编目的思想具有至关重要的意义。写在卡片上的思想、感情、对话和诗歌套话等与这个思想比较处于次要地位。

在散文方面，20 世纪 80 年代，属于“新浪潮”的几位散文作家也声誉鹊起。他们是叶·波波夫（Е. Попов）、托尔斯泰娅（Т. Толстая）、叶罗菲耶夫（В. Ерофеев）、皮耶楚赫（В. Пьецух）。他们也运用后现代主义的方法对文化程式和经典文学传统加以讽刺。在这些作家中，最值得一提的是波波夫。乍一看来，他力求尽可能准确地传递 20 世纪下半叶俄罗斯的时代感和生活状况，《长篇小说和报纸》是他的代表作。小说由不同年代的报纸文章的片段组成，这些片段按时间先后排列。读者根据每个片段风格和内容很容易推断出这个片段写成的历史时刻。这种推断就是本书的妙处所在。但是他的作品并不是恢复时代感。内在的激情和热情令人想起 19 世纪俄罗斯的经典作品，但它是讽刺，是过去文化流行套语的“引用”，又使读者感到这是一个现代主义的作品。

电影领域与文学一样出现了后现代主义的流派。“新浪潮”最著名的导演索库罗夫（А. Сокуров）是塔尔科夫斯基的学生和追随者，他在自己的新片中重新审视经典作品的文本，同时又能保持文学作品的精神及其艺术深度。他把萧伯纳和普拉东诺夫的作品搬上银幕，还抓拍了20世纪重要历史人物的纪录片，如男低音歌唱家夏里亚宾、俄总统叶利钦等。

斯维里多夫在音乐会上

音乐方面，人称“俄罗斯古典音乐最后一位代表”的格·斯维里多夫（Г. Свиридов）于1998年去世。这位作曲家在创新声乐体裁方面有所建树。如声乐交响诗《纪念叶赛宁》(Вокально-симфонические фрески «Поэма памяти Сергея Есенина»)、以马雅可夫斯基的诗歌谱曲的《热情清唱剧》(«Патетическая оратория»)等。这些作品风格独具，声乐创作另辟蹊径。

当时乐坛还有一位作曲家必须提及。他就是属于“六十年代派”的罗·谢德林（Р. Щедрин）。他不仅多产，而且敢为天下先，创下了俄罗斯乐坛多项第一：他第一个创作音乐剧(мюзикл)，第一个在器乐作品《第一钢琴协奏曲》中引入流行歌谣(частушка)，第一个采用拼缀法(комаж)在第二钢琴协奏曲中插入爵士音乐片段。他改编的《卡门组曲》是音乐会上久演不衰的保留节目。

在这个时期，乐坛另一件大事是俄罗斯先锋派（авангард）的出现。先锋派的代表人物有爱·杰尼索夫（Э. Денисов）、索·古拜杜莉娜（С. Губайдуллина）、阿·施尼特凯（А. Шнитке）。

杰尼索夫属于“六十年代派”。他采用十二音技法（додекафония）

和序列技巧（серийная техника）等先锋派的作曲技巧创作了不少作品，其中根据智利女诗人米斯特拉尔的诗歌谱曲的《印加人的太阳》（«Солнце инков»）使他声震世界乐坛。他的作品与其他的先锋派作曲家的作品一样在该年代遭禁，但在国外演出广受欢迎，可是因为国内听众都无缘欣赏，真可谓“墙内开花墙外香”。20 世纪 80 年代的《安魂曲》（«Реквием»）是他创作生涯的里程碑。

另一位代表人物古拜杜莉娜的命运与杰尼索夫相似，1985 年在国外已有相当知名度，但国内只有少数圈内人士知道她。她最著名的作品是《孟菲斯之夜》（«Ночь в Мемфисе»）。

施尼特凯的待遇与上述两位人物稍有不同，他的作品并未遭禁，但 20 世纪 60—70 年代一直是内控的持不同政见者，他作曲的方法是多风格混合法（полистилистика）。他的作品《黄色音响》（Желтый звук）是根据画家康定斯基的画布创作的。

戏剧的情况也大不如前，在改革以前和改革初期，剧院始终是社会流行思潮的喉舌，可是如今不得不让位给生活的戏剧剧目越来越多样化，新的剧团和剧组如雨后春笋一般出现，但剧院的售票处却门可罗雀。

电影方面的改革始于“搁板上”影片的公演。这些片子是：米·施魏策尔的《难解之结》，格尔曼的《路上的检查》（«Проверка на дорогах»）、《我的朋友伊万·拉普申》（«Мой друг Иван Лапшин»），克利莫夫（Э. Климов）的《垂死挣扎》（«Агония»），斯米尔诺夫（А. Смирнов）的《政委》（«Комиссар»）。电影纪录片获得了新生，它的题材广泛，从演绎历史的“空白点”［巴巴克（М. Бабак）的《亮一点》（«Больше света»）］到反映尖锐的社会问题［波德尼耶克斯（Ю. Подниекс）的《当青年人容易吗？》（«Легко ли быть молодым?»）］。当年最轰动的是田·阿布拉泽（Т. Абуладзе）的影片《忏悔》（«Покаяние»，1987），这部片子第一次使用哲学寓意形式揭露了斯大林主义。

在电影业,随着意识形态控制的放松,市场调节越来越有效。费里尼、伯格曼、塔尔科夫斯基、索库罗夫（A. Сокуров）的影片本来颇有市场，现在被清一色的美国电影挤下了银幕。

艺术生活变得绚丽多彩。观众第一次看到苏联现代造型艺术的各种流派、侨民的画作，以及封存已久的，或私人收藏的大师的珍品。费洛诺夫、连图洛夫、马列维奇、康定斯基、涅斯杰罗夫的个人画展使观众大饱眼福。

2 苏联解体后的文化

苏联解体后文化发展的过程并没有因为国家机构的分崩离析和政治制度的改朝换代而中断。新俄罗斯的文化是俄国整个历史文化的有机延续，但新的政治和经济形势不可避免地会影响文化。

1991 年，俄罗斯民主派登上政坛，人民因终于摆脱苏联时代的种种桎梏、束缚和弊端而扬眉吐气，额手称庆。俄罗斯惯于在重大的历史转折期彻底改换文化符号（знаки культуры）：罗斯受洗时期如此，彼得大帝改革时如此，十月革命时如此，这次解体当然不会例外。代表苏联、它的缔造者与历届领导人以及苏联的一切文化符号，统统被打入冷宫。十月革命前的文化获得了新生，这首先反映在纹章学（геральдика）和地名学（топонимика）上。俄罗斯联邦开始使用十月革命前的国旗、国徽和国歌。接着，全国大刮恢复地名之风：列宁格勒恢复为圣彼得堡，古比雪夫市恢复为萨马拉市，莫斯科的高尔基大街改为旧名特维尔大街，等等，不一而足。这场复旧活动的高潮就是拆除莫斯科市中心卢比扬卡广场上捷尔任斯基的纪念碑。在俄罗斯著名导演戈沃鲁欣（С. Говорухин）摄制的纪录片

《我们失去的俄罗斯》(«Россия, которую мы потеряли»)中集中体现了这个时期人们的怀旧情绪。影片是革命前俄罗斯人生活的颂歌。在这场复古的运动中，有一件事令人不可思议。这就是人们对罗曼诺夫王朝末代沙皇尼古拉二世的态度。十月革命胜利后，当局以尼古拉二世把国家交给所谓的“圣愚”拉斯普京(Г. Распутин)手中，出卖俄国利益、退位后妄图复辟、可能成为反革命的旗帜等罪名，把他的全家处死。解体后，舆论则认为沙皇一家是家庭的楷模，他们的精神世界和教养是整个俄罗斯的榜样。

尼古拉二世全家

尼古拉二世的政治错误并不是1917年悲剧的主要原因，再说这些错误主要的责任不在于他。残酷地处死沙皇及其家人是20世纪俄国历史上的一件重大罪行。如今不少俄罗斯人的家里不再悬挂列宁的肖像，取而代之的是沙皇、皇后、皇子、公主的肖像，这些画像发行量很大。

1979年，尼古拉二世、皇后亚历山德拉、3名公主以及4名服务人员的遗骨被俄罗斯地质学家、作家和电影制片人发现。俄罗斯政府1991年公布这一消息后进行了一系列基因测试，显示这些骸骨确是罗曼诺夫王族的遗骸。1998年，遗骸以皇家葬礼安葬在罗曼诺夫王族祖先的墓地——圣彼得堡涅瓦河岸的彼得保罗大教堂。俄罗斯前总统叶利钦参加了葬礼，他说这项葬礼是一种人道主义举动。两年以后，俄罗斯东正教正式宣布沙皇一家为圣徒。

常言道：“旧的不去，新的不来。”苏联的文化符号弃之不用了，取而代之的是重新启用十月革命前的文化符号或从西方引入的新的文化符号。例如，俄语中铺天盖地地涌现出мэрия、префектура、ваучер、 маркетинг、инвестор 等词汇，以表达社会经济的概念和术语。可口可乐的广告在大街上随处可见；麦当劳、肯德基带给俄罗斯的不仅是快餐文化，还有新的管理模式。苏联时期，老百姓用的汽车主要是国产车，如伏尔加、拉达、莫斯科人。解体后，俄语中出现了一个专门表示外国品牌车的名词 иномарка，奔驰、宝马、奥迪、大众、雪铁龙、丰田、马自达等外国车也奔驰在城市的大街上。

20 世纪 90 年代的社会文化形势要比改换文化符号复杂得多。一方面，席卷国内生活中政治、经济、社会领域的总危机不可能不对文化产生影响；另一方面，正是俄罗斯的传统文化作为团结和鼓舞人民的力量发挥着越来越大的影响作用，使其力求摆脱总危机的阴影和抵御西方文明中腐朽成分的侵入。

在新的社会里，文化开始了新的过程，其中的积极倾向反映在：几乎被遗忘的诗人和作家的作品、尘封已久的画作、受到不公正待遇的音乐作品恢复了青春；俄罗斯侨民文化回归祖国怀抱；文化孤立主义无容身之地；70 余年来一直被描绘成“精神垃圾”的西方各种文艺流派及其作品在俄国纷纷亮相；国内文艺创作趋于多样化和多元化；大众文化得到普及；宗教文化（主要是东正教文化）得以恢复；文艺组织形式呈现出自由化和民主化的趋势。但是这些积极因素未能改变这场既深且广的总危机。这是因为，首先上述倾向远不能够影响俄罗斯当前整个社会文化的大局。目前社会里消极的和破坏性的因素大大强于上述因素，往往使积极因素化为乌有。其次，某些积极倾向经常在关键时刻转向反面。最后，社会发展的各种倾向只有处于互动状态，在国家的引导下，纳入国家有目的、有组织的活动才可能结出丰硕成果。换言之，客观条件和前提必须通过主观因素才能实现。而在当今的俄罗斯社会里，客观历史倾向与主观因素大相径庭，而且主观主义和唯意志论（волюнтаризм）十分猖獗。因此这些区区的积极倾向于事无补。众所周知，文化的正常发展取决于社会、政治、经济、思想关系的和谐，以及良好的物质条件。叶利钦总统在俄罗斯第四届人民代表大会上不得不承认："业已开始的向市场的过渡沉重地打击了文化事业。"1994年2月24日，他在致议会的信《关于巩固俄罗斯国家》中证实了祖国文化的灾难性状态和它所有主要领域的赤贫境况。

俄罗斯联邦立国之后，文化与政权的相互关系发生了根本变化。国家不再对文化提出自己的要求，文化也失去了有保障的固定订货人。过去文化生活的共同轴心——集中的管理体制和统一的文化政策不复存在。确定文化进一步发展的途径成为社会本身的事情，成为不同观点自由争论的焦点。探索的范围十分广泛，从追随西方模式到为孤立主义进行辩护。一部分人认为缺乏起凝聚作用的社会文化思想是20世纪末俄罗斯文化陷入深刻危机的表现，而另一部分人则把文化的多元化（плюрализм）视为文明社会合乎情理的准则。

承担文化的主要力量——知识分子，在这场翻天覆地的变革中徘徊、彷徨，不知出路在何方。在苏联时代，斯大林虽然动辄批判有自由思想、不顺他心意的知识分子，但对听话的知识分子实行"三名三高"政策，让他们在"温室"里成长、创作，因此从数量上来看，苏联的艺术工作者比西方多。苏联解体后，享受国家拨款的各类文艺团体和协会、苏联的"御用文人们"都失去了"财源"。原来的苏联艺术家们不得不像他们西方的同行那样考虑市场的需要，考虑自己作品的卖点，寻找赞助商家。至于那些"非官方的艺术家"除了个别崛起者以外，也因作品难以面世而纷纷改行。在这些艺术家中尤为困难的，一是老一代的文人，他们的艺术风格已经定型，艺术上无法转型，面对市场束手无策；二是那些需要大投资的艺术门类，如电影、剧团、巨幅画和雕塑等，都"难为无米之炊"。

可见，苏联的文人虽然获得了创作上的自由，挣脱了意识形态的专政，但换来了市场的专政。

为了生存下去，文化的各个领域不得不另觅财源。收费的教育体制（система платного образования）应运而生。建立了给科研项目拨款的基金会，开设了国际基金会在俄罗斯的分支机构。其中影响较大的有索罗斯基金会（фонд Сороса）。出现了赞助（спонсорство）形式，即商业组织或机构对文化组织或机构以及文化活动在经济上给予资助。虽然这些新的财源也无法满足文化各部门的全部需求，但大部分科研机构、大学、剧院、音乐团体都得以勉强存活。而且近年来，又设立了一些新的研究所、大学、艺术院校、电影公司、乐队、剧院和音乐厅。例如，圣彼得堡原有 3 个国立交响乐团，1992—1993 年又增设了 6 个乐团，甚至还开办了私营研究所。

文艺迎合观众和听众趣味的现象俯拾即是，因此粗制滥造、质量低下的作品充斥于市。新出现的大众文化产业用虚假的幻想来代替现实的价值取向，把人们的注意力从他们生活中最尖锐的问题转移到搞笑、惊险、打斗，以及充满梦幻、性、恐怖等的题材上去。

新俄罗斯的文化虽然竭力想肃清苏联文化的“余毒”，重新回到苏联前的俄罗斯传统文化中去，但商业大潮滚滚而来，西方文化汹涌而至，文化为了生存下去，不得不解决自己的“生计”问题。因此商品化（коммерциализация）、西方化（вестернизация）和非人道主义化（дегуманизация）成为新文化的一大特点。文艺的商品化影响了作品的艺术水准；文化的西方化使俄罗斯文化变质、变味；至于非人道主义化，势必使文化庸俗、粗俗、堕落、颓废，贻害无穷。

2.1 社会思潮

2.1.1 东正教的复兴

在上千年的历史中，东正教与俄罗斯精神文化有着千丝万缕的联系，

阿列克谢二世

对俄罗斯命运的影响更不能忽视。东正教最突出的特点之一是政教合一，它构成旧俄时期专制的基础。转轨时期，俄罗斯执政者也积极扶持东正教会。苏联前总统戈尔巴乔夫对重振东正教起到很大推动作用。1990 年 10 月苏联通过了《信仰自由和宗教组织法》和《宗教自由法》，东正教开始重登政治舞台。

1990 年 6 月 8 日，阿列克谢二世（Алексий II）被选为莫斯科和全俄东正教大牧首（Патриарх Московский и всея Руси），俄罗斯前总统叶利钦与其建立了亲密的关系。阿列克谢二世每年的生日，叶利钦都会前去看望。而教会也投桃报李，叶利钦竞选，阿列克谢也号召教徒投叶利钦的票。

苏联解体后，俄国取消了无神论宣传，许多人渴望宗教，出现了“宗教热”，要求复兴宗教。全国各地开始大力重修或新建教堂。最典型的莫过于莫斯科市中心重修的俄国最大的教堂——耶稣救世主大教堂（Храм Христа Спасителя），该教堂于 1999 年完工，耗资近 5 亿美元。神学院数量和信教人数大为增加，宗教活动社会化。比如，在俄罗斯普通百姓心中 12 月 25 日的西方圣诞节并不是一年中最重要的节日，俄罗斯人更重视 1 月 7 日东正教圣诞节。每年 1 月 6 日晚，各地的教堂均有圣诞节前守夜活动，以莫斯科耶稣救世主大教堂的活动规模最大，参加者不仅有几千名群众，还有俄国政要及社会名流。

2.1.2 传统文化的回归

解体后，宗教哲学得到重视，一大批俄罗斯宗教哲学家的著作被重新发现和出版，这些哲学家包括 19 世纪 40 年代早期斯拉夫主义者（славянофил）霍米亚科夫（А. Хомяков）、伊万 · 基列耶夫斯基（Иван

Киреевский)，19 世纪下半叶的索洛维约夫（В. Соловьев)、列昂季耶夫（К. Леонтьев)、费奥多罗夫（Н. Федоров)、特鲁别茨科伊（Н. Трубецкой)，以及 20 世纪俄罗斯“宗教哲学复兴”时代的哲学代表罗扎诺夫（В. Розанов)、布尔加科夫（С. Булгаков)、舍斯托夫（Л. Шестов)、洛斯基（Н. Лосский)、伊里因（И. Ильин）等。苏联时期遭禁的种种思潮得以重见天日，比如文艺学家巴赫金（М. Бахтин）的理论。

2.1.3 西方化

戈尔巴乔夫执政时期，苏共领导层在思想路线上的动摇在思想舆论界造成了严重混乱，加上“改革”迟迟不见成效，一些激进势力乘机夺取话语权。1989 年，一些东欧国家风波骤起，苏共和苏联社会内部的激进派受到了很大的启发，喊出“向西方资本主义看齐”的口号。1990 年前后，社会思潮进一步激进化，转向西方、抛弃社会主义的思潮在苏联社会达到高潮。一项全国性的民意调查结果显示，居民在回答“苏联选择什么样的前进之路”时，有 32% 的被调查者认为要效仿美国；17% 选择了德国；11% 的人看好瑞典；只有 4% 的问卷选择了中国方式。苏联解体后，社会思想领域出现“真空”，以西化为主旨的各种思潮占领了这一思想阵地。以叶利钦为代表的自由派势力，主张参照西方资本主义社会的模式，对旧制度进行根本性的变革，主张全面学习和照搬以美国为代表的大西洋资本主义文明，移植自由市场经济的资本主义模式，走一条彻底的西方资本主义化的道路，使俄罗斯尽快融入西方文明世界。

2.1.4 非人道主义化

随着文化门类和内容的多元化，黑色文学（чернуха）毫无顾忌地揭露社会的阴暗面，枪战片等经常出现血腥的打杀场面。此外，社会上黑社会无法无天的行为使原来的人道主义传统遭到破坏。

在苏联时期，刑事犯的数量不多，但是到了“停滞”时期，社会上盛行“影子经济”，这种经济就是俄罗斯黑手党（мафия）的原型。党的官员勾结地下商人私下里控制工业和商业的某些部门，以此发财致富。苏联解体后，不少带有黑社会性质的人身份合法化了，在经济和行政部门身居要职，成为新的管理干部精英。警察和安全部门的工作人员开始为他们服务。无业青年不是沦为刑事犯罪分子，就是参加这种有组织的犯罪活动。黑社会越来越猖獗，弄得居民人心惶惶。内务部和总统法令对此不起任何作用。民间称这种状态为无法无天（беспредел）。在莫斯科一地，每 5 个小时就有一起命案，每 5 个人中就有一个遭遇过抢劫。一半以上的俄罗斯商人不向国家纳税，而是给黑手党交保护费。

2.1.5 商业化

苏联解体后不久，俄罗斯社会上出现了一批新人，人称“俄罗斯新贵”（«новые русские»），这是一批事业有成、发了财的企业家、商人。他们之中不少人是苏联时期的党政精英，他们出身于苏共和共青团的中层，早在改革时期就以民主派自居，利用手中的权力，侵吞国家财产，大肆进行权钱交易，因而大发横财。这批人中还有贪官污吏，他们除了身居高位外，还在银行、商业机构中兼任领导，大肆敛财。“俄罗斯新贵”在老百姓的心目中已成为一个贬义词。

文化的各个门类都进入市场，导致了拜金主义的盛行。寡头、俄罗斯新贵作为一种新的社会现象影响着社会思想。苏联时代形成的不讲报酬、不计名利、不重钱财等风格和品质转变为金钱万能、一切向钱看的社会风气。这种风气是文化商业化实现的不可缺少的环境。

2.2 科技

1992 年，旨在短时间里过渡到市场经济的“休克疗法”重创了社会领域。国家对科学、国民教育、文化教育机构的拨款锐减，严重拖欠上述各部门的科研人员、教师、机关工作人员和职工的工资，导致他们生活贫困。专业人才中最活跃的那部分人不得不放弃自己非常熟悉的工作，转到与自己专业不对口的领域——行政机关、各种企业工作，甚至漂洋过海去海外谋生。俄罗斯联邦成立的第二年，即 1992 年，有 20 万高级科技人员离开军工科技部门流入商业及其他部门。1993 年初，科技界的从业人员与 1991 年相比减少了 27%。是年，科学家外流达 3.5 万人。据有关方面披露，俄罗斯在 1987—1994 年的 8 年时间里，科技部门流失了 140 万名专家、学者和科研辅助人员，占在册人员的 1/3。1989 年，科研专家人数为 138.93 万，而到 1994 年仅剩 64.08 万，短短 6 年时间里 74.85 万人不得不告别自己心爱的岗位另谋出路。1990—1993 年间，各部委的科研机构失去了 50.08 万科学工作者，高等院校的科研部门流失了 5.55 万人，工厂科研部门损失 5.78 万人。据统计，近年来每年到世界各地定居的俄罗斯移民平均为 11—11.5 万人，其中各类专业人才高达 6 万人，占外流人数的 50% 以上。移民的主体是具有创造力的优秀人才，平均年龄在 30—45 岁之间。以色列、德国、美国、希腊等国是俄罗斯移民首选的国家,在这些国家定居的俄罗斯人占外流人员的 95%。截至 1995 年，去以色列落户的俄罗斯人中有文凭的专业人才占 60%，其中技术专家占 37%。移民到美国的俄罗斯人中，50% 具有高等教育学历，副博士占 1/5。

人才外流是苏联解体后危及整个文化事业的一个最严重的问题。

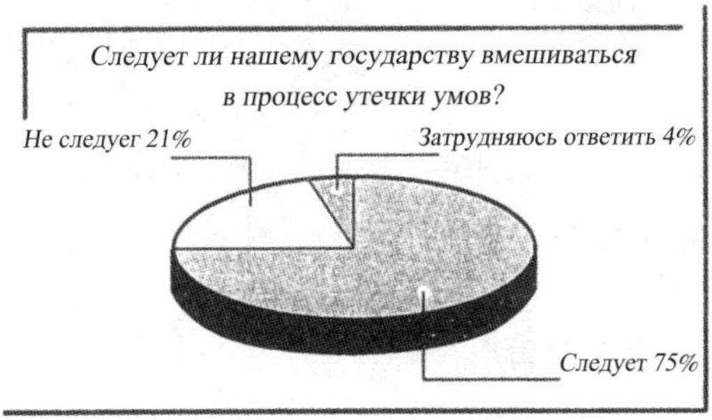

国家是否应干涉人才外流

2006 年，俄罗斯科学院心理研究所对人才外留的问题进行了一项问卷调查，题目是“国家是否应干涉人才外流？”，结果75%的人认为应该干涉，21%的人认为没必要干涉。

1998年俄移居德国49 126人，移居以色列16 880人，移居美国10 753人，其中青年人占相当大的比例。仅此一项，俄罗斯每年损失高达600—700亿美元。从1990年到2002年，俄科研人员的数量减少了55.2%，特别是近几年来，青年科技人才和高尖端技术人才的流失已经引起了俄领导层的不安。2002年3月，普京曾特别召集俄国家安全委员会、俄联邦国务委员会和总统科学与高技术委员会，就科技问题召开了一次高层联席会议。会议通过了《2010年前和未来俄罗斯联邦科技发展基本政策》，其中对完善科技领域的干部政策、提高科技人员的物质待遇和社会保障、防止青年科技人才和高尖端技术人才的流失提出了一系列明确的政策和措施。另外，俄罗斯政府还出台了《2002年至2010年电子俄罗斯》国家专项计划。该计划总共需要资金24亿美元，由俄联邦通信及信息部牵头实施，教育部、科技部、航空航天局等部门配合。俄政府希望通过这一计划减少信息技术高尖端人才的流失并加快该领域的发展步伐。

俄罗斯已经不属于科技领先国家，2005年它的科研经费只占国内生产总值的1.17%。但是在经历了科研人才外流西方、民用科研经费锐减和公务员收入下降之后，俄罗斯政府于2007年宣布了多项鼓励科研的措施，国家杜马也通过了一项推动基础研究和技术进步的计划。俄罗斯政府确定的目标包括：2012年之前必须开发127—136项具有竞争优势和商业开发价值的技术，将俄罗斯占据世界领先地位的5—8项技术投入应用，并吸引2万名专业研发人才，科研人员和工程师的工资也应大幅提高。

2.3 教育

在文化的所有领域里，教育体系是最受国家关注的领域。1992年通过了俄联邦的《教育法》，确立了教育的人文主义原则，以及2005年前国家高等教育的发展纲要。领导教育体系的行政命令体制由国家社会管理取而代之，实施统一的教育标准、保持中等和高等教育之间的衔接、保障公民受宪法保护的教育权益等问题由国家控制。解体后产生了学校和宗教的关系问题。教会试图在教育方面发挥积极作用，但俄联邦宪法规定教、学分离。宗教教育只能在自愿的基础上实施，而且必须在普通教育的框架之外。但在这一文件墨迹未干的1993年，按这一法律政府预算中中等和高等教育的开支本应占10%，结果仅达6%，而且也仅仅是计划，实际上还远未达到这一数字。政府拨款严重不足,而且迟迟不到位,使教育事业步履维艰。这一年，俄全日制的普通中学缺少大量俄语、外语、数学和物理教师。更为严重的是，教育事业的滑坡并未到此结束，而是每况愈下。1994年，上下院通过的预算中教育的支出为3.68%，1995年的联邦政府预算草案中只有3.65%。1995—1996学年，俄联邦中小学师资的缺口达13.5万人。

中等教育的变化颇大：除国立的普通教育外，还增设了重点高中、重点中学、学院、私立学校等新类型，为学生提供选择的可能性。高等教育确立了大学自治和学术自由的原则。从1992年起，招生章程由各校自行制定。高等教育转入许多西方国家常用的三级教育体制：第一级是普通科学教育（2年），第二级是基础高等专业教育（2年），第三级为深入的专业教育（2年）。新体制开始试行，如何推行由各校自己决定。变化最大的当推文科教育，文科不再受意识形态和政治的控制。因此，重新培养师资队伍、贯彻新大纲、开设新课程、编写新教科书成为议事日程上的当务之急。教育的评估标准和评估体系也已出台，每年公布各类高校的排名榜。非国立高校大量涌现，在整个高等教育体系里占有一定比例。但高校设备严重老化，教师待遇太低，因此师资的流失也相当严重。目前俄罗斯联邦高校里的教师没有学位和职称的占40%左右，师资匮乏，教育质量难以保证。

教育体系正在苦苦挣扎，力图摆脱困境；科学体系因经济危机得不到国家的支持而濒临崩溃。苏联解体后，俄罗斯科学院成为苏联科学院的直接继承者，原科学院90%的机构在俄罗斯联邦的境内，但部分研究基地（天文台、生物实验站、实验室）却在原加盟共和国的管辖之内。苏联时期建立的国际（尤其是与东欧的）科研合作关系破坏殆尽。从1991年起，科研机构的经费锐减，对科研产品的需求大幅度滑坡，后果令人担忧。过去，国家对科研的70%拨款都用于具有国防意义的项目。军工综合体的大量下马不可避免地反映在为其服务的科研领域。应用科学也很少有人问津。科研文献和著作不敌通俗读物，失去了绝大部分市场。1993年，国家给科学系统的拨款连按照国际标准维持这一系统所需款额的1/3都不到。科研系统的人才大量流到其他部门。科研人员的再生产问题和科研辅助人员问题十分突出。科研水平明显下降。20世纪80年代初，苏联每年注册10万项发明申请和5—6万份受保护文件；而到1993年注册发明仅8 938项，1994年为16 054项。过去科学院一直非常活跃的专利工作，1994年只相当于1991年的1/4，在国外申请专利数实际为零。1993年俄罗斯科学部推出117项先进技术和工艺，结果工矿企业勉强落实了其中的30项。据莫斯科数学协会主席诺维科夫估计，仅5年时间，莫斯科300名颇有成就的数学家至少有一半到国外工作，其中包括著名数学家马尔采娃院士。

2.4 印刷业

在新的形势下出版业很不景气。1993年俄罗斯出版的书籍（包括小册子）的总数比1990年减少30%，发行量相应缩减40%。1994年，文学作品的出版量仅剩一半。1994年，科技文献和农业用书只是1990年的1/5到1/4。

文化环境也迥然不同。通俗文化跃居首位，这种文化的产品充斥、泛滥于图书市场、广播电视、影院剧场、录像带和碟片之中。许多期刊都花样翻新、哗众取宠，把大部头的正统文艺刊物挤出市场。出版业进入市场以后，纸荒得以解决，随之书荒也不复存在。供求关系开始由求主导：开放之初侦探小说、色情文学、介绍通灵术和巫术的读物、各种实用的指南等放满了书店柜台。与此同时，长时期以来，书市第一次得以满足读者的各种各样的需求，意识形态的障碍在这里完全被排除了。

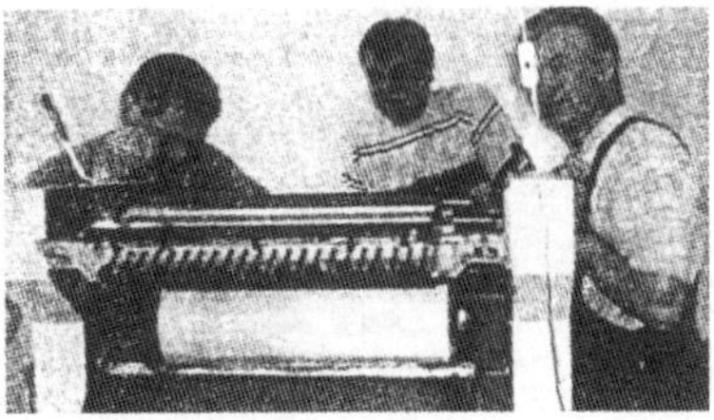

出版社 Гео

自 1996 年以来，俄罗斯出版业一直呈现良好的上升态势。目前，俄罗斯的图书出版业成为利润丰厚、飞速发展的行业。2005 年，俄罗斯共出版书籍和小册子 95 498 种，总印数为 6 亿 6 940 万本。现在，俄罗斯图书出版业的指标不仅大大超过了苏联时期的指标，而且在世界上也名列前茅。非国有出版机构是出版系统的主体，上述书籍种类中的将近 80% 都是它们出版的，这些书籍的总印数占俄罗斯出版书籍总印数的 90% 多。20 世纪 90 年代初在俄罗斯开始的图书出版业私有化进程即将完成。私有成分不仅是国有成分的有力竞争对手，而且经常胜过国有成分。在不久的将来，俄罗斯计划仅保留 2—3 家国有出版印刷机构，因为这些机构的产品不能实施私有化。

2.5 文学

苏联解体后的俄罗斯文学，规模有所缩小，但是其构成却反而显得多元化了。苏联时期的文学曾被当作一种重要的意识形态工具，而后苏联文学最为突出的特征之一则是其非意识形态化，广大俄语作家或主动或被动地与政治拉开了距离，作家们的“社会代言人”和“灵魂工程师”

的身份不再得到普遍认同，文学和政治、政权间的直接联系被终止，后苏维埃社会厌恶意识形态的集体无意识，也深深地渗透进了文学。至此，文化以文学为中心的时代已不复存在。

然而，俄罗斯文学就整体而言毕竟是一种入世的文学，俄罗斯作家毕竟大都是讲政治的作家，因此，即便是在意识形态色彩有所淡化的今天，俄罗斯文学仍由于社会和思想立场的不同，分化成了两个彼此对立的阵营。一个是所谓的传统派，又称爱国派、保守派等，该派作家以从前的俄罗斯联邦作家协会为核心，代表人物有作家拉斯普京、邦达列夫、普罗哈诺夫和加尼切夫等，《文学俄罗斯》《莫斯科》等报刊是他们的主要阵地。该派作家主张捍卫俄罗斯传统的道德价值，面对日益西化的俄罗斯社会和俄罗斯文化，他们痛心疾首、义愤填膺，他们大多将苏联的解体视为民族的悲剧，视为西方成功策划并实施的针对俄罗斯的大阴谋。在文学创作方法上，他们更注重俄罗斯古典文学的现实主义传统，更注重文学对普通读者的思想教育作用。与传统派对峙的就是所谓的民主派，又称自由派、改革派等，该派作家大多为苏联时期的持不同政见的作家、“高声派”诗人、地下作家、侨民作家和非主流作家，如叶夫图申科、沃兹涅先斯基、阿克肖诺夫、沃伊诺维奇和维克多·叶罗菲耶夫等，苏联解体后保留下来的苏联作家协会（后更名为“作家协会联合体”）成为他们的大本营，《文学报》《新世界》等一贯比较开放、激进的报刊成为了他们的喉舌。这一派作家对苏联时期的社会体制基本上持否定态度，主张接受西方的民主、自由、人权等“普遍的”社会和道德原则，在文学形式上更倡导与国际“接轨”的多样化，并将之视为言论和创作自由、真正的文学性和独立的

作家瓦连京·拉斯普京

创作个性等在俄罗斯文学中的实现。

从创作方法上看苏联解体后的俄罗斯文学，可以感觉到似乎分化成了现实主义和后现代主义（постмодернизм）两个大的范畴。后现代主义文学和文化思潮的兴起，是苏联解体之后俄罗斯文学中一个最为突出的现象。有人说，苏联解体前后的俄罗斯社会可能是世界上最适宜后现代思潮滋长和发展的土壤。一般认为，俄罗斯后现代主义文学大致经历了三个发展阶段，即20世纪60—70年代的形成时期，代表作家和作品为阿勃拉姆·捷尔茨（Абрам Терц）的《与普希金散步》（«Прогулки с Пушкиным»）和《何谓社会主义现实主义》（«Что такое социалистический реализм»）、安德烈·比托夫（Андрей Битов）的《普希金之家》（«Пушкинский дом»）、韦涅季克特·叶罗菲耶夫（Венедикт Ерофеев）的《从莫斯科到佩图什基》（«Москва-Петушки»）等，这个时期的作品或因形式诡异，难以为读者所接受，或者因情绪悲观而未能出版；20世纪70—80年代的确立时期，代表人物有《傻瓜学校》（«Школа для дураков»）的作者萨沙·索科洛夫（Саша Соколов）、《俄罗斯美女》（«Русская красавица»）的作者维克多·叶罗菲耶夫（Виктор Ерофеев）和诗人德米特里·普里戈夫（Дмитрий Пригов）等；苏联解体前后的“合法化”时期，经过相当漫长的蛰伏，俄罗斯后现代文学终于在苏联解体前后获得出头之日，并迅速成为一种文学时尚，填补了苏联文学突然死亡后留下的巨大空白。如今最受关注的后现代作家有佩列文和索罗金。维克多·佩列文（Виктор Пелевин）写有《“百事”一代》（«Generation “П”»）、《黄色箭头》（«Желтая стрела»）、《过渡时期的辩证法》（«Диалектика переходного периода из

维克多·佩列文

ниоткуда в никуда»）等多部小说，他的作品语言随意、机智，并带有较强的讽喻和调侃意味，主人公的行动或言语所传达出的都是一种非常随意和无所谓的后现代态度。弗拉基米尔·索罗金（Владимир Сорокин）到目前为止只写短篇，而且还是几乎没有任何情节的短篇，他的文字无所顾忌。有人认为，他是在将阅读由一种精神活动转变成一个纯粹的生理过程。

然而，俄罗斯文学的现实主义传统毕竟是强大的，即便是在现代主义和后现代文学蔚为壮观的当今俄罗斯，渐渐恢复了元气的现实主义文学重又占据了半壁江山。当今俄罗斯现实主义文学最杰出的代表，可能要数索尔仁尼琴（А. Солженицын）、瓦连京·拉斯普京（Валентин Распутин）和弗拉基米尔·马卡宁（Владимир Маканин）等人。被誉为"俄罗斯文学主教"的索尔仁尼琴继续写作，在《红轮》（«Красное колесо»）等作品中试图史诗般地、真实地再现历史；依然活跃在文坛上的拉斯普京，曾被视为苏联文学中的"战争文学""乡村散文"和"道德文学"等多个流派的代表人物。在经历现实生活的巨变之后，拉斯普京并没有放弃对现实的关注，而且还在《伊万的女儿，伊万的母亲》（«Дочь Ивана, мать Ивана»）等新作中加强了对现实的批判。有"当代果戈理"之称的马卡宁，在《地下人》（«Андеграунд, или Герой нашего времени»）、《审讯桌》（«Стол, покрытый сукном и с графином посередине»）等作品中将现实主义的内容和后现代的手法合为一体，形成了所谓的"新现实主义"风格。

索尔仁尼琴

20世纪俄罗斯侨民文学的强大存在，使得众多的文学史家们有理由指出，在20世纪同时并存着两种俄罗斯文学，这构成了世界文学史上的一道奇观。苏联解体后，侨民作家纷纷"回归”，有些作家如索尔仁尼琴等，彻底返回了祖国，有些作家如弗拉基莫夫、沃伊诺维奇等，则游走在俄罗斯和欧美之间，但出乎这些流亡作家预料的是，他们在“凯旋”之后却感受到了从未有过的失落，失去了抨击的对象和竞争的对手，失去了其赖以存在的社会基础和政治原因，侨民文学似乎也就失去了其存在的价值和意义。如今，人们已经在谈论俄罗斯侨民文学的终结，而那些侨民作家也都在有意无意地淡化其创作的“流亡”性质。值得注意的是，在新的历史条件下，也有许多作家出于婚姻、工作等生活方面的考虑移居国外，如身在法国的安德烈·马金、身在瑞士的米哈伊尔–希什金等，但人们似乎更愿意称他们为“境外俄语作家”。

苏联解体后，俄罗斯文学的另一特点是通俗文学的崛起。通俗文学包括侦探小说、幻想小说等，这类作品完全是以广大读者的兴趣为向导，简言之，凡是读者喜闻乐见的，作家就创作这一类题材。在通俗小说领域里，知名度最高的首推亚·玛丽尼娜（А. Маринина），她出身于刑警世家，本人是民警中校，在内务部工作19年，从1992年起，她开始创作系列小说。她的处女作《情况巧合》（«Стечение обстоятельств»）是一部心理推理探案小说。小说一经发表，便引起轰动。至今已完成20多部作品，题材涉及俄罗斯国家安全机关、克格勃那些鲜为人知的隐秘。1998年，她在莫斯科国家图书节上因作品销量第一而当选为“年度作家”。

亚·玛丽尼娜

紧随玛丽尼娜之后，另一位女作家东佐娃（Д. Донцова）亮相文坛。东佐娃原名阿格里宾娜·阿尔戈季耶夫娜，是作家阿尔卡季·瓦西里耶夫的女儿。1998年患病，住院后经历三次大手术，几近死亡。治愈后，她在病房里开始创作侦探小说，完成了第一部《残酷的继承人》（«Крутые

达·东佐娃

наследнички»)。作品一问世就成为畅销书，至今出版了40多部小说。其中受读者欢迎的有《鳄鱼泳池》(«Бассейн с крокодилами»)、《为死者修指甲》(«Маникюр для покойника»)和《非秘密材料》(«Несекретные материалы»)等。她曾蝉联2001和2002年俄罗斯“年度作家”。在通俗文学领域崭露头角的还有鲍·阿库宁(Б. Акунин)。他擅于创作历史侦探小说，他在这类小说中成功地塑造了一位名为“方多林”(Фандорин)的主人公，还专门开设了一个以“方多林”为名的网站。他的小说《土耳其开局》(«Турецкий гамбит»)已改编成电影，成为创票房纪录的大片。他与上面介绍的两位女作家并称俄罗斯侦探小说的“三驾马车”。阿库宁除了写作侦探小说外，还涉足严肃文学。2005年他推出儿童文学作品《童之书》(«Детская книга»)。此外，还出版了文学专著《作家与自杀》(«Писатель и самоубийство»)。2006年，出版了小说《间谍浪漫故事》(«Шпионский роман»)、《阿喀琉斯之死》(«Смерть Ахиллеса»)，及《阿尔迪-托洛巴斯》(«Алтын-толобас»)等。

通俗文学中除了侦探小说，幻想小说也广受读者欢迎。2004年，作家卢基扬年科(С. Лукьяненко)因长篇小说《守夜人》(«Ночной дозор»)的出版和同名电影上映而闻名遐迩。他是俄罗斯著名幻想题材作家，是20世纪末21世纪初俄罗斯最重要的科幻作家之一，获得多项大奖。《守夜人》出版后，他又先后出版了《守日人》(«Дневной дозор»)、《守候黄昏的人》(«Сумеречный дозор»)等多部畅销书。2005年，他的《最后一个守夜人》(«Последний дозор»)首印20万册，并多次重印。

欧克珊娜·罗布斯基

2005年是“罗布斯基年”。欧克珊娜·罗布斯基（Оксана Робски）——一个名不见经传、从未写过书的女作家出版了她的“处女作”《偶然》(*Casual*)。该书首印3万册，很快售罄，并多次加印，雄踞俄罗斯畅销书榜首数月。《偶然》是俄罗斯近年来俄罗斯新贵自己撰写的第一本描绘新贵生活的书。俄罗斯评论家认为，这是“真正的当代文学”。该书手稿还未完成，电视剧改编权就被买走。电视剧热播后，图书的销量更是一路飙升。她的第二部长篇小说《幸福日子在明天》(«День счастья-завтра»)仍然是俄罗斯各大书店的畅销书。2006年，她的第三部作品《谈爱情》(«Про Любоff/on»)的主角仍然是俄罗斯新贵。

一贯以男性作家占据主导地位的俄语文学，在近十几年里出现了醒目的性别变化，一大批女性走上文坛，成为主流作家。其中柳德米拉·彼得鲁舍夫斯卡娅（Людмила Петрушевская）、塔吉雅娜·托尔斯泰娅（Татьяна Толстая）和柳德米拉·乌利茨卡娅（Людмила Улицкая）被称为当代俄罗斯文学中的“女性三杰”。彼得鲁舍夫斯卡娅将戏剧、寓言等体裁因素糅合进小说，扩大了小说的艺术表现力。她的剧本《爱情》(«Любовь»)、《行板》(«Анданте»)、《音乐课》(«Уроки музыки»)和《科伦宾娜的住宅》(«Квартира Коломбины»)中描写了当今世界中人的孤独处境。系出名门的托尔斯泰娅（她是著名苏联作家阿·托尔斯泰的孙女）游走在俄罗斯和美国各大高校的文学系，将文学教师的“职业写作”方式和风格带入了当代俄语文学。

塔吉雅娜·托尔斯泰娅

她的长篇小说《野猫精》（«Кысь»）着力挖掘和展示俄罗斯语言的魅力，以暗喻、反讽等手法将臆想的荒唐世界与活生生的现实、将蛮荒时代的古罗斯与后苏联时代的俄罗斯互相交错和交融，突显了知识分子好读书而不求甚解、依附权势甚至同流合污的弱点，强调了掌握为人基本道理的无比重要性，拓展了普希金、托尔斯泰等俄罗斯大师开创和深化的精神复活主题。学生物出身的乌利茨卡娅，善于细腻地解读俄罗斯女性的历史命运和现实处境，她的三部均被译成了中文的长篇小说《美狄亚和她的儿女》（«Медея и ее дети»）、《库科茨基医生的病案》（«Казус кукоцкого»）和《忠实于您的舒里克》（«Искренне ваш Шурик»），在俄罗斯国内外都引起了热烈的反响。

2.6 电影

苏联解体后，在整个国家社会和经济发展出现动荡和危机的背景下，俄罗斯电影业的发展受到巨大冲击并陷入前所未有的困难时期。电影发行的商业化堵住了国产电影上市的道路。满目是美国的梦幻工厂——好莱坞和西欧的影片、电视连续剧和录像片，国产电影从大众的文化生活中消失了。据统计，20 世纪 90 年代俄罗斯电影院里放映的影片 80% 以上是美国片，俄罗斯国产片在本国的市场份额仅为 3%。电影厂从苏联时期的 23 家剩下 4 家，每年摄制的影片从苏联时期的 150 部减到 40 部，全年供出租的拷贝仅 50 部。而且俄罗斯的摄制技术老化。面对这种困境，制片厂纷纷倒闭，许多导演和演员无用武之地。少得可怜的国产片也以粗制滥造的动作片和闹剧片为主。一度，电影院内空空荡荡，甚至空无一人，有些影院已经改换门庭，做起其他生意。然而，随着国家政局的稳定和经济持续走向复苏，俄罗斯电影业近年来逐步走出低谷。

到 20 世纪 90 年代后半期，在“新俄罗斯”思潮的带动下，政府和

电影《东方西方》

企业对电影的投资增加，电影界稍有生机。西方媒体所称的"新俄罗斯电影"悄然兴起。米哈尔科夫的电影《骄阳灼人》(«Утомленные солнцем»)获得1995年奥斯卡最佳外语片奖，使影视界人士的精神为之一振。目前电影仍是"最具吸引力的艺术"。据一项民意调查显示，60%的俄罗斯观众偏爱国产片。近年来，俄罗斯经常与西方国家合作拍片，一方面发挥俄罗斯电影导演和演员的优势，另一方面可借助西方的资金、技术和发行渠道。俄法合拍的《东方西方》(«Восток-запад»)是这类合作的尝试。此外，电影的管理体制也发生了变化，实行制片人制度。制片人中有影响的人物可推莫斯科电影公司总经理伊·托尔斯图诺夫，他是上述几部大片的制片人。1998年的大片是米哈尔科夫的《西伯利亚理发师》(«Сибирский цирюльник»)。统计资料显示,它的观众人数超过美国的《泰坦尼克号》(«Титаник»)。1999年最有影响的影片是由国家杜马的独立议员斯·戈沃鲁欣导演的《保卫伏罗希洛夫》(«Ворошиловский стрелок»)。

1999年俄罗斯电影有了起色，电影生产开始回升，影片发行有了新的举措，影院的设施得到改造，观众又继续回到影院。俄罗斯政府每周一部国产片走上屏幕的计划得到落实。

2000年，普京当选俄罗斯总统之后，下令取消国家电影委员会，并入国家文化部。2000年5月27日，隶属于文化部的电影总署成立。

2001年4月5日，总统普京签发了两个关于电影事业的命令：《国家电影制片厂实行股份制》和《创办俄罗斯发行公司》。这种国家和个体发行公司并存的模式旨在集中体现支持国产影片重返银幕，即提高国产片在放映片中的份额，该份额从当时的7%提高到30%。至于国家电影制片厂实行股份制，政府是希望改变电影生产的投资办法，把原来完全依靠国家投资转变为完全依靠个人投资，这两个命令对支持电影事业在市场经济的环境下进一步发展颇有裨益。

电影生产能起死回生的主要原因是经济形势日趋稳定，有能力保证对电影事业的财政拨款。当时规定，社会投资拍摄电影必须有 30% 的国家投资为必要前提。国家投资的保证，使社会投资的兴趣有所提高。因此 2000 年拍摄的 52 部影片中有社会投资的已达 42 部。此外国家对影片生产和发行的投资政策优惠，如对投资者实行税收减免、对放映者无偿提供影片等。2001 年，政府对电影事业的拨款近 9 亿卢布，是上一年的 2 倍左右。2000 年电影创作也有所变化：题材更多地面向观众，提高影片的可视性。这一时期的影片一反 20 世纪 90 年代专门揭露苏联阴暗面的“黑片”（чернуха）那种阴暗的色调，采用明快、亮丽的色调。不仅如此，导演为追求美观、好看，拼命在服饰、画面上下功夫。电影呈现多样化的趋势：情节剧、喜剧、警匪片、历史剧等，一句话，观众喜欢什么样式，就拍什么样式。例如，青年导演巴拉巴诺夫（А. Балабанов）拍摄的枪战片《兄弟》（«Брат»）一炮打响。2000 年他执导的《兄弟 2》（«Брат 2»）票房收入跃居首位，录像带的销售也破天荒地超过外国影片。2000 年，沉寂多年的老一辈导演重新出山。如索洛维约夫（С. Соловьев）推出了新作，潘菲洛夫（Г. Панфилов）执导了《史曼诺夫帝王之家》（«Романовы: Венценосная Семья»），缅绍夫（В. Меньшов）发布了新片《上帝的嫉妒》（«Зависть богов»）。莫斯科国际电影节，从 2001 年的第 23 届开始改为每年一届。总理卡西亚诺夫亲自出席电影节的开幕式，总统普京发来贺电。凡此种种都证明国家对电影事业的支持。

2002 年，俄罗斯有 4 部影片在大型国际电影节上获奖，分别是罗果日金（А. Рогожкин）的《布谷鸟》（«Кукушка»）、冈察洛夫斯基（А.

Кончаловский）的《精神病院》(«Дом дураков»)、瓦列里·托多罗夫斯基（В. Тодоровский）的《情人》(«Любовник»）以及萨吉洛娃（Л. Садилова）的《恋爱成功，丽丽亚》(«С любовью, Лиля»），这些影片在票房上也取得了较大的成功。

2003年，俄国产电影在本土和乌克兰的票房份额比上一年翻了两番，接近12%。这一年，影片《回归》(«Возвращение»）在威尼斯电影节上一举捧得两座金狮奖，影片随即由25个西方国家买去版权，获利颇丰。这部影片堪称既叫好又叫座的佳片。2004年，俄国产电影再攀新高，票房收入比上年增长近3倍。2005年，俄罗斯和独联体国家电影票房的总收入为3.64亿美元，其中俄国影片的票房占近1/3的份额。

电影《回归》

2004年，由提莫·贝克曼贝托夫（Тимур Бекмамбетов）执导的《守夜人》以奇诡的情节和充满想象力的特效迅速风靡全俄，掀起多年来俄罗斯难得一见的观影热潮，成为国产影片救市之作。这部成本只有420万美元的影片在俄本土票房收入达到1 600万美元，打破了美国大片《指环王：王者归来》(«Властелин колец: возвращение короля»）此前在俄保持的1 490万美元的票房纪录。在2005年俄罗斯十大卖座片中，俄国产影片占了一半，累计票房收入为6 430万美元。《第九连》(«Девятая рота»）和《土耳其开局》(«Турецкий гамбит»）分获票房榜冠亚军。2006年1月初上映的《守日人》(«Дневной дозор»）延续了《守夜人》的辉煌，影片公映时，莫斯科各大影院出现了罕见的购票“长龙阵”。

电影《守夜人》

俄电影业近年来的复苏趋势得益于俄政府的全力支持。为解决国产电影发行难的问题，普京甚至签署总统令，成立专门发行国产电影的股份公司。除此之外，俄罗斯政府近年来还投资改造电影院，并对电影厂进行股份制改造，吸引资金并增加电影产量，提高电影质量。2005 年俄罗斯共有约 100 部电影问世，到 2010 年计划推出 180—190 部。多功能电影院的数量也在不断增加。2005 年年底前放映厅的数量达到 1 000 个，而到 2010 年，希望能突破 3 000 个。

俄文化主管部门还决定对重点国产影片进行资助。俄电影协会主席、著名导演米哈尔科夫（Н. Михалков）执导的《烈日灼人 2》（«Утомленные солнцем 2: предстояние»）就得到国家 100 万美元的资助。2001 年，国家向电影业拨款 2 500 万美元，2002 年猛增到 5 000 万美元，2003 年比 2002 年又增加了 70%。2005 年，在普京总统的特殊关照下，政府拨款近 10.5 亿卢布，80% 以上的影片都在不同程度上享受到了国家投资。莫斯科市政府也采取了一系列措施支持国产影视剧，出台了专门的法律对国产影视进行特别的优惠，来抵制廉价、低俗的进口片的泛滥。另外，俄年轻电影人善于吸纳西方的商业化运作理念，在制作和宣传上颇下功夫。《守夜人》《第九连》等影片的前期宣传规模之大，为俄观众前所未见。

2005 年，俄罗斯电影票房总收入的前 10 部影片中，国产片占了 5 部，其中名列第一的《第九连》和第二的《土耳其开局》均为国产片。

2006 年，俄罗斯生产影片 105 部，超过俄文化部电影总署 4 年前的规划（到 2006 年国产片生产达百部）。这年年初，公演的大片《守日人》创下了俄罗斯电影票房收入的新高。2006 年俄电影票房总收入为 4 亿多美元，国产片占 30%。

目前，俄罗斯登记注册的从事电影生产的公司有 400 家，电影宣传和发行公司 85 家，截止到 2006 年 3 月 1 日，投入使用的新影厅有

1 038家（1 038块银幕），其中615家现代化影院已形成良好的发行放映网。俄电影票房总收入的95%—97%来自这些影院，近年来，俄能进入院线的影片数量与其总生产影片数量的比例逐渐上升，例如，2005年俄生产75部影片，其中有30部在影院放映，而2006年生产105部，其中一半新影片走上了银幕，这说明影片的可看性已有提高。

从整体来看，俄罗斯的电影事业已经开始复苏，在市场经济中有所收获，但问题也不少，其中急需解决的首先是数量与质量的矛盾。2006年国产片突破百部大关，正在生产的故事片有140多部，但其中能进入院线的，2006年仅一半左右，能进入票房收入前10名的为数不多，有些影片在院线稍一露面就销声匿迹，少数影片连露面的机会都没有，直接进入了片库。这表明，有了数量更须在质量上下功夫。其次是商业化和艺术性的矛盾。近年来，商业片《兄弟》《守夜人》《土耳其开局》《守日人》等使票房收入屡创新高。但这些叫座的枪战片、幻想片、侦探片明显带有好莱坞的痕迹，不过在外貌、语言、情境等方面保留了俄罗斯特征，俄罗斯电影的优秀传统不见了踪影。在国际各大电影节上得奖的不少影片虽令业内人士叫好，但在俄本土却不叫座。艺术性与商业性兼顾的影片少得可怜。2003年的《回归》可算一部。鲁金（П. Лунгин）拍摄的宗教题材的影片《岛》（«Остров»）也算一部，这两部电影让中老年观众重返影院，一享俄电影优秀传统的魅力。最后是国产片与外国片的矛盾。近几年来，俄电影推出的几部大片从好莱坞大片中夺回了大部分观众，恢复了相当部分的“失地”。美国的影视业并不因此而罢休，他们企图双管齐下，卷土重来。他们的第一招是美国的电影公司与

电影《岛》

俄罗斯合资拍片，以达“利益均沾”的目的。第二招是西方的电影公司在俄开办自己的发行公司，在发行上与俄电影发行公司一决雌雄。现在索尼和迪士尼公司已在俄国开设了发行公司。看起来，一场争夺市场的大战不可避免。

俄罗斯的电影事业在短短的十余年里已经初见成效，但要进一步发展还任重道远。

2.7 音乐

在音乐领域，解体后古典音乐很少有作品问世。传统的作曲家所剩无几。著名的作曲家罗·谢德林仍活跃在乐坛。他于 20 世纪 90 年代初举家迁居德国,在异国他乡继续创作。1999 年他根据纳博科夫的小说《洛莉塔》(«Лолита»)写成的歌剧受到好评。这部歌剧一方面继承了俄罗斯歌剧的传统，另一方面又可视为一种创新的戏剧。此外，他在器乐方面，尤其是协奏曲方面颇有收获。1993 年，他创作了一部小号协奏曲，后又为大提琴家罗斯特罗波维奇（М. Ростропович）写出了大提琴协奏曲，还完成了一部由弦乐队和竖琴伴奏的中提琴协奏曲，献给巴什梅特。2000 年，他推出了第三交响曲，副标题为《俄罗斯童话人物》。2002 年，在他七十大寿之际，国家授予他“祖国功勋”勋章。

索菲娅·古拜杜莉娜

俄罗斯音乐先锋派在这个时期有所建树。这个流派的奠基人杰尼索夫和施尼特凯分别于 1996 年和 1998 年逝世。古拜杜莉娜于 1985 年后蜚声乐坛，1992 年移民德国。1994 年，她的第三交响曲出台。1996 年，她的中提琴协奏曲与听众见面。

俄罗斯古典音乐的创作虽然很少，但

演奏古典音乐的乐队、演奏家却在本国和世界乐坛上非常活跃。苏联时代原有的那些国家乐队继续在演出，不少新组建的乐队在全国各地都有听众。那些著名的演奏家、指挥家巡回在世界各地，如指挥家罗日杰斯特文斯基（Г. Рождественский）、斯维特拉诺夫（Е. Светланов）、吉尔吉耶夫（В. Гергиев），小提琴家斯皮瓦科夫（В. Спиваков）、文格洛夫（М. Венгеров），大提琴家罗斯特罗波维奇、麦斯基，中提琴家巴什梅特（Ю. Башмет），钢琴家普列特尼奥夫（М. Плетнев）。

此外，音乐剧再次被引入俄国。作曲家伊瓦先科（А. Иващенко）和瓦西里耶夫（Г. Васильев）把卡维林的小说《船长与大尉》（«Два капитана»）改编成音乐剧《东北风》（«Норд-Ост»），在莫斯科杜布罗夫卡剧院上演，后因人质事件而结束。

解体后，影响最大的无疑是流行音乐。如果说古典音乐的基本听众是中老年人的话，那么流行音乐的听众主体则是青年人。他们有自己的崇拜偶像。他们不仅拜倒在世界级流行音乐大师的脚下，而且虔诚地簇拥在本国歌手的周围。

深受大众喜爱的歌手有：出生在鞑靼斯坦共和国，以《冬梦》（«Зимний сон»）、《春天》（« Весна»）、《偶尔》（«Иногда»）成名的阿尔苏（Алсу）；获得 2005 年俄罗斯 MTV 最佳表演奖的然丝明（Жасмин）；演唱《小小家园》（«Маленькая страна»）的娜达莎·佳拉廖娃（Наташа Королева）；等等。美女组合有："维阿·戈拉"（ВИА Гра），"精华"（Сливки），"光辉"（Блестящие），"工厂"（Фабрика）。男性歌手有：当红实力派、歌后布加乔娃的前夫菲力普·基尔科罗夫（Филипп Киркоров），以英文歌曲《绝不让你走》

歌手阿尔苏

美女组合“维阿·戈拉”

（*Never Let You Go*）获得2006年欧洲电视大赛第二名的季马·比兰（Дима Билан），超高音歌手维塔斯（Витас），从歌剧转流行的偶像歌星尼古拉·巴斯卡夫（Николай Басков），与“维阿·戈拉”合唱《再也没了吸引力》（«Притяженья больше нет»）的瓦列利·米拉志（Валерий Меладзе），等等。男歌手组合有：“伊万努什基国际”（Иванушки International），“野兽”（Звери），“化妆兄弟”（Братья Грим），“事故迪斯科舞厅”（Дискотека Авария）和擅长唱军歌的“柳拜”（Любэ）等。

高音王子维塔斯

目前俄罗斯有近6 000所音乐中小学、150所音乐中专和10所高等音乐学院的音乐教育体系，音乐人才稳定且极富生命力，保持着很高水准，这是俄罗斯音乐文化巩固和发展的保障。苏联解体以来，在很长一个阶段，俄罗斯音乐的发展受到国家转型的影响。当今的俄罗斯音乐如同社会等其他方面一样，正处于一个特殊的过渡时期：俄罗斯音乐领域根深蒂固的传统和世界性新思潮交织在一起，使得各种音乐流派不断涌现，大众传媒以及音乐制作、管理机构对音乐自身的发展影响重大；意识形态控制的减弱甚至丧失，加速了艺术世界的分层——拉大了高质量专业艺术与大众商业作品间的距离。

2.8 建筑、雕塑、绘画

在建筑方面，新建的大型综合体不多，其中值得一提的是，1995年为纪念苏联战胜法西斯50周年，俄罗斯政府在莫斯科凯旋门外的“俯首山”上兴建了卫国战争中央博物馆、馆前的胜利广场、广场上的纪念碑和圣格奥尔基东正教教堂。这个建筑群气势恢宏、切合主题，继承了俄罗斯的传统风格，但就整体而言稍嫌粗糙。此外，在莫斯科市郊时而可见的“俄罗斯新贵”的独门豪宅（коттедж）、按照西方大型购物商场的建筑样式在莫斯科等大城市市郊兴建的大型购物中心（如欧尚购物中心）、莫斯科市郊专供商人居住的几十层公寓、莫斯科市中心正在建造的议会大厦、正在进行的莫斯科红场改造工程，这些大型项目和富人民居都明显带有西方的痕迹，富有异国情调，似乎不易融入业已形成的莫斯科传统的俄罗斯风格。

卫国战争中央博物馆

新时期建筑的另一特点是重修或修复东正教的建筑，其中最引人注目的是莫斯科河畔的救世主大教堂（Храм Христа Спасителя），这是1994年莫斯科市政府拨巨款（约合5亿美元）重建的，作为献给纪念莫斯科建城850周年的厚礼。1995年1月7日教堂破土动工，1997年9月，一座与原圣堂一模一样、占地6 805平方米、高103米、教堂中央圆顶直径25.5米的圣堂落成了。

另一个建筑物是红场上的复活门（Воскресенские ворота）。

莫斯科河上的彼得大帝雕像

雕塑领域作品不多，值得一提的是，1995年5月8日，为纪念二战胜利50周年，在红场的北面立起了二战英雄朱可夫元帅的雕像。1997年，为纪念俄国海军创建300周年，在与基督救世主大教堂相对的莫斯科河上，竖起一尊彼得大帝的雕像。这座雕像以古罗马战舰为基座，高 60 米，宛如为大自然景观设计的一件公共艺术品。设计者为俄罗斯美术学院院长祖拉布·采列捷利（Зураб Церетели）。

绘画方面虽然有不少新作，但缺乏突破性的佳作。俄罗斯文化在经受了西方化、商业化、非人道主义化等一系列沉重打击后，开始清醒过来，面对这种崭新的形势，开始摸索出一些门道，磕磕绊绊地走上市场化的道路。但文化各个门类的发展极不平衡。文学、电影、电视、出版等领域已有进展；教育、科技仍很困难；建筑、雕塑等领域若没有国家的投资或企业、私人的赞助，简直寸步难行。摆在整个文化面前的难题说到底只有一个：如何一方面继承俄罗斯的优势传统，一方面在市场这个海洋里乘风破浪，两者缺一不可。

文化的定义

“文化”一词人人在用，但对其含义的理解却各自不同。一部分人把它看作精神生活的价值；另一部分人只把艺术、文学归于此类；还有一些人把它视为旨在服务、保障“劳动成就”，即经济任务的意识形态。

文化现象由多种具体科学（考古学、民族学、历史学、社会学及研究各类意识形态的科学：哲学、艺术、美学、道德、宗教等）进行研究。每一门具体科学都把文化作为自己研究的对象，从而形成一定的文化观念。例如，对于考古学来说，文化是研究过去各个时代人的活动成果经物质化而得到的各类事物。民族学则探讨一个民族的文化的全部多样性和完整性的表现。艺术史的注意力放在文化中首先是人的艺术活动及其结果。可见，“文化形象”因学科的不同而不同。

综上所述，文化现象丰富多彩、千姿百态，确实是无所不包的。因此文化学工作者难以界定文化现象，绝非偶然。美国文化学者克罗伯（1876—1960）和克拉克洪合作整理现当代学者为文化所下的定义时，惊讶地发现，大家对文化概念的兴趣与日俱增。他们以英国人类学家泰勒在《原始文化》一书里提出的文化界说（1871）为上限，经统计得出以下几个数据：1871—1919 共 7 种，1920—1950 增加到 157 种。1965 年，在莫尔的著作《文化的社会进程》里出现了250种说法。之后，俄罗斯学者克尔特曼在从事文化定义的对比研究时，发现文化的定义已逾400种。文化之博大精深和复杂纷繁可见一斑。

试举几个最典型的定义。

泰勒在《原始文化》一书里的定义为："文化，或文明，就其广泛的民族学意义来说，是包括全部的知识、信仰、艺术、道德、法律、风俗，以及作为社会成员的人所掌握和接受的任何其他的才能和习惯的复合体。"这个定义对学术界所产生的影响一直延续至今。

1973年出版的《苏联大百科全书》第三版对文化所做的界定是："文化是社会和人在历史上一定的发展水平，它表现为人们进行生活和活动的种种类型和形式，以及人们所创造的物质和精神价值。文化这个概念用来表明一定的历史时代社会经济形态，具体社会、民族和民族的物质以及精神的发展水平（例如，古代文化、社会主义文化、玛雅文化）以及专门的活动和生活领域（劳动文化、艺术文化、生活文化）。文化这个术语从较狭义的意义来看，仅指人们的精神生活领域。"

我国1999年版的《辞海》写道：文化广义指人类在社会实践过程中所获得的物质、精神的生产能力和创造的物质、精神财富的总和。狭义指精神生产能力和精神产品，包括一切社会意识形态：自然科学、技术科学、社会意识形态。有时又专指教育、科学、文学、艺术、卫生、体育等方面的知识与设施。

克罗伯对文化所下的界说较为全面，他在《文化、概念和定义的批评考察》一书中指出："文化由外显的和内隐的行为模式构成；这种行为模式通过象征符号而获致和传递；文化代表了人类群体的显著成就，包括它们在人造器物中的体现；文化的核心部分是传统的（即历史地获得和选择的）观念，尤其是它们所带的价值；文化体系一方面可以看作是活动的产物，另一方面则是进一步活动的决定因素。”这一定义为当代文化界所接受，影响深远。

文化通常有广义和狭义之分。广义的文化几乎囊括人类的整个社会生活，可用黑格尔的名言“文化是人类创造的第二自然”来说明；狭义文化指意识形态，以及与之相适应的制度和组织结构。

与文化紧密相关的是文明。文明（civilisation）一词源于拉丁文civilis（公民的，国家的，政治的），最早很可能出现在霍尔巴赫（1723—1789）1766年出版的著作里。文明一词的问世之日，恰逢《百科全书》出版之时。文明是作为与野蛮时期相对立的社会阶段提出的，在许多场合下与文化同义，但有时指文化发展的高级状态和积极成果，而个别学者则把两者对立起来。

为汪义群著《战后美国戏剧》序

在《战后美国戏剧》付梓之前，我有机会作为第一名读者批阅了全稿。掩卷静思，略有所得，形诸笔墨，作为序言。

美国是一个高度商业化的社会，不论何物都好变成商品，戏剧当然也难免此厄运。举世闻名的纽约百老汇虽然剧院鳞次栉比、观众摩肩接踵，一派繁荣的景象，但那里公演的多数是一味追求票房价值的娱乐性剧目。无论是剧本还是演员都在不同程度上沦为了商品。然而偏偏有那么一些剧作家不去迎合时尚，不为金钱和廉价的声誉所动，在百老汇外面的小咖啡馆里进行探索、实验，创作、导演出一本又一本或富有馥郁生活气息的，或令人耳目一新的，或针砭时弊的，或振聋发聩的好戏，与百老汇分庭抗礼。于是出现了外百老汇。而当外百老汇在商业化大潮的浪涛冲击下与百老汇趋同、合流时，又兴起了“外百老汇”来继续他们的“未竟之业”。这些先锋派作家的作品犹如巨石下的春笋，绕开沉重的石板，在夹缝中探出头来，茁壮成长，进入百老汇的剧院，成为那里久演不衰的保留剧目。青山遮不住，毕竟东流去！严肃的戏剧在百老汇争得了立足之地，赢得了观众，站稳了脚跟，取得了发展；而那些因乱摆噱头、哗众取宠、花里胡哨而曾经轰动一时的玩意儿不过是一现的昙花而已。

由此可见，思想深邃、主题严肃、形式新颖，并能为观众所接受的正剧一定会赢得社会的承认，而内容空洞、浮浅的闹剧，虽然形式离奇、怪诞，布景豪华，服装华丽，但仍终将为人们所遗忘。

美国的戏剧起步晚，是近五十年来才蓬勃发展起来的，与源远流长的西欧戏剧相比，有“小巫见大巫”之感，而且还深受那里多种流派的影响。尽管如此，美国的剧作家们植根于本国的土壤，吮吸着密西西比河的乳汁，沐浴着加利福尼亚的阳光，经受着西部沙漠里的风雨，积极并充分地发掘、开拓自身的特点，用他们自己的话来说，就是“注入了美国的血液”。因而能在舞台上推出一出出精彩纷呈的充满美国特色的话剧，为世界戏剧宝库增添了独具一格的剧目和任务，从而为美国戏剧在世界戏剧史上夺得了一席之地。法国有一句名言：Mon verre n'est pas grand, mais je bois dans mon verre（我的杯子不大，但我用我的杯子来喝）。美国戏剧这个杯子不大，但她的剧作家用的都是美国这个杯子。正因为如此，才涌现出尤金·奥尼尔、田纳西·威廉斯、阿瑟·密勒、威廉·英奇、盖尔伯、科比特、理查森、里布奇等一批跻身于世界剧坛的戏剧大师。此外，美国特有的剧种——音乐剧已初具规模，能否得到世界剧坛的接纳，还有待时间的考验。

战后美国戏剧是国内至今无人开垦过的处女地。汪义群同志接受这个任务后，婉拒其他一切稿约，集中全力，专攻这一课题。他博览中外出版的有关书籍，遍搜资料，历时一年又半，才写成此稿，填补了这方面的空白。其间，作者的老父得病住院，他一边陪夜，一边笔耕不辍，这种精神可敬可佩。可见，丰硕的成果必经辛勤的耕耘。

《战后美国戏剧》是国家教委“七五”计划的博士点重点项目。原由上海外国语学院张承谟先生和汪义群同志共同承担。起初，两位曾一起讨论过几次编写提纲，后因张先生稿约应接不暇，不克分身，遂由汪义群同志一人完成。

汪义群同志对美国戏剧早有研究，曾撰写过专著《奥尼尔创作论》，翻译过论著《美国当代文学·戏剧》，编辑过选集《天边外——奥尼尔创作选》，发表过论文《欧美近代戏剧流派概述》《美国小剧场运动及其对美国现代戏剧的影响》《第二次世界大战后的欧美戏剧》等。此外，他曾留学英国，出席过东京奥尼尔国际学术讨论会，并宣读论文《对“乐土”的追求——论奥尼尔作品中的乌托邦主题》，此文收入日本法政大学出版局的《国际会议论文集》，已于1990年3月出版。作者对当今欧美戏剧的情况和发展趋势比较了解，熟谙西方现代戏剧，现任《西方现代戏剧流派作品选》（共五卷，已出版两卷）主编，发表过论述现实主义、象征主义、表现主义、荒诞派等的文章多篇。这一切都为他完成这部作品打下了良好的基础，使他这部专著具有鲜明的个人特色。

在这部专著里，作者提及作家和作品时，并未就事论事，而是把作品介绍与对美国当代文化和思潮的论述结合起来，从戏剧的角度展示出战后美国社会的面貌。此外，他在评论戏剧创作时，注意叙述戏剧运动的起源和发展，从而勾勒出戏剧运动造就名家，而名家推动戏剧运动这一美国戏剧史上的重要特征。

作者曾在上海戏剧学院工作过，所以在评述剧本时，不仅像一般的专著作者那样简述剧作家的情况、作品内容、结合时代背景指明作品的意义，而且花了不少笔墨描述舞台场景、演出实况，使读者有身临其境之感。在美国戏剧中，黑人戏剧、左翼戏剧、音乐剧等问题往往容易被专著作者忽视。汪义群同志在这本专著中用一定的篇幅比较系统地论述了这些侧面，为读者展现出近半个世纪来美国戏剧的全貌。

本专著所引用的材料很新。参考资料中有直至1989年出版的图书，介绍的剧作最近的为1987年的《为戴西小姐开车》。这在国内尚不多见，无疑会大大地提高本书的参考价值。

本书资料翔实、结构严谨、分析细致、立论公允，是一部有相当价值的学术著作，是我国戏剧界专业人员、外国戏剧专业的师生、外国文学工作者和爱好者案头必备之书。

第四编

词汇学

英语对现代俄语的影响

自20世纪50年代始，由于苏美两国的频繁交往，俄语中的英语词语数量激增，30年来，逐渐跃居外来词的首位。

1 现代俄语受英语[①]的影响是多方面的

1.1 词汇方面

1.1.1 **词素** радио ← radio-，теле- ← tele-，электро- ← electro-。

1.1.2 **单词** телекс ← telex（用户电报），пикап ← pick-up（小型轻便汽车），спидвей ← speedway（摩托车赛车跑道）。

1.1.3 **成语** мозговой трест ← braintrust（智囊团），утечка мозгов ← braindrain（人才外流）。

1.1.4 **用连字号构成的词或词组** автоприцеп-дача-амфибия（水

---

① 其中包括从其他语言借入的英语词语。

陆两用式别墅旅游车），выше-любительского-уровня поэт（高于业余水平的诗人）。[1]

1.2 词义方面

若干已在俄语中扎根的词，又产生了新义。例如：

бум ← boom（китайский бум 中国热）; раунд ← round（раунд переговоров 一轮会谈）; программа ← program（составлять программу 设计程序）。

1.3 使用范围

英语影响所及，不仅有全民词汇，而且有非全民词汇的专门术语与隐语。

1.3.1 专门术语

详见 1.4 的政治、经济、科技、医学、军事、体育等术语。

1.3.2 隐语

当代青年的隐语中，英语词语风靡一时。如：фэйс ← face（脸），лукать ← look + ать（看），блэковый ← black + овый（黑色的）。

1.4 交际领域

英语词语几乎渗透到社会生活的各个领域。

政治：импичмент ← impeachment（弹劾），истеблишмент ← establishment（权势集团），инаугурация ← inauguration（总统就职）；

经济：маркетинг ← marketing（市场学），макроэкономия ←

---

[1] 这两种形式显然带有英语用此法构成词或词组的烙印。试比较：not-so-strong football team。

macroeconomics（宏观经济），просперити ← prosperity（经济繁荣）；

科技：приливная электростанция ← tidal power station（潮汐发电站），мазер ← maser（微波激射器），бит ← bit（二进数制的位）；

军事：радар раннего предупреждения ← early warning radar（预先警报雷达），истребитель с вертикальным взлетом и посадкой ← vertical take-off and landing fighter（垂直起落战斗机），детектофон ← detectaphone（窃听器）；

文艺：синерама ← cinerama（宽银幕立体电影），дайджест ← digest（文摘），манки ← monkey（曼基舞）；

医学：ребенок из пробирки ← test-tube baby（试管婴儿），нуклеотиды ← nucleotide（核苷酸），геном ← genome（染色体组）；

体育：керлинг ← curling（溜石运动），виндсерфинг ← windsurfing（帆板），тайм-аут ← time-out（暂停）；

日常生活：уик-энд ← weekend（周末休假），хиппи ← hippy（嬉皮士），супермаркет ← supermarket（超级市场）。

现代俄语借用英语的词语，主要是名词，名词之中以科技、体育方面的词汇为主。

2 俄语借用英语词语主要有以下几种方式

2.1 引用原文

直接引用英语词语，如：nonsense（胡说），big stick policy（大棒政策），CIF（抵岸价格）。使用这一方法主要是为了达到一定的修辞效果。

2.2 音译

用俄语字母表示英语词的发音，如：драйер ← dryer（干燥剂），попарт ← popart（流行艺术），стимер ← steamer（汽船）。这一方法是目前借用英语单词的主要方法。

2.3 形译

用俄语字母表示英语词的字母，如：трибализм ← tribalism（部落制）。此法不常用，而且有时与音译并用，像上述一词，又可音译为трайбализм。

2.4 仿造

逐一翻译英语词语的每一成分，如：самообслуживание ← self-service（自助），массовая коммуникация ← mass communication（普及的宣传工具），промывка мозгов ← brainwashing（洗脑筋）。借用成语时，常用此法。

2.5 意译

用俄语词语译出英语词语的意义，如：гидролокация ← sonar（声呐），противоракета ← antimissile（反导弹导弹）。

2.6 混合

混合使用不同的方法，如：супербоевик（超级巨片，супер 为音译，боевик 是俄语固有词），крылатые ракеты（巡航导弹，крылатые 是 cruise 的形象译法，ракеты 是 missile 的意译），космический корабль многоразового использования（航天飞机，космический 是 space 的意译，

其余部分是 shuttle 的解释性译法）。

在借用同一词语时，方法因人而异，因此造成两种形式并存的现象时有所见。试比较 happy end—хеппи-энд（大团圆结局），обществоведение—социология（社会学）等。

3 俄英语之间的差别

俄语与英语虽同属印欧语系，但前者是斯拉夫语族，后者为日耳曼语族，而且前者综合性强，富于形态变化，后者分析性强，缺乏形态变化，故两者的语音、形态、语法迥然不同。因此，从英语借用的意译词，一旦进入俄语，就要改变其原有的形态，以适应俄语的语音、语法体系。

3.1 语音

3.1.1 元音

英语有双元音（如 [au] 等），半元音（如 [w] 等），元音之中还有长短之分（如 [iː] 与 [i]）。俄语无此特征，翻译时，按俄语语音体系表音。如，双元音 outbreeding [autbri: diŋ] → аутбридинг，半元音 swing [swiŋ] → суинг 或 свинг，长短元音 speech [spi: tʃ] → спич，bit [bit] → бит。

3.1.2 辅音

英语的辅音 [ŋ]，俄语中只能用辅音 -нг 来表示。[①] 如，belting [beltiŋ] → бельтинг。

3.1.3 重音

两种语言虽均有重音，但音译词的重音往往受俄语中相同形式的单词

① 关于元辅音的比较，详见本文 §6。

的影响，与英语原词不尽相同。如，英语中重音一般落在倒数第三个音节上，音译词基本上不受这一规则的支配。试比较以 -man 结尾的若干名词。ˊrecordsman → рекордсмéн（破纪录的运动员），ˊcongressman → конгрессмéн（国会议员），ˊminuteman → минитмéн（民兵式导弹）。

再比较已在俄语中扎根的英语词 спортсмéн、джентльмéн 等。

3.2 语法

3.2.1形态

英语名词无性属特征、无格的变化，但大部分音译词均有显示性属的词尾、复数形式及各格的变化。

（1）性

阳：прессинг ← pressing（紧逼盯人），мотель ← motel（汽车游客旅馆），джинго ← jingo（侵略主义者）；

阴：стюардесса ← stewardess（飞机上的女服务员），хула-хула ← hula-hula（呼啦圈舞）；

中：пенальти ← penalty（罚球）。

以 -и 结尾的名词一般属中性，少数受同义或近义名词影响，分属其他性。

（2）数

复数形式：джинсы ← jeans（紧身裤），хиппи ← hippy, праймериз ← primarys（总统预选）。

（3）格

凡具有显示性属特征词尾的音译名词，通常按俄语变格法变格。以 -и 结尾的名词不再变格。音译形容词 стоп ← stop（停止），归入同类不变格形容词之列。

3.2.2 派生同族词

音译词派生同族词时，按俄语的构词规则。如：jeans → джинсы, джинсовый, джинсики; spurt → спурт, спуртовать（冲刺）; instantaneous photograph → моментальная фотография, моменталка（快照）。

3.2.3 支配联系

俄语词组中主导词与从属词之间有支配联系。音译词受本族语中同义或近义词支配联系的影响，也要求相应的支配联系。试比较：тест（← test 试验）на прочность—испытание на что; уик-энд（← weekend），работать на уикэнде—на досуге。

4 俄英国际性专门术语之间的差异

从英语中借用的词语，尤其是国际性的专门术语（如，控制论 кибернетика—cebernetics），与借出语言中的词义，一般是相同的。但是，借用词在俄语中长期使用后，有时其词义会发生变化。

4.1 增加

借用词本来只取英语原词的一个意义，现在又取了新义，见上文 1.2 中的例子。

4.2 扩大

借用词的使用范围本来有一定的限制，现在扩大了。如：сервис (service) в некоторых странах Западной Европы—обслуживание *бытовых нужд населения; совокупность учреждений по обслуживанию бытовых нужд населения и созданию всевозможных удобств для него*[1]。但是 1972 年修订的 Ожегов 词典，对 сервис 已另做解释了：то же, что обслуживание (в 1 знач.)。显然，用斜体标出的限制已不复存在。又如：докер (docker) 在 1972 年修订的 Ожегов 词典中的释义为 В Англии и нек-рых др. странах: портовый рабочий；但实际使用情况已非如此。请看例子：Самую известную на Дальнем Востоке хозрасчетную брагаду докеров—механизаторов возглавляет коммунист Н. М. Шанцев. («Труд»)

4.3 缩小

借用词的词义，比英语原词小。试比较：

designer: a person who designs (e. g. dresses, patterns for cloth, wallpapers, *machinery*)[2]

дизайнер: художник—конструктор, специалист по художественному проектированию предметов, производимых промышленностью[3]

显然，借用词只包含原词释义中用斜体标出的那部分词义。

4.4 转移

借用词的词义从英语原词的词义转移到新的词义。试比较：

outsider: a horse that is thought to have little chance of winning a race[4]

аутсайдер: лошади на скачках, не входящие в число фаворитов и на которые лишь немногие держат пари

---

① В. И. Чернышев, Словарь современного русского литературного языка. М., Л., 1948—1965.

② Hornby, A. S., Gatenby, E. V. & Wakefield, H. *The Advanced Learner's Dictionary of Current English.* London: Oxford University Press, 1963.

③ Н. З. Котелова и Ю. С. Сорокин, Новые слова и значения. М., 1973.

④ Hornby, A. S., Gatenby, E. V. & Wakefield, H. *The Advanced Learner's Dictionary of Current English.* London: Oxford University Press, 1963.

这是旧版 «Словарь иностранных слов» 的释义。在 1980 年版的 «Словарь иностранных слов» 中的释义已为：спортсмен или команда, занявшие в соревнованиях одно из последних мест（比赛中最差的运动员或队）。不仅如此，该词还衍生出更新的词义，如：этот аутсайдер из класса（他们班中这个最差的学生）。

4.5 歧义

借用词与原词形同义歧。试比较：

фен 理发的吹风——fan 风扇，электрофон 电唱机——electrophone 电子乐器，видеофон 录像机——video-phone 电视电话。

5 英语借词的影响

俄语借用英语词语这一现象古已有之，但于今为烈，原因何在？首先是交际的需要，是表达新事物、新现象、新概念的需要，其次是科技词汇国际化的影响。此外，从社会语言学的角度来看，苏美两国的频繁接触，科学技术的迅猛发展、广泛交流与紧密合作，旅游事业的异军突起，苏联青年对美国生活方式的无限追求，均起着推波助澜的作用。

英语词语大量涌入俄语，究竟是利是弊，应做具体分析。借用外来词本是形成俄语词汇的两大途径之一。毋庸置疑，从英语中借用的词语，对丰富俄语的词汇与语义是有积极意义的。

5.1 部分借用词与新的借用语义已进入标准语

仅以篇幅不大的两版 Ожегов 词典为例。1972 年新版词典已增加了 джинсы、самообслуживание、сервис、стриптиз、круиз 等不少英语

借用词。至于以反映20世纪50—60年代新词为目的的«Новые слова и значения»与«Новое в русской лексике»，以及1980年出版的«Словарь иностранных слов»修订本，所收录的英语借用词语就更是多不胜数了。

一般说来，反映新事物、新现象、新概念的借用词，在借入语中的“成活率”较高，例如：smog本是英国的特有事物。20世纪40年代出版的«Англо-русский словарь»（Мюллер）对该词只能用解释性的译文：густой туман с дымом и копотью，但是，1952年12月伦敦的смог长达两周，使四千人丧生。从此，smog一词不胫而走，传遍各国。苏联当然也不例外。因此，1972年版的«Большой англо-русский словарь»（Гальперин）就把смог作为smog的对译。看来，该词在大型俄语词典中可能会占一席之地。

英语对俄语词汇的影响不仅反映在数量上，而且反映在质量上。从英语中借用的词语与本族语中的词语构成了同义系列。如：

5.1.1 概念上的同义词

круиз（← cruise *水路旅游*）—путешествие, паблисити（← publicity *广告*）—реклама, шоу（← show *游艺演出*）—представление。

5.1.2 色彩上的同义词

从英语中借用的词语很多是书面语，但也有属于其他语体的。如：сервис *книжн.*—обслуживание, тест *спец.*—испытание, бизнес *разг.*—предприятие。

5.2 英语词语的修辞作用

英语借用词具有特殊的修辞作用，是俄语固有词所难以替代的。

5.2.1 引用原文

在俄语中夹用英语原文，用得不当或过多，会暴露出使用者那种对英语威信崇拜的心理状态。然而使用得当，却能起到理想的修辞效果。试举两例：

——У каждого есть в душе свои skeletons, как говорят англичане.（«Анна Каренина»，Толстой）这是安娜回答 Долли 的一句话，此时，她心中对渥伦斯基已萌生感情，但不能明言，只能求助英语中的 skeletons（取 a skeleton in the cupboard 成语中的词义，可理解为“隐情”），来掩遮内心的秘密。作者采用此种修辞手段，可谓匠心独运。

To be, or NATO to be 是今年 «Литературная газета» 上的一个标题。它套用了英语中 to be, or not to be, that is the question（哈姆雷特语）这一名言。此地把 not 改为 NATO（北大西洋公约组织），其修辞效果应该说是达到了。

5.2.2 使用音译词

文章中使用表达外国特有事物的音译词，能创造异国情调，使读者有亲临其境之感。Краминов 在 «Сумерки в полдень» 描写伦敦的章节中，使用了 оффис（office 写字间）、файф-оклок [five-o’clock（tea）五时茶]、шоу、Даунинг стрит（Downing street 唐宁街）、докипер（doorkeeper 门房）等，再现了伦敦的风貌。

借用词对塑造人物也有特殊作用，如：...вытертые *джинсы* плотно облегали длинные мускульстые ноги, клетчатая *ковбойка*（cowboy 牛仔，此地指牛仔衫）（«Игорь Савворич»，Липатов）。这两个借用词足以把一个追求美国生活方式的青年打扮勾勒出来。

这类词有时可用于指责谈话对象或现象。如：

Чего пожелать вам, *сэр*（sir 先生）Замятин?

Маяковский 认为 Замятин 脱离本国现实，故以 сэр 称之，以示谴责。

5.3 污染

借用英语的词语一方面丰富着俄语，另一方面却污染着俄语。列宁早就指出："我们在破坏俄罗斯语言。我们在滥用外国字，用得又不对。"列宁并不笼统反对使用外来词，他只反对"滥用"，"用得又不对"。列宁所反对的这一现象，在当时苏联报纸杂志及文学作品中确实存在。如：

—Продаю *вайтовые трузера* на *зипперах* с *файновым лейблом* на *лефтовом покете*...（«Юность»）

此地除了продаю, на与с以外,其余全是音译词,其英语原词依次为：white（白色的）, trousers（裤子）, zipper（拉链）, fine（好的）, label（牌子）, left（左面的）, pocket（裤袋）。从这句话里，对于滥用音译词的现象可以略见一斑。

6 词典中未收的英语借词的意义

对于学习俄语的中国人来说，除了要取英语借用词之精华、去其糟粕外，还面临着一个任务：遇到俄语词典中无从考察的英语借用词时，如何解决。如：Липатов «Игорь Саввович» 中的 пробковые платформы босоножек（стр. 7）, Ивана Ивановича Карцева это пакость на ковер поставит（стр. 59）; Бондарев «Берег» 中的 новое порно（стр. 196）; «Азия и Африка сегодня»1982 年第 3 期上的 ядерный бумеранг Вашингтона ; «Смена» 1979 年第 20 期上的 в моду вошел стиль ретро；等等。其中的借用词现有的俄语词典中都暂付阙如，给阅读与翻译带来一定的困难。但只要找到英语相应的词或义，问题就能迎刃而解。像上述各词的意义分别为 platform shoe（坡跟鞋）, on the carpet（②受

训斥），porno（春宫），boomerang（②自食其果），retro（怀旧，回顾）。

有鉴于此，笔者将上千个英语音、形译词归纳成译音对照表，分列如下，以供参考。

辅　音

俄	英	例子（俄←英）
б	b	бит←bit
в	v	ливер←liver
	f	хавтайм←half-time
	w[h]	виндзейль←wind-sail виски←whiskey
г	g	регби←rugby
	h	Голливуд←Hollywood
д	d	докер←docker
дж	dg	бридж←bridge
	j	джинго←jingo
	g	джин←gin
ж	j	жига←jig
з	z	ситизен←citizen
	s	транзистор←transistor
к	c	круиз←cruise
	ck	докер←docker
	k	виски←whiskey
кв	qu	акваланг←aqualung
кс	x	телекс←telex
л[ь]	l	вилт←wilt бельтинг←belting
м	m	смог←smog
н	n	телефон←telephone
	kn	нокаут←knock-out
п	p	пикап←pick-up
р	r	стресс←stress
	wr	реслинг←wrestling

（续表）

俄	英	例子（俄←英）
с	s	стресс←ctress
	c	синерама←cinerama
т	t	тренер←trainer
	th	дискотека←discotheque
тв	tw	твист←twist
ция	tion	коалиция←coalition
ф	f	фривей←freeway
	ph	детектофон←detektaphone
х	h	хоккей←hockey
ц	c	Цинциннати←Cincinnati
ч	ch	тич-ин←teach-in
ш	sh	шорты←shorts
	ch	Шарлотта←Charlotte
шх	sch	шхуна←schooner

元　音

俄	英	例子（俄←英）
а	a	кар←car, хавволей←half-volley, алармист←alarmist ралли←rally
	u	паблисити←publicity
	o	манки←monkey
о	o	телефон←telephone
	oa	тост←toast
	a	холл←hall
	u	ром←rum
	ew	фломастер←flewmaster
	ou	юмор←humour
	au	Остин←Austin

（续表）

俄	英	例子（俄←英）
у	oo	бумеранг←boomerang
	ou	круп←croup
	w	Уэст-энд←West-end
	u	спурт←spurt
э	e	электро←electro
	a	хэппенинг←happening
эр	ir	сэр←sir
я	a	коагуляция←coagulation
	ya	янки←yankee
ёр	ur	кёрлинг←curling
ор	ur	сорфинг←surfing
[ь]ю	ew	стюардесса←stewardess
	u	компьютер←computer тюнер←tuner
	ue	авеню←avenue
е	e	крикет←cricket
	a	бенди←bandy
	u	джемпер←jumper
	ai	тренер←trainer
	ea	крем←cream
и	e	истеблишмент←establishment
	i	репринт←reprint
	y	хиппи←hippy
	ea	джинсы←jeans
	u	бизнес←business
	ee	джип←jeep
	ey	виски←whiskey
	ie	чиф←chief
ау	aw	траулер←trawler
	au	Санта Клаус←Santa Claus
	ou	аутсайдер←outsider

（续表）

俄	英	例子（俄←英）
ей	eu	нейтрино←neutrino
	ai	рейд←raid
	a	сейф←safe
	ay	спидвей←speedway
	ey	атторней←attorney
ай	i[g]	дизайн←design
		айсберг←iceberg
	y	скайлэб←skylab
	uy	гай←guy
	ay	стайер←stayer
ой	oi	бойлер←boiler
	oy	ковбой←cowboy
эй	a	лэйбл←label
оу	ow	шоу←show
инг	ing	дриблинг←dribbling

说明

1. 本表不是英俄语音的全面对比，按此排列，仅供检索。

2. 本表不适用于约定俗成的人名、地名，以及由其他语言借入英语但不按英语发音规则发音的单词。

3. 本表是根据部分音、形译词整理而成的，难免挂一漏万，请使用者指正。

俄语截短词浅探

截短词（усечение）是截去原词或词组的部分或几部分而构成的词。例如：

бад ← бад［минтон］（羽毛球）

интим ← интим［ный］（亲密关系，暧昧关系，隐秘关系）

лунобиль ← луно［мо］биль（登月车）

мохер ← мохер［овый шарф］（安卡拉羊毛［制品］）

урматы ← ур［авнения］мат［ематической физики］（数理方程）

1 截短词根据截去原词的部位可分为三类

1.1 截尾（апокопа）：截去原词的尾部。

例如：

фанат ← фанат［ик］（热衷于…的人，对…入迷的人）

снаб ← снаб［жение］（供应［机关］）

фарц ← фарц［овщик］（向外国人购买或交换物品，进行倒卖的人）

ляп ← ляп［сус］（错误，失着）

подстрок ← подстроч［ный перевод］（逐字翻译的译文）

сигнал ← сигналь［ный экземпляр］（样书）

1.2 截腰（синкопа）：截去原词的中部。

例如：

микробус ← микро［авто］бус（面包车）

микроприемник ← микро［радио］приемник（微型无线电接收机）

мопед ← мо［товелоси］пед（摩托脚踏两用车）

мотель ← мо［тоо］тель（汽车游客旅馆）

1.3 截首（аферезис）：截去原词的首部。

例如：

гебист ←［ка］гебист（克格勃分子）

карта ←［перфо］карта（［计算机的］穿孔卡片）

вещание ←［радио］вещание（［无线电］广播）

在这三类[①]中最常见的是截尾，最少见的是截首。

2 截尾词根据被截的词的词类可分为两大类

2.1 由名词词干截成的词

这类词是不在词素接合处截去尾部而成。

---

① 除此之外还有截首尾的现象，如人名 Лиза ← [Е]лиза[вета]，但较为罕见，故不专门分为一类。

2.1.1 真截尾词

пред ← пред［седатель］（主席）

пом ← пом［ощник］（助手）

нач ← нач［альник］（首长）

трам ← трам［вай］（有轨电车）

преф ← преф［еранс］（朴烈费兰斯纸牌戏）

某些表示人的名词在单数第一格时，以 -а 结尾。例如：

туня ← тун［еядец］（寄生虫）

шизя（或 шиза）← шиз［офреник］（精神分裂症患者）

如果被截的词是母语中为复合词的外来词，那么往往是截去两个词根中的后一个词根。例如：

вундер ← вундер［кинд］（神童）

бутер ← бутер［брод］（夹肉面包）

баскет ← баскет［бол］（篮球）

2.1.2 加后缀的截尾词

这是截去尾部，同时加上后缀而构成的。例如：

телик ← тел［евизор］+ ик（电视）

фотик ← фот［оаппарат］+ ик（照相机）

велик ← вел［осипед］+ ик（自行车）

алкаш ← алк［оголик］+ аш（酒鬼）

общага ← общ［ежитие］+ ага（宿舍）

这类词与 дирик 一类词不同，没有后缀的截尾形式基本上是不用的，而 дирик 则是 дир（← директор）的主观评介形式。дир 能单独使用。试比较：

Видел вчера Райкина по телику? Ну смех.（«Труд»81.10.24）

Ты мне скажи, директор—порядочный человек?—Дир—очень.（Н. Давыдова）

2.2 由形容词词干截成的词

这类词的构成有两种情况。

2.2.1 在词素接合处截去尾部所得的词

（1）截取“形容词 + 名词”词组中形容词的词干而得的名词。[①] 例如：

фиктив ← фиктив[ный брак]（假结婚）

термояд ← термояд[ерная реакция（或 установка）]（热核反应或热核反应装置）

кибер ← кибер[нетическая установка]（计算机控制的装置）

факультатив ← факультатив[ный курс]（选修课［程］）

只有关系形容词能够构成这类名词。

属于这类词的还有形态上与派生出词组中形容词的名词相同的名词。例如：

декрет ← декрет[ный отпуск]（产假）

диплом ← диплом[ная работа]（毕业论文）[②]

这一类中较为特殊的是大学生隐语中的若干词。例如：

лаба ← лаб[ораторная работа] + а（实验室工作）

безнадега ← безнадеж[ное дело] + а（没指望的事）

这类词在某种程度上与 туня、шизя 相似。

---

① И. М. Полякова 称这类词为“零后缀的包孕词”（включения, оформленные нулевым суффиксом），В. В. Лопатин 称这类构词法为“零后缀的语义紧缩法”（универбация с помощью нулевого суффикса）。

② 这类词与 химия—химическая завивка 类型不同。因为后者不可能截短其中的形容词构成名词。

（2）截取形容词词干所得的词

这类词主要是截取借用形容词词干而成的。派生词干的最后一个后缀或类似后缀的部分通常被部分或全部截去。只有性质形容词才能构成这类词。例如：

банал ← баналь[ный]（平淡无味，庸俗性）

тривиал ← тривиаль [ный]（庸俗性，平庸）

наив ← наив[ный]（幼稚型）

примитив ← примитив [ный]（粗俗，粗浅）

2.2.2 不在词素接合处截去尾部而得的词

例如：

пед ← пед [агогический институт]（师范学院）

мед ← мед[ицинский институт]（医学院）

属于这一类的还有由两个截短的词干构成的复合截尾词。例如：

физфак ← физ [ический] фак [ультет]（物理系）

мехмат ← мех[анико-] мат[ематический факультет]（数力系）

инъяз（或 иняз）← [институт] ин[остранных] яз[ыков]（外语学院）

сангиг ← [факультет] сан [итарии и] гиг[иены]（卫生系）

构成复合截尾词的词组如果包括两个词，那么复合截尾词由两个词的被截短的词干构成（如 физфак）；如果包括两个以上的词，那么复合截尾词仍由两个部分（可能是两个被截短的形容词词干或一个形容词与一个名词的被截短的词干）构成（如 инъяз），其中省略的词语往往是各词组所共有的、信息价值最小的部分（如 институт、факультет 等）。

这类词中较为特殊的是行话中使用的某些词。例如：

тервер ← те [о] р [ия] вер [оятности]（概率论）

термех ← те[о] р[етическая] мех[аника]（理论力学）

3 截短词的语义与原词或词组的语义相比，有三种情况

3.1 相同

由名词词干构成的截短词与其完整词在语义上是相同的。其特点是缩形而不缩义。例如：（“←”指形，“=”指义）

автомат ⇐ [телефон-] автомат（投币式自动公用电话）

ультратом ⇐ ультра [микро] том（超薄切片机）

транс ⇐ транс [форматор]（变压器）

перваш ⇐ перв[оклассник] + аш（[中、小学的] 一年级学生）

3.2 紧缩

由“形容词＋名词”词组中形容词词干构成的截尾词从形态上看是由形容词派生而来，但从语义上看是包孕着整个词组的意义。其特点是既缩形又缩义。例如：

синхрон ⊖ синхрон[ный перевод]（同声传译）

титул ⊖ титуль[ный лист]（里封面，卷头）

коронар ⊖ коронар[ный сосуд]（冠状血管）

окказиональ ⊖ окказиональ[ные слова]（应景词）

3.3 扩大

由性质形容词词干构成的截尾词的语义大于派生形容词。这类词与完整词相比增加了“抽象特征”或“具有这一特征的人或物”的意义。

其特点是缩形而扩义。例如：

интим（об интимной обстановке, интимных отношениях и т.п.）[①] ⋦ интимный

试看例句：

Боюсь, что получится банал.[②]（我怕搞出来的东西平淡无味。）试比较：банальный（平淡无味的）。

Васильев не тривиал.（瓦西里耶夫不是庸人。）试比较：тривиальный（庸俗的）。

少量由名词词干截成的词也有同样的现象。例如：

снаб（снабжение; учреждение, ведающее снабжением）[③] ⋦ снаб［жение］

Многие снабы ежегодно составляют заявки на веревки...（«Известия»，1965.5.25）

4 某些截短词与完整词在重音和语法性属上有所不同

4.1 重音

被截去重音音节的截短词的重音一般与形态相似的名词的重音一样。例如：

① Н. З. Котелова и Ю. С. Сорокин, Новые слова и значения. М., 1973.

② 文中没有注明出处的例句均取自于 Е. А. Земская 等编著的 Русская разговорная речь: лингвистический анализ и проблемы обучения. М., 2006。

③ Н. З. Котелова и Ю. С. Сорокин, Новые слова и значения. М., 1973.

ве́лик, те́лик, му́льтик（动画片）等。试比较 сто́лик。

截去外来词一部分后，以 -о 结尾的截尾词重音在词尾的居多。例如：

авто́, порно́ 等。

截去外来词后一词根的截短词的重音一般与外来词在母语中的重音一样。例如：

ба́скет ← баскет［бо́л］，试比较 basketball。

复合截尾词的重音通常在后一个截尾词上。例如：

главре́ж ← глав［ный］реж［иссер］（总导演），инъяз 等。

截腰词的重音较难掌握。例如：

литра́ ← лит［ерату］ра, физра́ ← физ［культу］ра, би́бика ← биб［лиоте］ка 等。

4.2 性属

大部分截尾词的结尾为辅音，属于阳性，但如果被截词是阴性，那么截尾词也可能是阴性。例如：

стип ← стип［ендия］（奖学金）А где твоя стип?

диссер ← диссер［тация］（学位论文）Он кончает свою диссер.

但主要的趋势是按截尾词的词尾来确定其性属。例如：

Никита Михалков подарил нам «восхитительное ретро»（«Искусство кино»，1979 № 10.）.

ретро 是 ретроспектива（电影回顾）的截尾词，但不作为阴性名词，而作为中性名词在使用。

此处 ор〈阳〉← ор［анье］〈中〉; настрой〈阳〉← настрое［ние］;

авто〈中〉[1] ← авто［мобиль］等也说明了这一点。

5 截短词在修辞色彩方面分属于口语、俚语、行话和青年学生的隐语等，与其完整词或词组构成同义系列

例如：

плекс〈行〉← плекс［иглас］（有机玻璃），лаз〈行〉← лаз［ер］（激光），дир〈口〉← дир［ектор］，баскет〈口〉← баскет［бол］，академ〈隐〉← академ［ический отпуск］（教学假），язвед〈隐〉← яз［ыко］ве［дение］（语言学），фарц〈俚〉← фарц［овщик］，лаба〈俚〉← лаб［ораторная работа］+ а.

作家使用这些同义词于作品的人物语言中，能有效地刻画人物的身份、教养、人物之间的关系和语言环境。例如：

—Новое порно! Вход три марки! Молодая шведка...（Ю. Бондарев «Берег»，стр. 196.）

порно 一词活现了一个诲淫诲盗者的丑恶嘴脸。

著名作家 Шолохов 在 «Тихий дон» 中也经常使用这类词使人物语言更加生动，表现出人物之间的亲密关系。

试举二例。

—Соль взяла? Дай сюды. Кстись (крестись) на восход.（стр. 57）

—И думать нечего! Поеду без разговоров, пока вакан (вакансия) есть.（стр.619）

---

① авто 一词在 Трудности словоупотребления и варианты норм русского литературного языка.（Л., 1973.）中还注明属于〈中，阳〉，但 1981 年修订的新版 Словарь русского языка.（АН СССР）只标明〈中〉。

有时也反映说话人的褒贬态度。例如：

—От вас, алкашей, житья нету! (《Искусство кино》, 1983 № 3.)

这类词不仅可以使用于对话之中，而且也见之于作家的叙述文字之中，使行文自然、流畅、亲切、口语化。例如：

Ганин отцепил авто от рельсы, влез в кабину. (《Искусство кино》, 1980 № 1.)

Шум, ор, гвалт. (《Искусство кино》, 1980 № 1.)

Его интересовали не разговоры сами по себе, а тот дух и тот настрой, которым жил экипаж. (《Молодая гвардия》, 1980 № 2.)

По валу (вал ← вал [овая продукция]) значит, ажур, а в ассортименте—нет. (《Людям на смех》, стр. 8.)

截短词有时与形态相同的词构成同形异义词，说话人运用这一现象，造成联想，以此达到一定的修辞效果。例如：

Маг—это название действительно очень подходит к магнитофону. Нажал кнопку и записал любой звук, речь... Нажал другую кнопку—и воспроизвел. Чудеса! (《Советская культура》, 1970.1.29.)

截尾词 маг 与 маг（魔术家）构成同形异义词，说话人把两者的意义巧妙地联系在一起，表达了他对录音机大加赞赏的态度。

О, *индус*!—радостно сказал Яшка. Индусами называют друг друга все бывшие студенты нашего индустриального института. (И. Зверев, 《Ничего особенного》).

工业学院的学生（индус）与印度教教徒（индус）同形异义，产生了戏谑的效果。

对话中使用截短词还可使第三者难以懂得谈话内容。Е. Шварц 在《Тень》两个搞黄金投机买卖的部长的对话中就采用了这一方法。

Мажордом. Любопытные ничего не узнают... Потому что господа министры понимают *друг друга* с полуслова...

Появляется первый министр и министр финансов.

Первый министр. Здоровье?

Министр финансов. Отвра.（отвратительно）

Первый министр. Дела?

Министр финансов. Очень пло.（плохо）

Первый министр. Почему?

Министр финансов. Конкурс.（конкурснция）

两个部长谈话时又是打切口，又是用截尾词。旁人很难听懂，两个部长却心里了然。

6 截短词发展概况及其频繁出现的原因

截短构词的方法并不是新的现象，它在过去就有，如：баки ← бакенбарды, спец ← специалист, бац ← бацнуть, кис-кис ← киска 等。但近二三十年来，这一方法在口语、行话和隐语中积极起来，构成了不少新词，其中某些词在标准语中取得了“合法的地位”，丰富了标准语。如 1972 年修订的新版 Ожегов 词典已收录了：вал, ор, диплом, декрет, мохер, мопед, мотель, настрой 等词或义。又如 1981 年修订的新版 «Словарь русского языка»（АН СССР）仅在第一卷中就已收录了 авто、вал、диплом 等词或义。至于 «Новые слова и значения» 与 «Новое в русской лексике» 收录的截短词就更多，如 фарц、ляп、снаб、интим、фанат 等。

但是应该指出，并不是所有的截短词都能进入标准语，有一类截短词属于应景词（如 кстись 等），有一类只在家庭的圈子里使用，例如：

Тебе нра или не нра（ ← нра［виться］），бу сде（ ← бу［дет］сде［лано］）等。[1] 类似这样的截短词进入标准语的可能性是很小的。截短词能否进入标准语取决于它的使用范围，范围越广，进入标准语的可能性越大。例如：метро、кино 这类词由于广泛的使用不仅已经成为标准语中的一员，而且失去了原来的口语色彩，而成为修辞色彩中性的名词。

近几十年来，新截短词频繁出现的原因大致有以下几个方面：

首先是"节省原则"在起作用。常用的完整词显得过长，就有可能被截短，至于由"形容词 + 名词"构成的词组那更不必说了。因此多数截短词都是因为其完整词太长而形成的。

其次，截短词富有鲜明的表现力。恰当地使用截短词能使语言显得生动流畅、无拘无束，起到很好的修辞效果。此外，近几十年来，西欧的英、法、德语中截短词的大肆泛滥，对俄语产生了一定的影响。俄语中某些截短词的构成与这些语言中截短词的构成十分相似，足以证明这一点。例如：

俄	英
порно←порно [графия]	porno←porno [graphy]
теле←теле [визор]	tele←tele [vision]
рок←рок [-и-ролл]	rock←rock [and roll]

不仅如此，甚至直接从英语中借用截短词作为俄语中构成复合词的词干。例如：俄语中 поп 由英语中 pop{pop［ular (ly)］或 pop［ulation］}而来，在俄语中还未见其单独使用，但却构成了不少复合词，例如：поп-ансамбль, поп-кухня, поп-музыка, поп-шедевр 等。

最后，必须指出，不少截短词虽然还留在标准语的大门之外，但作为一种构成新词的方法去注意和研究它是不无裨益的。

① Л. Боровой, Путь слова. М., 1974, стр. 877.

紧紧跟踪俄语词汇的变化

社会语言学家威廉·布赖特有一句名言："语言与社会共变。"社会动荡愈烈，语言变化愈大；反之亦然。20世纪俄语的演变是这一观点的佐证。20世纪，俄罗斯社会经历了两次剧变：1917年的十月社会主义革命和1991年的苏联解体。这两件震惊世界的大事对俄语发展产生了极其巨大的影响。从我们这个世纪俄语演化的情况来看，它的发展呈马鞍形，即在20世纪初和20世纪末变化巨大，而在两大事件之间这段时期里嬗变缓慢、平稳。

若把十月革命时期的俄语与苏联解体前后的俄语稍加比较，就不难发现，这两大事件虽然都导致俄语的剧变，但两者因性质不同，引发语言的变异也大相径庭。

十月革命在砸烂旧世界，创造新世界，故凡旧皆废，凡新必立。旧世界的一切能打倒的一律打倒，能废除的必定废除；而与新世界有关的事物与现象则全力提倡，悉心扶植。语言也不例外，这首先体现在词汇领域。因此，反映新世界的新词新语如雨后春笋一般涌现出来，代表旧世界、资产阶级社会的词语统统打入"另册"。这种情况从苏联时期出版的语文词典中可见一斑。如：социология, мэр, биржа труда 等，在释

义中均戴上 Буржуазный 的"帽子"；чаевые 除标明 устар. 外，还举例为它定性（见 «Словарь русского языка», Ожегов, 1953）。苏联进入"斯大林时代"后，社会高度集中，事事按计划行事。指令性计划犹如一根强有力的指挥棒，在俄罗斯广袤无垠的大地上演奏出一支计划经济的经典交响乐。这支乐曲对俄语也不无影响。语言的演进在政权的严格控制之下，因此规范语在苏联占据着绝对的统治地位。

而今的情况与十月革命时期迥然有异。苏联解体揭橥对十月革命的否定。这样一来，苏联社会提倡和歌颂的东西刹那间退出历史舞台，结束了担纲唱主角的地位，代表这些东西的词语顷刻间或由褒义转为贬义，或成为历史陈迹、明日黄花，随即从大众传媒上销声匿迹。其中最为典型的当属 совок 一词，该词由 совет（就"苏维埃"之义而言）和 советский 的词根构成，表示与苏维埃、苏联有关的事、物、人，与具有"簸箕"意义的 совок 形成同音词。想当年，совет 和 советский 属于俄语中使用频率最高的词。советский 在 Полевой 的 «Мы советские люди» 中，听来是何等的自豪！然而，随着苏维埃政权的告终，苏联的解体，这两个词竟落到与"簸箕"为伍的地步！此外，与苏维埃、苏联有关的词语，本来都是非常积极的常用词语，现在却很少露面了。

苏联解体后的俄语虽经激变而被打上鲜明的时代烙印，但从总体上看仍然发挥着语言作为人类最重要的交际工具的基本功能。铺天盖地的新词反映出苏联解体后俄罗斯社会的基本状况。因篇幅有限，以下仅蜻蜓点水般地罗列一下社会生活主要领域的新词新语。政治领域：Совет Федерации 联邦委员会（上院），Государственная Дума 国家杜马（下院），электорат 选民；经济领域：разгосударствление 非国有化，私有化，фьючерс 期货，лизинг 出租、租赁；科技领域：интернет 因特网，виртуальная реальность 虚拟现实，феномен Эль-Ниньо 厄尔尼诺现象；

文化领域：триллер 惊险小说（电影）、恐怖小说（电影），мыльная опера 肥皂剧，фан 发烧友，歌迷、影迷；体育领域：пейнтбол 彩弹游戏，бодибилдинг 健美，бич-волей 沙滩排球；教育领域：лицей 利才中学、重点高中，тестирование 测试，лицензирование 颁发办学许可证；日常生活领域：электронная почта 电子邮件；штриховой код 条形码，быстрая еда 快餐；等等，不一而足。

与十月革命时期相比，当前的俄语除上述的基本功能外，还有“复旧”“粗俗化”“俗语化”和“洋化”的特点，试举数例。

苏联解体后，复旧之风盛行，城市、街道纷纷易名，工厂、企业争相改称。更有甚者，少数人提出俄语要恢复十月革命后进行的文字改革前的样子，但这一观点未得到普遍的响应，成不了气候。在这股风气中最主要的是旧词新用，如：соборность（聚合力，聚合性）是 19 世纪提出的概念，当前重新提倡，以期团结已经涣散的人心。此外，沙皇时代使用的 двуглавый орел、губерния 等，以及与东正教有关的词语又再度风光，进入主流社会。必须指出，有一类旧词还获得了新义，如：лицей 本来指“贵族中学”，现为“利才中学、重点高中”。

20 世纪的最后十年，俄罗斯社会呈多元化趋势。这反映在俄语里，就是俗语和粗话在大众传媒上的频频亮相。前者如：вкалывать（卖力苦干），аж（甚至），сидеть на иголке（吸毒），халява（吃白食），等等。后者包括詈语、粗话、劳改营里的黑话等，如：зэк（犯人），вор в законе（黑社会的老大），мент（警察、条子），дерьмо（狗屁、臭狗屎），等等。

具有以上三种特点的词语，对俄语载体来说，并不陌生，因为它们都是语内借词。

如今最引人注目的是充斥于报章杂志和广播电视里的外来词。它们之中有些词在正写和重音方面与俄语固有词不同，显得格外显眼，如 паблик рилейшнз（公共关系）等。这些外来词的“存活率”究竟如何现在还不得而知。另一些外来词的正写尚未定型，还须经历磨合，如跆拳道一词，据笔者记录，在俄语中有三种词形：тхэквондо, тхэквон-до, таеквондо。哪一个形态最后能生根，要假以时日，才能见分晓。外来词的另一个问题，是其汉语译文问题。俄语与汉语的外来词若同出一语，其译文多数是吻合的，但并非都是如此。有些词语，虽源自同一语言，但其译文却不同，如：英语中的 contact lens 的俄译为 контактные линзы，但汉译都是隐形眼镜。汉语中的“公共关系”是直译英语的 public relations 而成，英语的这一词组在俄语中有音译的 паблик рилейшнз 和意译的 связь с общественностью。在翻译时，必须溯源，才能解决问题，切忌望文生义。有些外来词或有两种译文，如上述的 паблик рилейшнз 和 связь с общественностью，或与俄语固有的词语并存，如 дротики 和 дартс（飞镖），пляжный волейбол 和 бич-волей（沙滩排球），“谁胜谁负”，应由时间来定。还有一类外来词在不同的译入语中因语言环境和文化基础的差异而派生出不同的转义。如：儿童尿布的品牌，Pampers，俄语音译为 Памперсы，在口语中产生转义，由它构成的词组 ходить в памперсах 有“处于初创、初级阶段”之义；汉语中相应的“帮宝适”无此转义。英语的 clone 在俄语和汉语中分别音译成 клонирование 和“克隆”。“克隆”一词在汉语中获得了转义：模仿（克隆明星），假冒（克隆的名酒），俄语未派生出类似的意义。上述现象都值得研究。

社会翻天覆地的变革犹如大浪淘沙，其中泥沙俱下，鱼龙混杂，在这样的背景下，语言领域也不例外。在这段时期里涌现出来的新词新语良莠不分，雅俗难辨。目前俄语激变的过程尚未结束，从 20 世纪末的种种迹象来看，俄罗斯联邦很可能会把社会动荡带进 21 世纪，因此在这种情况下要下一断语，为时尚早。只有等待这一过程趋缓，才能去粗取精、去伪存真。但密切注意俄语演变的轨迹，紧紧跟踪俄语词汇的变化，加强调研、积累资料、及时总结、找出规律乃当务之急。俄国已有不少学者发表了专著和论文评述这一过程，我国也有学者对此进行了严肃而认真的探讨。这项工作对我国的俄语教学、教材编写、辞书编纂和语言研究肯定均有裨益。

为苗幽燕著《俄汉语新词对比研究》序

语言诸要素中最活跃的当推词汇。词汇的活跃程度取决于它新陈代谢的速度。词汇的新陈代谢一方面由其内因决定，另一方面受到外因的影响。词汇新陈代谢之“新”主要体现在新词上。新词在词汇中始终非常活跃，是促使词汇演变的主要动力。

新词虽然异常活跃，但在不同的历史时期，其活跃程度是不同的。若把中世纪社会与现代社会做一比较，就不难发现这种差别。中世纪长达千年，因生产发展迟缓、宗教势力强大、思想禁锢、封建割据、战争频繁等原因，语言虽变，但不易察觉；新词虽有，但其产生，尤其是传播的速度相当缓慢。就新词生成及其传播速度而言，中世纪之于当今之世，不啻大车之于火箭。当今世界进入了信息社会，这种社会的基本特征是信息爆炸。信息爆炸必然导致作为信息载体的词汇（新词）的爆炸。因此从20世纪至今，新词的涌现如巨浪一般，一浪高过一浪，是不足为奇的。随着科技的日新月异，现代社会不仅新词丛生，而且传递信息的工具（广播、电视、互联网）代代更新。这些崭新的传播媒介使世界一下子变得很小。试以paparazzo（专门追逐名人偷拍照片的摄影者和记者）一词为例。此词源于意大利语，本来使用范围有限，后因成为戴安娜王妃香消玉殒的罪魁祸首而随着媒体的报道顷刻间传遍世界各地。这在中世纪是不可想象的。由此可见，在现代社会中，迅猛发展的高新技术，经济一体化、全球化的趋势，大众传媒的兴起，尤其是互联网的问世对信息的扩散，无论是在时间上还是在空间上都起了推波助澜的作用。

大众传媒也好，互联网也好，它们主要是借助语言传递信息的。语言中的词汇凭借媒体趋向国际化。当一种语言中生成了新词，其他语言若有交际的需要可以很快通过这些传播工具引进所需的词汇。近半个世纪以来，国际词数量大增，概源于此。这说明，外来词在现代社会中的作用越来越重要。尽管如此，社会上对外来词一直存在着不同的看法。强调语言必须规范的语言学家们认为当前社会上充斥着外来词，有损语言的规范和纯洁，故建议慎用外来词，并大声疾呼，为纯洁祖国的语言而斗争。这种观点不无道理,因为外来词层出不穷,其中多数是昙花一现，能进入标准语的外来词数量比在全民语言中生成的外来词数量少得多。但是目前的语言实际上与这些语言学家们的理想相去甚远。试以汉语为例,在历史上汉语吸纳了大量外来词,但对其中的音译词向来抱谨慎态度。20 世纪上半叶盛行的“德律风”“德谟克拉西”等音译词都让位给了“电话”“民主”等意译词。如今，随着改革开放政策的深入，汉语不仅大量借入音译词，而且还直接引用外文，如 CT、MTV、WTO、APEC 等，甚至还使用由外文字母和汉语词组成的词汇，如“T 恤衫”等。这些词汇已经收录在比较权威的汉语词典中。从中可以体会到，新一轮的外来词冲击波具有何等强大的力度啊！由此得出结论，不宜提倡滥用外来词，但而今对外来词，包括音译词宜抱比过去宽容的态度。在这样的形势下，新词势必成为当代语言学家关注的热点，新词学的诞生已水到渠成。目前新词学已经是词汇学的一个重要分支而独立存在。这一切标志着新词在现代词汇学中的地位和价值。

俄语和汉语对新词的研究起步不同。早在19世纪初,俄国语言学家Н. М. 雅诺夫斯基首先启用这一来自希腊语的术语——新词学(неология)。之后,语言学界对它的兴趣始终未减。直到1965年,列宁格勒苏联科学院俄语研究所词典部以Н. З. 科捷洛娃为主要人物的新词研究室宣告成立。1977年,第一部《俄语词汇新得》(编年本)问世,嗣后同名词典逐年出版一册,到1988年共出版12册。此外,还编纂了三部10年本的共时俄语新词新义词典(20世纪60年代、70年代、80年代)。1989—1995年间的各册编年本词典已经付梓,不日即可面世。语言研究所组织和选编的四部论文集《新词和新词词典》(1978年版、1983年版、1990年版和1997年版,前三部由科捷洛娃主编,最后一部由Е. А. 列瓦绍夫主编)从理论上对新词和新词词典编纂的经验进行了总结,富有学术价值。值得一提的是,С. И. 阿拉托尔采娃的新作《俄语新词学和新词词典编纂学》(1998年)。这部具有开拓意义的专著把新词学和新词词典编纂学的理论和实践研究推上了一个新的台阶。现代汉语对新词的研究比俄语起步晚,至今尚未有专门机构从事这项工作。20世纪80年代才有几部新词新义词典问世,同时有一些专门探讨汉语新词和新词词典的文章见诸专业杂志。

之后,还有几部专著与读者见面。但就系统化、专门化和学术化而言,还有不少工作可做。

俄语和汉语虽分属不同的语系,但目前在新词的生成方面有一些相似之处。这为两种语言中新词的对比提供了基础。俄语正处于苏联解体后的时期,社会制度的更迭加速了词汇的更新。汉语正经历着改革开放政策实施后的大好时机,改革开放政策在促进社会进步的同时,推动着语言的演进。以经济领域为例,中俄都从传统的计划经济过渡到市场经济。于是这个领域的术语出现了“大换班”。在计划经济时代常用的术语纷纷进入了“历史博物馆”，而市场经济体系必用的新词被成批地借入，生气勃勃地登上舞台，充分地适应交际的需要。

俄汉两种语言变化的外因虽有近似之处，但它们的构词材料和模式不同，新词生成的具体环境有异，因此表示同一概念的新词差别往往很大。即使是从同一语言、同一词汇构成的外来词也因构词方法的不同而不同。例如：英语的 contact lens，在俄语中是仿造的 контактные лензы，而汉语意译为“隐形眼镜”。汉语的“公共关系”是英语 public relations 的仿造，而这个英语术语在俄语中却音译成 паблик рилейшнз 或意译成 связь с общественностью。又如：英语的 clone 借入俄语后音译成 клонирование，在传入汉语的第一时间里产生了音译术语“克隆”，但“克隆”一词不久就衍生了转义，始则“模仿”（克隆明星），继而“假冒”（克隆的名酒）。这类转义的出现显然与我国的具体国情（社会的、文化的、心理的）有关。再如，英语的 bowling 一词在俄语中本采用 кегли 或 игра в шары 等词语，现音译为 боулинг 与国际接轨，汉语则不再采用过去的“滚木游戏”的说法，而用商业化的音译加意译词“保龄球”。上述的 paparazzo 在俄语里有相应的音译词 папараццо，而在汉语中是几种译法并存：音译的“帕帕拉奇”、音意兼译的“拍拍垃圾”和意译的“狗仔队”。E-mail 在汉语里有音意兼译的“伊妹儿”和仿造的“电子邮件”，而俄语仅有 электронная почта 这一仿造词。被称为世纪瘟疫的 AIDS 是 acquired immunodeficiency syndrome 的首字母缩合而成的，在汉语中音意兼译成“爱滋病”或“艾滋病”，其术语为“获得性免疫系统缺损综合征”，其俄语的术语全称是英语术语的直译 синдром приобретенного иммунодефицита，但它的缩略语却是俄语全称的首字母缩合词 СПИД。通过上述几对俄汉语外来词的对比，两种语言的外来词生成的复杂性可略见一斑。

除此之外，由于汉字具有俄语字母所没有的表意功能，因此在音译时构词潜力比俄语大，容易构成音意兼译的新词。汉字的这个功能在市场经济中为从商业利益角度处理译文提供了较大的可能性。在改革开放后，国外许多名牌产品竞相打入中国市场。据说，在此之前，这些公司都迎聘专家绞尽脑汁把产品商标尽量译成中国客户容易接受的词语，而又不失原文的语音特点。在历史上较为成功的例子是“可口可乐”。如今的例子举不胜举，如“奔驰”“施乐”“百事可乐”“必胜客”“奥妙”“宝利来”等。可见，进入市场经济后，在翻译商标时，汉语经过数十年努力建立起来的统一的译音规则遭到了商业利益的挑战。经过上述的对比，不仅可以了解不同语言的新词在生成过程中的异同，而且对俄汉互译有所帮助。

另一点值得注意的是，现代汉语部分外来词是经台港澳地区传入的，如“按揭”“发烧友”“拍拖”等。这类新词难免带上那些地区的语音特点、用词习惯和社会文化特点。其中一些新词与内地业已确定的术语产生了矛盾。如 laser 一词，本来在内地已确定“激光”为统一的术语，可是后来“镭射”一词从那里悄然而入。结果，在学术界等正式场合仍普遍采用“激光”，而在娱乐圈里“镭射”一词占有相当的市场。实际上两个词是指同一个事物，不过后者带有强烈的商业气息。

综上所述，不仅新词研究（或称新词学）已逐渐受到重视，而且新词的对比也被提上了议事日程。

苗幽燕同志抓住了俄语新词研究这一热点，在俄汉新词对比的基础上撰写了专著《俄汉语新词对比研究》。她在专著中探讨了新词学的基本问题，对新词下了界说，提出了“磨合期”理论，来解释全民语言中生成的新词和标准语接纳的新词之间的关系，从而比较合理地解决了两个不同层面上的新词问题。这一见解具有新意。在这本专著中她还提供了一个俄汉两种语言新词对比的框架，并对俄汉新词进行了全面系统的对比分析，指明了俄汉新词生成和语义的异同。这项工作具有创新意义，填补了新词研究和词汇对比研究领域的空白。

苗幽燕同志于1999—2000年在俄罗斯圣彼得堡的圣彼得堡大学进修期间，与设在圣彼得堡的俄罗斯科学院语言学研究所建立了密切联系，亲承列瓦绍夫和阿拉托尔采娃等著名新词专家的指导，获益匪浅。本书的部分章节（俄汉语新词构词对比、俄汉语新缩写词对比、俄汉语新外来词对比、俄汉语语义新词对比和俄汉语专业术语通用化对比等）曾在圣彼得堡大学、赫尔岑师范大学校刊和俄罗斯科学院语言学研究所的学术论文集上公开发表，受到俄语界同行的好评。她在书中所使用的语料大部分是在俄罗斯搜集的第一手材料。

本书观点新颖而鲜明，资料翔实，语料鲜活，结构严谨，是作者苦修数载而得的成果。常言道，几分耕耘，几分收获。苗幽燕同志的辛勤耕耘终于结出了丰硕的果实！

谨识于上海外国语大学

2001年9月

参考文献

[1] 北京大学中文系 1955 级语言班编：《汉语成语小词典》，商务印书馆 1962 年版。

[2] 北京体育学院编：《俄汉体育词汇》，人民体育出版社 1973 年版。

[3] 北京外国语学院西班牙语系编：《西汉辞典》，商务印书馆 1959 年版。

[4] 北京外国语学院西班牙语系《新西汉词典》编写组编：《新西汉词典》，商务印书馆 1982 年版。

[5] 北京外国语学院英语系《汉英词典》编写组编：《汉英词典》，商务印书馆 1978 年版。

[6]《德汉词典》编写组编：《德汉词典》，上海译文出版社 1983 年版。

[7] 多尔然斯基（编）：《简明音乐辞典》，上海音乐学院编译室译，上海音乐出版社 1957 年版。

[8]《法汉词典》编写组编：《法汉词典》，上海译文出版社 1979 年版。

[9] 黑龙江大学俄语系词典编辑室编：《大俄汉词典》，商务印书馆 1985 年版。

[10] 克洛德·列维–斯特劳斯：《结构人类学》，陆晓禾等译，北京：文化艺术出版社 1989 年版。

［11］克洛德·列维–斯特劳斯：《野性的思维》，赵建兵译，京华出版社 2000 年版。
［12］辽宁省中小学教材编写组编：《俄汉词典》，辽宁人民出版社 1974 年版。
［13］刘泽荣（主编）：《俄汉大辞典》，商务印书馆 1963 年版。
［14］米·福柯：《词与物》，莫伟民译，上海三联书店 2002 年版。
［15］上海外国语学院《汉俄词典》编写组编：《汉俄词典》，商务印书馆 1977 年版。
［16］《新英汉词典》编写组编：《新英汉词典》，上海译文出版社 1978 年版。
［17］郑易里等（编）：《英华大词典》，商务印书馆 1984 年版。
［18］中国科学院语言研究所词典编辑室编：《现代汉语词典》，商务印书馆 1973 年版。
［19］АН СССР. Словарь русского языка. М., 1981—1984.
［20］Бабаевский С. П. Родимый край. М., 1965.
［21］Боровой Л. Путь слова. М., 1974.
［22］Гальперин И. Р. Большой англо-русский словарь. М., 1972.
［23］Горбачевич К. С. (ред.)Трудности словоупотребления и варианты норм русского литературного языка. Л., 1973.
［24］Земская Е. А. Русская разговорная речь: лингвистический анализ и проблемы обучения. М., 2006.
［25］Котелова Н. З. и Сорокин Ю. С. Новые слова и значения. М., 1973.
［26］Кузнецова Т. Ф. (ред.) Культура: теории и проблемы. М., 1995.
［27］Левит А. Я. Культурология XX век. Словарь. СПб., 1997.
［28］Лотман Ю. М. Избранные статьи (в 3-х т.). Таллин, 1993.

[29] Мудров Б. Г. Китайско-русский словарь. М., 1980.
[30] Неклюдов С. Ю. Московско-тартуская семиотическая школа. М., 1998.
[31] Ожегов С. И. Словарь русского языка. М., 1975.
[32] Петровский Н. А. Словарь русских личных имен. СПб., 2000.
[33] Руднев В. П. Словарь культуры XX века. М., 1997.
[34] Федхов И. В. и Лапицкий А. Н. Фразеологический словарь русского языка. М., 2003.
[35] Формановская Н. И. Употребление русского речевого этикета. М., 1982.
[36] Цивилизационная модель международных отношений и ее импликации. Полис, 1995, № 1.
[37] Чернышев В. И. Словарь современного русского литературного языка. М., Д., 1948—1965.
[38] Чхиквадзе В. М. Энциклопедический словарь правовых знаний. М., 1965.
[39] Чшаков Д. Н. Толковый словарь русского языка. М., 1935—1940.
[40] Шейнина Е. П. О чем говорят фамилии у Островского. Русская речь, 1983, № 2.
[41] Alan Bullock & Oliver Stallybrass *The Fontana Dictionary of Modern Thought*. London: Fontana Press, 1982.
[42] Derrida, J. *Writing and Difference*, Chicago: University of Chicago Press, 1978.
[43] Hornby, A. S., Gatenby, E. V. & Wakefield, H. *The Advanced Learner's Dictionary of Current English*. London: Oxford University Press, 1963.

[44] Huntington, S. P. *The Clash of Civilizations?* Foreign affairs, 1993.

[45] Jameson, F. *Postmodernism, or, The Cultural Logic of Late Capitalism*. Durham: Duke University Press, 1991.

[46] John Simpson & Edmund Weiner. *The Oxford English Dictionary*. London: Oxford University Press, 1989.

[47] Lyotard, J. F. *The Postmodern Condition*. Manchester: Manchester University Press, 1984.

[48] Mahbubani, K. *The West and The Rest. National Interest*, 1992, № 28.

[49] *Postmodernism. An Intern Authology.* Seoul, 1991.

[50] Vattimo, G. *The End of Modernity.* Baltimore: Johns Hopkins University Press, 1991.

[51] *Webster's Third New International Dictionary*. Springfield, Mass: Merriam-Webster, 1986.

《吴克礼集》收录论著索引

双语词典词目译文初探……………………原载《外国语》1978 年第 3 期

试论双语词典中成语的翻译………………原载《外国语》1981 年第 1 期

双语词典中词目的“不完整”译文剖析

……………………………………原载《辞书研究》1982 年第 4 期

从宏观结构探讨双语词典的译文………原载《辞书研究》1983 年第 4 期

双语词典词目译文的使用价值…………原载《辞书研究》1985 年第 2 期

双语词典编纂法新探——从翻译到对比

……………………………………原载《辞书研究》1986 年第 3 期

双语词典中专业门类略语的标准化问题

……………………………………原载《辞书研究》1987 年第 4 期

语言国情学和双语词典…………………原载《辞书研究》1988 年第 2 期

俄苏翻译理论简史……………………………………………选自吴克礼主编:

《俄苏翻译理论流派述评》(上篇),上海外语教育出版社 2006 年版

俄苏文艺作品中人物姓名的译法刍议……原载《外国语》1988 年第 3 期

为杨仕章著《文化翻译论略》序……选自杨仕章著:《文化翻译论略》,

军事谊文出版社 2003 年版

为朴哲浩著《影视翻译研究》序………选自朴哲浩著：《影视翻译研究》，
黑龙江人民出版社，2008 年版
为胡谷明著《篇章修辞与小说翻译》序……………………选自胡谷明著：
《篇章修辞与小说翻译》，上海译文出版社 2004 年版
为刘肖岩著《论戏剧对白翻译》序…………………………选自刘肖岩著：
《论戏剧对白翻译》，中国人民公安大学出版社 2004 年版
为郑敏宇著《叙事类型视角下的小说翻译研究》序………选自郑敏宇著：
《叙事类型视角下的小说翻译研究》，
上海外语教育出版社 2007 年版
为王正良著《回译研究》序………………选自王正良著：《回译研究》，
大连海事大学出版社 2007 年版
我是怎样培养博士生的…………………原载《中国翻译》2002 年第 2 期
文化学及其当代流派…………………………选自沈国明，朱敏彦主编：
《国外社会科学前沿（1998）》，上海社会科学出版社 1999 年版
俄罗斯文化的历史回顾………选自吴克礼主编：《俄罗斯社会与文化》，
上海外语教育出版社 2009 年版
文化的定义……………………………选自吴克礼主编：《文化学教程》，
上海外语教育出版社 2002 年版
为汪义群著《战后美国戏剧》序…………原载《外国语》1991 年第 6 期
英语对现代俄语的影响……………原载《中国俄语教学》1983 年第 2 期
俄语截短词浅探……………………原载《中国俄语教学》1984 年第 3 期
紧紧跟踪俄语词汇的变化………………原载《外语研究》1999 年第 2 期
为苗幽燕著《俄汉语新词对比研究》序
……………………………选自苗幽燕著：《俄汉语新词对比研究》，
吉林教育出版社 2001 年版

图书在版编目(CIP)数据

吴克礼集:汉、俄/吴克礼著.—北京:商务印书馆,2019
(季愚文库)
ISBN 978-7-100-17826-6

Ⅰ.①吴… Ⅱ.①吴… Ⅲ.①俄语—文集
Ⅳ.①H35-53

中国版本图书馆CIP数据核字(2019)第202894号

季愚文库
吴克礼集
吴克礼 著

商 务 印 书 馆 出 版
(北京王府井大街36号 邮政编码100710)
商 务 印 书 馆 发 行
上海雅昌艺术印刷有限公司印刷
ISBN 978-7-100-17826-6

2019年12月第1版 开本 880×1240 1/32
2019年12月第1次印刷 印张 15⅝
定价:70.00元